八萬大藏經奉讚會ᄯ館上樣式發願文

歸命十方調御士演揚淸淨微妙法三乘四果解脫

僧願賜慈悲哀納受 仰告仏心光明이照耀하

는곳에盡大地가늘非水月

매仏恩을이엇다시ᄅᆞ三寶의

萬法界에充滿하사아니계시

사두루살펴주옵시는十方

立刹之塵之이함

蓋天蓋地로타宇宙

一시고萬有에平等하

仏보살큼ㅣ實相

을열으시고救苦의光明을비추어주십시오淸淨仏

國土는歷千劫而不古하고豆萬歲而長今이라는말과같이하

되골손에大千古界外震動하고一刹那에永劫의歲月이

하드며一切衆生의本原究革州十方諸公이常住하게하

KB204307

혜암 평전 慧菴

박원자朴元子

불교전문작가. 대학시절에 불교에 입문한 뒤 마음공부를 최상의 가치로 삼고 정진하며 글을 쓰고 있다. 숙명여자대학교에서 중국문학을 전공했고, 동국대학교 역경위원을 역임했다. 지난 30여 년 동안 출가수행자들의 생애와 수행에 대한 글을 썼다. 지은 책으로는 《길 찾아 길 떠나다》《경산 스님의 삶과 가르침》《내 인생을 바꾼 108배》《스님의 첫 마음》《인생을 낭비한 죄》《나의 행자시절1·2·3》 등이 있다.

감수 | 벽산원각碧山源覺

해인총림 방장. 1967년 해인사로 출가해 혜암 스님을 은사로 득도했다. 해인사 선원을 비롯해 남해 용문사, 지리산 상무주암, 각화사 동암, 하동 칠불암, 실상사 백장암 등에서 혜암 스님을 모시고 정진했다. 해인총림, 영축총림, 조계총림, 금정총림, 상원사 등 제방선원에서 참선수행으로 일로매진하며 일평생 수좌의 길을 걸었다. 조계종 전국선원 수좌회 공동대표를 역임했다. 해인사 원당암 달마선원장, 해인총림 유나를 거쳐 2015년 해인총림 제9대 방장으로 추대되었다.

혜암 평전

초판1쇄 | 2021년 5월 3일
초판2쇄 | 2021년 6월 5일

지은이 | 박원자
발행인 | 정지현
편집인 | 박주혜

대표 | 남배현
기획 | 모지희
책임편집 | 박석동
마케팅 | 조동규, 김관영, 조용, 김지현
디자인 | 꼬레디자인

펴낸곳 | (주)조계종출판사
편집위원 | 덕문, 동은, 법장, 이미령, 심정섭, 이세용, 박석동
주소 | 서울 종로구 삼봉로 81 두산위브파빌리온 232호
전화 | 02-720-6107~9
전송 | 02-733-6708
등록 | 제2007-000078호(2007. 04. 27.)
구입문의 | 불교전문서점 향전(www.jbbook.co.kr) 02-2031-2070~1

ISBN 979-11-5580-159-8 03220

조계종
출판사   지혜와 자비의 눈으로 세상을 바라봅니다.

혜암 평전 慧菴

박원자 지음 | 벽산원각 감수

조계종
출판사

미혹할 땐 나고 죽더니

깨달으니 청정법신이네

미혹과 깨달음 모두 쳐부수니

해가 돋아 하늘과 땅이 밝도다

迷則生滅心　悟來眞如性

迷悟俱打了　日出乾坤明

生死解脱

伽耶山人

慧庵

佛

曹溪宗正

慧菴書

貪家寶藏

伽倻山人 慧菴

毋當壽佛

伽倻山人

慧菴

閃光影裡一年過하니 却嘆鬢邊漸白何리오

歲月無私公道去하니 長生不老是誰家를

번쩍하는 빛 그림자 속에서 한 해를 지났으니

귀밑에 흰머리가 많아짐을 탄식한들 어찌하리

세월은 사정없어 공평하고 바르게 가니

장생불로라 함은 이 누구의 수작인가

生死死生塵吾夢이어 寬親同道步泉坮로다

泉坮一路通何処데 年去年末不復廻로다

나고 죽고 죽고 나는 것이되끝세상에 꿈이어서

원수나 친한이나 한길로 황천으로 가네

황천으로 가는 길은 어느 곳으로 통하기에

해가 가고 해가 와도 가신 분 돌아오지 않네

回首南山看頂上하니 鉄牛生得石麒麟하고

靈山會上無根草는 不待春風花自開로다

머리를 돌려 남산에서 정상을 보니

무쇠소가 돌 기린을 낳고

영산회상에 뿌리없는 풀은

봄 바람 아니라도 꽃은 활짝 피었네

喝 一喝

伽倻屹幾千秋야 格外風光喚客情이라

這裡度生眞面目은 滿山松栢四時靑이로다

가야산 높이 솟아 몇천년이나 되었나

격밖의 경치가 나그네 정을 불러 일으키네

여기에서 중생 제도하는 참다운 면목은

산 가득한 송백은 사시에 푸르네

다비 봉행(2002년)

혜암 스님의 사리

혜암 스님 부도탑

혜암 스님 사리탑비

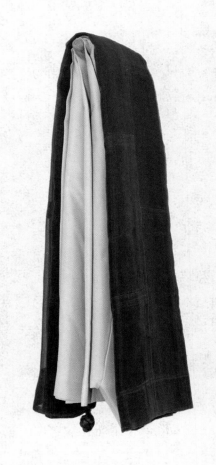

혜암 스님의 가사와 장삼

혜암 스님의 불자 / 제자들의 머리를 깎아주던 삭도

여산廬山은 멀리서 봐야
진면목을 알 수 있으니

들건대 평전의 효시는 사마천의 《사기열전》이라고 합니다. '역사'라는 관점에서 인물을 평가하는 평전의 원형인 까닭입니다. 선가禪家 역시 《경덕전등록》《조당집》 등 전등사서傳燈史書가 그 역할을 마다하지 않았습니다. 밤하늘에 수많은 별처럼 빛나는 고승과 명승들을 '선종'의 관점에서 취사선택하여 일이관지一以貫之했기 때문입니다. 그 내용 속에서 선종사적 의미를 살렸으며, 또 시대정신은 물론 인간적인 번민과 아픔이 녹아있는 사람 중심의 역사입니다. 그래서 평전이라고 이름 붙여도 큰 허물은 아닐 것입니다.

그 유구한 전등록의 역사는 한반도에서 《해동고승전》 편찬으로 이어졌습니다. 특히 《동사열전東師列傳》 뒷부분은 조선 후기에서 개항기까지 남도 인물을 중심으로 편집한 특성을 유감없이 발휘했습니다. 조선불교 침체기 속에서도 지역 불교 중흥에 기여했던 근현대 남도 고승들의 삶의 궤적을 낱낱이 살핀 소중한 기록입니다. 특히 망국과 외세침탈이라는 사회적 정치적 혼돈 속에서 수행이라는 방법을 통해 개인의 번뇌 해소와 동시에 사회적 번뇌 해결이라는 지남책指南策을 제시했던 것입니다.

이후 일제강점기와 해방 그리고 육이오 등 사회적 격동기를 거치면서 피폐해질 대로 피폐해진 조선불교의 유산 위에 일본불교의 유입이 더해지면서 이 땅의 불교는 그야말로 혼돈 그 자체였습니다. 이런 난세 속에서도 대명제大命題는 한국불교의 정체성을 확립해야 한다는 사명감이 함께한 역사였습니다. 그리하여 봉암사 결사, 조계종 출범, 해인총림 설치라는 대업을 이룩했던 것입니다.

인능홍도人能弘道라고 합니다. 결국 사람이 도를 넓혀가기 때문입니다.

혜암대종사의 일백년은 한국불교 근현대사를 관통하면서 수행자로서 치열한 삶의 자세가 어떤 것인지를 후학들에게 남겼습니다. 시대적 아픔 극복과 개인적 번뇌 소멸 그리고 사회구제를 위해 선종적 방법으로 그 해결책을 제시한 이 시대의 스승이었기 때문입니다.

은사이신 혜암대종사의 탄신 101주년에 즈음하여 선사의 삶과 수행 여정이 오롯이 담긴 평전을 출간하게 되었습니다.

여산廬山은 멀리서 떨어져 바라봐야 진면목을 알 수 있다고 했습니다. 그래서 승진행 박원자 작가는 몇 발자국 떨어져 노사老師를 만났고 불교적 안목과 문학적 역량을 결집하여 노작인 《혜암 평전》을 상재上梓하게 된 것입니다. 여러 해 동안 평전을 준비하느라 참으로 애를 많이 쓰셨습니다. 그리고 책을 만드느라 수고하신 조계종출판사 관계자 여러분께도 아울러 고맙다는 말씀을 전합니다.

심대거마적深大車馬跡인댄
생화지필두生花紙筆頭로다
크고 깊은 거마의 자취를 따라
붓과 종이로써 꽃을 피웠구나

불기2565년(2021) 꽃피고 물 흐르는 시절에

해인총림海印叢林 방장方丈 벽산원각碧山源覺

차례

혜암 스님의 삶과 가르침

혜암당 성관대종사 행장
慧菴堂 性觀大宗師 行狀

1920년 음력 3월 22일 전남 장성군 장성읍 덕진리 720번지에서 탄생하였다. 부친은 김원태金元泰이고 모친은 정계선丁桂仙이며 이름은 남영南榮으로 칠남매 중 차남이다. 어려서부터 매우 총명하였으며, 타고난 성품은 강직하면서도 자비로웠다.

1933년(14세) 장성읍 성산 보통학교를 졸업하고 동리의 향숙鄕塾에서 사서삼경四書三經을 수학한 후 제자백가諸子百家를 열람하였으며, 위인전을 즐겨 읽었다.

1936년(17세) 일본으로 건너가 동서양의 종교와 철학을 공부하던 중 어록을 보다가, 다음 구절에 이르러 홀연히 발심하여 출가를 결심하고 귀국하였다.

나에게 한 권의 경전이 있으니
종이와 먹으로 이루어지지 아니하였네
펼치면 한 글자도 없지만
항상 큰 광명을 놓도다
我有一卷經 不因紙墨成
展開無一字 常放大光明

1946년(27세) 초봄, 합천 해인사로 입산 출가하여 인곡麟谷 스님을 은사로, 효봉曉峰 스님을 계사로 수계득도하고 '성관性觀'이라는 법명을 받았다. 출가한 날로부터 평생토록 일일일식一日一食과 장좌불와長坐不臥 두타고행頭陀苦行으로 용맹정진勇猛精進하였다. 가야총림 선원에서 효봉 스님을 모시고 첫 안거를 하였다.

1947년(28세) 문경 봉암사에서 성철·자운·우봉·보문·도우·법전·일도 스님 등 20여 납자와 더불어 '부처님 법대로 살자'는 봉암사결사에 참여하였다.

1948년(29세) 해인사에서 상월霜月 스님을 계사로 비구계를 수지하고 오대산 상원사 한암 스님 회상에서 안거하였다.

1949년(30세) 범어사에서 동산東山 스님을 계사로 보살계를 수지하고 금정산 범어사 동산 스님 회상과 가야총림 선원에서 안거하였다.

1951년(32세) 초봄에 해인사 장경각에서 은사 인곡 스님과 문답하였다.

"어떤 것이 달마대사가 한쪽 신을 둘러메고 간 소식인고?"
"한밤중에 해가 서쪽 봉우리에서 떠오릅니다."
"어떤 것이 유마힐이 침묵한 소식인고?"
"청산은 본래 청산이요 백운은 본래 백운입니다."
인곡 스님께서 "너도 또한 그러하고 나도 또한 그러하다" 하시며,

如何是達磨隻履之消息

金烏夜半西峰出

如何是維摩杜口之消息

青山自青山 白雲自白雲

汝亦如是 吾亦如是

다만 이 한 가지 일을
고금에 전해주니
머리도 꼬리도 없지만
천백억 화신으로 나투느니라

只此一段事 古今傳與授

無頭亦無尾 分身千百億

하시고 '혜암慧庵'이라는 법호를 내렸다. 이후 범어사 금어선원, 통영
안정사 천제굴闡提窟, 설악산 오세암五歲庵, 오대산 서대西臺와 동대
東臺, 태백산 동암東庵 등지에서 목숨을 돌아보지 않고 더욱 고행정진
하였다.
1952년(33세) 범어사 동산 스님 회상에서 하안거 대중 88명 가운데

유일하게 안거증을 받았으며, 천제굴에서는 엄동설한에도 불구하고 방바닥 한가운데 구들장을 파내고 성철 스님과 함께 용맹정진하였다.

1953년(34세) 봄, 육이오전쟁 말기 인민군이 점령하고 있었던 설악산 오세암에 몇 번이나 죽을 고비를 넘기며 들어가 고행정진하였다.

1955년(36세) 오대산 동대 관음암에서는 적멸보궁까지 6개월 동안 밤낮없이 걸어 다니며 행선行禪 정진을 하였다.

1957년(38세) 겨울, 오대산 사고암史庫庵 토굴에서 방에 불을 때지 않고 검정콩 10알과 한 줌의 잣잎으로 일종식一種食과 장좌불와 용맹정진하며 수마睡魔를 항복받았다. 5개월 동안 초인적인 고행정진 끝에 주야불분晝夜不分하고 의단疑團이 독로獨露하더니 홀연히 심안心眼이 활개豁開하여 오도송悟道頌을 읊었다.

미혹할 땐 나고 죽더니
깨달으니 청정법신이네
미혹과 깨달음 모두 쳐부수니
해가 돋아 하늘과 땅이 밝도다
迷則生滅心 悟來眞如性
迷悟俱打了 日出乾坤明

이로부터 동화사 금당선원, 오대산 서대와 북대, 상원사 선원, 지리산 상무주암, 통도사 극락암 선원, 묘관음사 선원, 천축사 선원, 용화사 법보선원 등 제방 선원에 나아가 더욱 탁마장양琢磨長養하였다.

1967년(48세) 해인총림이 개설됨에 첫 유나 소임을 보았다.

1970년(51세) 대중의 요청에 따라 잠시 해인사 주지를 역임하였다.

1971년(52세) 통도사 극락암 선원에서 동안거 중에 조실 경봉 스님이 '봉통홍중공峰通紅中空'의 운자韻字에 맞추어 심경心境을 이르라고 하시니, 다음과 같은 게송을 지었다.

영산회상의 영취봉이여!
만 리에 구름 한 점 없으니 만 리에 통했도다
세존께서 들어 보이신 한 송이 꽃은
천겁이 다하도록 길이 붉으리
꽃을 들 때 내가 보았다면
한 방망이로 때려 죽여 불 속에 던졌으리라
본래 한 물건도 없어 언어마저 끊겼건만
천진한 본래 성품 공하되 공하지 아니하도다
靈山會上靈鷲峰 萬里無雲萬里通
世尊拈花一枝花 歷千劫而長今紅
拈花當時吾見參 一棒打殺投火中
本來無物亡言語 天眞自性空不空

1972년(53세) 봄, 수행처를 남해 용문사로 옮겨 정진함에 제방의 납자와 재가불자들이 모여들어 첫 회상을 이루었다.

1973년(54세) 해인사 극락전에서 철조망을 치고 결사 정진을 했다.

1976년(57세) 지리산 칠불암七佛庵에서 더욱 용맹정진하니 사부대중이 운집하여 다시 회상이 이루어졌다. 그해 봄 운상선원雲上禪院을 중수重修할 때 먼지 속에서 작업 도중 홀연히 문수보살을 친견하고 다음과 같은 게송으로 수기授記를 받았다.

때묻은 뾰족한 마음을 금강검으로 베어내고
연꽃을 비춰보아 자비로써 중생을 제도하라
塵凸心金剛劑 照見蓮攝願悲

1979년(60세) 해인사 조사전에서 3년 결사를 시작으로 1990년(71세)까지 총림 선원 대중과 함께 정진하였으며, 유나·수좌·부방장으로서 해인총림의 발전과 수행 가풍 진작을 위하여 진력하였다.

특히, 출가 이후 가야산 해인사 선원, 희양산 봉암사 선원, 오대산 상원사 선원, 금정산 범어사 선원, 영축산 극락암 선원, 지리산 상무주암과 칠불암 선원, 조계산 송광사 선원 등 제방 선원에서 당대 선지식인 한암·효봉·동산·인곡·경봉·전강선사 등을 모시고 평생토록 일일일식과 장좌불와를 하며 용맹정진하였으니, 그 위법망구의 두타고행은 가히 본분납자의 귀감이요, 계율이 청정함은 인천의 사표라 아니할 수 없다.

1981년(62세) 해인사 원당암에 재가불자 선원(달마선원)을 개설하여 매 안거마다 1주일 철야 용맹정진을 지도했다. 매월 2회 토요 철야 참선 법회를 개최하여 약 500여 회에 걸쳐 참선 법문을 설하는 등 오직 참선 수행으로써 20년 동안 수많은 재가불자를 교화하였다.

1987년(68세) 조계종 원로회의 의원으로 선출되었다.

1993년(74세) 11월, 당시 조계종 종정이며 해인총림 방장이었던 성철 대종사께서 열반에 드심에 뒤를 이어 해인총림 제6대 방장에 추대되어 오백여 총림 대중을 지도하였다.

특히 선원 대중에게는 오후불식을 여법히 지키도록 하고 '공부하다 죽어라', '밥을 적게 먹어라', '안으로 부지런히 정진하고 밖으로 남을 도와라' 하며 납자로서 철저히 수행정진할 것을 강조하였다. 또한 매 결제 안거 중에 총림 대중이 함께 참여하는 1주일 철야 용맹정진 기간에는 노구임에도 불구하고 한 시간도 빠짐없이 대중과 함께 정진하며 직접 후학을 지도하고 경책하였다.

1994년(75세) 원로회의 의장으로 추대되었다. 조계종 개혁불사와 1998년 종단 분규사태 시에는 원로회의 의장으로서 종도들의 정신적 지주가 되어주었다.

1999년(80세) 4월, 대한불교조계종 제10대 종정에 추대되어 종단의 안정과 화합을 위하여 심혈을 기울였다.

2001년(82세) 12월 31일 오전, 해인사 원당암 미소굴에서 문도들을 모아놓고 '인과因果가 역연歷然하니 참선 공부 잘해라'고 당부한 후 임종게를 수서手書하였다. 편안히 열반에 드니 세수는 82세요 법랍은 56년이었다.

> 나의 몸은 본래 없는 것이요
> 마음 또한 머물 바 없도다
> 무쇠 소는 달을 물고 달아나고
> 돌사자는 소리 높여 부르짖도다

혜암당 성관대종사 행장

我身本非有 心亦無所住

鐵牛含月走 石獅大哮吼

2002년 1월 6일 해인사에서 5만여 사부대중이 운집하여 영결식을
종단장宗團葬으로 엄숙히 거행하고 다비를 봉행하니, 오색영롱한 사
리 86과가 출현하였다. 100일 동안 사리 친견법회를 봉행하였더니
날마다 인산인해를 이루었다.

2007년 12월 문도들은 친필유고를 모아서 《혜암대종사 법어집Ⅰ,Ⅱ》
를 발간하고 해인사 일주문 입구에 위치한 비림碑林에 사리탑과 행적
비를 세웠다.

慧庵

서장

이뭣고

여기
한 물건이
있다

여기 한 물건이 있다. 천지가 생기기 이전에도 천지가 없어진 후에도 항상 있다. 천지가 천 번 만 번 생기고 부서져도 이 물건은 털끝만치도 변동 없이 항상 있다. 크기로 말하면 가없는 허공의 몇 억만 배가 되어 헤아릴 수 없이 크다. 그 빛은 태양이 열 개 비치는 것보다 밝다.

선禪의 종장, 혜능선사가 부언했다.

한 물건이 있으니, 위로는 하늘을 받치고 아래로 땅을 괴었으며, 밝기는 해와 같고 검기는 칠통과 같아서, 항상 움직이고

서장 | 이뭣고

작용하는 가운데 있되, 그 가운데서 거두려 해도 거두지 못하는 것, 이것이 무엇인가?

세상에서는 그 한 물건을 '마음'이라 불렀고, 이 '마음'을 깨친 사람을 '부처'라 했다. 여기 그 한 물건을 깨쳐 부처가 되기 위해 입산 출가한 사람이 있다. 그는 출가한 날로부터 옆구리를 방바닥에 대지 않았고 눕지 않았다. 밥도 하루 한 끼만 먹었다. 앞서간 선배 조사들은 그렇게 적게 먹고 자지 않으면서 화두 공부를 하면 일주일이면 충분히 깨칠 수 있다고 했다. 그 말을 한 치 의심 없이 믿었고 하늘이 무너진다 해도 그 길을 가리라 결심했다.

총알이 날아오는 전쟁 속에서도 개의치 않았다. 걸망에 쌀 한 되, 콩 한 되를 넣고 깊은 산속으로 들어갔다. 그의 유일한 도반은 화두 하나뿐이었다. 오직 생철을 씹듯이 화두를 들었다. 하늘을 보아도 하늘이 아니고 땅을 보아도 땅이 아니었다. 사람을 보아도 사람이 아니었다. 밤인지 낮인지 모르고 밥을 먹었는지 안 먹었는지 몰랐다. 수행의 가장 큰 적인 잠을 이기기 위해 서서 대변을 보았고 목에 줄을 감고 화두를 참구했다. 정진하던 중에 가슴을 다쳐 그 통증으로 인해 바다에 목숨을 던지고 싶은 순간도 있었다. 그러나 혹독한 수행으로 이겨냈다.

공부하다 죽으리라는 각오뿐이었다. 영하 20도를 오르내리는 추위의 냉방에서 잣잎과 생콩 열 알을 먹으면서 정진하던 끝에 수마를 항복받았다. 5개월 동안 한순간도 혼침惛沈에 빠지지 않았다.

처음 작정했던 일주일이 십 년째에 이르던 날, 드디어 그 '한 물건'을 깨쳤다. 깨치고 보니 '중생'과 '부처'와 '마음'이 하나였다. 그리고 그 한 물건은 이미 모양 있는 모든 것에 존재하고 있었다. 그 '한 물건'을 보아야만 대자유인이 될 수 있으며, 자유로워야 안심을 얻고 영원한 행복을 누릴 수 있음을 알았다. 이러한 진리를 중생에게 알려주어 고통과 부자유의 속박에서 벗어나게 해야 했다. 그것이 출가자의 사명이요 보람이었다.

그러나 세상에 바로 나오지 않았다. 선지식을 찾아다니면서 공부하고 더 단련했다. 후학들을 데리고 정진했다. 그리고 세상으로 나와 중생들을 교화하기 시작했다.

사람들이 물었다.

"어떻게 사는 것이 잘 사는 길인가?"

목숨을 건 수행 끝에 대자유인의 경지를 확연히 깨달았던 선사는 이렇게 답했다.

"사람으로 태어나 가장 잘 사는 길은 공부하다 죽는 것이다. 한 물건(참나)을 깨닫는 공부가 참선이다. 이 공부가 대자유인이 되게 하며 영원한 행복으로 이끈다. 영원히 사는 길이 이 공부에 있다."

공부만이
살 길이다

그가 한결같이 세상 사람들에게 말한 것은 마음을 찾는 공부만이 살 길이라는 것이었다. 강이 물을 떠나 있을 수 없듯, 파도가 바다를 떠나 있을 수 없듯, 모든 존재는 마음을 떠나 존재할 수 없음을 가르쳤다. 그 마음이라는 것이 부처이며 중생이라는 것을 깨우쳐야 자유로워짐을 가르쳤다. 왜 마음을 깨쳐야 자유인이 되는 건지, 어떻게 공부해야 하는지 있는 힘을 다해서 설했다. 그것이 그의 일생이었다.

평생을 장좌불와長坐不臥와 하루 한 끼만을 먹으면서 후학들과 함께 용맹정진하는 그를 두타頭陀 수행자라고 불렀다. 그리고 입적하기 전까지 신도들과 선방에 앉아 정진한 그를 세상 사람들은 정진불이라고 불렀다.

일흔 살까지는 대중과 함께 정진하겠다던 약속을 지켰고, 한 산중의 방장으로 있던 칠십대 중반일 때도 안거 중 칠일 철야 용맹정진에 반드시 참여해 단 한 시간도 빠지지 않고 정진에 임했던 철저한 수행자, 혜암慧菴(1920~2001).

사람이 가지는 최고의 능력이 곧 깨달음임을 선언하며 본래의 마음을 깨치라고 부르짖었던 수행자, 혜암. 공부하다 죽는 것이 가장 수지맞는 일이라며 죽는 날까지 수행을 멈추지 않았던 정진 부처, 혜암.

한국불교 현대사에서는 대한불교조계종 제10대 종정, 해인사 해인총림 제6대 방장으로 그를 기록하고 있다.

평생 시종일관 우리 스스로가 부처임을 확인하는 길을 설했던 혜암은 수좌들에게 많이 먹지 말 것, 목숨을 내놓고 정진할 것, 남을 도울 것, 주지 등 감투를 쓰지 말 것, 승려 본분에 맞는 안분수기安分守己의 삶을 살 것을 주문했다. 수행자는 옷 한 벌과 밥그릇 하나뿐인 무소유의 삶을 살아야 한다고 했다. 수행자의 분수를 알고 자신의 능력을 정확히 파악해서 맡은 바 일을 성실히 하면 바로 그것이 자기를 지키는 일이요 도인의 삶이라고 했다.

세상 사람들에게는 청정한 본래 마음으로 돌아가 정직하고 성실하게 살 것을 당부했다. 시간을 눈동자처럼 아껴 쓸 것과 서로 간의 신용과 건강을 지킬 것을 당부했다.

혜암이 여든두 살에 세상을 떠나며 우리에게 던진 메시지는
이렇다.

화두는 잘 들립니까?
화두를 놓는 순간 산송장이 된다는 것을 명심해야 합니다.
천상천하에서 가장 수승한 일은
화두 공부하다 죽어버리는 일입니다.
유아독존한 이 한 물건은 이뭣고?
억!

慧菴

제1장

숙세의 선근 인연

길

한국불교가 혜암을 기억하는 것은 종정을 하고 방장의 자리에서 중생을 교화해서가 아니다. 두타고행으로 평생을 살았기 때문이다. 그래서 우리는 그를 신심 제일이요, 발심 제일의 수행자라고 불렀다.

신심信心은 자기의 본래마음(한 물건)이 바로 부처임을 믿는 것이다. 발심發心은 자신이 본래 부처임을 깨달으려는 마음을 일으키는 것을 말한다. 《화엄경》에 '믿음은 도를 이룸에 근본이 되며 일체공덕을 쌓는 모태가 된다(信爲道元功德母)'고 했다. 신심이 없으면 발심할 수 없고 발심하지 않으면 도를 이룰 수 없다는 것이다. 신라의 원효도 초학자들의 필독서인 《초발심자경문》의 발심장에 '대도를 성취함에 발심이 제일'이라며 구구절절 법문을 아끼지 않았다.

혜암도 훗날 초심자들에게 자주 《초발심자경문》을 인용하며 간곡히 발심 법문을 했다. 그와 곁들여 자신의 발심 시절의 수행 이야기를 들려주었다.

깨달음을 얻기 위해 출가한 수행자는 마땅히 두 가지 마음을 내어야 한다고 했으니, 신심과 발심이 그것이다. 도를 이루겠다는 발심이 전제되지 않으면 깨달음이 성취되지 않는다. 수행과 깨달음의 완성은 발심에 있다. 출가인에게 발심의 동기는 중요한 의미를 지닌다. 어떠한 동기와 인연으로 발심했는가에 따라 출가 이후의 수행과 삶이 결정되기 때문이다.

혜암의 발심은 출가 이전부터 누구와도 견줄 수 없을 정도로 강도 높았다. 일제강점기라는 시대적 배경과 타고난 강인한 성품에서 그 연유를 찾을 수 있다.

혜암은 1920년 3월 22일, 전남 장성군 장성읍 덕진리에서 태어났다. 부친은 김해金海 김씨金氏 김원태金元泰, 모친은 금성錦城 정씨丁氏 정계선丁桂仙이다. 출가 전 이름은 남영南榮으로 7남매 중 차남이다.

집안 형편이 넉넉하지 못해 외가가 있던 장성읍 성산리에서 보통학교를 다녔다. 외가는 살림이 넉넉했고, 예로부터 이름난 인물이 많이 나왔다고 한다. 형제들 중 가장 총명한 남영을 외가로 보내 공부를 시켰다. 학교에 다니면서 셋째 외삼촌의 아이들인 어린 사촌들을 돌보아주었다.

어린 나이에 집을 떠나 부모가 아닌 다른 어른들을 보면서 인간 존재에 대한 의문을 품었다. 혜암이 해인총림 방장으로 있을 때 조카 한 사람이 찾아왔다. 그에게 어린 시절 이야기를 하면서 "내가 그때 여러 어른들의 행동을 보면서 골똘히 생각하곤 했지. 왜 어떤 사람은 지혜롭고 어떤 사람은 어리석을까. 어떤 사람은 자비심이 많고 어떤 사람은 친절하지 못할까. 사람이 그렇게 다른 것은 무엇 때문일까. 어떻게 살아야 훌륭한 어른이 되는 것일까. 그 물음이 도를 닦는 길에 들어오는 씨앗이 되었다"고 했다.

어린 시절의 혜암은 또래 아이들에 견주어 성숙했다. 말수적은 조용한 성품에 위인전 등 책 읽기를 좋아했다. 부지런하고 정리정돈에 능했다. 잠으로 큰다는 어린 나이에도 새벽에 일어나서 집 앞에서 동네 어귀까지 비질을 했다. 그러고는 식구들이 쓸 물을 동네 우물에 가서 길러오는 일을 누가 시키지 않아도 했다. 이러한 습성은 출가해서도 도드라졌다. 책 한 권 비뚤게 놓은 적이 없다. 도량이 청정해야 하늘이 돕는다면서 정진 외의 시간엔 호미를 손에 들고 살았다. 귀신도 범접할 수 없도록 주변을 깨끗이 하라고 제자들에게도 가르쳤다.

아버지는 당신이 키운 외손자가 출가해서 있을 때 작은 아들 혜암의 어린 시절에 대해 이런 말을 했다.

"어려서부터 사색하기를 좋아했고 책을 보는 것을 좋아했지. 모든 일에 담담했고 조용했다. 벌레를 봐도 함부로 죽이지 않았고 길가에 핀 꽃도 무심히 툭, 꺾는 일이 없었다. 형편이 넉넉하지 않아 외가에서 보통학교를 다니게 했는데, 사촌 동생들을 돌봐주며 학교에 다녔지. 성품이 깔끔하고 성실해서 서로들 사위 삼으려고 했는데 일본으로 가버렸지."

김해金海 김씨金氏 자손이라는 자부심이 있었던 아버지는 준영, 남영, 삼영 이렇게 아들 셋을 낳고 그 밑으로 딸 넷을 두었다. 살던 곳 인근 아홉 개 마을에서 박사 칭호를 받을 만큼 다방면에 박학다식했으며, 농사와 목수 일을 하면서 가정을 돌보았다. 한때 출가했던 혜암의 남동생(태오)과 여동생(해인사 원당암 공양주)은 혜암을 두고 '어릴 때부터 영민하고 매사에 빈틈없이 정확해서 형제들도 어려워했다'는 말을 했다.

남영은 보통학교를 졸업하고 상급학교에 진학하지 않았다. 넉넉하지 않은 집안 형편에 외지로 나가 상급학교에 진학하기가 쉽지 않았다. 영민했던 남영에겐 그것이 좌절이었다. 더욱이 1930년대 중반, 일제 치하에서 열네 살 소년이 할 수 있는 일은 무엇이었을까. 사방이 꽉 막힌 듯 답답하고 어떻게 살아야 할지 막막했다.

향리에 있는 서당에 다니며 한학을 익혔다. 그리고 위인전을 읽으며 답답한 벽을 뚫고 나가 세상에 꼭 필요한 위대한 인물이 되는 것을 꿈꾸었다. 독서는 일본에 가서도 계속되었고 급기야 결정적으로 한 권의 책을 만나면서 출가를 결심하기에 이른다.

영원한 행복은
어디에 있는가

혜암이 일본으로 간 것은 열일곱 살 때다. 배움에 뜻이 있는 사람은 일본으로, 사는 데 쫓기면 만주로 가던 시절이었다. 혜암은 배움에 뜻이 있어 일본으로 건너갔다. 그곳에서 그는 어떻게 살아야 할 것인지, 어떻게 사는 것이 보람 있는 삶인지 고뇌했다.

비록 조국을 빼앗은 나라지만 우리보다 선진국이었기에 그곳에서 책을 마음껏 보며 진로를 모색해보려 했다. 단순히 상급학교에 진학하려는 것은 아니었다. 의지가 굳은 성격에 마음만 먹으면 어떻게든 진학을 했을 테지만 직장에 다니며 10년 동안 여러 분야의 책을 읽었다. 훗날 혜암이 해인총림 방장에 오르고 종정을 지낼 때, 젊은 시절 일본에 있었던 것이 와전되어 일본에서 대학을 다녔다는 기록이 간혹 눈에 띄나 사실과 다르다.

일설에는 씨름 선수였던 남동생이 먼저 일본으로 건너갔다고도 한다. 알고 지내던 일본인 사장이 평소 성실하고 정직한 남영을 눈여겨보다가 그가 공부에 뜻이 있음을 알고 일본으로 갈 수 있게 도와주었다. 일본으로 돌아간 그 사장이 농림부에 다니는 사람에게 남영을 소개해주어 사무직인 서기 일을 보게 해주었다. 당시 사정으로 보아 임시직으로 일했을 것이다. 일본에서 살 때 힘들게 사는 동포를 여러모로 도와주기도 했다. 그러면서도 자신의 진로를 끊임없이 모색했다.

남영이 공부에 뜻을 두었다 함은 어떻게 살 것인가 하는 인생의 진로 문제에 대한 답을 찾으려 했다는 것과 다르지 않다. 훗날 "젊은 시절 일본에서 공부를 하는데 보람 있는 일을 찾고자 위인전이나 소설 등을 읽었으나 가슴에 들어오지 않았다"고 토로한 적이 있다.

남영은 일본에 10여 년 동안 머물렀다. 인생을 결정짓는 중요한 청년기의 10년은 적지 않은 시간이다. 생전에 일본에 머물렀던 생활에 대해 거의 이야기를 하지 않은 탓에 자세한 내용은 알 수 없다. 심지어 어느 지역에 있었는지조차 아는 사람이 없을 정도다. 출가를 결심하고 교토에 있는 임제종 절을 찾아갔다는 회고를 참작해볼 때, 교토에 살았던 것으로 추측할 뿐이다.

평소 혜암은 일본 사람에게도 배울 것은 배워야 한다면서 그 사람들은 물건 하나를 만들어도 대강대강 하지 않고 섬세하고 정확하고 정직하게 만든다는 이야길 했다. 이는 혜암의 성품이 매사에 섬세하고 정확하며, 무슨 일을 하든 정직하게 처리했던 것을 대변하는 말이다.

실제로 제자들을 가르칠 때, 방을 청소하는 법에서 스승과 제자가 걸어가는 법에 이르기까지 세밀하게 가르쳤다고 한다. 아무리 작은 일이라도 가벼이 여기지 않고 정성을 다하고 최선을 다했던 스승이었다.

혜암은 타고난 성품이 강직하면서도 자비로웠다. 강직한 성품으로 평생 원칙과 대의명분을 중시했다. 어떠한 일이든 개인적인 친소나 이해관계를 떠나 공명정대하게 처리했다. 한번 옳다고 생각하면 좀처럼 변치 않는 곧은 마음을 지녔다. 불의에 대해서 한 치도 허용치 않는 정확한 성품이었다. 이러한 성품은 출가해서 평생토록 일종식과 장좌불와의 고행정진을 하는데 큰 몫을 했다. 나아가 철저한 발심과 출가, 두타고행과 오도, 탁마와 수기, 그리고 마침내 교화에 이르기까지 전 생애에 걸쳐 결정적 영향을 미쳤다.

불의와 타협할 줄 모르는 강직한 성품과 타인을 먼저 배려하는 자비로운 성격으로 미루어볼 때, 분명히 조국과 민족의 독립을 위해 기꺼이 한 몸을 바칠 생각도 했을 것이다. 그러나 출가의 길을 선택한 것은 고통 속에 신음하는 민족, 더 나아가 중생들을 근본적으로 구제할 수 있는 일에 더 비중을 두고 고민했던 것 같다. 인간이라는 존재의 근원, 인간의 고통과 행복에 대해 사유했다. 백 년도 안 되는 유한한 인생에서 과연 후회 없이 사는 길은 무엇인가. 이러한 근원적인 인생 문제를 깊이 고민했다.

대다수 사람들은 건강히 오래 살고, 재물과 권력을 가지며, 세상에서 이름을 얻는 것을 행복한 삶이라고 믿었다. 그것은 가만 보니 영원한 것이 아니었다. 꿈같고 물거품 같고 그림자처럼 잠시 있다가 사라질 뿐이었다. 그처럼 인생은 다만 유한하고 무상했다. 그저 인간의 삶은 태어났다 늙고 병들고 죽는 것을 되풀이할 뿐이었다. 그 짧은 순간을 살면서도 인간은 전쟁까지 일으켜 싸우고 있었다. 그렇다면 절대적이고 무한한 세계는 없을까. 그 안에서 영원한 행복은 없는 걸까. 청년 남영의 고뇌는 날이 갈수록 깊어갔다.

한 여인의
편지

일본에 살던 대다수 한국인들은 하대와 핍박 속에 지냈다. 그에 비해 남영은 일본에서 공부하기에 아주 열악한 조건은 아니었다. 본디 부지런하고 사심 없이 남을 돕는 성정이어서 하숙집 주인이 식구처럼 대해주었다. 이웃집 사람들도 호감을 표했다.

그러나 '어떻게 살 것인가' 하는 물음은 뚜렷한 답을 찾지 못하고 늘 묵직하게 얹혀 있었다. 해가 가고 날이 갈수록 고뇌가 더 깊어졌다. 책 속으로 몰입했다. 위인전을 읽으면서 이 사람들은 이러한 문제를 어떻게 해결했는가를 찾았다. 마음이 복잡해질 때는 동화책을 가까이했다. 동심이 천심이라고 했듯 동화책을 읽으면 마음이 맑아지는 것 같았다. 그러나 해결책이 찾아지지는 않았다.

학교를 다니면서 공부를 하는 것이 아니었으니, 책에서 길을 찾는 방법만이 유일한 구원이었다. 독서에 더욱 몰입하면서 기독교 구약과 신약을 읽었다. 유교의 사서삼경, 불교의 선禪에 대한 책들을 가까이 했다. 그러나 길은 아직 보이지 않았다.

그러던 어느 날 홀연히 화두처럼 다가오는 의문이 있었다.

'왜 눈이 둘 다 앞에 붙어있을까? 앞에 하나 뒤에 하나 달려있어도 되었을 텐데.'

오랜 사유 끝에 이렇게 결론을 내렸다.

'눈 한쪽이 고장 나면 다른 한쪽을 쓰라고 그렇게 만들어놓았구나.'

어쩌면 이 질문이 인간이라는 존재의 근원에 대한 첫 화두였을지도 모른다. 그러나 그것이 시원한 답이 될 수가 없었다. 사는 것이 더 답답했고 그러다보니 서점에 나가 책을 읽거나 책을 사들고 들어오는 날들이 많아졌다. 일본의 고승전집을 사서 한 권씩 읽던 어느 날이었다. 일본의 유명한 선승 잇큐一休(1394~1481)의 어머니가 쓴 편지를 읽다가 온몸에 전율이 일었다. 심장이 멎는 듯했다.

잇큐一休에게

　내가 이제 사바세계 인연이 다하여 무위無爲의 부처님 나라로 돌아가려 한다. 나는 네가 속히 출가승이 되어 네가 지니고 있는 불성佛性을 깨닫기를 바란다. 그렇게 되면 너는 그 밝은 지혜의 눈으로 내가 지옥에 떨어졌는지, 아니면 항상 너와 함께 있는지를 알게 될 것이다. 네가 진정 대장부라면 불조佛祖가 모두 너의 심부름꾼이라는 것을 알게 될 것이다. 그때 책을 내려놓고 나가 사람들을 위해 일하라.

　석가세존께서 사십여 년 설법을 하고서 단 한 번도 설한 적이 없다고 말씀하셨다. 왜 그렇게 말씀하셨는지를 너는 응당 알아야 한다.

　만약 네가 알아야 할 것을 마땅히 안다면 무익한 망상은 하지 않을 것이다.

　태어나지도 않고 죽지도 않은 너의 어미가 9월 1일에.

추신

　죄 많은 어미도 도를 닦지 못한 주제에 어려운 부탁을 너에게 하니 미안할 뿐이다. 석가세존의 가르침은 주로 다른 사람들을 깨닫게 하기 위한 것들이다. 거듭 방편설만 고집하는 사람들은 무지한 벌레와 같다. 설사 팔만대장경에 담긴 모든 성인들의 가르침을 다 암송하고 안다고 할지라도 너의 참 본성을 깨닫지 아니한다면, 너는 이 어미의 편지가 무슨 뜻인지 이해할 수 없을 것이다. 이것이 나의 마지막 유언이다.

파란만장한 삶을 산 여인의 간절한 편지 한 통이 이국에서 온 청년의 꿈틀거리는 도심道心을 강하게 흔들며 지나갔다.

파격이었다. 책 속에 답이 있을 것이라는 굳은 믿음에 굵은 균열이 일어남을 느꼈다. 팔만대장경을 다 암송한다고 하더라도 참 본성을 깨닫지 못하면 한낱 종잇장에 불과하다는 말은 커다란 충격이었다. 게다가 석가모니 부처님도 그렇게 많은 말을 쏟아 놓고도 한 말도 설한 적이 없다니, 그 무슨 말인가.

남영은 이 편지를 읽고 또 읽었다. 읽을 때마다 한 구절 한 구절이 천둥벽력처럼 다가왔다. 그날 남영에게 가슴 한복판으로 들어왔던 '참본성'이란 단어를 불가佛家에서는 '한 물건'이라 불렀고, '본래면목'이라 이름했다. '마음'이라고도 했고 '옛 거울', '광명' 등 수많은 이름으로 불렀다. 그 한 물건을 찾기 위해 수많은 부처님과 조사들이 출가의 길을 걸었다. 참본성을 보는 것을 견성見性이라 했고, 견성이 오도悟道이며, 오도가 사무치면 성불成佛이라 했다. 남영도 수많은 생을 살아오면서 걸었을 그 출가의 길을 이렇게 다시 만났다.

남영은 그 편지글을 접한 뒤 며칠 동안 밥을 굶었다. 도를 닦고 싶은 마음이 간절하게 올라와서 밥맛을 잃을 지경이었다.

'나에게 있는 참본성을 깨달으면 생로병사를 벗어나 대자유인이 될 수 있겠구나. 이 참본성을 찾는 길이 내가 가야 할 길이다.'

한 물건을 깨달아서 대자유인이 되어야 영원히 사는 길이 열릴 수 있음을 직감하고 발심했다. 그날의 결심이 혜암의 팔십 평생의 삶을 관통했다. 그리고 상구보리 하화중생의 길이 되었다. 혜암은 훗날 후학들에게 그 '한 물건'을 찾는 길이 도의 길이라며 '한 물건'을 이렇게 설명했다.

한 물건이 있으니 천지가 생기기 전에도 항상 있었고, 천지가 다 없어진 후에도 항상 있다. 천지가 천 번 생기고 만 번 부서져도 이 물건은 털끝만치도 변동 없이 항상 있다. 크기로 말하면 가없는 허공의 몇 억만 배가 되어 헤아릴 수 없이 크다. 해와 달보다 몇 억만 배나 더 밝은 광명으로 항상 시방세계를 비추고 있다. 그런데 시방의 모든 부처님이 일시에 나타나서 억만 겁이 다하도록 설명하여도 이 물건을 털끝만치도 설명할 수 없다. 자기가 깨쳐서 쓸 따름이지 남에게 설명도 못하고 전할 수도 없는 이 한 물건을 깨친 사람을 부처라 하여 삶 속에서의 고통을 벗어나서 미래가 다하도록 자유자재하다는 것이다.

혜암대종사 법어집

혜암은 훗날 그 편지의 내용을 읽고 발심한 일을 이렇게 회고했다.

석가모니 부처님이나 달마 스님을 종으로 삼을 정도의 사람이라면 속인이라도 괴로움을 해탈할 것이며, 부처님께서 사십여 년을 설법하고 필경에 한 글자도 설하지 않았다는 것을 보아서는 내가 나를 보고 나를 깨닫는 것이 필요한 것이다. 팔만대장경의 방편설을 지키는 사람들은 똥 버러지나 매한가지로 알지니. 팔만대장경의 가르침을 다 아는 한이 있더라도 불성을 보지 못하면 이 글의 뜻을 알 수 없을 것이니. '이별한 뒤에는 이 유언서를 보물처럼 보아다오' 했던 잇큐선사 어머니가 쓴 유언서가 어쩌나 간절한지 거기서 감화를 받았고, 발심의 동기가 되었다. 그것을 읽고 나서부터는 도를 닦고 싶은 마음이 간절해서 며칠을 굶었다. 당장 일본의 절을 찾아갔다.

월간 〈해인〉 1990년 1월

혜암은 대중을 교화할 때 "팔만대장경을 다 외운다 하더라도 내 마음을 깨치지 못하고 산다면 그것은 똥닦개나 고름 묻은 종이에 불과하다"고 역설하곤 했다. 그것은 청년 시절, 잇큐선사 어머니가 설파한 '본성'을 깨치는 것이 불법의 핵심임을 간파한 것에서 비롯되었다.

어떻게 살 것인가. 그는 훗날 내 마음을 찾는 공부를 하다 죽는 것만이 진정한 자유와 행복을 얻는 길임을 선언하면서 이렇게 말했다.

"내 마음이 나를 해하고 있는데 무슨 행복이 있고 자유가 있고 성불이 있겠는가. 죽음이 다가오고 있다는 것을 잠시도 잊지 말고 내 마음을 지키고 닦을 때 성인이 된다."

《선관책진》

불교의 본질과 핵심은 생사해탈生死解脫이다. 생사의 윤회가 고통이고, 고통으로 인해 참나로 살지 못한다. 출가의 근본은 본래 마음을 깨달아 생사를 해탈하여 참나로 살며 일체중생을 제도하는 데 있다. 무명無明의 근본이 되는 한 생각이 일어났다 사라지는 것을 생사윤회라 한다. 생사가 본래 없음을 깨달아 생사에서 벗어남이 해탈이다. 그러므로 생사해탈이란 일체 번뇌가 사라져서 고통에서 완전히 벗어난 경지를 말한다. 이는 곧 열반과 같은 의미이며 극락과도 같은 개념이다.

불교의 근본은 마음을 깨닫는 것에 있다. 본래 마음을 깨달으면 부처요, 깨닫지 못하고 미혹하면 중생이다. 마음을 깨달으면 생사에서 해탈하고 미혹하면 생사를 윤회한다. 또 깨달으면 이 사바세계가 곧 극락세계이며 미혹하면 극락세계가 곧 사바세계이다. 극락은 결코 내생을 의미하지 않는다. 깨달아서 진리와 하나가 된 절대무한의 세계, 즉 영원한 생명의 세계를 말한다.

부처와 마음과 중생은 하나다. 누구나 깨달으면 생사를 해탈하여 영원한 생명의 세계에서 자유와 행복을 누릴 수 있다. 그리고 일체중생을 제도할 수 있는 완전한 지혜(一切種智)와 자비, 공덕과 복덕을 모두 갖추게 된다. 이것이 영원히 사는 길이며 가장 행복한 길이다.

혜암은 출가 전후를 막론하고 오로지 생사해탈이 화두였으며 일생의 전부였다. 일찍이 석가모니 부처님도 인생의 근본 고통인 생로병사의 고통을 해결하고자 출가했다가 6년 고행 끝에 생사가 본래 없음을 깨달았다. 부처님의 성도 후 생사해탈의 진리가 천하를 풍미해 그 후 역대 조사와 선지식, 그리고 출재가를 막론하고 안심입명처安心立命處를 얻었다.

잇큐선사 어머니가 쓴 유언서를 읽고 침식을 잊었던 남영은 당시 일본에 유학을 와 있던 서옹西翁(1912~2003) 스님을 찾아갔다. 소문을 듣고 찾아갔는지 전부터 알고 지내던 사이였는지는 알 수 없다. 아마도 출가를 하기 위한 조언을 들으러 찾아갔을 것이다. 서옹은 백양사에서 만암을 은사로 출가해 오대산 상원사 한암 문하에서 공부하다가 중앙불교전문학교(현 동국대)에 적을 둔 채 일본 임제종 묘심사파에서 운영하는 교토 임제대학에서 공부했다. 남영이 찾아갔을 때는 임제종의 절 묘심사 선원에서 유나 소임을 보며 정진하고 있었다.

서옹을 만나 자초지종을 얘기하고 출가의 뜻을 전하자 서옹이 《금강경》을 주면서 읽어보고 참선을 하라고 했다. 《금강경》으로 발심을 유도했던 것으로 보인다. 서옹은 혜암보다 8년 선배인 수행자로, 혜암이 고국으로 돌아와 출가할 때 은사인 인곡仁谷(1895~1961)을 소개해주었다. 훗날 조계종 5대 종정을 지냈다.

혜암은 《금강경》을 숙독하고 참선을 했다. 《금강경》은 대승불교의 대표적인 경전이다. 대한불교조계종 소의경전일 만큼, 수행자라면 누구나 가까이 두고 읽는 책이다. 일체가 몽환夢幻의 경계이니 그 어떤 것에도 집착하거나 흔들리지 말고, 마음을 깨달아 중생을 속박에서 벗어나게 해 대자유인으로 교화하라는 부처님의 메시지가 담겨 있다. 육조혜능이 출가 전 나무꾼이던 시절에 《금강경》 한 구절을 듣고 깨쳤다. 오대산 상원사에서 정진하며 수십 년을 밖에 나오지 않았던 한암 스님도 경허 선사의 《금강경》 법문을 듣다가 깊이 깨우쳤다. 남영 또한 《금강경》을 깊이 읽고 더욱더 발심했다. 그러나 지도해주는 사람 없이 한 물건을 찾는 참선을 한다는 것이 막연했다.

그러던 어느 날, 운명처럼 남영의 손에 《선관책진》이 들어왔다. 서문을 읽으면서 이미 눈이 번쩍 뜨이고 가슴이 뛰었다. 단숨에 한 번 읽고 밥을 먹지 못했고 잠을 자지 못했다.

'이런 길이 있었구나.'

다시 세세히 보았다. 길이 활짝 열려 있었다. 자신과 같은 뜻을 가진 사람이 걸었던 길이다. 이제 신발 끈을 단단히 조여 매고 그 길을 걸으면 되는 것이었다. 그들이 행한 것을 실천하면 되었다.

사무친
발심

'선관책진禪關策進'은 선禪의 관문을 뚫는다는 뜻이다. 스물여섯 살 청년 남영에게 운명의 길을 열어준 이 책은 명나라 승려 운서주굉雲棲株宏(1535~1615)이 일흔다섯 살 때 지은 책이다. 《벽암록碧巖錄》《임간록林間錄》《임제록臨濟錄》 등과 함께 종문칠서宗門七書라는 이름을 얻으며 납자의 필독서로 자리매김한 책이다.

주굉은 《경덕전등록景德傳燈錄》《천성광등록天聖廣燈錄》《건중정국속등록建中靖國續燈錄》《연등회요聯燈會要》《가태보등록嘉泰普燈錄》 등 다섯 가지 선종 통사(五燈) 등 어록과 잡전雜傳들을 모두 읽고, 승속을 구별하지 않고 실참실오實參實悟한 것이면 전집에 모두 아우르되 번거로운 것은 빼고 중요한 것만을 가려 뽑아 엮었다.

주굉은 서른두 살에 구족계를 받고 소암笑巖의 법을 이어 고봉원묘高峯原妙의 12세손이 되었다. 마흔넷이 되던 해, 항주 운서산에 들어가 복호사 옛터에 살았다. 양식이 떨어져도 벽에 기댄 채 단정한 자세를 흩트리지 않았고, 우글거리는 범을 물리쳐서 주변 백성을 호환으로부터 막아주기도 했다. 가뭄 때는 단비가 내리게도 하면서 원근을 교화했다. 그러자 귀의하는 백성들이 늘어나 옛 복호사 터에 운서사가 이루어지고, 납자들이 구름처럼 모여들어 마침내 총림을 이루었다. 주굉은 경을 풀이한 글, 옛 글을 간추려 엮은 것, 손수 지은 글 등 30여 가지 저술을 남겼다. 《선관책진》을 비롯해 《승훈일기僧訓日記》《치문숭행록緇門崇行錄》 등 선종에 관련된 것과 계율, 정토 등에 관련된 저술을 남겼다.

《선관책진》 서문에 남영의 눈길이 오래 머물렀다.

"머물 때는 책상 위에 놓아두고 떠돌 때는 바랑 속에 지녔다. 한번 보면 마음을 북돋워 수행에 더욱 힘쓰게 되고, 정신이 새롭게 초롱초롱해져서 더욱 기운차게 채찍질하여 앞으로 나아갈 수 있었다."

마지막 서문의 말이 가슴에 사무쳤다.

경계하는 채찍이 내 손 안에 있으면 빠르게 멀리 달려 마침내 마지막 관문을 뚫을 수 있으니, 그때에 느긋하게 파참재罷參齋를 지내도 늦지 않으리라

《선관책진》은 혜암 평생 동안의 정진에 채찍이 되어주었으니, 초심일 때는 더 말할 것도 없었다. 선의 종사들인 황벽黃檗, 조주趙州를 비롯한 서른아홉 조사의 고행과 깨달음을 얻는 과정을 24가지 사례를 들어 실었고, 참선하는 사람이 어떻게 수행 정진할 것인지를 여러 경전이나 어록 가운데서 47가지 항목을 가려 뽑아 실었다. 주굉의 평도 남영에게는 발심하는 데 큰 도움이 되었다.

길을 정했어도 어디서부터 어떻게 나아가야 할지 모르는 초학자에게는 가뭄에 단비와도 같은 지침서였다. 남영은 일본어로 번역된 그 책을 가방 속에 넣어 다니면서 틈만 나면 읽었다. 조사들이 목숨을 걸고 정진하는 모습을 머릿속에 생생히 그리면서 어서 빨리 책 속의 조사들처럼 걸망을 메고 산속으로 들어가 실제로 공부해보고 싶은 마음이 솟구쳤다.

인생 문제를 깊이 고뇌했던 이십대에 《선관책진》을 만나 크게 발심하여 출가를 결심하게 된 것이다. 불교 경전이나 선서를 읽고 결정적으로 발심한 것은 숙세의 선근 인연이 도래한 것이리라. 선사들의 목숨 건 수행과 깨달음에 대한 생생한 일화를

읽고 크게 발심하였고 출가 이후에도 그대로 믿고 실천했다.

혜암은 출가한 그날부터 일종식과 장좌불와의 두타고행으로 평생토록 용맹정진한 수행자다. 이러한 수행은 평범한 출가수행자에게는 감히 언감생심의 일이다. 뼛속에 사무치듯 철저하게 발심하지 않으면 불가능한 수행이다.

무슨 일을 해도 단결에 해버리고, 결정한 일은 앞뒤 돌아보지 않고 해치우는 것이 혜암의 성정이다. 당시 발심이 얼마나 깊었으며, 출가에 대한 열망이 얼마나 컸을지 짐작할 수 있다. 훗날 그때의 일을 두고 후학들에게 이렇게 말했다.

그때 사람이 사는 길이 불교에 있음을 알고 일본에서 출가를 하려고 했다. 내 심중을 듣고 한국 유학승들이 한결같이 수행하기에는 형식에 치우쳐 있는 일본보다 한국이 낫다며, 출가하려면 한국으로 돌아가서 하라고 했다. 일본 임제종의 절 묘심사 선원 유나로 있던 서옹 스님도 한국에서 출가하라며 참선할 것을 독려했다.

혜암에게 출가의 길을 열어준 주굉선사. 출가를 결심하게 한 깊은 인연 탓이었을까. 후에 해인사에 원당암 불사를 이루어 중생들을 교화한 혜암의 삶과 닮아있다.

실참에 도움이 되는 조사들의 법어와 공부법, 여러 경전에서 간추린 주옥같은 글들은 초심자에게 더할 수 없는 지남이 되어주었다. 홀로 고요한 방에 앉아서 화두를 들고, 절벽 위 나무 아래에 앉아 공부하였다. 풀을 먹고 나무에 의지하여 정진하며, 잠이 올 때는 송곳으로 제 몸을 찔렀다. 어두운 방에서도 한 치 소홀함이 없었다. 저녁이 되면 헛되게 하루를 보낸 것을 자책하며 눈물을 흘렸다. 이부자리를 펴지 않기를 맹세하며 그 약속을 지켰다. 침식을 잊고 말도 몸도 모두 잊었으며, 모든 반연을 끊고 문을 굳게 닫고 힘써 참구했다.

　　옆구리를 땅에 대지 않고 공부했던 조사들의 이러한 이야기는 그 후 그대로 남영의 삶이 되었다. 책 내용이 그대로 체험이 되었고, 그 체험은 대중을 교화하는 자리에서 법문으로 올올이 풀려나왔다. 남영이 좋아했던 조주선사는 대중에게 이렇게 설법했다.

　　그대들은 오로지 이 도리만을 궁구하여 이십 년이고 삼십 년이고 고요히 앉아서 간看해라. 만일 그래도 알지 못하겠거든 내 머리를 베어가라. 나는 마흔 해 동안 잡다한 생각을 하지 않았다. 다만 두 끼 죽과 밥을 먹을 때만큼은 예외로 하여 더러 잡생각을 하곤 했다.

그들의 말은 정성스럽고 간절하여서 천년이 지난 오늘에도 마치 얼굴을 마주하고 일러주는 듯했다. 자세한 것은 어록에 있으니 꼭 찬찬히 읽어보라는 평을 곁들여 남영으로 하여금 선사들의 어록을 찾아보게 했다.

'마음을 깨치고 나니 이로부터 나라가 편안하고 국가가 안정하며 천하가 태평하니, 한 생각도 함이 없이 시방十方을 꼼짝 못하게 했던 것이다'라는 구절을 읽고서는 더욱이 출가의 뜻이 확고해졌다.

그때 남영은 알았다. 한 생각도 내지 않는 이 공부가 국가를 안정시키며 시방을 꼼짝 못하게 한다는 것을. 출가한 뒤 얼마 안돼서 봉암사에 살며 마을로 탁발을 나갔을 때 추운 겨울 날씨에 입성도 허술한 채 농막에서 굶주리며 살아가는 사람들을 보면서, 저들을 살리기 위해서는 내 공부가 무르익어야 한다고 생각했다. 결국 인생의 문제는 자신이 성숙해져서 문제가 문제되지 않을 때 풀어지는 것이다. 남영에게 있어 성숙해지는 길은 수행정진, 곧 화두 타파에 있었다.

선사들은 화두를 통해 지금 초롱초롱 밝게 빛나는 마음을 찾으라고 했다. 책에는 홀로 공부하기도 하고 스승에 묻기도 하면서 공부하는 과정이 낱낱이 들어있었다. 남영은 고무되었다. 조사들이 그러했으니 나도 못할 것이 없겠다 싶었다.

출가해서도 오랜 동안 이 책은 혜암의 손에서 떠나지 않았다. 공부가 익을수록 자신이 어디쯤 와 있는지, 무엇에 걸려 있는지 가늠하는 노정기가 되었다. 그뿐만 아니다. 그 책에 나오는 조사의 어록들을 찾아 밤새워 읽으며 발심했다. 《임제록》 《벽암록》《육조단경》《전심법요》 등이 그 책이다. 《선관책진》이 한 권이 남영의 운명을 완전히 바꾸어놓았고, 출가를 서두르게 했다. 그즈음 성실하게 일했던 직장생활은 점점 무의미해졌다. 남녀가 어울려 때로 어깨를 부딪치기도 하는 직장에서 이젠 떠나야 할 때가 왔다고 생각했다. 마침 조국은 일제의 족쇄에서 벗어나 광복을 맞았다. 운명이었다. 출가의 결심을 굳히고 고국으로 돌아오는 배를 탔다.

慧庵

제2장

대중도 가야산도 놀라다

저 사람이
과연
무엇이 되려나

남영은 10여 년간의 일본 생활을 청산하고 한국으로 돌아왔
다. 스물여섯 살이었다. 부모는 장성해서 고향으로 돌아온 아
들을 보고 기뻐했다. 남영은 일본에서 착실하게 일하면서 알
뜰하게 모은 돈으로 마을에서 가장 좋은 집을 한 채 사드렸다.
또 부모님을 위해 빵 공장을 차리려고 인천을 비롯해 여러 곳
을 알아보러 다녔다. 출가 후 부모님이 편하게 살 수 있도록 경
제적인 토대를 마련해주고 싶었다. 그러나 광복 뒤 나라가 혼
란한 탓인지 그 일이 여의치 않았다. 일을 멈추고 출가를 서둘
렀다.

　부모는 아들이 출가하려는 마음을 가진지 알지 못했다. 이제

혼인을 시켜 가정을 이루게 할 작정이었다.

"장가보낼 자리를 알아봐야 되겠다."

오랜 동안 타국에서 있다가 돌아온 자식을 두고 기뻐하는 부모님에게 출가를 하겠다는 말을 차마 할 수 없었다. 어쩔 수 없이 부모가 마련해준 맞선 자리에 두어 차례 나갔다. 마음은 출가에 있으니 매번 거절하는 것도 남의 집 처녀에게 못할 일이었다. 세 번째 혼담이 오고갈 때 부모님에게 어렵게 말을 꺼냈다.

"사실은 출가를 할라고 합니다."

부모님은 예상대로 펄쩍 뛰었다.

"일본에서 직장을 다녔으니 여기에서 다시 직장을 잡으면 될 테고, 장가가서 아들딸 낳고 살면 될 텐데 뭐 땜에 출가를 할라고 하냐?"

"도를 닦다가 죽는 길이 제가 가야 할 길입니다. 이미 결정하고 돌아왔으니까 두 분께서도 허락해주시면 좋겠습니다."

머리가 명석하고 품행이 단정해서 방에 책 한 권을 놓아도 한 치 틀어짐이 없고 옷을 걸어도 대강 걸쳐놓지 않은 아들이었다. 일본에서 돌아오자 집을 사주고 부모님 노후를 편안하게 해주기 위해 빵 공장을 알아보고 다닐 만큼 효심 깊은 아들이었다.

아버지는 자신이 젊어서 중병에 걸리는 바람에 선대가 물려

준 재산을 다 잃어 가난하게 사는 것이 자식들에게 늘 미안했다. 특히 영민한 둘째 아들 남영을 처남 집으로 보낸 뒤부터는 가슴이 더 쓰렸었다. 어린 자식이라도 남영은 어른보다 더 속이 깊었다. 월사금을 제때 내지 못할 만큼 형편이 어려운 탓에 아들은 늘 궁지에 몰리곤 했다. 담임선생은 월사금을 내지 못한 아이들을 집으로 돌려보냈다. 남영은 한 번도 집에 와서 그 일을 이야기하지 않았다. 왜 집에 오지 않았느냐고 묻지 않았지만 자신은 알고 있었다.

"부모님이 고생하시는 것을 다 아는데 말씀드려봐야 무슨 소용이 있겠어요?"

역부役夫 노릇을 하며 살림을 꾸려가던 외숙에게도 말하기가 곤란했다. 담임이 집으로 돌려보내면 학교를 나와 밖을 빙빙 돌다가 교무실로 찾아가 담임에게 말했다.

"선생님, 엄니가 누에 키워서 수확하면 어쨌든지 몇 달치를 한꺼번에 드릴 테니, 그때까지 참아줄 수 있겠냐고 말씀하시는디 어쩔까요?"

늘 눈여겨보며 남영에게 '너는 참 진실한 아이다' 하며 위로했던 담임은 눈을 감아주곤 했다. 거짓말이라고는 할 줄 모르는 아들이 그런 꾀를 내어 퇴학을 면했다는 이야기를 나중에 듣고 가슴이 무너져 내렸었다.

어디 그뿐인가. 아들은 외숙 집의 어린 동생들을 돌봐주며 학교에 다니면서도, 농번기가 되면 외할머니를 도와 논에 나가 모를 심고, 똥거름을 지고 나가 밭에 뿌리곤 했다. 가난한 사위를 미워하며 '제 아비를 닮아 저렇다'는 말을 서슴지 않고 했던 외할머니의 혹독한 시집살이도 아들은 잘 견뎌냈다. 집으로 돌아오고 싶은 마음이 굴뚝같았을 테지만, 그런 내색 없이 외갓집에서 학교를 다니고 있던 아들이 집에 다니러 왔던 어느 날, 미안한 마음을 담아 이런 이야기를 들려주었다.

"나는 지금 이렇게 살지만 네 할아버지께선 참으로 인생을 잘 살으셨던 분이다."

"복을 많이 지으셨으니 잘 사셨겠지요. 어떻게 사셨습니까?"

어린 아들은 진심으로 궁금해 하며 물었다.

"할아버지는 살림이 넉넉해서 직접 농사일을 하지 않으시고 품을 사서 했지. 그런데 할아버지가 하루도 빼놓지 않고 하시는 일이 있었다."

"그것이 뭐신데요?"

"아침 일찍 일어나면 온 동네 청소를 다 하셨어. 길가에 떨어진 나뭇가지들은 나뭇가지대로 태울 것은 태울 것대로 나누어 정리하고, 가을이면 길가에 뒹구는 낙엽을 모아서 썩혔다가 거름을 만들었지. 단 하루도 거르지 않고 말이지."

무언가 사심 없이 한 가지 일을 계속한다는 것은 큰 힘을 쌓게 하고 그 행위가 그 사람을 덕인으로 만든다. 더욱이 내 이익을 위한 것이 아닌 타인을 위한 것이라면 남에게 주는 감동도 깊다. 어린 나이지만 남영은 할아버지를 가슴에 새긴 듯했다.

그 이후로 타지에 나가 있다가 집으로 돌아와서 있을 때면 동네 구석구석을 청소하기 시작했다. 천성적으로 잠이 적고 부지런한 아들은 동이 트기가 무섭게 일어나 동네 골목부터 쓸었다. 마치 자신의 아버지를 보는 듯했다. 위아래 온 동네 골목 골목을 쓸고 나서 골짜기까지 내려가 쓰레기를 주워 지게에 싣고 돌아와 마당에 부려놓았다. 길가에 굴러다니는 소똥, 개똥을 주워 와서 거름을 만들고, 필요 없는 것들은 태워버렸다. 아들이 집에 있을 때면 동네가 훤해졌다. 동네 사람들은 물론 다니러왔던 이웃마을 사람들이 보고는 입을 다물지 못했다. 필시 먼 타국에 살 때도 그러했을 것이다.

한두 번 잘하는 것은 누구나 할 수 있다. 그러나 오래하는 것은 쉽지 않다. 그 오랫동안 남을 위해 하는 행위가 곧 자신과 남을 동시에 이롭게 하는 일임을 아들은 깨달은 것 같았다. 그 일은 일본에서 돌아온 이후에도 변함없었다. 이런 남영을 동네 사람들은 물론 가끔 다니러 오는 일가친척들도 어려워했다.

더욱이 귀국한 이후에는 한 가지 습관이 더 늘었다. 청소를 하러 나가기 전에 방에 단정히 앉아 목탁을 두드리며 《반야심경》을 외우는 일이었다. 은은하게 마을에 퍼져나갔던 목탁 소리를 온 마을 사람들이 함께 들었다. 논길을 걷다가도 수천 마리의 올챙이들이 논물에 잠겨 헤엄치고 있는 것을 보면 그냥 지나치지 못하고 가만히 앉아 《반야심경》을 시간가는 줄 모르고 외워주고 일어났다. 동네에 싸움이 벌어져 시끄러울 때도 남영이 나타나면 조용해지며 부끄러운 듯 뿔뿔이 흩어졌다.

"저 사람이 과연 뭐시 되려고 그러나?"

어느덧 동네 사람들에게 이것이 화젯거리가 되어 있었다.

백양사에서
해인사로

아버지는 차선책을 내놓았다. 말 한번 허투루 내뱉은 적이 없던 자식이었다. 그런 아들이 출가를 결심했다고 하는데 말린다고 될 일이 아니었다.

"장가간 뒤에 출가하면 안 되겠냐?"

당시 대처승들이 많아서 부모님에게는 결혼을 하고 출가하는 일이 자연스러운 일이었다. 부모님의 간청을 단번에 뿌리칠 수가 없었다. 궁여지책을 내놓았다.

"비구 스님에게라도 시집을 오겠다는 여자가 있다면 장가들 것습니다."

부모님은 한시름을 놓은 듯 며느릿감을 찾아 나섰다.

"스님과 혼인할 처녀가 한 사람 있습니다."

백양사 근처 암자에 사는 한 비구니 스님의 말에 귀가 번쩍 뜨인 부모님은 남영을 데리고 그 절로 갔다. 우스갯소리를 진담으로 알아듣고 찾아간 것이다. 남영은 난감한 마음을 담아 비구니 스님에게 자초지종을 얘기했다. 부모님을 위로하고 자신의 갈 길을 가면서 한편으로 남의 집 처녀 신세를 망치지 않으려고 하다 보니 일이 이렇게 되었다며 양해를 구했다.

"부모님께 효도하려는 마음을 잘 알겠습니다. 그런데 거사님이 가려는 길은 어떤 건가요?"

"출가를 하려고 합니다."

"대장부의 길을 가시려 한다니 잘 생각하셨습니다."

"우리나라에서 도를 닦기에 가장 좋은 곳은 어디입니까?"

노 비구니 스님이 망설임 없이 대답했다.

"합천에 있는 해인사이지요. 예로부터 도인들이 많이 사는 절 아닙니까."

부모님의 아들에 대한 애착은 생각보다 깊었다. 출가를 결심한 남영은 부모님을 다시 설득했다.

"제가 출가를 해서 대장부의 길을 갈 수 있게 허락해주십시오."

"출가는 안 된다."

"그럼 제 청을 들어주시면 출가하지 않고 부모님 곁에서 살겠습니다."

"말해보아라."

출가하지 않고 우리와 산다면 무슨 청인들 들어주지 못하겠느냐 하는 표정으로 아들을 쳐다보았다.

"두 분께서 저를 늙지 않게 해주실 수 있다면 출가하지 않겠습니다."

부모는 할 말을 잃은 채 남영의 얼굴만 바라볼 뿐이었다.

"부모님께서 저를 병들지 않게 해주실 수 있다면 출가하지 않겠습니다. 또 저를 죽지 않게 해주실 수 있다면 출가하지 않겠습니다."

출가의 길이 저 생로병사를 벗어나 영원히 사는 길임을 부모에게 어떻게 설명할 길이 없었으리라. 부모는 아무 말도 하지 못하고 더 이상 반대하지 못했다.

생사해탈과 중생구제만이 목표였던 남영에게 나머지 일들은 어떤 것도 군더더기에 지나지 않았으니, 여인과의 만남은 그 후에도 옷깃을 스치는 일조차 없었다.

남영은 백양사로 갔다. 집에서 가까운 데다 당시 백양사도 만암 스님이 총림을 만들 준비를 하고 있을 만큼 큰 도량이었다. 그러나 남영은 얼마 있지 못하고 그곳을 나왔다. 자신을 받아들인 스님이 대처승임을 알게 된 것이다. '한 물건'을 찾는 일이 시급한 때에 처자를 거느리고 있는 스님 밑에서 공부를 할 수는 없는 일이었다. 백양사를 나와 평생 그의 수행처이자 교화 도량이 된 해인사로 갔다. 1946년 음력 3월 1일이었다.

훗날 해인총림 방장에 취임했을 때 후학들이 '왜 출가를 하셨습니까'라고 물었다. 혜암은 이렇게 대답했다.

일본에서 돌아와 처음으로 간 곳이 백양사였지. 그런데 살다보니 환경이 의심스러웠어. 알고 보니 대처승들이 많아 이듬해 봄에 해인사로 왔지. 도 닦다가 죽어버리려고. 그렇게 죽는 길이 진짜로 사는 길이란 걸 나는 일찌감치 알고 있었지. 그런데 모두 날 좋아하지 않았어. 멋을 부린 모양새가 부처님 공부를 할 위인이 못 된다는 판단을 한 거지. 모두들 내가 단 며칠을 버티지 못하고 절을 떠날 줄 알았던 모양이야. 그렇지만 나는 느긋했어. 내가 출가를 하면서 가지고 온 마음이 있었거든. 꼼짝도 하지 않고 공부에 몰두했지. 식음을 전폐했어. 그렇게 얼마의 시간이 지나자 비로소 다른 이들이 나를 보는 눈이 달라졌어. 사실 공부하는 데 다른 이들의 눈이 방해가 되는 것은 아니지만.

월간 〈해인〉 1994년 1월

가야산문에
들어서다

경상남도 합천군 가야면 치인리 10번지 해인사. 그곳은 모든
존재의 실상, 즉 본래면목인 '한 물건'을 찾기 위해 찾아오는 사
람들이 선택한 최적의 공간이다. 1200년 전 신라 제40대 애장
왕 3년(802)에 순응선사順應禪師와 이정선사利貞禪師가 절을
세운 후로부터 수많은 사람들이 순수 무잡한 그 한 물건을 찾
기 위해 그곳에 들어섰다. 때로는 깨지고 무너지며, 때로는 일어
서고 세우며 그 한 물건을 찾았다. 목숨을 버릴지언정 그 하나
를 찾는 것을 멈추지 않았던 그들은 끝내 자신은 물론 세상의
유형무형의 모든 존재가 천상천하유아독존의 존재임을 확인했
다. 그들은 세상 사람들 모두가 그 사실을 깨닫기를 바라며, 자

신의 깨달음을 온전히 세상에 회향하기 위해 고군분투했다.

1945년 9월, 식민지 불교를 극복하고 불교계의 새로운 노선을 천명하기 위해 전국승려대회가 개최되었고 그 대회에서 결의해 모범 총림으로 가야총림이 설립되었다. '한 물건'을 찾기 위해 출가를 선택한 젊은이들의 발걸음이 해인사로 향했다.

1946년 10월, 해인사에 가야총림을 열면서 방장으로 추대된 효봉曉峰(1888~1966)선사는 이렇게 일갈했다.

우리 조사祖師가 서쪽에서 오시어 특히 이 일을 외치되, 다만 말하기 전에 매처럼 돌진하고 글귀 밖에서 붕새처럼 치면서, 바로 빼어나고 높이 뛰어올라 계급階級에 떨어지지 않는 것을 귀하게 여겼을 뿐이다. 그만한 일을 해내려면 그만한 사람이라야 한다. 만약 그만한 사람이라면 그만한 일이 어려울 게 무엇인가.

여기 선禪에 뜻을 둔 사람은 인정에 얽매이지 말고, 사자의 힘줄과 코끼리의 힘으로 판단하여 지체 없이 한칼로 두 동강을 내야 한다. 용맹하고 예리한 몸과 마음으로 지금까지의 비린내 나는 장삼과 기름기에 전 모자를 벗어던지고, 천지를 덮는 기염을 방출하고 부처와 조사를 뛰어넘는 위광威光을 발휘해야 할 것이니, 그래야만 그와 벗할 수 있고 또한 씨앗이 될 수 있을 것이다. 만약 그러하지 못하고 여울에 거슬러 오르는 고달픈 물고기나 갈대에 깃든 약한 새, 참죽나무에 매인 여윈 말이나 말뚝을 지키는 눈먼 나귀 따위가 된다면 그것을 어디에 쓸 것인가. 그러므로 다만 활구活句를 참구하고 사구死句를 참구하지 말아야 한다.

해인사 가야총림 방함록 서序에서

1,200년의 시공간을 통해 '한 물건'을 찾는 이들의 역사를 품고 있던 해인사에 70여 년 전 어느 날, 청년 한 사람이 들어섰다. 1946년 어느 봄날이었고 주인공은 남영이었다.

출가의 길은 쉽게 열리지 않았다. 일본식으로 하이칼라를 하고 양복을 입은 겉모습 때문이었는지 중노릇할 위인이 못 된다며 돌아가라고 했다. 그러나 남영의 굳은 발심은 꺾이지 않았다. 조사어록을 밤새워 읽으면서 조사들처럼 살아보기를 맹세하며 얼마나 많은 결심을 했던가.

"아, 하늘이 나를 시험하고 있구나."

정성을 다하면 하늘이 움직인다는 것을 믿는 바였다. 느긋하게 마음을 먹었다. 출가를 하면서 가지고 온 금강석과도 같은 견고하고 예리하며 밝은 마음이 있지 않은가. 나뭇간이나 공양간에서 잠을 자면서 불을 때고 물을 긷고 밥하는 것을 도왔다. 조사어록에서 본 대로 하루에 한 끼만 먹으면서 등을 바닥에 대지 않고 앉아서 잤다.

해인사 일주문

　해인사에서는 대중공사를 세 번이나 열어 받아들일 수 없다
는 의견을 보내왔지만 개의치 않았다. 해인사에 들어서는 순간
출가를 한 터였다.

　하루 종일 있어도 마을 사람 하나 올라오지 않는 조용한 곳
이었다. 남영은 해인사가 뿜어내는 적요寂寥가 마음에 들었다.
선방인 퇴설당 울 너머로 보이는 선방 스님들의 위의가 마음
을 사로잡았다. 조사어록에 출현하는 고승들을 보는 것 같았
다. 빨리 그곳으로 들어가서 정진할 수 있기를 바라며, 일을 하
다가도 종종걸음으로 달려가 선방을 기웃댔다. 가만 보니 다른

행자들은 틈을 내어 마당가나 우물가, 잔디밭에 앉아서 좌선을 하고 있었다. 행자부터 스님들까지 모두 수행은 그렇게 일상적인 것으로 보였다.

어서 빨리 출가수행자가 되고 싶었다. 낮에는 공양간의 일을 돕고 일이 끝난 저녁에는 밤을 새워 정진했다. 그러자 단 며칠을 버티지 못할 거라고 생각했던 사중 스님들의 눈길이 달라지기 시작했다.

그즈음 누군가를 찾는 것인지 두리번거리며 해인사 경내를 돌아다니는 두 소년이 있었다. 퇴설당에 들어와 있는 그들을 보고 한 노스님이 불렀다.

"누구를 찾아왔느냐?"

"주지스님을 찾아왔습니다."

"무슨 일로 주지스님을 찾느냐?"

"도를 닦으러 왔습니다."

이구동성 두 소년이 큰소리로 그렇게 대답하자 대답을 듣던 노스님이 크게 웃었다.

"그런데 많은 절을 두고 왜 해인사로 왔느냐?"

"어른들 말씀이 해인사에 가면 나이 많은 분들이 말없이 도만 닦고 있다고 했습니다."

"그래 어디서들 왔느냐?"

"합천에서 왔습니다."

"합천에 살기 전 너희들은 어디에서 왔느냐?"

"부모님으로부터 왔습니다."

"부모님에게서 왔단 말이구나. 그러면 부모님으로부터 오기 전에는 어디에서 왔느냐?"

씩씩하게 자신 있는 소리로 답하던 두 소년의 말문이 막혔다. 노스님이 다시 물었다.

"그 이전에는 어디에서 왔는고?"

"모르겠습니다."

툇마루에 걸터앉아있던 노스님이 일어서며 말했다.

"그러면 그걸 알아가지고 다시 오너라."

한 소년은 아무리 그 대답을 구하려고 해보았으나 알 수가 없었다. 몇 벌 옷을 챙겨 집을 나왔다. 해인사로 들어가 도를 닦아야 그 대답을 할 수 있을 것 같았다. 그 소년은 질문을 던졌던 노스님(혼해)을 은사로 출가했다.

혜암과 거의 같은 시기에 해인사로 들어와 출가한 영월 (1925~2008)의 이야기다. 그렇듯 해인사는 부모로부터 오기 이전의 본래면목, 즉 한 물건을 찾기 위해 오는 사람들이 주인공이었다. 곧 주인공의 대열에 서게 될 남영의 해인사 행자생활이 시작될 즈음이었다.

허공에
일원상을
그리다

될성부른 나무는 떡잎부터 다르다. 혜암의 출가는 처음부터 남달랐다. 자신이 천상천하 유아독존임을 알고 있었기에 눈빛에 흔들림이 없고 온몸에 당당함이 서려있었다. 산문에 들어설 때 이미 가야산은 장차 가야산의 주인이 될 법기法器가 들어오고 있음을 알았으리라.

　그러나 가야산문은 쉽게 열리지 않았다. 공양간에서 일하고 장좌불와를 하면서 일주일을 버티고 지내던 어느 날, 드디어 역사적인 순간이 열렸다. 은사가 된 인곡仁谷을 만나게 된 것이다. 혜암을 인곡에게 소개한 사람은 서옹이었다. 서옹은 일본에 있으면서 알던 사이로, 남영이 일본에서 한국으로 돌아와 출가할 결심을 하는 데 영향을 준 스님이었다. 남영보다 한 해 먼저 귀국해서 백양사에 있었는데, 해인사에 볼 일이 있어 왔다가 남영을 만나게 되었고, 사중에서 받아들여주지 않는 남영을 인곡에게 데리고 간 것이다. 서옹과 인곡은 백양사 출신으로, 서옹이 수행과 덕이 높은 인곡을 소개했던 것이다.

얼마나 기다렸던 날인가. 남영은 이미 철저한 발심을 무기로 '거짓 나'와 목숨을 걸고 싸워서 이길 만반의 준비가 되어있었다. 마치 죽음을 무릅쓰고 전쟁터에 나가는 장수처럼 비장한 발걸음으로 서옹의 뒤를 따랐다.

서옹이 인곡에게 삼배를 올리고 남영을 소개했다.

"일본에서 일하며 조사어록을 읽고 발심해서 출가하려고 온 젊은이입니다. 온 지가 며칠 되었는데 사중에서 받아주질 않는 모양입니다."

오십대의 나이였던 인곡은 체구가 자그마하지만 강단이 있어 보이는 남영을 묵묵히 바라보았다. 출가에 대한 결기가 눈빛 사이로 흘러나왔다.

출가 시험은 오래 걸리지 않았다. 마치 전광석화와도 같이 순식간에 이뤄졌다. 오랜 생에서부터 두타 고행정진을 해왔을 터이니, 스승과의 첫 문답부터 예사롭지 않았던 것이다.

인곡은 여러 말 하지 않고 선지禪旨가 있어 보이는 남영에게 물었다.

"어디서 왔느냐?"

"아 악!"

남영의 일할―喝이 끝나자 인곡이 물었다.

"고향이 어디냐?"

남영이 손으로 방바닥을 힘껏 내리쳤다.

"이름이 무엇이냐?"

즉시 손가락으로 허공에 일원상―圓相을 그려 보였다.

인곡이 다시 물었다.

"우리 집 소가 여물을 많이 먹었는데 이웃집 말이 배탈이 났다. 그래서 천하의 명의를 불러 고쳐달라고 했더니, 아랫집 돼지 엉덩이에다가 침을 놓았다. 이런 이치를 아느냐?"

주먹을 불끈 쥐어 내밀어보였다. 남영은 진리가 말에 있을 수 없으며, 또한 말로 설명할 수 없음을 알았다. 말로써 설명할 수 있는 거라면 출가를 하지 않았을 것이다.

인곡이 빙그레 웃으며 남영의 머리를 만져주었다.

남다른 만남이었다. 만나자마자 첫 문답에서 법기法器임을 알아보고 사제의 연을 맺는다는 것은 희유한 일이다. 아마 인곡은 큰 그릇을 하나 얻었다고 내심 기뻐했으리라. 인곡은 5년 후 남영에게 혜암慧庵이라는 법호法號와 함께 전법게를 내렸다.

혜암은 산문에 들어서자마자 일종식과 장좌불와를 하면서 용

인곡선사 진영.

맹정진했다. 발심이 철저하고 깊지 않으면 불가능한 일이다. 출가를 결심하고 은사를 만난 그날까지 오직 일념으로 '공부하다가 죽어도 좋다. 반드시 생사 해탈하리라'는 발심을 잊지 않았으니, 이미 상당한 경지에 이르러 있었다고 해도 과언이 아닐 것이다.

발심이 극에 달하면 분별 번뇌는 이미 붉은 화롯불의 한 점

눈(紅爐一點雪)이 되어버린다. 그래서 순진무구한 무심의 경지에 이를 수밖에 없다. 도를 이루려는 마음으로 충만하면 분별망상의 한 생각은 더 이상 일어나지 않는다. 한 생각도 일어나지 않는 무념의 경지에 이르면 깨달을 시절인연이 도래한다. 그러므로 근기가 뛰어났던 옛 선사들은 스승의 언하言下에 바로 대오大悟했다. 줄탁동시啐啄同時가 동시에 일어났기 때문이다.

이때의 문답을 보면 혜암의 경지는 이미 상당한 수준에 올라 있었던 것으로 보인다. 이날의 선문답 소식은 가야산 온 산중에 빠르게 퍼져나갔다. 이때부터 남영을 바라보는 대중들의 시선이 달라지기 시작했다. 이미 가야산문의 후일後日이 예고되고 있었다. 남영은 드디어 출격 대장부의 길을 당당히 걷게 되었다. 그 기쁨은 가야산의 하늘을 덮고도 남았다.

1946년 4월, 가야산 푸른 잎이 막 돋아날 때쯤, 남영의 행자생활이 시작되었다. 하안거를 앞두고였다. 남영은 김행자로 불렸다. 공양주의 소임이 맡겨졌다.

절은 가난했다. 대처승들이 해인사에 딸린 농토를 관리했기 때문에 탁발을 하고 배급을 받아서 식량을 조달했다. 차가 가야면까지만 왔기 때문에 배급식량을 내려놓고 돌아가는 탓에 대중스님들이 그리로 걸어가서 쌀을 한두 말씩 지고 들어와야 했다. 젊은 스님들이었지만 어깨며 등짝이 빠져나갈 듯 아팠다. 그래도 돌아와서 쌀밥 한 그릇에 된장찌개를 비벼 먹으면 거뜬했다.

김행자는 사람 수대로 쌀을 되어서 밥을 지었다. 어쩌다 소식도 없이 객스님이 한두 사람 오게 되면 그들에게 밥을 나누어 주어야 했기 때문에 여기저기서 꼬르륵 소리가 났다. 김치를 염조鹽祖, 즉 소금할아버지라고 부르던 시절이다. 김치 한 쪽으로 밥 한 그릇을 다 먹을 만큼 짜디짰던 탓에 그러한 별명이 나온 것이다.

그래도 선방에서 정진하는 스님들의 모습은 위의로 가득했다. 말소리는 조용했고 발걸음에 위엄이 느껴졌다. 스승과 제자, 도반의 관계는 서로를 배려하는 두터운 신의로 묶여있었다. 제자들이 혹여 일이라도 있어서 밖에 다녀올 일이 있을 때는 걸망을 미리 담장 밖으로 던져놓고는 슬며시 나갔다. 은사도 제자도 돈 한 푼 없었으니 제자는 은사가 노자 한 푼 주지 못하는 것을 미안해 할까봐 인사도 드리지 못하고 밖을 다녀왔다.

혜암은 출가한 일이 더없이 기뻤다. 잠을 잘 수가 없을 만큼 환희로움이 가슴 가득 금빛으로 물들었다. 일상사 모두가 부처 되는 길이라고 생각하니 즐겁지 않은 일이 없었다.

출가 전, 세상의 모든 일을 헤아려 보았었다. 삶을 설명하고 있는 문자와 말들이 빈 껍질 같았다. 이름을 드날리고 권력을 휘두르고 사는 사람들의 삶도 헛되어 보였다. 그리하여 그저 꿈을 꾸는 듯했다. 그 꿈을 깨야만 했고 그 꿈에서 깨어나야 진실된 나를 찾을 수 있을 것 같았다.

출가의 의미는 그에게 그 어떤 것에도 걸림이 없는 대자유인이 되는 길이었으며 마음 밭이 티끌 하나 없이 맑고 밝아 어둠의 무명이 남김없이 벗겨진 세계를 사는 길이었다. 정진의 열기로 가득한 해인사에서 어서 빨리 선배스님들과 자리에 앉아 정진하고 싶은 마음뿐이었다. 공양주 생활을 했지만 정진을 멈출 수 없었다. 낮에 일을 할 때도 화두를 들었고 밤에도 드러눕지 않고 정진했다. 화두는 책에서 본 '무無'자 화두였다.

평생 존경해마지 않았던 황벽黃檗(?~850)선사의 법문이 그의 가슴에 담겨있었다.

대장부라면, 어떤 스님이 조주에게 '개에게도 불성이 있습니까'라고 묻자 조주 스님이 '무無!'라고 했던 공안을 참구해라. 하루 종일 이 무 자만을 간看하되, 밤이고 낮이고, 길에서나 집에서나 앉아서나 누워서나, 옷 입고 밥 먹을 때나 똥 누고 오줌 눌 때나, 생각을 끊지 말고 돌아보며, 정신을 바짝 차리고 이 '무'를 지켜라. 날이 가고 세월이 깊어지면 한 덩어리를 이루어 문득 마음 꽃이 피어 불조의 기틀을 깨달을 터이니, 천하 노화상의 혀에 속지 않고 '달마가 서쪽에서 온 일은 바람이 없는 곳에 파도가 일어난 것이요, 세존이 꽃을 든 일도 한바탕 허물이다' 하고 당당히 말할 줄 알게 된다. 여기에 이르러서는 염라대왕이나 뭇 성인도 어찌하지 못하리라. 다만 그것이 특별한 사람만이 할 수 있는 일이라 믿지 마라. 어째서 그런가? 일이란 뜻을 품은 사람을 두려워하기 때문이다.

'무자 화두를 들고 있는 이 물건이 무엇인고?'

그의 의식은 한 생각 일어나기 이전의 소식인 이 '한 물건'을 보는 데 있었다.

밥 짓는 양을 잘 맞추자 쌀 곳간의 열쇠를 받아 미감米監의 일까지 보게 되었다. 휴식시간이 따로 없었다. 눈에 띄는 모든 것이 김행자의 일이 되었다. 불기佛器를 닦고 짚신을 만들어서 신고 헌옷을 깨끗이 빨아 입었다. 그리고 틈만 나면 좌복 위에 앉았다.

훗날 혜암은 당시 행자시절의 생활을 원당암 대중들에게 법문하는 자리에서 이렇게 회고했다.

"나는 공양주를 할 때도 물 긷고 밥하고, 세 사람이 할 일을 혼자 다 했습니다. 밥을 하루 일곱 번을 할 때도 있었지만 남에게 조금도 시키지 않았어요. 저녁에 잠도 자지 않지, 밥도 안먹지, 부엌에 들어오면 밥찌꺼기 한 톨 없는 것을 보고 사람이 아니라고 했습니다. 귀신도 놀라고 무서워하게끔 철저히 한다는 마음가짐으로 살았습니다."

혜암은 수행자로서 평생 비굴해본 적이 없다. 한순간도 당당하게 살지 않은 적이 없다. 출가한 그날부터 한 물건을 깨쳐 성불하리라는 의지를 단 한순간도 꺾지 않고 고행정진을 마다하지 않고 살아왔기 때문이다.

조사어록을 보고 온 탓일까, 절에 와서 보니 더욱 할 말이 없었습니다. 정진 중인데도 더러 말을 하는 사람들을 보면 '저리 나이 먹도록 저렇게 놀고 있나, 언제 공부하는 모양을 내려나' 하는 생각을 했어요. 먹는 것에 조금도 물들지 않고 살았습니다. 평생 아무리 좋은 음식이 있어도 간식을 먹어보지 않았어요. 다만 마음속에 '이런 좋은 때를 만났는데 내가 저런 것에 속을까보냐' 그런 생각뿐이었습니다.

누가 말을 걸어와도 허공처럼 먹혀들지 않았어요. 스님이 되어가지고도 고향이 어디냐고 묻는 사람들이 있었으나, 나는 그런 소리가 귀에 들어오지 않았습니다. 오로지 공부 생각뿐이었어요. 사람들의 말을 듣지 않고, 남의 흉도 보지 않았습니다. 나만 잘할 뿐, 남에게 잘하라는 소리도 안 하고 그냥 벽만 보고 앉았지요. 이런 나를 사람들이 무서워했습니다. 다들 사람이면 저럴 수 없다고, 문수보살, 보현보살이 총림을 도와주러 왔다고들 했습니다.

원당암 대중 법문에서

글자 없는
경전

1946년 음력 10월 보름, 김행자 남영은 인곡을 은사로 효봉을 계사로 사미계를 받았다. 가야총림이 개설되고 안거가 시작되는 동안거 결제일이었다. 은사 인곡은 성관性觀이라는 법명을 내렸다. 계를 받은 성관에게 효봉이 무자 화두를 주었다. '자, 이것을 가지고 한 물건을 찾아보거라', 그렇게 선언하는 것 같았다. 본격적인 정진이 시작되었다. 출가 전 조사들의 어록을 읽으면서 발심한 효과는 상당히 오랫동안 중요한 길목마다 혜암의 선택을 지배했다. 대부분의 행자들이 계를 받고 경전 공부를 하기 시작했으나 혜암은 경을 배우지 않고 선방에서 정진하는 것을 선택했다.

부처님이 사리불에게 이르셨다.

"저 두 보살(정명, 보적)은 정진할 때, 천년 동안 잠시라도 잠에 끄달린 적이 없었고, 천년 동안 한 번도 음식의 짜고 싱겁고 좋고 궂음을 분별한 적이 없었으며, 천년 동안 걸식할 때마다 음식을 주는 사람이 남자인지 여자인지를 본 적이 없었다. 천년 동안 나무 아래 살면서도 고개를 들어 나무 모양을 본 적이 없었으며, 천년 동안 고향의 식구들을 생각한 적이 없었고, 천년 동안 머리를 깎고 싶다는 생각을 낸 적이 없었다. 천년 동안 덥다고 시원한 것을 찾거나 춥다고 따뜻한 것을 찾을 생각을 낸 적이 없었고, 천년 동안 세상의 무익한 일을 말한 적이 없었느니라."

《보적경》

백년 동안 게으르고 졸렬하게 정진하는 것은 하루 동안 용맹스럽게 정진하는 것보다 못하다고 했고, 성불에 이르는 길은 모두 정진으로부터 비롯된다고 했다. 혜암은 그렇게 정진하고 싶었다.

정진에 고삐를 늦추지 않고 있던 어느 날 은사가 불렀다.

"글을 좀 배워야 하지 않겠나?"

오로지 참선하는 데 주력하는 것을 본 스승은 외골수의 기질을 가지고 있는 혜암을 간파하고는 곧 경전 보기를 권한 것이다.

"저는 참선 공부에 주력하고 싶습니다. 생사가 무상한데 어느 겨를에 글을 배울 수 있겠습니까? 죽음이란 노소가 없는데 만약 제가 당장 죽더라도 스님께서 제가 수행자의 몸을 잃어버리지 않도록 책임을 져주신다면 글을 배운 후 참선을 하겠습니다. 그렇지만 생사가 급하여 이 공부를 하고자 출가했는데, 제대로 글이 들어가겠습니까?"

사람의 목숨이 숨 한 번 쉬는 사이에 달려있다는 생각이 들어서 도저히 글이 들어오지 않았다. 언제 죽을지 몰라서 오늘 밥을 먹고 살아있는 것이 고맙고, 죽지 않고 지금 공부하는 것도 고맙다는 생각밖에 없었다. 그런데 어찌 글을 배우겠는가.

《선관책진》에서 황룡선사는 수시로 설법했다.

"책 속에서 문자를 새기거나, 말을 기억하여 선을 구하고 도를 찾지 마라. 선과 도는 책 속에 있지 않다. 경전의 방대한 가르침과 제자백가의 말을 외우더라도 쓸데없는 언어일 뿐이니, 죽음에 다다라서는 아무런 쓸모가 없다."

이에 주굉선사가 평하기를 "이렇게 말했다고 해서, 경전을 헐뜯거나 법을 망가뜨려서는 안 된다. 이 말은 문자에만 집착하여 수행하지 않는 사람을 경계한 말이지, 낫 놓고 기역 자도 모르는 사람을 편들어 붉은 기를 세운 것은 아니다"라고 했다.

혜암에게는 황룡선사의 말이 먼저 뚜렷이 들어왔다. 불교가 무엇을 지향하고 참구해야 하는지 그 이치를 알았기 때문에서 빨리 실제로 참구하는 현장으로 들어가고 싶었을 뿐, 경전을 무시하거나 필요 없는 것으로 여긴 것은 아니었다.

오랜 생을 건너오면서 오로지 수행하는 데 온 힘을 쏟았을 것이고, 못 다한 정진에의 열망으로 가득한 채 이번 생으로 왔을 터였다. 발심이 충분히 되어있었으니 경을 보라는 스승의 말이 당연히 귀에 들어오지 않았을 것이다.

두어 달 뒤 은사가 다시 불러 권했다.

"그렇다 해도 글을 배울 생각이 없느냐?"

곁의 사람들에게 '저, 성관은 도무지 가르칠 게 없다'고 칭찬하며, 제자의 일거수일투족이 정진에 맞추어져 있는 것을 알았지만 다시 한번 글을 배울 것을 청해본 것이다.

"제가 공부하는 법을 안 잊어버리게 해주신다면 스님 말씀대로 하겠습니다. 토굴에서 공부하려면 먹을 것을 해결하는 일이 큰일이지 않습니까. 아쉬운 대로 글을 배워서 먹지 않아도 되거나 병이 들지 않는다면 글을 배우고 나서 참선하겠습니다."

스승도 물러서지 않았다.

"혹 스님 노릇을 하다보면 사람을 상대할 일이 생기기 마련이니 글을 아주 몰라서는 안 될 것이야."

은사는 깨달음을 얻고 난 후 그것을 다른 사람에게 알려서 그들도 깨치게 하려면 교설敎說이 필요하다는 것을 말하고 싶었을 것이다. 교설에는 비유와 순서, 논리와 체계가 필요함을 경험한 은사로서는 당연한 권유였다. 자신의 제자가 훗날 반드시 대중을 교화하는 자리에 있을 것임을 믿어 의심치 않았기에 더욱 그러했을 것이다. 그러나 혜암의 결심은 확고했다.

"'나에게 한 경전이 있는데, 헤쳐 보면 한 글자도 없으나 항상 대광명大光明을 놓더라'는 고인의 말씀을 대하고 남이 쓴 책은 그만 읽고, 제게 있는 광명의 책을 보고 싶은 마음이 간절했습니다. 그런데 글을 배워서 무슨 소용이 있겠습니까. 저는 그 광명을 발하고 있는 한 물건을 찾는 일에 전념하겠습니다."

나에게 한 경전이 있으니
그것은 종이와 먹으로 이루어진 것이 아니네
펼치면 한 글자도 없지만
항상 큰 광명을 놓도다
我有一卷經　不因紙墨成
展開無一字　常放大光明

많은 수행자들의 안목을 열어주었던 이 게송은 청허휴정淸虛休靜(1520~1604)이 편찬한 《운수단가사雲水壇歌詞》의 부록인 천도의식문薦度儀式文 가운데 염향식拈香式에 실려있다. 운수단 가사는 헌공의식문을 선禪의 입장에서 서술하여 1607년에 간행한 불교의례서이다.

또 이 게송은 백파긍선白坡亘璇(1767~1852)이 편찬한《작법 귀감作法龜鑑》에도 수록되어 있다. 이 책은 조선 후기 긍선이 불전佛前 및 신중神衆에 올리는 재공의식에 관한 작법절차를 기록하여 1826년에 간행한 불교의례서이다. 두 책이 모두 이미 있는 의식문을 모아서 편찬한 것이기 때문에, 게송의 작자는 확실치 않다.

혜암의 행장에 의하면 "17세에 일본으로 건너가 동서양의 종 교와 철학을 공부하던 중 어록을 보다가 저 내용의 구절에 이 르러 홀연히 발심하여 출가를 결심하고 귀국하였다"는 내용이 있다. 혜암을 연구하는 여러 책이나 논문에서《선관책진》혹은 《채근담》에 나오는 이 게송을 읽고 발심 출가했다고 기록하고 있으나, 저 두 책에는 이 내용이 보이지 않는다. 혜암이 이 게 송을 언제 어디서 처음 대했는지는 정확하지 않다. 오직 화두 를 참구해서 이미 내 안에 있는 한 물건(자성불)을 찾고자 했던 혜암에게 이 게송은 다시 한번 깊이 발심하는 데 큰 울림이 되 었을 것이다.

단호한 제자의 결심으로 인해 일단 물러났으나, 스승인 인곡 이 결정적으로 경전을 보라고 다시 권하지 않은 것은 몇 년 뒤 였다. 육이오전쟁 때 범어사에 수백 명의 스님들이 모여들었다. 그해 여름 안거 때 대강백 운허耘虛(1892~1980)의《능엄경》법회가 열렸다. 법회 시간만 되면 학인들은 물론 선원의 입승과 노스님, 젊은 수좌할 것 없이 모두 선방을 비우고 그리로 갔다. 그곳에서 정진 중이던 혜암은 묵언하며 면벽 정진했다. 이를 보았던 범어사 조실 동산 스님이 해제 날에 '한 철 공부 잘 했다'고 칭찬하며 혜암에게만 안거증을 주었다.

스승은 이 소문을 듣고 나서야 경 읽는 것을 권하지 않았다.

"지금부터는 글을 배우려는 생각을 일체 버리고 공부를 잘 하는 자네 도리만 하게."

혜암은 훗날 해인총림 방장으로 학인들에게 《육조단경》을 설할 때 '육조단경을 버릴 때 견성하는 것이요, 육조단경의 종노릇을 한다면 언제 견성 성불할 수 있는가' 물으면서, 경전에 매이지 말고 뜻을 살펴 참선에 전념할 것을 당부했다.

그러면서 한편 강의를 들어야 하는 이유를 이렇게 설명했다.

"구경각의 노정기를 다 알았으면 필요 없는 것이지만, 노정기를 모르니까 알아야 하고 또 병통에 걸릴 수 있으니 병을 고치려고 부처님의 말씀을 배우고 조사의 말씀을 배우는 것이다. 그러나 부처님, 조사의 말씀이라도 거기에 속지 말아야 한다."

그러나 혜암은 훗날 제자를 들였을 때 강원에 가서 공부하는 것을 막지 않았다. 선은 부처님의 마음이요, 교는 부처님의 말씀으로 마강법약魔强法弱한 말세에는 교가 살아야 선도 살 수 있다고 설했다. 그때는 이끌어줄 선지식이 없기 때문에 바로 가는 방법을 알기 위해서 글을 배워야 한다고 했다.

교敎를 눈에, 선禪을 발에 비유한다. 실천도 올바른 이론 위에서 가능하며, 이론이 아무리 뛰어나도 실천이 없으면 무용지물이라는 비유다.

수계 후, 정식으로 출가수행자가 된 혜암은 맹렬하게 정진했고 조사들이 말한 바대로 한 치 빈틈없이 일평생을 살았다. 출가한 날로부터 하루 한 끼씩만을 먹었고, 밤에도 등을 방바닥에 대지 않았다. 지리산, 태백산, 오대산, 설악산 등의 토굴과 선원에서 용맹정진을 늦추지 않았다. 출가의 길은 때로는 깊이를 알 수 없는 물속을, 때로는 생명을 잃을지도 모르는 활활 타오르는 불길 속을 지나는 것이었다. 그렇다면 깊고 뜨거웠던 그 수행의 길에서 혜암이 본 것은 무엇이었을까.

한 생각도 일어나지 않는 것이 부처지. 난 그 생각이란 놈을 낳지 않기 위해 공부했어. 그런데 요즘 세상은 온갖 생각을 낳기 위해 애를 쓰고 있어. 모두 헛된 망상에 사로잡혀 있지. 난 여태껏 어떤 누구에게도 고개를 숙여본 적이 없어. 꼿꼿하게 살았지. 부처님 제자거든. 수행자란 모름지기 군더더기가 없어야 돼.

방장에 오른 뒤 해인사 후학들과의 대담에서

선불교가 가리키는 뜻을 이해하는 것은 보통 사람도 할 수 있다. 그러나 하루 한 끼만 먹고 옆구리를 방바닥에 대지 않는 장좌불와의 실천은 결코 쉬운 일이 아니다. 그래서 그 길을 소수의 사람들만이 갔고, 혜암은 그 소수의 사람들이 걸은 인고의 길을 갔다.

해인총림 동안거 결제 기념 _1992년 음력 10월 15일

7일간의
사투

세월의 무게와 더불어 한 사람이 어떤 궤적을 거쳐 왔는지가
그 사람을 평가한다. 혜암이 출가한 이후로 해인사에서 정진한
세월을 보면, 그를 두고 가야산의 정진불로 칭하는 것은 당연
하다.

무슨 일을 하든 첫발이 발라야 만 리도 바르다고 역설했던
혜암의 용맹정진의 첫발은 해인사에서 수계를 하고 난 직후였
다. 목숨을 내놓고 시작한 정진은 처절했는데, 혜암이 7일 안에
깨칠 수 있다는 신념이 얼마나 굳건했으며, 그 일념으로 한평
생을 정진했다는 것을 알 수 있는 일화다.

오래전 임제선사는 후학들에게 날을 우물쭈물 헛되이 보내

지 말라고 하면서 자신도 옛날에 깨닫지 못했을 때는 깜깜해서 아득했으며, 광음光陰을 헛되이 보낼 수가 없어서 뱃속은 불이 났고 마음은 바빠서 부산하게 도를 찾아 물었다고 했다. 혜암도 그와 같은 심정이었다. 그 무엇에도 두려움이 없을 나이인 스물일곱이었다. 모든 일을 하는 데 필요한 '서서히'라는 말이 가슴으로 들어오지 않을 뜨거운 나이였다.

어느 날, 새벽 예불이 끝난 뒤 부엌에서 주걱으로 밥을 푸다 보니 문득 서글픈 생각이 들었다.

'도를 닦으러 왔는데 다른 스님들 공양 준비만 해주다 시간을 다 흘려보내는구나. 공양주를 안 하겠다고 버티던 초학자에게 방장스님은 칠일 안에 해결하지 못하면 칠십 년을 해도 안 된다고 하시지 않았던가. 떠나자.'

결단을 내리기가 무섭게 밥을 푸던 주걱을 내려놓고 곁에서 국을 푸고 있는 도반스님에게 부탁했다.

"스님, 제가 배탈이 좀 난 것 같습니다. 정랑에 좀 다녀오려고 하니 오늘 아침만 혼자 공양 준비를 해주시오."

효봉의 시자였던 도반은 평소 성실하게 자기 임무를 다해온 혜암이 36계 줄행랑을 놓을 거란 생각은 꿈에도 하지 못한 채 '그러마' 하고 선선히 대답했다.

방으로 들어와 종이 한 장과 연필 한 자루를 주머니에 넣은 채 입던 옷 그대로 해인사 산내 암자인 백련암 위로 올라갔다.

"일주일 만에 꼭 도를 깨치겠다. 그러지 못할 때는 죽어도 좋다."

가지고 나온 종이에 그렇게 결심한 바를 적었다. 생사를 밝히지 못하고 조사관祖師關을 뚫지 못하면 맹세코 산에서 내려가지 않으리라는 원을 세운 것이다.

전에 보아둔 백련암 뒤 환적대로 올라가 깨치기 전에는 밖으로 나오지 않을 결심이었다. 일주일 만에 깨치지 않고는 굴속을 나오지 않겠다는 결심을 써놓기 위해 종이와 연필이 필요했던 것이다. 먹을 음식도 준비하지 않았다. 어느 누구도, 설사 하늘도 귀신도 얕보는 일은 하고 싶지 않았다.

그러나 그날따라 하늘에 구름이 짙게 끼어 미리 보아둔 환적 스님이 공부하던 곳인 환적대를 끝내 찾을 수 없었다. 조선시대에 백련암에 주석했던 환적은 토굴을 짓고 수행정진했다. 호랑이 한 마리와 가까이 지내게 되면서 호랑이를 타고 가야산을 오르내렸다는 수행자다.

마음이 급해져서 정진할만한 다른 곳을 찾아보았다. 반드시 환적굴이어야만 되는 것은 아니지 않는가. 앉아서 공부할만한 굴 두 곳이 보였다. 살펴보니 한 곳은 물이 나오고 한 곳은 물이 나오지 않았다. 먹을 것은 쌀 한 톨 가지고 오지 않았기 때문에 물이 나오는 곳에 들어앉았다.

돌멩이 여덟 개를 굴 주변에서 골라 곁에 놓아두었다. 하루

환적대는 혜암이 깨달음을 얻지 않으면 내려가지 않으리라는 원을 세우고 7일 단식 용맹정진한 곳이다.

가 지날 때마다 돌멩이 하나를 옮겨 여덟 개가 다 옮겨지면 만칠 일이 될 것이고 그동안 깨칠 요량이었다. 자신이 있었다. 분명히 조사들이 일주일이면 충분하다고 하지 않았던가.

'중국의 조주는 나무뿌리를 달여 먹고 차만 마셨어도 120살까지 살았고, 태고보우선사는 일주일을 굶으면서 정진해 견성했다는 기록이 있지 않던가. 그리고 해인사에 주석했던 석두 스님은 배가 고파서 걸어 다닐 수 없을 지경에 이르러서야 공양을 드시고도 석 달 만에 깨치지 않으셨던가. 지극한 마음으로 하면 사흘, 닷새, 이레 만에도 깨칠 수 있다고 했다. 부처님과 조사들이 보증한 일이다. 무엇을 염려하고 두려워하랴.'

마음이 산란하면 가만히 자리에서 일어나 밖으로 나가 주위를 한 바퀴 거닐었다. 그리고 다시 조용히 굴속으로 들어와 앉아 무자 화두를 간절히 밀고 나갔다.

나와 화두가 순일해지는 것을 화두삼매라고 한다. 화두에 몰입되어 화두와 내가 한 덩어리가 되어 놓을 수도 버릴 수도 없는 은산철벽의 경지에 들어야 비로소 온전한 화두삼매라 할 수 있다.

그러나 7일 안에 화두를 해결하는 일은 쉬운 일은 아니었다. 돌멩이 둘을 남겨놓은 시점에서 화두가 깨지고 말았다.

"화두 선택이 잘못되어 깨우치질 못했나보다. 바른 공부 길도 몰라서 죽는 것이 목적이 아니지 않은가. 다시 화두를 결택하자."

헛된 생각이 들고일어난 것이다. 망념은 곧 실패를 의미했다. 올바로 가는 길이 아닌 것 같다는 생각이 들었고 화두가 달아나며 망념이 일자 굴속을 나왔다.

훗날 혜암은 '그렇게 굴속에서 물만 먹으면서 6일을 지내고 나니 귀가 바글바글 울리고 손발 마디마디가 빡빡해졌다. 물론 대변은 안 나왔고 하루에 한 번 소변을 보았다'고 회고했다.

산을 내려오다가 송이를 따러 온 스님들과 마주쳤다. 일주일 동안을 물만 조금 마시면서 앉아있었으니 모습이 어떠했겠는가. 뒤에 그들은 '비쩍 마르고 눈빛만 보여 귀신이 나타난 줄 알았다'고 말했다.

산에서 내려오자 홍근鴻根(서암, 1914~2003)이 미음을 쑤어다 주었다. 대중들을 풀어 없어진 혜암을 찾게 했으나 찾지 못해 걱정을 하고 있던 효봉이 크게 꾸짖었다.

"공부는 그렇게 급하게 하는 게 아니야. 다시는 그렇게 무모한 짓을 하지 말거라."

효봉은 겉으로는 그렇게 야단을 쳤으나 젊은 수좌의 순수한 발심을 흐뭇하게 바라봤다. 혜암이 효봉에게 간절한 마음으로 청했다.

"방장스님, 저는 공부가 급합니다. 퇴설당에서 진행되고 있는 용맹정진에 들어가게 해주십시오."

당시 해인사 선방은 보통 정진실과 가행정진加行精進을 하는 선방이 따로 구분되어 있었다. 점심 공양 후 대중공사를 하면서 효봉이 제안했다.

"여기 이 수좌가 큰 발심을 내서 용맹정진을 하려고 하는데 퇴설당에 들여 공부하게 합시다."

대중들이 반대했다.

"구참들도 많은데 계를 받은 지 얼마 안 되는 사람을 어떻게 퇴설당에 올릴 수 있습니까?"

대중공사에서 이제 갓 출가한 신참에게 가행정진실의 퇴설당 입방은 불가하다는 의견이 분분했으나 효봉 스님은 공부하는 데 구참, 신참이 따로 있느냐고 일축해버리셨고, 그로 인해 출가한 해 바로 퇴설당에서 정진하게 되었다. 그 당시 퇴설당은 하루 세 시간 잠을 잤는데 굉장히 엄중하여 밥만 먹으면 나무 토막처럼 움직이지 않고 좌선을 했다. 돌아보니 그 시절의 공부가 나의 공부 길에 긴요한 영향을 주었다. 그로부터 참선 수행하는 길 이외에 다른 것을 기웃거려 본 적은 단 한 번도 없이 이 길로 매진해왔다.

방장에 오른 뒤 1994년 1월, 월간 〈해인〉 인터뷰에서

퇴설당에 입실한 혜암은 일주일 안에 깨치겠다는 각오로 정진했다. 일주일이면 견성할 수 있다는 옛 선사들의 말을 철썩같이 믿었기에 출가도 했고 퇴설당에도 앉은 것이다. 오직 일주일만 생각했다. 그래도 안 되었다. 그러면 그 일주일을 내버리고 다시 일주일을 내세우고 정진을 거듭했다. 그 일주일이 일생이 되었다. 후에 혜암은 말했다.

"그러다 보니 1년이 간 줄도 모르고, 저녁인지 낮인지도 몰랐다. 일체유심조라고 하지 않는가. 오직 공부하는 생각 하나밖에 없었다."

46년 뒤 혜암은 해인총림의 방장이 되어 퇴설당에서 거처하게 되었다. 그리고 그곳에서 후학들에게 용맹정진을 독려했다. 적게 자고 적게 먹을 것을 강조했고, 일흔이 넘을 때까지 후학들을 지도하며 용맹정진을 멈추지 않았다. 가야산의 정진불 다운 첫발은 그렇게 강렬했다.

慧庵

제3장

두타행이 끊어지면 정법안장이 끊어진다

한국불교의
두타수행자

오늘날 세상 사람들이 혜암을 떠올릴 때 가장 먼저 주목하는 것은 '공부하다 죽어라'로 대변되는 처절한 수행과 중생을 자비로 교화했던 보살과도 같은 삶일 것이다. 그래서 혜암을 일러 근현대 한국불교의 대표적인 두타수행자라고 부른다. 가히 두타수행자의 대명사로 평가되고 있다고 해도 과언이 아니다.

출가수행자가 참기 어려운 고행을 능히 참고 행하는 것을 두타행頭陀行이라고 한다. 석가모니 부처님 당시부터 행해졌던 '12두타행'의 그 세부 내용을 보면, 혜암이 왜 두타수행자의 대명사로 불리는지 이해된다.

고요한 곳에 머무르면서 세속을 멀리한다(在阿蘭若處), 언제나 걸식하여 신도나 국왕 등의 공양을 따로 받지 않는다(常行乞食), 걸식할 때는 마을의 일곱 집을 차례로 찾아가서 빈부를 따지지 않고 걸식하며, 일곱 집에서 밥을 얻지 못하면 그날은 먹지 않는다(次第乞食), 하루에 한 차례를 한자리에서 먹고 거듭 먹지 않는다(受一食法), 항상 배고프지 않을 정도로만 먹고 발우 안에 든 음식만으로 만족한다(節量食), 정오가 지나면 과일즙·석밀(石蜜 : 사탕) 따위도 마시지 않는다(中後不得飮漿), 좋은 옷을 입지 않고 헌옷을 빨아 기워서 입는다(著弊衲衣), 내의內衣·상의上衣·중의重衣 등 세 가지 옷만을 가진다(但三衣), 무덤 곁에 머물면서 무상관無常觀을 닦는다(塚間住), 쉴 때에는 정자나 집을 택하지 않고 나무 밑에서 쉰다(樹下止), 나무 아래에서 자면 습기·독충 등의 피해를 입을 수 있으므로 한데에 앉는다(露地坐), 앉기만 하고 눕지 않는다(但坐不臥).

이 열두 가지 행을 닦는 것을 두타행이라 한다. 이 가운데 가장 대표되는 것이 하루 한 차례 밥을 먹는다는 내용과 앉기만 하고 눕지 않는 내용이다. 일종식과 장좌불와를 말하는 이 두 가지를 혜암은 출가하는 날부터 입적하는 날까지 50여 년 동안 대중 선원에서 철저히 실천했다. 평생토록 대중처에서 일종식과 장좌불와의 고행정진을 한 셈이다. 가히 본분 납자의 표상이요 귀감이라 할만하다. 평생을 초인적인 구도정진과 금욕적인 두타행으로 선수행의 가풍을 확립시킨 혜암은 평소 '두타행이 끊어지면 정법안장正法眼藏이 끊어진다'고 역설했다. 이는 두타행을 바탕으로 한 참선수행법이 정법안장이 살아 숨쉬는 불교의 바른 법이요 핵심이며, 불교를 걸머지고 이끌어가는 연유이기 때문이다.

50년의 장좌불와와 일종식의 두타행은 한국 근현대 불교사에서 높이 평가받을 만하다. 공부하다 죽겠다는 결심을 평생 동안 견지했던 그러한 결단과 초인적인 두타행이 그만의 특유한 리더십을 가지게 했고, 선을 대중화하고 생활화하는 데 역동적인 힘을 발휘하게 했다.

혜암의 가풍은 '용맹정진'이다. 가히 용맹정진의 화신이라 할 만하다. 그의 용맹정진은 오로지 확철대오를 위한 것이었다. 울력을 하고 불사를 하고 밤에는 자지 않고 참선을 한 수행자다. 제자들이 시봉하기를 두려워할 정도로 정진했고, 7일이면 깨달을 수 있다는 확신으로 평생을 이어간 수행자다.

평생을 눕지 않은 그의 등은 활처럼 굽어있었다. 말년에는 눕고 싶어도 누울 수 없을 정도였다. 그가 하루 한 끼만을 먹은 것은 용맹정진을 통해 견성성불하기 위한 방편이었다.

불교 수행의 근본 체계는 계정혜 삼학으로 이루어져 있다. 수행에 두타행은 왜 필요한 것일까. 장좌불와와 일종식은 육신을 조복받기 위해서다. 혜암이 이 두 가지를 견지한 것도 용맹정진으로 깨달음을 얻기 위한 수행방편이었던 것이다.

석가모니 부처님의 제자 중에서는 대가섭大迦葉이 두타행을 가장 충실하게 닦았다고 하며, 석가모니 부처님 이후 수많은 수행자들이 두타행을 닦았다. 부처님의 영산회상에 많은 상수 제자들이 있었으나 오로지 마하가섭만이 평생을 두타행으로 일관했고, 부처님은 그런 그에게 '내가 체득한 불가사의한 진리(正法眼藏)와 말이나 문자로서 표현할 수 없는 현묘한 경지의 불법(涅槃妙心)을 가섭에게 전한다'고 선포했다.

신라의 원효선사는 고행의 중요성에 대해 이렇게 설했다.

"자신의 쾌락을 능히 버리면 성인처럼 믿고 존경할 것이요, 어려운 행을 능히 행하면 부처님과 같이 존중받는다(自樂能捨信敬如聖 難行能行 尊重如佛)."

지혜를 완성하기 위해서는 무엇보다 닦아가는 과정이 중요하다. 석가모니 부처님이 출가해서 6년 동안 상상을 초월하는 극한의 고행을 한 것은 무엇 때문일까. 수백 생을 닦아 이미 부처가 되었는데도 말이다. 이는 발심과 고행을 하지 않고는 도를 이룰 수 없다는 것을 극명하게 보인 것이다. 예로부터 배부르고 등이 따뜻하면 색심色心이 일어나고 춥고 배고파야 도심道心이 일어난다고 했다.

그렇다면 출가수행의 길에서 발심과 고행(두타행)은 어떤 의미를 지니는가. 중생들은 다겁의 생을 살아오면서 몸과 말(입)과 생각을 통해 수많은 죄업을 지었다. 본래성품의 나로 살지 않고 무명의 번뇌에 휩쓸려 거짓 나로 살아온 것이다. 이른바 배각합진背覺合塵의 삶을 살아온 것이다. 이로 인해 생사의 윤회를 거듭하며 끝없는 고통을 받아왔다. 그 끝없이 순환하는 윤회에서 무명의 근본을 뿌리째 뽑아내야 한다. 고통의 원인을 제거하는 것이다.

그런데 번뇌를 일으키는 생각은 경계를 따라가고, 육신은 편안한 것만을 취해 본성을 잃어버린다. 본성을 잃어버리면 고통뿐이다. 그러므로 고통을 벗어나기 위해서는 오염된 몸과 마음을 항복받아야 한다. 그러기 위해서는 철저한 발심과 고행이 필요하다. 고행은 밑 빠진 배를 타고 물을 거슬러 올라가는 것과 같다. 한시도 쉬지 않고 노를 젓지 않으면 익사하고 만다. 수행자는 그래서 한순간도 쉬지 않고 노를 젓는 고행을 해야 한다. 그래야 산다. 석가모니 부처님을 비롯해 역대 조사들과 천하의 선지식들도 목숨을 건 고행을 통해 생사의 윤회에서 벗어났다.

그러므로 발심을 통한 고행은 생사윤회의 속박에서 벗어나기 위한 정법이다. 부처님은 이러한 정법이 말세까지 끊어지지 않도록 하기 위해 몸소 고행을 실천해보였고, 고행 두타 제일의 제자 마하가섭에게 법을 전했던 것이다. 말세의 중생을 발심시키기 위해 고행을 보였다고 해도 지나친 말이 아니다.

혜암은 출가 이후 가야총림의 효봉선사 회상을 시작으로 오대산 상원사 한암선사, 금정산 범어사 동산선사, 영축산 통도사 극락암 경봉선사, 부산 묘관음사 향곡선사, 인천 용화사 전강선사, 해인총림 성철선사 등 한국의 내로라하는 선지식 회상에서 일종식과 장좌불와를 하며 고행정진했다. 그리고 그 어느 회상에서나 공부 잘하는 수좌로 인정받았다.

혜암의 고행정진 발자취를 보면 《화엄경》〈입법계품〉에 등장하는 선재동자의 구법 행각을 떠올리지 않을 수 없다. 전쟁 중 동산선사 회상에서 수많은 수좌들 가운데 홀로 안거증을 받은 일을 비롯해, 평생 대중 선원에서 일종식과 장좌불와로 용맹정진했다.

대중이 함께 사는 곳에서 한 철도 아니고 평생토록 일종식과 장좌불와를 하며 용맹정진을 하는 것은 결코 쉬운 일이 아닐 것이다. 혜암은 벽에 등을 대는 법이 없었고 남들이 다 공양을 하는 아침과 저녁 시간에는 주로 장작을 패며 시간을 보냈다고 한다.

"대중이 부처다."

승가에 전해오는 이 말은 대중의 엄격한 법도가 곧 부처님 법과 다르지 않다는 뜻이다.

혜암은 수행 초기 설악산 오세암과 태백산 동암, 오대산 사고암 정진을 제외하고는 총림을 비롯한 대중처에서 정진했다.

총림은 빽빽한 숲을 뜻한다. 나무가 빽빽하게 들어선 숲에서 자라는 나무는 곧게 자랄 수밖에 없다. 그렇듯 수행자도 많은 대중 속에서 생활하면 엄격한 대중의 법도에 따라 여법하게 정진할 수밖에 없다. 그래서 기강과 규칙이 엄격한 대중처에서 정진하는 이익은 말할 수 없이 큰 것이다.

혜암의 은사인 인곡선사는 대중처를 떠나지 말고 법의法衣를 자주 만져보라고 가르쳤다. 혜암이 대중처를 떠나지 않고 정진한 데는 스승의 가르침도 있었다. 그러나 더 큰 뜻은 대중처의 대중 속에서 철저히 고행정진하기 위한 선택에 있었다.

경전에 '중생으로 인하여 발심하고 서원을 세우며 깨달음을 얻는다'는 구절이 있다. 중생이 아니면 성불할 수 없다는 의미를 누구보다 잘 알았을 것이니 혜암의 선택은 당연한 일이었을 것이다.

봉암사결사,
성철선사와의
인연

해인총림 방장과 대한불교조계종 종정을 역임했던 혜암과 성철은 한국불교 근현대사를 꿰뚫는 인물이다. 두 사람 다 한국불교의 정법안장을 지키고 후학들을 지도하기 위해 평생을 진력했던 수행자이기 때문이다.

혜암이 해인사에서 처음 성철을 만나 봉암사결사에 참여한 이후 해인총림 방장에 추대되기까지 성철과의 깊고도 특별한 인연은 그 어떤 선지식과의 인연보다 그 폭이 넓고 깊다. 출가 수행자의 인연을 넘어 선사상을 계승한 사상적 동반자였다.

혜암은 성철과의 관계에 대해 때로는 스승이었고, 때로는 도반이었다고 하면서 성철을 스승으로 존경했다. 성철 또한 혜암이 곁에 없으면 소화가 안 된다고 할 정도로 아꼈다.

숙겁의 인연으로 이어져왔을 두 사람의 만남은 혜암이 스물여덟, 성철이 서른여섯일 때 이루어졌다. 푸르른 청춘의 나이인 그때 혜암은 해인사 가야총림에서 정진하고 있었고, 성철은 봉암사결사를 막 시작할 때였다.

봉암사결사는 이른바 왜색에 물들었던 한국불교를 청산하고 조계종의 정체성과 선종의 전통성을 회복하여 이 땅에 부처님의 정법을 다시 세우고자 했던 광복 이후 최초의 개혁불사이다. 타락한 불교를 다시 일으켜 세우려고 했던 고려 보조지눌普照知訥(1158~1210)국사의 송광사 정혜결사와 더불어 한국불교사에 길이 남을 대작불사로 평가된다.

희양산 봉암사는 신라 말 구산 선문의 하나로 879년 지증도헌智證道憲(824~882)국사가 창건한 절이다. 신라의 문장가 최치원이 지은 지증국사 비문에는 지증국사가 희양산에 이르러 희양산의 빼어난 봉암용곡鳳巖龍谷의 지세를 보고는 '이 땅을 얻게 된 것이 어찌 하늘이 준 것이 아니겠는가. 이곳은 스님들의 거처가 되지 못하면 도적의 소굴이 될 것이다'라고 했다고 적혀있다. 봉암이 힘차게 솟아올라 그 기상이 하늘을 찌르고도 남고 용곡의 서출동류수西出東流水는 마를 날이 없이 넘쳐 흐르니 수도하기에 이보다 더 좋은 곳은 찾아보기 힘들다는 곳이다.

신라 말에 개창한 이래 천년이 넘는 세월 동안 고려 정진국사, 태고보우국사, 고려 말 조선 초 함허득통선사, 조선 중기 환적선사, 상봉대사 등 선사들의 법향이 끊이지 않고 면면히 내려왔다. 또한 9산 선문 가운데 호남의 동리산문 태안사와 더불어 영남의 유일한 선문으로 오늘에 이르기까지 그 명맥이 이어져 온 곳이다.

봉암사결사는 혜암이 성철을 만난 1947년 그해 가을에 성철이 주도했다. 결사 7년 전인 스물아홉에 이미 오도하여 뛰어난 수행력과 안목으로 그 이름이 널리 알려져 있었다.

성철이 봉암사에서 결사를 시작한 것은 역사적으로나 지리적으로 비추어볼 때 옳은 결정이었다는 평가를 받는다. 3년여 만에 막을 내렸지만, 결과적으로 봉암사결사는 당시 타락한 한국불교계에 새바람을 불어넣었고, 1954년 불교정화운동과 1962년 대한불교조계종 창립의 서곡序曲이 되었다. 1982년 대한불교조계종 종립 특별선원으로 지정되어 일반인의 출입을 금하는 유일한 산문폐쇄도량이 되었으니, 그 역사적 의의는 넓고도 깊다.

혜암이 이처럼 역사적인 봉암사결사에 참여한 것은 그 의미가 매우 깊다. 출가 초기에 가야총림 안거 후 봉암사에서의 수행은 조계종과 선종의 정체성을 역사적인 현장에서 직접 체험하는 계기가 되었는데, 이는 평생 수행정진하는 데 밑거름이 되었을 것이다. 특히 탁발을 하면서 본 중생들의 현실적인 고통은 수행에 매진해서 깨달음을 얻고 중생을 고통에서 건지겠다는 원력을 군건히 하게 했고, 그것이 발심과 용맹정진으로 이어져 마침내 오도에 이르는 계기가 되었을 것이다.

그러나 봉암사결사에 참여함으로 해서 가장 크게 얻은 소득은 성철선사와의 만남이다. 봉암사결사로 시작된 성철과의 인연은 성철이 방장으로 있던 해인총림에서 유나, 수좌, 부방장에 이르기까지 계속되었으니, 동시대에 한 산중의 주인이 된 그 인연은 특별하다고 할 것이다. 아마도 두 사람은 다겁생을 이어오면서 가야산문에서 함께 용맹정진했을 것이다.

선의 거장 임제臨濟(?~867)가 일찍이 외쳤다.

함께 도를 닦는 여러 벗들이여! 그대들이 참다운 견해를 얻고자 한다면 오직 단 한 가지 속임수에 걸리는 미혹함을 입지 않아야 한다. 안으로나 밖으로나 만나는 것은 바로 죽여 버려라. 부처를 만나면 부처를 죽이고, 조사를 만나면 조사를 죽이며, 나한을 만나면 나한을 죽이고, 부모를 만나면 부모를 죽이고, 친척권속을 만나면 친척권속을 죽여야만 비로소 해탈하여 어떠한 경계에서도 투탈자재透脫自在하여 얽매이지 않고 인혹人惑과 물혹物惑을 꿰뚫어서 자유자재하게 된다.

혜암은 선지식들의 투철한 발심과 그에 따른 수행을 따르면서도 그 과정에서 스스로의 판단과 결심을 실천하는 데는 남의 시선을 의식하거나 우물쭈물 물러서는 법이 없었다. 단호했다. 성철과의 첫 만남에서 봉암사에 있던 성철이 해인사에 다니러 왔을 때, 성철이 장좌불와를 하는 도인이라는 그 한 소리에 바로 따라나선 것도 그 한 예다. 선 수행의 핵심이 철저한 정진에 있음을 믿고 그것을 실천하는 선지식이라면 누가 뭐래도 따랐던 수행자였다.

처음 만난 성철에게 봉암사에 가고 싶다고 했을 때, 성철은 허락하지 않았으나 상관하지 않고, 책을 실은 트럭 뒤 칸에 올라타 봉암사로 간 혜암이었다. 공부를 하는 데 있어서의 결정은 자신이 하는 것이라는 신념이 일찍부터 자리 잡고 있었기 때문이다.

당시의 일을 혜암은 이렇게 회고했다.

"수도자는 내 일만 잘하면 되는 것입니다. 되고 안 되고는 나한테 달려있는 것이기에 혼자 결정하고 따라나섰습니다. 그래서 성철 스님을 따라가 나락을 찧어서 봉암사 살림하고, 또 안정사 토굴로 가 토굴생활을 함께하고, 마산 성주사로, 대구 팔공산 성전암으로 가 집도 짓고 창문도 달고 그랬습니다."

해인사 대적광전에서 법전, 성철, 일타 스님과 함께. 뒤는 수좌 원융 스님

부처님 법대로
돌아가자

1947년 10월, '부처님 법대로 돌아가자'는 기치를 내걸고 왜색이 짙은 불교에서 벗어나 진정한 불교의 정통성 회복을 위해 출발했던 봉암사결사에 이제 막 수계를 한 혜암이 동참한 것은 간절하게 선지식을 찾았던 것에 대한 보답으로 다가온 인연이었다. 한국불교사에 새로운 역사를 썼던 성철, 청담, 자운 등을 주축으로 한 봉암사결사가 막 출발한 즈음이었다.

"장좌불와하는 스님이 오셨다."

해인사 장경각에 보관해놓았던 책들을 봉암사로 실어가기 위해 성철이 해인사에 나타나자 대중들이 외친 말이다. 출가하자마자 정진하게 된 것이 너무 기쁘고 어서 빨리 견성하고 싶

어서 밤에도 몸을 방바닥에 뉘일 수 없었던 혜암에게 장좌불
와를 하는 스님이 있다는 정보는 천군만마를 얻은 것 같은 힘
을 얻게 했다.

성철은 스물다섯 살에 동산 스님을 은사로 출가했다. '만고
의 진리를 향해 모든 것을 버리고 초연히 나 홀로 걸어가리라'
는 강렬한 출가시를 남겼고, 장좌불와로 일관하며 정진해서 스
물아홉에 오도송을 읊었다. 출가해서 용성선사를 시봉하며 안
거했고 금강산 마하연, 송광사, 덕숭산 정혜사, 문경 대승사 등
에서 공부하다가 통도사 내원암에서 하안거를 마치고 봉암사
결사를 시작한 터였다. 출가한 지 10년 남짓이었으나 이미 기
상은 하늘을 찌를 듯했던 때였다.

혜암은 성철이 8년 동안 장좌불와를 계속하고 있다는 얘기
를 듣고는 망설임 없이 결정했다. 성철은 참선수행의 깊이는 수
좌의 잠을 뒤져보면 알 수 있다고 하면서 잠속의 화두가 성성
하면 견성에 가까워졌다는 것이라고 했다.

"저렇게 장좌불와를 하는 분 같으면 내가 따라가야겠구나."

1941년 2월 26일에 소집, 3월 4일부터 13일까지 10일간 선
학원에서 열린 유교법회遺敎法會는 청정승풍 회복과 전통 불
맥의 계승을 취지로 내걸었다. 여기에서 결집된 원력은 봉암사
결사의 초석이 되어 청담, 성철의 결의로 이어졌다. 치열한 수행
승으로 전국 선원에서 이미 명망이 높았던 두 사람은 1942년

선학원과 1943년 속리산 복천암에서 함께 수행하며 결사의 싹을 틔웠다. 유교 법회에서 결집된 원력이 1947년 봉암사결사로 실행되었다.

총림을 설립하려던 사찰은 본디 봉암사 아니라 청담이 선감(선원의 도감으로 절 살림을 총괄해서 운영해가는 직책) 소임을 보고 있던 해인사였다. 그러나 해인사를 장악하고 있던 대처승들의 비협조로 애초의 계획이 무산되어 결국 문경 대승사와 가까운 봉암사가 결사지로 선택되었다. 대승사는 1944년 성철, 청담, 자운이 쌍련선원에서 안거하며 총림건설에 대한 구상을 논의했던 곳이다.

봉암사결사가 시행될 수 있었던 직접적인 계기 가운데 하나는 불자인 김병용의 대장경을 비롯한 불서의 시주였다. 규모도 작고 재정도 열악한 환경에서 총림의 사격을 높일 수 있었던 것은 장서들 덕분이다. 김병용은 대장경뿐 아니라 불서, 중국에서 발간된 선종 어록 등 3천여 권의 희귀한 불교관련 서적, 그리고 일부 목판본까지 소장하고 있었는데, 기증받을 고승을 찾고 있다가 성철을 소개받고 책 전부를 기증했다. 그 기증한 책을 봉암사로 보냈고 일부 해인사 장경각에 보관해놓았다가 결사가 시작된 뒤 봉암사로 옮겨가기 위해 왔던 성철을 혜암이 만나게 된 것이다.

봉암사결사는 함께 수행정진하고 철저하게 계율을 지키면서 부처님 당시의 승가를 재현한 수행공동체였다는 점에서 의의가 크다. 일제로부터 해방은 되었으나 일제 불교의 잔재와 승려들의 취처, 식육이 당연시되었던 시절이었기에 더욱 그렇다. 율장에 근거해서 관습적으로 유행하던 붉은 가사 대신 현재 종단에서 사용하고 있는 가사색의 모태인 괴색으로 가사를 물들여 수했다.

단체생활을 위한 일련의 수칙은 공주규약共住規約이라는 이름으로 정리해서 만들었다. 참선수행, 포살 실시, 능엄주 암송, 자주·자치 정신 구현, 청규와 계율 준수 등의 내용이 포함되었다.

봉암사결사에 참여한 수좌들이 제정하고 실천에 옮긴 공주규약 18개항은 다음과 같다. 당시 봉암사결사가 추구한 결사의 목적이 선명하게 드러나 있다.

■엄중한 부처님의 계율과 숭고한 조사들의 가르침을 온 힘을 다해 수행하여 우리가 바라는 궁극의 목적을 빨리 이룰 수 있기를 바란다.
■어떤 사상과 제도를 막론하고 부처님과 조사의 가르침 이외의 개인적인 의견은 배제한다.
■일상에 필요한 물품은 스스로 해결한다는 목표 아래 물 긷고 나무하고 밭일 하고 탁발하는 등 어떠한 힘든 일도 마다

하지 않는다.

■ 소작인의 세금과 신도의 보시에 의존하는 생활은 완전히 청산한다.

■ 신도가 불전에 공양하는 일은 재를 지낼 때의 현물과 지성으로 드리는 예배에 그친다.

■ 용변 볼 때와 잠잘 때를 제외하고는 늘 오조가사를 입는다.

■ 사찰을 벗어날 때는 삿갓을 쓰고 죽장을 짚으며 반드시 함께 다닌다.

■ 가사는 마麻나 면으로 한정하고 이것을 괴색으로 한다.

■ 발우는 와발우 이외의 사용을 금한다.

■ 매일 한 번 능엄주를 독송한다.

■ 매일 두 시간 이상의 노동을 한다.

■ 초하루와 보름에 보살대계를 읽고 외운다.

■ 공양은 정오가 넘으면 할 수 없으며 아침은 죽으로 한다.

■ 앉는 순서는 법랍으로 한다.

■ 방사 안에서는 반드시 벽을 보고 앉으며 서로 잡담은 절대 금한다.

■ 정해진 시각 이외에 누워 자는 일은 허용되지 않는다.

■ 필요한 모든 물건은 스스로 해결한다.

■ 그 밖의 규칙은 선원의 청규와 대소승의 계율 체제에 의거한다.

이상과 같은 일의 실천궁행을 거부하는 사람은 함께 살 수 없다.

　수행방식뿐만 아니라, 승가의 의식주 전반에 개혁을 단행한 결사는 입소문을 타고 한국불교의 희망으로 떠올랐고 여법하게 정진하려는 수좌들이 모여들었다. 결사가 처음 시작되었을 때는 성철, 자운, 우봉, 보문 네 명이 봉암사에 입주했고, 바로 혜암이 들어갔다. 다음해에는 가야총림에서 하안거를 마치고 봉암사결사를 본격적으로 한 청담을 비롯해, 향곡, 혜정, 혜명, 옹산, 법전, 지관, 성수, 도우, 정천, 보경, 월산, 청안, 법웅, 응산 등 동참 결사 대중이 30명으로 늘어났다.

　비구니 스님들도 봉암사 내의 백련암에 머물면서 결사에 동참했다. 처음 여섯 명으로 출발, 나중에는 묘엄, 묘찬, 응민, 혜해, 장일 스님 등 스무 명 가까이 되었다.

　어느 한 시대에 인물이 나기 위해서는 좋은 인연들이 모이게 마련이다. 청담, 성철, 향곡, 자운 등을 비롯한 결사에 참여한 모든 스님들이 그런 인연이었다. 봉암사결사에서는 훗날 많은 수의 총무원장과 종정이 배출되었으니 혜암도 그중의 하나였다.

　봉암사에서는 청규를 새로 썼고 발우와 옷을 바꾸었다. 산신각과 칠성각도 없었다. 신도들이 와서 스님들에게 삼배를 하게 했다. 모든 것이 달랐다.

혜암이 성철 스님의 뒤를 이어 해인총림 방장에 취임했을 때 성철 스님을 오랜 동안 시봉했던 원택이 물었다.

"당시 봉암사의 생활이 이전의 불교 모습과는 다른 점이 많았는데, 바깥에서 바라보는 시각은 어떠했습니까?"

혜암이 이렇게 답했다.

"봉암사결사를 하면서 발우와 옷을 바꾸고, 능엄주를 하고, 절에서 산신각·칠성각을 없애고, 보살계를 시설해서 신도들이 스님에게 삼배를 하게 하니까 봉암사 산중에 외도들이 모여 산

1947년 가을 봉암사결사에 합류해
성철 스님 등과 함께 정진했다.

다고 하는 분도 있었어요. 사실 신도들한테 스님들이 삼배를 받은 것이 아니라 삼배를 시킨 것인데, 어떤 스님은 있지도 않은 법을 자기 식대로 만들어서 귀찮게 한다고 비난하기도 했지요. 그렇지만 그때부터 이 삼배라는 것이 참, 성황했어요. 알고 보면 큰스님께서 하신 말씀 하나하나 행동 하나하나가 다 정법인데, 모르고 하는 말들이니까 그냥 웃을 수밖에 없었어요."

1948년 봄에 봉암사에서 출가하며 결사에 합류했던 청담의 제자 혜정慧淨(1931~2011)은 당시의 생활을 이렇게 증언했다.

"제사 때는 위패를 모셔놓고 《반야심경》을 한 편 읽었다. 예불 때는 《반야심경》과 108참회를 했다. 능엄주를 전부 외게 했으며, 이산혜연 선사의 발원문도 외우게 했다. 가사 장삼도 새롭게 해서 입었다. 모든 대중은 하루 한 짐씩 나무를 했고, 울력 때는 모든 대중이 참여했다. 포살은 보름마다 하고 천배를 했다. 보살계를 시행했고 수행을 위한 탁발을 했다. 봉암사 주변 간평看坪(소작료를 매기기 위하여 추수 전에 작황 정도를 살펴 봄), 가을에는 곶감을 따서 창고에 저장했다."

1948년 가을에 출가 본사인 백양사를 나와 가야총림으로 가던 발걸음을 봉암사에서 멈추어 결사에 합류해 평생 성철을 법사로 모시고 정진했고, 혜암의 뒤를 이어 해인총림 방장과 종정을 지낸 법전法典(1925~2014)은 자서전 《누구 없는가》에서 당시의 생활을 이렇게 회고했다.

"노장(성철)은 곧잘 공부하지 않는다고 경책하시며 대중들을 밖으로 끌어냈다. 그런 다음 당신은 앞에서 대중들의 멱살을 잡고는 내게는 뒤에서 밀라고 하셨다. 그렇게 해서 봉암사 계곡에 대중들을 밀어 넣고는 했다. 그래도 누구하나 불평하는 사람은 없었다. 맹렬하게 정진하는 선지식들의 분위기에 압도되어서 화두를 드는 것 말고는 다른 생각을 전혀 할 수 없던 때였다."

탁발

봉암사는 신도들에게 전혀 공양을 받지 않은 까닭에 살림이 늘 어려웠다. 수십 명이 살아가야 하는 살림을 탁발을 해서 일정 부분 충당을 해야 했다. 먹는 것을 자급자족한다고 하나 턱없이 부족한 살림이었다. 부처님이 실천했던 걸식사상을 실천해보려고 했던 면도 있었으나, 한편으로는 어려운 살림살이를 보태려 하는 데도 뜻이 내포되어 있었다.

당시 여느 절에서는 제사 불공으로 어려운 절 살림을 충당했다. 그러나 봉암사에서는 '부처님께 정성을 드리고 싶다면 직접 공양물을 가져다놓고 절을 하라. 우리 수좌들은 중간에서 삯꾼 노릇은 하지 않는다'면서 봉암사결사를 지키기 위한 원칙을 지켰다.

당시에는 수명장수를 위한 불공과 칠성기도가 많았는데, 산신각과 칠성각을 부수고 그러한 기도는 물론 일체의 축원마저 해주지 않았으니 그나마 오던 신도의 발길도 끊어져버린 것이다. 49재를 지내러온 신도들에게 재를 지낼 때는 경을 읽어주라고 했지 염불이나 목탁을 치라고는 하지 않았다는 부처님 말씀을 전하면서 차선책을 내놓았다.

"재를 지내달라고 하면 경은 읽어드리겠지만 다른 의식은 해줄 수가 없습니다."

그 말을 듣고 있던 신도가 "저희들이야 다른 절에서 재를 지내도 됩니다만, 봉암사 스님들은 재를 안 지내면 무얼 드시고 사나요?" 하고 묻자 성철이 신도의 입을 다물게 했다.

"산에 가면 소나무 솔잎 꽉 차 있고, 개울가에 물 출출 흘러내리고 있으니, 우리 사는 것 걱정하지 말고 당신들이나 잘 하시오."

성철은 불공이나 재를 금하고 탁발로 절 살림을 꾸려가게 했다. 부처님도 동냥을 해가며 정진하지 않았던가. 동냥을 해서 먹고 살지언정 재를 대신 지내주는 삯꾼 노릇은 하지 않겠다는 자존심이 수좌들에게도 전해졌다.

"먹고 살 길 없으면 밖으로 나가 빌어먹고 살지언정 저 천추만고의 거룩한 부처님을 팔아서야 되겠나?"

성철의 시퍼런 자존심이 함께 사는 수좌들의 자존심도 함께 세워주었다. 해서 탁발은 봉암사에 사는 대중이면 누구나 지켜

행해야 할 규칙이었다. 결제를 앞두고 짧게는 며칠에서 보름 이상씩 마을을 돌아다니면서 많은 것을 느끼고 배웠다. 두세 명씩 짝을 지어 탁발에 나서면 며칠씩 걸렸다. 집집마다 들러 염불을 하면 사람들이 쌀을 비롯해서 잡곡 등을 들고 나와 걸망에 부어주곤 했다. 마을 사람들이 차려주는 밥상을 받기도 했다. 그야말로 걸식이었다. 비구란 걸식하는 자란 뜻이니, 비구의 의미를 새겨보는 시간이기도 했다.

탁발은 혜암에게 큰 공부가 되었다. 탁발을 나가보면 대부분 가난한 살림살이를 살고 있었다. 엄동설한, 산속에 사는 사람들의 얼굴은 누렇게 뜨고 영양실조에 걸려있는 듯했다. 추운 겨울에도 아이들은 정강이가 훤히 보이는 옷을 입고 있었다. 흙으로 지은 집을 보니 떨어져나간 벽 구멍에 낡은 헝겊으로 틀어막은 것이 보였다. 땔감도 눈 속을 헤쳐 소나무 가지를 주워 와서 땠다.

그러나 가난한 그들이 더 인정이 많았다. 먹을 것이 없어도 탁발을 온 스님들에게 상을 차려주었다. 간장 된장도 없어서 소금으로 간을 한 반찬을 상에 놓아 주었다. 혜암은 그런 집을 나오면서 탁발한 쌀을 솥뚜껑을 열고 다 부어주고 나왔다.

탁발을 통해서 왜 공부를 해야 하는지, 공부의 회향이 무엇이어야 하는지 생각하지 않을 수 없었다. 자신만을 위한 공부가 아니라 세상과 타인을 위한 것으로 회향되어야 진정한 공부라는 생각이 들었다. 석가모니 부처님이 그러하지 않았던가. 왜 부처님이 깨치고 나서 돌아갈 때까지 맨발로 49년을 길 위에서 떠나지 않았는지 사유하게 했다.

기필코 깨치리라, 그리고 저들을 저 고통에서 벗어나게 하리라, 수없이 다짐했다. 나중에 봉암사에서 탁발할 때의 심정을 대중들에게 털어놓은 적이 있는데 그 말을 들어보면 당시 얼마나 공부에 온 마음이 가있었는지, 공부에 대한 확신이 얼마나 깊었는지 알 수 있다. 반세기 후 혜암은 당시 탁발에 대한 단상을 법문에서 이렇게 회고했다.

짐승들처럼 사는 그들을 보니까, 저 사람들을 살리려면 공부를 잘해야겠구나 하는 생각이 들었습니다. 공부에 목숨을 걸어야겠다는 발심이 되었지요. 양치도 소금으로 못 하고 버들가지를 꺾어서 해야 할 만큼 어려운 생활이었으나 가난한 집을 보면 탁발한 쌀이나 양식을 솥뚜껑을 열고 부어주고 나왔어요. 그래서 탁발을 나갈 때부터 어떤 공양을 하게 될까 하는 생각마저 들었습니다. 오십 년 남짓한 세월인데, 세월이 이리 빨리 흘러 꿈같은 생각이 들어요. 가난할 때 인정이 생기고 남을 도와주고 싶은 생각이 일어납니다. 제가 배부르면 남이 어려운 줄 모릅니다. 요새 정치인들도 배불러서 싸우는 것이에요.

도솔암
은거

봉암사에는 방사가 부족해 행자들이 묵을 방이 따로 없었다. 그래서 대중스님들과 함께 선방에 잠을 재웠다. 잠을 자던 행자의 다리 한쪽이 어른스님의 가슴에 올라가 있기도 했다. 그러면 노스님은 어린 행자의 발을 들어 제자리에 가지런히 놓아주었다.

새벽에 일어나 예불을 드리고 울력하고 참선하면서 종종걸음을 하는 행자에게 말하곤 했다.

"네 마음자리를 찾아라."

혜암도 역시 봉암사에서 마음자리를 찾고 있었다. 생각 이전의 순수 청정한 마음자리는 좀처럼 찾아지지 않았다. 앉으나

서나 화두가 끊어짐 없이 들려야 하는데 그렇지 못한 날들이 많았다. 당시 능엄주楞嚴呪를 하는 것을 규칙으로 했기 때문에 모든 대중이 능엄주를 외워 아침 예불 때마다 함께 독송했다. 능엄주를 하지 않으면 처음부터 방부를 안 받아들일 만큼 중요한 규칙 가운데 하나였다.

혜암은 능엄주를 외우지 않았다. 성철이 불렀다.

"지금 전 대중이 다 능엄주를 하고 있지 않는가. 규칙이기도 하고. 왜 혼자만 외우지 않는가?"

"주력 수행은 잠에 대한 마장을 없애기 위한 것 아닙니까? 저는 지금 잠을 자지 않고 정진하고 있습니다. 그러니 주력은 하지 않을 것입니다."

성철은 아무런 소리를 하지 않는 것으로 허락을 대신했다. 봉암사 대중 가운데 능엄주를 외우지 않고 결사에 든 수좌는 혜암뿐이었다.

이때의 심정을 두고 "나는 이 공부가 너무 중요해서 능엄주가 도대체 머리에 들어오지 않았다. 그래서 묵언하고 장좌불와를 하면서 공부를 계속했다. 이런 나를 아무도 시비하지 않았다"고 회고했는데, 시간이 흐른 뒤 능엄주를 하는 공덕을 듣고서 그만 마음을 바꾸었다. 대중스님들이 이런 얘기를 했다.

"능엄주의 공덕이 커서 일만 팔천 독讀을 하면 무상정無想定에 들어간다."

무상정이란 한 생각을 일으키기 이전으로 돌아가는 삼매를 말한다. 어서 빨리 견성하고 싶은 마음밖에 없던 혜암은 능엄주의 공덕을 듣자 정식으로 외워서 해야겠다는 생각이 들었다.

무엇이든 한 번 결심하면 앞뒤 돌아볼 것 없이 바로 실천에 들어갔던 혜암이었다. 마을로 내려가 쌀 한 가마니를 탁발했다. 여비와 있는 동안 필요한 최소한의 물품을 마련했다. 그리고 문경에 있는 김용사 도솔암으로 갔다. 도솔암은 김용사 산내 암자로, 금선대에서 더 올라간 곳에 있었다. 마치 벼랑 끝에 달려 있는 제비집처럼 험한 곳에 있던 암자다. 김용사에서 살았던 수행자들에게 이곳은 많은 도인들이 주석하며 수행했던 금선대보다 더 수행하기에 좋은 복장福場 터로 통했다.

본디 눕지 않고 잠을 자지 않는 혜암에게 능엄주를 외우는 일은 어렵지 않았다. 시일이 좀 지나자 숨 한 번 쉴 시간에 외우게 되었다. 그런데 능엄주를 외울 때는 집중이 잘 되던 것이 다 외우고 나자 분별 망상이 생겼다. 집중이 깨진 것이다. 망상이 일어나는 원인을 알고 싶었다. 김용사로 내려가 《능엄경》을 가져와 읽었다.

《능엄경》은 밀교와 선종의 사상을 설한 대승경전이다. 참마음의 실체를 밝히고 있다. 그리고 그 실체를 얻기 위한 수행법, 수행의 지위, 선정禪定에서 나타날 수 있는 여러 마구니의 허상들을 조목조목 나열하고 경계하는 내용으로 이루어져 있다.

예로부터 출가, 재가를 막론하고 가까이 독송하며 수행했던 경전이다.

《능엄경》에서 부처님이 제자 아난에게 물었다.

"아난아, 저녁 어두운 때 네 눈이 보느냐, 못 보느냐?"
아난이 대답한다.
"세존이시여, 보지 못합니다."
"네 눈이 보지 못하는데 어떻게 어두운 것을 아느냐?"

이 구절을 접한 순간 혜암은 세상이 환해짐을 느꼈다. 보고 듣고 냄새 맡으며 맛보고 촉감을 느끼며 생각하는 안이비설신의眼耳鼻舌身意가 내가 아니라, 눈에 보이지 않는 '한 물건'의 마음자리를 본 것 같았다. 불생불멸하는 마음 도리를 통한 것 같아 가슴이 환희로움으로 물들었다.

"깨친 것이 이런 것일까?"

기쁜 마음이 북받쳐 올라와 더 이상 공부가 되지 않았다. 해인사로 달려가 은사 인곡에게 삼배를 올리고 앉아 저 얘기를 털어놓았다. 스승 인곡이 물었다. 《금강경》의 한 내용을 먼저 이야기했다.

덕산선감德山宣鑑은 별명이 주금강周金剛이었을 만큼 《금강경》에 통달했다는 스님이었다. 당시 남방에는 참선 공부를 하는 선지식들이 있었는데 그들은 불립문자不立文字 직지인심直指人心 견성성불見性成佛, 즉 문자를 세우지 않고 사람의 마음을 바로 가리켜 자성을 보아 부처가 되게 하므로 사람들이 구름 떼같이 몰려든다는 소문이 무성했다. 이 말을 듣고 덕산은 문자를 세우지 않는 마구니들을 쳐부수어 불법을 바로 잡겠다고 결심하고 남방을 향해 길을 떠났다. 그가 손수 지은《금강경》소초疏抄를 짊어진 채였다.

길을 가다가 떡을 파는 노파를 만나게 되었다. 마침 한낮이어서 점심을 들고자 노파에게 점심을 청했다. 그러자 노파가 물었다.

"스님이 짊어지고 있는 것이 무엇인가요?"

"내가《금강경》을 해설한 책이오."

자신만만한 태도의 덕산에게 노파가 말했다.

"스님에게《금강경》에 있는 말씀을 묻겠습니다. 스님께서 대답을 하시면 점심을 드리겠고 대답을 못하시면 점심을 드리지 못하겠습니다."

"《금강경》에 나오는 말이면 무엇이든 다 물으시오."

그러자 노파가 물었다.

"《금강경》에 말씀하시기를, 과거의 마음도 얻을 수 없고(過去心不可得), 현재의 마음도 얻을 수 없고(現在心不可得), 미래의 마음도 얻을 수 없다(未來心不可得)고 했는데, 스님은 어느 마음에 점(點心)을 찍겠습니까?"

《금강경》에 대해선 천하의 누구도 따라올 수 없다고 자신했던 덕산은 그 물음에 대답을 하지 못했다. 가슴이 탁 막히고 초조해지는 자신만을 느낄 뿐이었다. 그 후 덕산은 용담선사를 찾아가 만난 다음, 마음을 깨치지 못하면 문자란 아무 소용이 없는 것이요 팔만대장경도 역시 부질없는 문자에 불과하다는 것을 깨닫고, 짊어지고 간 《금강경》 소초를 전부 태워버렸다.

인곡은 떡장수 노파의 물음에 아무런 대답을 하지 못한 덕산의 이야기를 들려주며 물었다.

"노파가 '금강경에 과거심도 불가득이요, 현재심도 불가득이요, 미래심도 불가득이라 했는데 스님은 어느 마음에 점點을 하겠소' 하고 물으니 덕산 스님이 아무 대답을 못했다고 한다. 떡장수 할머니가 네게 그렇게 물었다면 너는 어떻게 하겠느냐?"

너의 현재, 즉 마음은 어디에 있느냐는 물음이었다. 화두가 오매일여寤寐一如가 되고 있는가를 확인하는 물음이기도 했을 것이다.

혜암이 망설임 없이 대답했다.

"저는 무조건 떡을 먹겠습니다."

개구측착開口卽錯, 입을 열면 어긋나버리는 것이 선의 세계다. 인곡 스님이 다시 물었다.

"화두가 오매일여의 경지에 이르렀느냐?"

깨어있을 때나 깨어있지 않을 때나 화두가 들렸던가. 능엄주를 다 외우고 나자 망상이 올라왔던 때를 떠올렸다. 화두도 물론 여일하지 않았다. 솔직하게 대답했다.

"아직 오매일여가 되지 않습니다."

"그렇다면 다시 돌아가 공부해라."

혜암은 자신의 공부가 아직 멀었음을 시인했다. 다시 봉암사로 돌아가 성철을 찾아 참회했다.

"공부를 더 잘해보려고 떠났습니다. 그동안 김용사 도솔암에서 은거하며 정진했습니다. 참회합니다."

혜암을 바라보던 성철이 말했다.

"공부하는 수좌는 부모를 죽이고도 눈 하나 꿈쩍하지 말고 공부만 해야 해."

"앞으로 더 많은 경책을 해주십시오."

성철이 말했다.

"공부에는 공부의 정도를 가늠할 수 있는 기본적인 노정기가 있어야 해. 동정일여가 되었는가, 몽중일여가 되었는가, 숙면일여가 되었는가를 기본으로 삼아야지, 공부하다가 무슨 경계가 나왔다고 그것을 공부로 삼으면 안 돼. 그리고 공부인이 숨어 사는 데는 두 가지 법이 있지. 사람 없는 데 가서 숨는 것은 작게 숨는 법이고 사람 많은 데서 병신노릇 하는 것은 크게 숨는 것이야. 옛날 도인스님들은 병신을 구하려고 했지 똑똑한 사람 구하려고 한 적 없어. 진정으로 공부하려면 대중들과 함께 섞여 병신노릇을 해야 돼."

간단했지만 성철의 그 말에 노정기를 확실히 세우지 못해 불안하던 마음이 가라앉으며 편안해졌다. 성철의 이 법문은 그 후 공부에 대한 노정기를 확고히 설정하게 되는 계기가 되었다.

1994년 1월 해인총림 방장 취임 후 월간 〈해인〉과의 대담에서 혜암은 이렇게 말했다.

구경각에 대한 노정기를 알고 싶어 사방으로 선지식을 찾아 다녔지. 그러다가 성철 스님께서 삼단법문, 곧 공부에는 기본이 있어야 된다며 동정일여, 몽중일여, 숙면일여를 기본으로 삼아야지 무슨 경계가 나왔다고 공부를 삼으면 안 된다는 말씀에 마음이 탁 가라앉고 편안해졌어. 그때부터 의심을 안 하고 내 공부를 새로 했지.

자신이 어디만큼 왔는가, 무엇이 잘못되었는가, 어느 길로 가야 하는가를 아는 것은 도의 길에서 생명처럼 중요한 일이다.

그러므로 봉암사결사에서 잠시 벗어나 도솔암에서 은거하며 정진했던 일은 혜암의 도정에서 중요한 정진으로 남았다.

"하루를 살다가 죽더라도 공부만 하다가 죽는 게 스님들이다."

이것이 봉암사결사 당시 혜암과 성철이 무언으로 주고받은 확고한 신념이었다. 이러한 신념으로 동지가 되었던 두 사람은 20년 뒤 해인총림이 개설되었을 때 다시 만나 의기투합했고, 한 사람은 가야산의 호랑이로, 한 사람은 가야산의 정진 부처로 총림을 이끌었다.

김용사 도솔암에서의 일과 은사를 찾아간 이야기, 구경究竟을 얻지 못한 것에 대한 이야기를 1980년대에 상좌 능도能度에게 보낸 편지에서 혜암은 이렇게 쓰고 있다.

서신을 접견하니 '유정무정有情無情이 즉불卽佛이라는 데 의심이 없다' 하니 그것만 알아서 하처何處에 인용하것나? 미전역시일시迷傳亦是一時.

문경 김용사 도솔암에서 능엄주를 독송해볼까 하고 《능엄경》을 열람하다가 '견목見目이 암야暗夜에도 본다'는 구절에서 불생불멸의 도리를 통하여 기분이 매우 상쾌한 경계가 있었다.

이런 경계는 해오즉식심解悟卽識心의 일종인 망상이지 견성

이 아니라, 설사 식심이 맑아져서 1천7백 공안을 사량한다고
하더라도 생사해탈에 간섭이 없다.

구경각에 노정기路程記를 요약하자면 화두가 동정일여動靜一
如를 지나서 몽각일여夢覺一如-숙면일여熟眠一如-오매일여悟寐
一如가 되어 사중득활死中得活(자기를 죽여야 살 수 있다는 의미)하
여야 된다.

화두 오매일여 시에 비로소 참선하는 자이니 범인은 참선한
다고 망상하는 것이지 참선이 아닌 것이다. 몽각일여가 되면
병중일여病中一如가 되고 귀신도 못 잡아간다.

생사일대사生死一大事? 저사요행운수각抵死要行雲水脚은 강
연구오본래심剛然求悟本來心이(죽기로 결정하고 행각을 하되 강직하
고 굳센 마음으로 변치 말고 본래심을 깨닫는 것이) 본색수좌本色首
座이다.

혜암은 제자들은 물론 납자들을 제접하는 데 바로 법거량을
하지 않았다. 잠이 들었을 때 오매일여가 되는지부터 물어보았
다. 깨어있을 때의 견문각지見聞覺知 가지고는 생사를 해탈하
는, 즉 한 생각 이전의 자리로 돌아가는 것에는 턱없이 부족하
니 견성을 논할 바가 못 된다는 것이 혜암의 지도 방법이자 공
부의 성취에 대한 척도였다.

잠을 자나 깨어있으나 화두가 성성한 오매일여의 관문을 뚫

어야 대무심이 되는 것이고, 그러기 위해서는 오매일여의 관문을 투과하고 투탈透脫해야 한다는 것이 혜암의 사상이었다. 오매일여한 상태에서 소소영령하지 못한 것은 모두 헛된 것으로 본 혜암은 후학들에게 이렇게 가르쳤다.

세간에서는 소소영령昭昭靈靈한 영대靈臺(마음)의 자성이 이 몸속에 있고 그것은 우리의 마음 또는 주인공이라고 부르고 있습니다. 그러나 그것은 생사의 근본이며 망상의 기연이며 분별지의 대상입니다. 만일 주인공이 소소영령한 것이라면 깨어 있을 때에도 잠들어 있을 때에도 그 소소영령함은 변함이 없어야 할 것입니다. 이것은 도둑을 아들로 잘못 삼은 것입니다.
세간에서 소소영령하다고 생각하는 것은 견문각지의 경계를 벗어나지 못한 것입니다. 우리의 눈앞에 펼쳐진 현실적 경계가 없다면 그것은 토끼의 뿔, 거북이의 털과 마찬가지로 헛된 명칭에 지나지 않습니다. 그것은 참된 주인공이 아닙니다. (…) 견문각지로 헤아려서 아는 것이 아니라 언어와 문자를 떠나 오매일여한 상태에서 소소영령한 것이 주인공입니다.

'부처님 법대로 돌아가자'는 기치를 내걸고 왜색이 짙은 불교에서 벗어나 진정한 불교개혁을 위해 출발했던 봉암사결사는 육이오전쟁이 일어나기 몇 달 전 막을 내리고 말았다. 봉암사 주변에 공비들이 속출하자 끝까지 남아 결사를 이끌었던 청담이 대중공사를 열어 내린 결단이었다. '흩어져야 한다'는 다수의 의견에 따라 1950년 3월에 막을 내렸던 봉암사결사는 그 후 정신만은 승단 정화운동과 조계종단 재건으로 이어졌다. 승가공동체 정신 회복, 화두참선과 포살법회의 정례화, 대중 원융살림 등의 수행 종풍을 복원하는 역사적인 계기가 되었다.

봉암사결사에 참여한 대중 중에 네 명의 종정과 여섯 명의 총무원장, 네 명의 원로회의 의장이 나온 걸 보면, 당시 얼마나 출중한 수좌들이 모였는지 짐작할 수 있다. 청담, 성철, 혜암, 법전이 종정을 지냈고, 청담, 월산, 자운, 성수, 법전, 지관이 총무원장을 지냈다. 그리고 월산, 자운, 혜암, 법전이 원로회의 의장을 지냈다.

결사 참여자들은 현재까지 한국 근현대 불교를 대표하는 고승으로 추앙받고 있다. 불법에 맞지 않는 각종 제도를 과감히 개혁했으며 지금까지 계승되는 전통이 만들어졌다. 정법을 지향하는 종단의 근간을 다진 셈이다. 결사기간은 2년 6개월 남짓의 짧은 기간이었으나 한국불교의 체질을 완전히 바꿔놓았다는 평가를 받고 있다.

혜암의 입적 6년 후인 2007년 10월, 조계종단 집행부는 결사 60주년 기념법회를 열어 자정自淨을 결의했다. 봉암사결사의 의의는 한국불교의 선사상을 고무시키고 수행자가 지향해야 할 시대정신을 확립했다는 것에 있다. 수행자들의 수행덕목, 자세, 지켜야 할 기준으로 계승되었고, 살림은 참회, 품성, 원융살림 등 경전과 백장청규(당나라 때 백장선사가 처음으로 선종의 의식과 규율을 정한 것)에 나오는 것을 기초로 했다. 후학들이 이를 바탕으로 수행하고 있다는 것이 의의가 크다.

2년 6개월의 결사 동안 혜암이 봉암사에 머문 것은 초기 1년여 남짓이었지만 익히고 배운 바가 많은 정진이었다. 중요한 결사에 참여해 선지식들(성철을 비롯한 청담, 자운, 향곡, 보문 등)을 만나 도의 길을 확고히 할 수 있었고, 함께 정진하는 것이 크게 숨어 공부하는 것이라는 성철의 가르침도 가슴에 새겼다. 수행의 노정기를 확인하고 더 이상 방황하지 않았다. 또한 해방 뒤 어려운 민족의 생활을 보면서 깨쳐서 저들을 구제하리라 결심했던 것도 공부하는 데 큰 방향이 되었음을 부인할 수 없다.

결사로부터 70년 후의 봉암사를 이끌었던 적명寂明(1939~2019)은 혜암을 이렇게 회고했다. 적명은 해인사에서 혜암의 지도를 받으면서 공부한 적이 있다.

"수행은 행으로 나타나지 않으면 의미가 없다. 행이 되어야 한다. 자기 스스로 만족하는 것이 아니라 다른 대중이 보기에 수행자여야 한다. 다른 사람에게 인정받아야 한다는 면에서 혜암 큰스님은 전형적인 수행자였다. 평생 공부 외에는 아무것도 생각하지 않았다. 특히 강조하고 싶은 것은 큰스님의 신심이다. 신심 덩어리였다. 신심 그 자체, 신심의 화신이었다. 신심 하나로 평생을 살았다. 스님의 그런 모습은 대중을 발심하게 했다. 공부와 수행이 납자의 본분이라는 것을 몸소 실천하고 보여준 어른이었다."

천고의 학을
참방하다

혜암은 출가 직후부터 결제와 해제를 구분하지 않고 정진했다. 해제는 결제 때 못한 공부를 더 잘하기 위해 선지식과 도반을 찾는 시간이라며, 결제 중에 약간의 정진을 했더라도 해제 3개월 동안 동분서주하며 타락한 생활을 한다면 해제의 뜻을 모르는 사람이라고 했다.

혜암이 출가를 하고 가야총림에서 두 번째 안거를 난 뒤, 선지식을 찾아 떠난 곳이 한암선사가 머물고 있던 오대산 상원사다.

한암선사는 출가자의 본분은 일념으로 수행하여 대도를 성취하고 중생을 교화함에 그 목적을 두어야 한다며, 깨달음을 이루고 못 이룸은 자기에게 달렸으니, 먹는 것은 적게 하되 정진은 강력하게 하라고 강조했던 수행자다. 혜암은 한암선사의 저 가르침을 가슴에 새겼고, 그것은 평생 동안 가슴 한복판에 강물처럼 흘렀다.

혜암에게 오대산은 어머니의 품과도 같은 푸근한 곳이자 맹렬하게 수행했던 도량이었다. 1948년 동안거를 그곳에서 보낸 다음 그 뒤 여러 차례 더 상원사에서 정진했다. 처음 한 철 동안 있으면서 발원했던 것처럼 오대산의 대표적인 암자인 동대(관음암), 서대(염불암), 북대(미륵암), 중대(사자암)에서 정진하며 중요한 삼십대를 보냈다. 누군가에게 오해를 받고 가슴을 다쳐 생사를 헤매기도 했고, 오대산 사고암(영감사)에서는 피 말리는 정진 끝에 오도송을 읊었으니, 오대산은 전생에 수많은 생을 살았던 인연 터였을 것이다.

발심이 투철하면 스스로 선지식을 찾게 된다. 선지식에게 널리 묻고 배운 것을 세밀히 실천하는 것이 도의 시작이기 때문이다. 혜암은 해인사에서 하안거를 난 다음 곧바로 한암선사가 주석하고 있는 오대산 상원사에 들어와 걸망을 풀었다. 선지식이 있는 곳이라면 어디든 가서 배우며 공부하고 싶은 간절한 마음을 가지고 해인사로부터 떠나온 길이었다. 해제가 되면 걸망 하나를 메고 전국 산하를 누비면서 동중動中 공부를 하기도 하고 선지식을 찾아 탁마를 하는 것이 수좌들이 사는 전통

방식이다.

그즈음 한암은 공부하는 수좌들이면 누구나 친견하고 도를 묻고 싶어 했던 최고의 선지식이었다. 조선불교조계종 제2대 교정(종정)으로 추대되어 있을 때였다.

"천진난만한 분이지만 법문을 설할 때는 사자와 같은 눈이 번쩍번쩍 빛이 났고, 세상은 숨죽였다."

1940년대 당시 세상 사람들이, 오대산에 들어가 밖을 나오지 않고 있던 한암을 두고 한 말이다. 과연 그랬다. 한암은 태산의 반석과도 같은 안정감과 허공보다 더 툭 트인 아량을 지닌 선지식이었다. '어떻게 왔는가?' 하고 물으며 후학을 바라보는 눈빛에 시퍼런 불이 철철 흘러나왔다고 한다.

한암은 경허鏡虛(1849~1912), 용성龍城(1864~1940), 만공滿空(1871~1946)선사와 함께 당대는 물론 근대 한국불교를 대표하는 고승으로, 한국불교를 대표하는 종정을 네 차례나 역임할 정도로 교계 안팎으로 신망이 두터운 수행자였다. 22세에 금강산 장안사에서 출가해, 24세 때 해인사에서 경허의 《금강경》 법문을 듣고 마음이 열렸는데, 당시 경허가 '장차 우리나라 불교의 동량이 되리라'고 인가한 수행자였다. 서른 살에 통도사 조실로 추대될 정도로 인정을 받았으나, 5년 만에 조실의 자리를 버리고 다시 수행자의 삶으로 돌아가 고향인 평안도 맹산 우두암에서 홀로 정진했다.

47세에 서울 봉은사 조실로 추대되어 잠시 머물다가 '천고에 자취를 감춘 학이 될지언정 춘삼월에 말 잘하는 앵무새는 되지 않겠노라'는 말을 남기고 오대산 상원사에 들어가 입적할 때까지 27년간 산문 밖을 나오지 않았다. 통도사의 경봉이 편지를 보내 '세존께서는 설산에서 6년 고행하신 후에 설산에서 나오셨는데, 화상께서는 무슨 애착으로 오대산을 떠나지 못합니까?' 하고 묻자, 편지 봉투 안에 백지 한 장만 넣어서 보냈다는 일화가 전해진다. 한암이 보낸 백지에 대해 경봉은 훗날 후학들에게, '백지는 쩔쩔 끓는 당구솥(무쇠솥) 같아서 무어라고 입을 댈 수 없는 경지다. 설사 불조佛祖라도 입을 댈 수가 없으며, 입을 대면 타버린다'라고 말한 바 있다.

한암은 나라를 빼앗긴 비운의 시대에 경제적으로 어려운 가운데에서도 선방을 운영하면서 철저하게 계율을 지킨 수행자였다. 공부하려는 이들에게 '당사자의 신심'이 견고해야 깨달음을 성취할 수 있다고 강조했고, 출가와 재가 수행자를 막론하고 신심을 내어 공부하는 이들을 귀하게 여겼다. 그래서 상원사는 안거 철이나 해제 철 구분 없이 정진하려 몰려드는 이들로 가득했다.

한암의 가풍은 독특했다. 비구와 비구니, 남자신도와 여자신도의 사부대중이 한 방에서 정진하며 안거를 나게 했다. 이를 두고 말들이 많았으나 정진하는 데 출가와 재가, 남녀노소 차별이 어디 있느냐면서 함께 정진하는 하는 것을 멈추지 않았다.

이는 훗날 혜암이 해인사 원당암에 재가불자 선원을 개설해 함께 앉아 정진했던 것과 무관해 보이지 않는다. 실행은 익히 고 배운 데서 나오기 때문이다.

한암은 일제에 의해 피폐해진 한국불교의 청정한 수행 전통 을 진작하기 위해 노력한 수행자였다. 조선의 승려로 당당하 게 살아남기 위해선 반드시 승려로서 위의를 갖추어야 한다며, '승가오칙僧伽五則'을 내세웠고 이를 철저히 실천했다. 출가사 문은 모름지기 밖으로 흩어지는 의식을 반조하여 내외의 경계 를 몰록 뛰어넘어야 하고, 여기서 다시 보살의 대원력을 발하 여 널리 중생을 제도하는 원행을 닦는 것을 본분사로 삼아야 한다고 했다. 이를 위해서는 출가사문이라면 반드시 지켜야할 5대 강목이 있으니, 첫째는 참선, 둘째는 염불, 셋째는 간경, 넷 째는 의식儀式, 다섯째는 가람수호였다. 이를 일러 승가오칙이 라 명한 것이다.

혜암은 당시 출가 초기에 상원사에 갔기 때문에 불교의식에 익숙하지 않았다. 그래서 월정사에 내려가 목탁을 치는 법, 요 령을 흔들며 염불을 하는 법 등을 배우고 방부를 들였다. 훗날 요령을 들고 염불하는 혜암에게 '어떻게 그렇게 의식을 잘하느 냐'고 묻는 후학에게 '한암 스님 회상에서 정진할 때 승가오칙 을 지켜야 하는 규칙에 따라 따로 기초적인 의식을 배웠다'는 이야기를 했다고 한다.

한암은 초하루와 보름에 대중들에게 법문을 했다. 그는 참선에 대해 이렇게 간략히 일목요연하게 설했다.

"참선이란 군중을 놀라게 하고 대중을 동요시키는 별별 이상한 일이 아니라, 다만 자기의 현전 일념에서 흘러나오는 마음을 돌이켜 비추어, 그 근원을 명백하게 요달하여, 다시 바깥 경계를 대함에 부동함은 태산 반석과 같고, 청정하여 광대함은 태허공과 같아서 모든 인연법을 따르되 막힘도 걸림도 없어, 종일 담소하되 담소하지 아니하고, 종일 거래하되 거래하지 않아야 한다."

"화두를 어떻게 참구해야 합니까?"

법문이 끝나면 으레 나오는 수좌들의 질문에 한암은 다음과 같은 요지를 담아 답하곤 했다.

"화두를 참구할 때는 급하지도 느리지도 않게 하는 데 묘방이 있다. 잡념은 조금이라도 없는 가운데서 화두를 들되, 재미도 없고 사량 분별도 할 수 없게 하여 참구하라. 그리고 약간 정신을 가다듬어 이것이 무슨 도리인고? 이와 같이 오래도록 익히고 익혀서 일구월심하면 자연히 천진묘성天眞妙性에 계합하게 된다.

또한 이 도는 부모가 자식에게 전해줄 수도 없고 자식이 부모에게 전수받을 수도 없는 것이다. 오로지 당사자가 한 생각

진실하게 가져서 마치 모양(模本)에 의거하여 그림을 그리되 그리고 또 그리면, 홀연히 축착합착築著磕著(댓돌 맞듯 맷돌 맞듯)해서, 본래 생긴 그대의 불성佛性을 다시 닦고 알고 찾고 보면, 여러 가지 잡된 말이 끊어진다. 아무쪼록 심사深思, 정사靜思, 안사安思하여 기운이 순하게 하고 혈기를 순하게 하여 홀연히 (한 생각) 돌이키면 오히려 전에 병이 없을 때에 느꼈던 낙樂보다 더 상쾌하고 시원할 것이다."

종두의
화두일념

당시 월정사는 대처승들과 함께 기거했으나 상원사는 입선과 방선을 철저히 지키며 수행에 매진했다. 잠자리가 불편해서 좁은 선방에 몸을 모로 세워 칼잠을 자고 죽을 먹으면서도 한 치의 어긋남이 없이 정진하던 분위기였다.

어느 날, 선방 수좌 두 사람이 상원사 밑에 있는 민가에 내려가 곡주를 마시고 올라왔다. 어두운 밤, 쥐도 새도 모르게 방으로 들어가려던 스님 둘이 마침 조실 채에 있다가 우연히 나왔던 한암과 마주쳤다. 한암이 두 사람을 비어있던 선방으로 불러들였다. 입에서 술 냄새가 진동했다.

"술을 마셨느냐?"

어느 안전이라고 거짓말을 할 수 있었겠는가. 그들이 이실직고했다.

"저 밑에 있는 민가에 내려갔다가 마시게 되었습니다."

한암은 진노했다. 평소 조용하고 자비로웠던 그는 굵은 싸리로 묶은 회초리 한 다발이 다 부러져나갈 때까지 두 사람을 내리쳤다. 얼굴이 붉어졌고 손이 떨릴 만큼 실망과 분노가 교차하는 것 같았다.

"이 나쁜 놈들아! 평생을 공부해도 깨칠까말까 한데, 술을 먹고 들어오다니. 이렇게 사는 것이 중노릇이더냐?"

한암의 분노를 접한 수좌들은 바짝 긴장을 하고 정진에 더 몰입했다. 어떤 것이 참된 수행자의 길인가. 정진, 화두 타파만이 그 길이었다.

혜암은 온 힘을 다해 화두에 몰두했다. 머릿속에 늘 일주일이면 깨칠 수 있다는 선배 조사들의 말이 떠나지 않았다. 밤에 눕지 않았고 하루 한 끼 먹으며 정진에 정진을 거듭했다. 행자나 학인, 수좌할 것 없이 모두 빈틈없이 정진하는 분위기였다. 강원 학인들은 공양을 짓기 위해 쌀을 일고 아궁이에 장작을 지피면서 전날 배운 경전의 내용을 외웠다. 이불을 펴고 누워 자는 대중은 드물었다. 긴 방석을 허리띠로 묶어 배에 얹어놓고 잠깐 잠을 잤고, 긴장을 늦추지 않기 위해 행전을 차고 잤다.

상원사 자체가 참선 중인 것 같은 분위기 속에서 혜암은 예불 전에 종을 치는 종두鍾頭 소임을 보았다. 어느 날 종을 치는 소리가 일정치 않은 것을 보고 한암은 혜암이 화두일념에 들어있다는 것을 알고 흐뭇한 미소를 지었다.

며칠 뒤 법문에서 한암선사는 혜암을 염두에 두고 이렇게 말했다.

"참선법은 불성을 명백하게 요달해서 다시는 업에 구애받지 않음을 목적으로 하는 것이다. 그러나 화두를 들 때에는 온갖 생각을 허락지 아니한다. 다만 화두에 대한 의심만 일여一如하게 생각할 뿐이다. 그래야 일념에 들 수 있다. 모처럼 나는 얼마 전 화두 일념에 든 수좌를 보았다. 모두 정진에 박차를 가하라."

혜암은 상원사에 있는 동안 산내 암자인 서대와 북대에 올라가 본 일이 있었다. 비바람을 겨우 면할 수 있도록 지어놓은 그곳에서 죽비와 목탁을 하나씩 두고 좌복 위에 앉아 정진하고 있는 선배 수좌를 보면서 저렇게 한 번 정진해보리라 발원했고, 그 발원은 오래지 않아 실현되었다. 이부자리를 두지 않고 먹고 입는 것을 초월해서 오로지 정진에만 몰입해있던 수좌스님을 보면서 언젠가 서대에서 살게 해달라고 기도했던 것이다.

북대에 올라갔을 때는 한 수행자의 모습을 보고는 다시 결심했다. 고려의 나옹懶翁(1320~1376)선사가 주석하며 정진했던 북대는 주로 한 사람이 머물며 정진했고, 월정사에서 행자를 보내 쌀을 대어 주었다. 혜암은 올라갈 때마다 그곳에서 다 떨어진 옷에 정진에만 몰두하던 수행자가 뿜어내는 깊은 향기와 힘을 보았다.

세 달 동안 다함없는 정진을 끝낸 혜암은 오대산을 나왔다.

해인총림 6대 방장 취임 후 동안거 동짓달 보름(1994년 1월 27일) 법어에서 혜암은 당시를 이렇게 회고했다.

오대산 한암 스님 회상의 청백가풍은 백월白月 망일望日(음력 보름)과 흑월黑月(15일 이후의 보름) 말일에 《선요》 《서장》 《보조어록》을 상당上堂 법상에서 순법으로 설법하셨습니다. 그리고 특수한 가풍은 사부대중이 한 선방에서 안거하면서 삼시三時부터 공양시간까지 관음정진을 했습니다. 사미계 수계의식을 책에 있는 절차대로 하시지 않고 노스님께서 법상에 올라앉아 행자에게 '네 마음으로 스님이 될 생각을 낼 때에 벌써 스님이 된 것이다. 그러니 법복을 입어라' 하시면서 장삼 가사를 입고 삼배 올리면 수계의식이 끝납니다.

그리고 노스님께서는 엄중하시면서 자비심이 친어머니와 같고, 일일에 평생 이식주의二食主義로 지냈습니다. 먹고자 해도 먹을 것이 없어서 나물밥 무밥에다 잡곡밥도 못 먹고, 치약도 없고 소금도 못 쓰고 계천溪川 버들강아지를 깎아 이를 닦고, 옷을 빨아 풀도 할 수 없이 가난하게 살았지만 마음은 너무나 편안했습니다. 환경에 지배를 받는 인생이기에 고생들을 하고 사니 서로 동정심이 많을 뿐이었고, 좌우간 눈물 겨운 광경은 지금도 눈물이 날만큼 마음에 느껴집니다. 수도인은 가난한 것부터 배우고 고해에 빠진 중생을 부처님 섬기듯이 해야 합니다.

혜암은 오후에 일절 음식을 입에 대지 않은 한암을 보면서 수행자는 적게 먹고 공부해야 한다는 신념을 굳혔고, 공부하는 사람은 물질이 풍요로운 환경에 놓이는 것을 경계하고 가난한 것부터 배워야 하며, 고통에 빠진 중생을 부처님처럼 섬기는 것이 바로 도임을 뼛속에 새겼다. 당대 최고의 수행자는 그것을 철저히 실행하고 있었다. 혜암 또한 한평생을 그것을 실천하는 데 철저했고 총림의 후학들과 제자들에게도 그렇게 가르쳤다.

방장 취임 후, 일생을 통해 가장 공부가 잘 된 때를 물었던 후학에게 혜암은 상원사에서 한암 회상에서 정진했던 때를 떠올리며 이렇게 답했다.

"출가 직후 신심으로 고행했을 때지. 초발심시변정각初發心時便正覺이라고나 할까. 선지식이 계시다면 누구든, 어디든 찾아가서 배우고 모시고 살았어."

慧庵

제4장

머리도 꼬리도 없되 천백억 화신으로 나투다

자비보살
인곡선사

혜암은 서른한 살, 해인사 가야총림에서 스승 인곡을 모시고
정진하던 중 전쟁을 맞았다. 온 민족의 비극이자 말로 표현할
수 없을 만큼 큰 상처를 남겼던 전쟁은 혜암의 정진의 길에도
큰 타격을 주었다. 오로지 공부만 하고자 했던 길에 변수가 생
길 수밖에 없었다. 공부가 익어가기에는 세상이 너무 수상했다.
그런 와중에 인곡은 제자의 공부를 인정하고 법호를 내렸다.
평생 수많은 사람들에게 불렸던 혜암慧庵이었다.

　법호를 내리기 전 스승이 물었다. 전쟁이 일어난 다음해 초
봄이었다.

"어떤 것이 달마대사가 한쪽 신을 둘러메고 간 소식인고?"

"한밤중에 해가 서쪽 봉우리에 떠오릅니다."

"어떤 것이 유마힐이 침묵한 소식인고?"

"청산은 본래 청산이요, 백운은 본래 백운입니다."

"너도 또한 그러하고 나 또한 그러하다."

如何是達磨隻履之消息

金烏夜半西峰出

如何是維摩杜口之消息

青山自青山 白雲自白雲

汝亦如是 吾亦如是

마음을 보았느냐는 스승의 질문에 제자는 즉시 마음을 드러 내었다. 다시 스승은 그 마음을 어떻게 표현할 것인가를 일러보라고 했다. 제자가 말로 표현할 수 없는 그 자리를 그저 그러할 뿐이라고 답하자 스승은 제자의 선지禪旨가 뛰어남을 간파했다.

인곡은 붓을 들어 다음과 같이 법을 전하는 게송인 전법게傳法偈를 쓰고 혜암慧庵이라는 법호法號를 내렸다.

다만 이 한 가지 일을

고금에 전해주니

머리도 꼬리도 없지만

천백억화신으로 나투느니라

只此一段事 古今傳與授

無頭亦無尾 分身千百億

이로써 육조혜능六祖慧能의 제44대요 환성지안喚惺志安의
제10대가 되었다. 그리고 법맥이 환성지안喚惺志安 - 금계원우
錦溪元宇 - 청파혜원靑坡慧苑 - 백인태영百忍泰榮 - 완진대안翫眞
大安 - 침허처화 - 枕虛處華 - 초우영선草愚永瑄 - 남호행준南湖幸
準 - 용성진종龍城震鐘 - 인곡창수仁谷昌洙 - 혜암성관慧菴性觀
으로 이어졌다.

선가에서의 인가는 화두를 타파하여 깨달음을 인정받는 마
지막 단계다. 그러므로 선수행자는 반드시 공부를 점검받고 깨
달음을 인가받아야 한다. 인가는 화룡점정畵龍點睛의 순간과
도 같다. 용의 눈동자를 찍어 살아 움직이게 하는 것과 같은
중요한 의미를 가진다.

혜암의 오도는 공식적으로 서른여덟일 때 오대산 월정사 사고
암에서 이뤄진 것으로 알려져 있다. 보통 전법은 제자가 오도했
을 때 스승이 이를 간파하고 행해진다. 그러므로 혹자는 왜 인곡
선사는 제자가 오도를 하기 전에 전법을 했는가 하고 물을 것이
다. 아무리 생사를 예측할 수 없는 전쟁 중이라도 오도를 하기

1951년 봄 해인사에서
은사 인곡 스님과 문답한 뒤
전법게와 법호를 받았다.

전에 법을 전하는 것은 전통을 훼손하는 것이 아닌가 하는 이의
를 제기할 수 있다. 전법 전에 법담을 나누는 문답이 있기는 하
나 그 전에 오도송이 나왔으면 여법한 전법이 되었을 것이다.

그러나 인곡은 혜암과의 첫 만남에서 문답을 나누며 이미 도
를 이룰 만한 근기의 법기임을 간파했을 것이다. 그리고 이어지
는 제자의 치열한 정진을 눈여겨보았을 것이다. 한 번 헤어지면
다시 못 만날 수도 있는 전쟁 중이라는 특수한 상황으로 인해
문답을 통해 공부의 정도를 시험해보고 전법 여부를 결정하려

고 했을 것이다. 문답을 통해 다행히 그동안 공부가 상당한 수
준에 올라와 있음을 인정하고 전법을 했던 것으로 보인다.

수계 후 4년 만에 전법을 하는 일은 흔치 않다. 반드시 확철
대오해서 금생에 공부를 마치라는 무언의 격려였을지도 모른
다. 그러나 인곡의 의중을 정확히 알 수 없다. 무언에서 무언으
로 전해진 이 일을 누가 짐작할 수 있겠는가.

한국 근현대 불교사에 혜암이라는 걸출한 제자를 배출한 인
곡선사. 전남 영광군 법성에서 태어나 열네 살에 고창 문수사로
출가했다. 선과 율, 경론에 해박한 대선지식이었다. 가야총림 초
대 방장이었던 효봉과는 둘도 없는 도반이었다고 전해진다.

속가 외삼촌이 고불총림 백양사의 근세 중흥조로 불리는 만
암曼庵(1876~1946)이다. 만암은 1900년대 초반에 백양사 청류
암에 광성의숙을 설립하고 종래의 강원제도를 혁신한 불교교
육을 전개해 나갔던 수행자로, 당시 1백여 명의 학인들을 모아
서 선과 교, 율 등을 공부시키면서 국어, 국사, 수리학 등 불전
외에 대한 교육도 병행했던 혁신적인 교육자였다. 서른두 살에
는 해인사 강사를 지내기도 했다. 전쟁으로 무산되었으나 1947
년 초반 자신이 구상한 독자적인 불교정화를 선언하고 고불총
림을 출범시키기도 했다.

그러한 만암 회상에서 강원을 마친 뒤, 인곡은 참선의 길로

들어섰다. 팔공산 동화사와 예산 수덕사의 보월寶月선사 회상에서 정진한 데 이어 오대산 상원사에서 수월水月, 혜월慧月, 한암漢巖선사와 법거량을 벌이면서 정진했다. 한 번 앉으면 돌탑처럼 움직이지 않은 채 정진을 해서 '돌탑수좌'라 불리기도 했다.

인곡은 용성선사에게 전법게를 받았다. 스물아홉 살이던 어느 날, 도봉산 망월사로 용성을 찾아갔다. 삼배를 올리고 꿇어앉자 용성이 물었다.

"무슨 물건이 이렇게 왔는고?"

인곡이 주먹을 불쑥 내밀며 대답했다.

"이러한 물건이 이렇게 왔습니다."

용성이 만면에 미소를 머금으며 수긍했다.

"그렇다, 그렇다."

"백양사 운문선원에서 빚진 것을 이제야 조금 갚아드리게 되었습니다."

운문선원에서 호되게 방망이를 맞은 적이 있는 자신을 기억하는지 궁금한 마음을 담아 그렇게 말하는 인곡에게 용성이 눈을 크게 뜨며 물었다.

"응? 운문선원에서?"

"예, 스님. 제가 창수昌洙(법호를 받기 전의 법명)입니다."

"아, 그렇구나. 만암 스님의 생질이라고 했지?"

"예, 저의 외숙이십니다."

"그래, 그래."

만감이 교차한 듯 잠시 침묵하는 용성에게 인곡이 엎드렸다.

"큰스님, 슬하에 거두어주십시오."

"음, 그래야지."

용성은 붓을 당겨 일필휘지로 인곡仁谷이라는 법호와 함께
전법게를 내렸다.

어진 마음이 천지를 감싸 안으니
깊은 골짜기 또한 밝고 밝도다
온갖 조화가 이에서 일어나니
영원토록 생멸하지 않도다
仁心抱天地 玄谷又明明
造化從斯起 亘古不生滅

인곡에게 전법게를 내린 용성龍城(1864~1940)은 조선 말기
에 태어나 한말의 격동기를 거쳐 일제강점기의 암흑기에 입적
할 때까지 불교의 중흥과 새로운 방향을 모색했고 독립운동에
앞장섰던, 한국불교사에 다양한 활동과 많은 업적을 남긴 위대
한 고승이다.

해인사로 출가한 용성은 수행을 게을리하지 않았던 선승이

며, 계율을 엄격히 지킨 율사였다. 또한 역경譯經과 찬불가 작사를 통해 불교를 보다 널리 펼치고자 노력한 뛰어난 포교사였다. 만해 한용운과 더불어 3·1독립운동 민족대표 33인 가운데 불교계를 대표한 한 사람으로 3·1운동에 앞장선 승려였다. 3·1운동 이후 대한민국임시정부가 수립될 때 국호를 대한민국으로, 국기를 태극기로 정할 수 있도록 지도한 온 겨레의 지도법사라 할 수 있다.

한편 '일하지 않으면 먹지도 말라'는 정신에 따라 선농일치禪農一致를 주장한 실천불교의 선구자였다. '생산하지 못하는 종교는 세속인들로부터 흡혈적 종교요, 사기적 종교요, 기생적 종교라는 비난을 면치 못할 것이다'라는 말을 남겼다.

한국 근현대 선불교가 경허와 용성의 양대 산맥으로 나뉘어 굽이쳐 내려갔다. 경허의 문하에는 수월, 혜월, 만공 외에 많은 선지식이 자웅을 겨루었고, 용성의 문하에는 동산, 동헌, 인곡, 동암, 자운, 고암 등 수많은 선지식이 배출되었다. 동산의 제자 성철과 인곡의 제자 혜암은 한국 근현대 선불교의 거봉이 되었다.

용성이 중국 길림성 용정(지린성 룽징)에 대각교당을 열었을 때 전법게를 받은 인곡은 스승을 따라 그곳에 갔다. 그곳 대중들이 용성의 인가를 받은 젊은 인곡의 법문을 듣기 위해 그를 법상에 모셨다. 법상에 오른 인곡은 주장자를 짚은 채 한 시간이 지나도록 입을 열지 않고 돌탑처럼 앉아 있다가 그대로 일어나 내려왔다. 이 모습을 지켜본 용성은 이렇게 찬탄했다고 한다.

"이것이 참설법이며, 이것이 모든 부처의 근본 진리이며, 이것이 역대 조사의 안목이니 삼세제불과 역대 조사, 그리고 법계의 모든 영靈들이 안심입명安心立命하는 곳이다."

인곡은 불과 서른두 살에 호남제일선원인 백양사 운문선원의 조실이 되었다. 그러나 말수가 적고 겸손했던 그는 큰절에서 양식을 져 나르고 나무를 해서 담장에 쌓아놓았다. 계율이 청정했던 그는 제자들에게 '삭발한 머리를 만지면서 수행자임을 잊지 말라'고 가르쳤다. 평생 솔잎 생식을 했던 인곡의 방은 늘 솔잎 향기로 가득했다고 한다.

"솔잎을 먹으면 피가 맑아져 혼침이 오지 않아 정진하는 데 큰 도움이 된다."

혜암이 솔잎 생식을 많이 한 것은 스승의 영향을 받은 것도 있으리라. 혜암이 한국전쟁 중에 스승인 인곡을 모시고 해인사에 남으려 하자 '나는 출가한 승려가 되어서 은사스님 시봉을 잘 못했으니 시봉 받을 자격이 없다. 내 시봉은 하려고 하지 말고 자기 공부나 잘 하라. 자기 정진을 잘 하는 것이 참 시봉이다'라고 하면서 범어사로 보낸 스승이었다.

공양할 때마다 음식을 조금씩 남겨두었던 것을 산짐승들에게 나눠주는 헌식 시간이 되면 까마귀와 까치들이 인곡을 에

워싸고 어깨에 내려앉곤 했다고 한다. 1948년 해인총림 하안거, 동안거와 1949년 하안거 때 소임이 헌식獻食이었다. 헌식은 시식施食 돌에 음식을 차려놓고 아귀나 잡신, 뭇 짐승에게 음식을 베풀어주는 것을 말한다.

아무도 모르게 남의 옷도 빨아주고, 짚신을 삼아놓았다가 떨어진 신을 보면 새 신으로 바꿔놓기도 했다. 누가 음식이나 의류 등을 가져오면 그대로 가지고 나가 대중들에게 공양을 올렸다.

혜암은 물론 시봉을 하는 제자들에게 자주 했던 인곡의 경책은 다음과 같다.

"청정계淸淨戒를 수호하여 정진, 불퇴전하면 구경 성불하리라. 머리를 만져보고 법의法衣를 돌아보고 대중처를 떠나지 말라. 지옥의 고통이 아니라, 가사 밑에서 인신人身을 잃어버릴 일이 고통이니, 이 몸을 이 세상에 건지지 못하면 언제 건질 것인가?"

훗날 혜암 역시 제자들에게 이렇게 경책했다. 스승에게 받은 가풍이었다.

"언제나 내 공부를 잘하고 내 일을 잘 하는 것이 남을 도와주는 것이니, 속지 말고 각자 하는 일들을 잘하되 밖으로 인연 따라 남을 도와주며, 가난하고 고행하는 것부터 배워라."

인곡은 한산시寒山詩를 좋아했다. 특히 다음 시구를 좋아하였다.

"사람은 이 세상에서 백 살도 살지 못하면서 언제나 천 년 뒤의 일을 걱정하고 있다(人世不滿百 常懷千載憂)."

지금, 여기를 평상심으로 사는 것이 부처임을 일깨워준 스승이었다. 인곡이 임종할 즈음의 일이다. 하안거 해제를 하루 앞둔 7월 보름 하루 전날이었다. 12일 동안 단식을 하던 인곡은 시자를 불렀다.

"나, 오늘 갈란다."

이제 속세를 떠나야 할 시간임을 알린 것이다.

"스님, 오늘 가시면 안 됩니다. 내일이면 선원 하안거 해제일이고 조상을 천도하는 우란분절입니다. 이래저래 좋은 날이니 내일 가시면 안 되겠습니까?"

"도를 닦는 사람이 무슨 좋은 날 나쁜 날이 있겠는가?"

"해제 준비도 해야 하고 가사불사 회향 준비를 해야 하는데 오늘 가시게 되면 스님의 장례 준비까지 해야 합니다. 대중이 얼마나 바쁘겠습니까?"

"흠, 그렇다면 내가 한번 생각해보지."

효봉의 상좌였던 시자가 혜암에게 이 일을 전했다. 스승의 몸이 편치 않자 해인사로 돌아와 시봉을 하고 있던 혜암이 주지 자운慈雲(1911~1992)을 찾아갔다.

"저희 은사스님께서 몸을 벗으시려고 합니다."

자초지종을 들은 자운이 혜암에게 당부했다.

"대중에게는 알리지 말게."

그렇게 입적할 일시日時를 말했는데 돌아가지 않으면 무슨 망신이겠는가 하는 자운의 의중을 읽었지만, 혜암은 스승을 믿었다. 자운의 당부를 따르지 않은 채 대중에게 알렸다. 다음 날 아침 대중들이 마당에 모였고, 방안에서는 인곡이 임종게를 내렸다.

허깨비 꿈과 같은 67년 세월이여
나 이제 가노니 흐르는 물이 하늘에 뻗침이로다
夢幻空華六十七年
仁谷煙沒流水連天

그리고 제자들을 돌아보며 말했다.

"일심一心이 불생不生하면 만법萬法이 무구無垢이니 정진하는 데 힘쓰라."

분별망상을 일으키는 한 생각을 내지 않으면 그대로 정토淨土라는 저 마지막 당부는, 인곡은 물론 모든 수행자들이 이르고자 했던 정토이자 돈오의 자리였다. 끝까지 스승은 고구정녕 정진하라는 말을 그렇게 전한 것이다.

1980년 가을 해인사 경내에 인곡 스님 비 제막을 마치고 문도들과 함께.

1961년 하안거 해제일인 7월 보름날 혜암은 은사를 떠나보냈다. 다비를 하는 날에는 사리를 수습할 수 없을 정도로 비가 많이 퍼부었다. 그 뒤 스승의 기일이 되면 상좌를 데리고 해인사 산내암자인 용탑선원의 조사전으로 가서 조촐한 제사를 지냈다.

원당암에 주석하면서부터 법당에 스승의 영정을 모시고 매일 아침 예불 때마다 인사를 드렸으며, 기일에는 제자들을 데리고 재를 올렸다.

인곡의 제자로는 혜암을 비롯해서 법장法藏, 혜월慧月, 운문雲門, 묵산黙山, 봉주奉珠, 법경法鏡, 구원久遠, 서암瑞菴, 회오懷悟, 우광愚光, 법종法宗, 운성雲性, 동진東鎭, 혜적慧寂이 있다.

1939년에 백양사 청류암으로 출가한 법전은 자서전《누구 없는가》에서 인곡을 이렇게 추억했다.

"청류암에서 행자로 지내면서 가끔 백양사 산내 암자인 운문암으로 심부름을 갔다. 서른두 살에 운문암 조실로 추대된 인곡 스님이 주석하고 있던 암자엔 이십여 분의 수좌들이 여름과 겨울 두 차례 안거를 하고 있었는데, 그분들이 내 마음을 사로잡곤 했다. 묵담 스님(태고종 제3, 4세 종정을 지냄)과 도반이었던 인곡 스님은 가끔 선방에서 내려와 청류암에 계신 묵담 스님에게 '자네, 나 헌 옷 한 벌 주시게' 하고는 옷을 얻어가셨다. 큰 절 백양사에서 식량을 주면 운문암 수좌들이 지게에 걸머지고 먼 길을 올라가고는 했다."

혜암의 출가를 도운 서옹은 운문암 조실로 있으면서, 그곳에서 정진하던 혜암의 상좌에게 인곡을 이렇게 기억했다.

"인곡 스님은 힘이 장사인 보살이셨지. 나는 까치집 같이 적게 나무를 해오는데, 인곡 스님은 산덩이만한 나뭇짐을 지고도 내가 힘들어하면 내 것까지 지고 내려오는 경우도 있었어."

1952년 해인사 장경각에서 7일 기도를 했던 일타日陀(1927~1999)의 증언은 이렇다.

"대발심을 하겠다는 원을 세우고 끼니도 잊은 채 석가모니불을 부르면서 7일 동안 기도했다. 전쟁 중이었기 때문에 밤에 촛불을 켜놓으면 적군의 표적이 될 수 있었다. 그래서 향 하나만 피워놓은 채 기도를 했다. 새벽부터 장경각에 있는 법보전에서 기도를 하다가 한밤중이 되면 졸음에 못 이겨 장경각 사이 길을 돌며 석가모니불을 불렀다. 불빛 하나 없는 장경각을 걷다가 졸게 되면 뾰족하게 튀어나온 경판의 모서리에 머리를 부딪치기 일쑤였다. 인곡 스님은 끼니때가 되면 장경각에 들러 내 귀를 잡아당기며 '그만하고 밥 먹으러 가자' 하시곤 기도하던 나를 데리고 나가셨다. 몇 해 뒤 연비를 하고 서울에 올라갔는데, 선학원에서 인곡 스님이 나를 보고 호통을 치셨다. '왜 쓸데없는 짓을 했느냐? 왜 연비를 했어?' 염려를 담은 자비의 마음이셨으리라."

불꽃에서
꽃이 피니

혜암이 1951년 봄에 해인사에서 은사인 인곡에게 전법게를 받고, 그해 하안거 정진을 위해 범어사로 왔을 때, 전쟁 속의 그곳은 피난 온 수좌들의 선방이 되어 있었다. 전쟁이 나기 한 해 전인 범어사에서 동산 스님을 계사로 보살계를 받고 2년 만에 다시 온 범어사였다. 한국전쟁이 일어나자 국가는 물론 산속의 절도 다시 혼란에 빠졌다. 많은 사람들이 남으로 피난을 내려왔고 스님들도 남으로 내려왔다.

전쟁으로 말미암아 불교계 전체가 큰 피해를 입지 않을 수 없었다. 많은 절들이 불타면서 온전히 유지된 사찰이 드물 정도로 피해가 심각했다. 많은 문화재가 파손되었고 대부분의 사

찰들이 전쟁의 혼란 속에서 무방비 상태로 방치되어 있는 실정
이었다. 교단 집행부는 부산의 대각사로 이전해 있었고, 종립대
학인 동국대학도 부산으로 피난해 임시 교사를 가설해놓고 학
업을 지속시키고 있었다. 산중사찰에 군인들이 거주하고 작전
지로 활용되기도 했다. 북한군이 퇴각하면서 사찰을 불태우기
도 했고, 미군 전투기에 의해 피해를 입은 사찰도 많았다.

사찰을 떠나 목숨을 부지할 수밖에 없는 처지에서 최소한의
생활여건도 여의치 않은 상황이었다. 가장 심각한 피해는 승풍
및 수행의 기반이 말살되는 환경에 처한 것이었다. 선방과 강원
은 문을 닫을 수밖에 없었고 수행할 공간을 찾는다는 것은 생
각할 수도 없을 만큼 전쟁은 심각한 피해를 남겼다. 전쟁의 피
해가 닿지 않는 부산일대에서만 스님들이 근근이 수행을 하면
서 지낼 수밖에 없었다.

당시 부산에서 수행할 수 있는 곳은 범어사, 선암사, 금정사
정도였다. 선암사에는 석암, 향곡 등 45명 정도의 수좌들이, 금
정사에는 효봉이 정진하고 있었다.

전쟁 중에도 범어사는 선찰대본산으로서의 격과 위의를 잃
지 않고 있었다. 조선 오백년 동안 희미해진 선불교를 일으킨
주역이었으며, 충청지역에서 선풍을 일으킨 경허 스님이 호서
지역을 떠나 영남지역으로 오기 전부터 선원을 세워 수좌들을
지도한 선찰이었다. 경허선사를 모시고 수많은 수좌들을 양성

한 범어사의 선맥은 동산東山(1890~1965)선사에 이르러 절정을 맞이했다고 전해진다.

전국 각지에서 전쟁을 피해온 백여 명의 수좌들이 좁은 선방에 앉아 정진했다. 혜암의 스승 인곡과 사형사제지간인 동산은 전쟁 중의 혼란한 시기에도 공부하러 온 수좌들을 한없이 아끼며 공부할 수 있도록 최선을 다해 배려했다. 한 철 정진을 마치고 다른 곳으로 옮기는 수좌들을 싫어할 정도로 자신의 회상에서 정진하는 수행자들을 아끼고 두터운 덕으로 아울렀던 수행자다.

"퍼 쓰고 또 퍼 써도 끊임없이 올라오는 샘물처럼 수행자의 신심도 그렇게 올라와야 한다."

수행자의 활기와 기상이 신심에서 시작됨을 강조하면서 자주 했던 말이다.

혜암은 그 말에 깊이 동감했다. 자신의 내면에 불생불멸하는 한 물건, 즉 불성을 갖추고 있다는 것을 믿고, 세상은 마음이 나타난 바임을 믿고, 자신이 짓고 자신이 받는다는 자업자득을 믿는 것이 신심이다. 신심이 없는 수행자는 썩은 나무 등걸보다 못한 존재다.

비록 전쟁으로 인해 공부의 길에 혼란이 생겼지만 더 바짝 정진의 고삐를 당겼다. 화리생련火裏生蓮, 불꽃 속에서 연꽃이 피어난다고 하지 않았던가. 변함없이 하루 한 끼와 장좌불와를 하면서 정진을 거듭했다. 오로지 혜암의 가슴엔 한 가지 생각만 있었다.

"치열하게 정진해서 견성 성불하는 길만이 이 모든 혼란에서 벗어나는 것이며 전쟁에 신음하고 있는 국가와 민족을 살리는 길이다."

세상의 모든 사건은 지금 이 자리에서 일어날 뿐이다. 그러므로 현재를 무심으로 충실하게 사는 것이 부처로서 사는 것이었다. 혜암은 지나온 과거나 암담하게 느껴지는 미래를 생각하지 않았다. 오직 지금 앞에 있는 정진만이 전부라 생각했다.

전쟁 중에 하루 한 끼조차 제대로 먹지 못하면서 장좌불와를 하는 혜암에게 하루는 동산이 걱정을 담아 말했다.

"혜암 수좌! 다른 대중들처럼 세 끼씩 먹고 자면서 정진하도록 하게."

혜암은 대답하지 않았다. 전쟁을 통해 한 치 앞을 알 수 없는 게 인생이란 걸 뼈저리게 느끼고 있던 터였다. 출가하자마자 배웠던 《초발심자경문》의 한 구절, '한평생이 얼마이기에 닦지 않고 방일하랴'를 뜨겁게 받아들이지 않을 수 없었다.

동산도 혜암이 대답하지 않는 저의를 모르는 바 아니었다.

"내 상좌 중에 너무 무리하게 장좌불와를 하다가 허리가 썩어간 사람이 있었네. 금강산에서 정진할 때는 상기가 돼서 머리가 터진 사람도 봤어."

어른스님의 진심어린 충고였으나 혜암은 따르지 않았다. 그건 그 스님들의 일일뿐 자신의 일은 아니라고 생각했다. 난행고행만이 지금 자신이 할 수 있는 일이라고 여겼다. 날이 가도 혜암이 장좌불와를 멈추지 않자 동산도 더 이상 권하지 않았다.

"저 조그만 대사가 아만심이 높아가지고 말이지."

혀를 차면서 말했지만, 전쟁 중임에도 흔들림 없이 수좌의 기상을 잃지 않고 꼿꼿하게 정진하는 젊은 후학을 바라보는 눈길엔 흐뭇함이 담겨있었다.

그즈음이었다. 군인들이 범어사 둘레를 두르고 있는 금정산의 소나무를 몰래 베어다가 밖에 내다팔고는 했다. 사미승들이 산을 지키다 군인들에게 얻어맞는 일이 많았다. 이를 안 동산이 '사중이 나서서 일을 해결하라' 했지만 모두 묵묵부답이었다. 그러자 혜암이 나서서 군인들에게 호통을 치며 혼쭐을 내고 관련 부대에까지 찾아가 벌목을 하지 못하게 만들었다. 동산선사는 그 무엇에도 굽히지 않는 수좌로서의 혜암의 기개와 해결능력을 높이 사고 칭찬했다고 한다.

"내 공부 잘 하면 귀신에게도 꿀릴 게 없다!"

혜암이 후학들에게 정진을 격려하며 자주 한 말이다. 범어사에 들어온 지 어느덧 일 년이 넘어 곧 하안거를 앞두고 있었다. 그동안 많은 일들이 있었다. 적지 않은 수좌들이 전쟁터로 잡혀가 돌아오지 못했다. 국방부에 근무하던 기독교인이 범어사에 군기피자가 많이 있다고 신고한 탓에 단속이 시작되었다. 그러던 중 1개 중대의 병력이 범어사를 둘러싸고 한 사람씩 낱낱이 조사를 해서 20세 이상 30세 미만의 스님 16명을 색출했다. 포항에서 화물 배를 타고 제주도로 가서 사격술을 잠깐 익힌 다음 최전방에 투입되었다가 많은 스님들이 전사했다. 그 뒤에도 수시로 젊은 승려들을 잡아가기 위해서 경찰들이 범어사를 급습했고, 젊은 스님들은 법당 뒤 바윗돌 밑으로 몸을 숨기는 나날이 계속되었다.

혜암은 당시 서른 살이 넘어있었기 때문에 색출 대상에서 제외되었지만 함께 자리에 앉았던 도반들이 잡혀가는 것을 보면서 무심할 수는 없었다. 전쟁이란 무엇인가, 수행자로서 나는 어떻게 살아야 하는가를 생각하지 않을 수 없던 시기였다.

의식주도 날이 갈수록 어려웠다. 금정산 미륵사 회주 백운은 1952년 걸망을 메고 범어사에 가서 참선했는데, 당시의 분위기를 이렇게 전했다.

"전쟁 중의 범어사는 밖에서와 마찬가지로 먹고 살기 어려웠다. 동래 군청에 가서 식량을 구걸했다. 국수를 한 차량 얻어다가 세 끼를 채우기도 했다. 사흘이 지나자 설사하는 대중들이 늘어났다. 옥수수를 얻어와 국수와 함께 죽을 쑤어먹자 설사가 가라앉아갔다. 그래도 구도열은 식지 않았고 동산선사를 모시고 공부한다는 자부심이 대단했다."

서른세 살의
하안거

의식주도 어려운 데다가 언제 잡혀가 전쟁의 총알받이가 될지 모르는 상황에서도 수좌들이 수행의 겁을 늦추지 않을 수 있었던 것은 신심 때문이었다.

전쟁 중에도 범어사를 반듯한 선방으로 이끌었던 동산의 신심은 혼란 속에서도 변함이 없었다. 새벽과 저녁에 올리는 예불에 한 번도 거르지 않았고, 대중들이 모여 공양을 할 때도 자리를 지켰다. 꼿꼿하게 허리를 곧추 세운 모습만으로도 수좌들에게 힘이 되었다. 동산은 대중들보다 일찍 예불에 나왔다. 그리고 조왕단을 시작으로 선방이며 관음전, 비로전, 탑 등 모든 전각을 참배하며 절을 올렸다. 간절하고 정성스러운 그 모습이 범어사 대중의 신심을 잃지 않게 했다. 하루도 빠짐없이 도량을 비질하던 모습을 통해 대중들 모두는 청정함이 수행자의 생명임을 배웠다.

지극한 공경심으로 예배하는 것을 보면, 무정물이라도 그냥 있을 수 없을 정도로 정성스럽고 간절한 모습이었다. 보는 사람들로 하여금 관세음보살 후신이 태어난 것이라고 믿게 했을 만큼 언행이 자비로웠고 신심이 깊었다. 그러한 동산선사를 보면서 대중들은 출가자에겐 신심이 생명이며, 내면의 활기와 철저한 수행도 신심에서 나온다는 것을 배웠다. 온갖 공포에서 벗어나게 하는 것도 믿음이라는 걸 동산을 통해 익혔다. 혜암은 말했다.

"동산 스님은 얼마나 부지런하시던지 비가 오나 눈이 오나 대웅전 예불은 물론 산신각까지 예불을 드린 분이었다. 입선 죽비만 치면 화장실에 있다가도 허리춤을 잡고 뛰어오셨다. 아무리 바쁜 일이 있어도 입선시간엔 꼭 와서 잠시 앉아 있다가 볼 일을 보러가는 성의를 보였다."

동산은 조계종비구승단(1954~1962)에서 제1대와 4대 종정을 지냈다. 정화불사의 선봉에 서서 진리를 위해 몸을 사리지 않으며 결연한 의지를 잃지 않았던 선지식이었다. 설법제일이라는 별호가 말해주듯 선법문은 깊고 명료해서 수좌들에게 나침반이 되어주었고, 한번 법상에 앉아 법문을 시작하면 푸른 산

혜암은 1952년 범어사 금어선원 하안거 대중 가운데
동산 스님으로부터 유일하게 안거증을 받았다.

에 흐르는 물처럼 유연한 법문으로 법석을 고요하게 만들던 도
인이었다.

육신의 병을 고치려고 의학을 공부하는 도중 어떤 특별한
인연으로 보다 근원적인 인생의 병을 고치고자 대도에 들어선
후 수행자로서 한 치도 흐트러짐이 없는 삶을 살았던 수행자
였다. 입적 당일에도 전과 다름없이 대중들과 함께 예불을 드
리고, 공양과 청소를 한 후 저녁에 노을이 질 무렵 입적에 들었
다. 마치 일상생활이 기계처럼 정확했다는 게 선사를 본 사람
들의 전언이다.

스물세 살에 범어사에서 용성을 은사로 득도한 동산은 용성
으로부터 직접 경전을 익혔고, 한암에게도 여러 경전을 배웠다.

스승인 용성이 독립운동으로 투옥되자 서울 대각사와 도봉산 망월사에서 기거하면서 옥바라지를 했고, 정진 또한 맹렬히 했던 선사였다.

전쟁 속에서 하안거가 시작되었다. 1952년 여름이었고 혜암의 나이 서른셋이었다. 그해 여름에 당시 교학의 대가로 이름을 날리던 운허가 범어사로 피난을 내려왔다. 수좌들에게는 필독서로 알려진 《능엄경》을 설하는 법회가 열렸다. 범어사 보제루에서 열린 운허의 강의는 수좌들에게 인기를 끌었다. 강의 시간이 되면 선방에 앉아있던 수좌들이 보제루로 갔다. 선방이 텅 비었다.

혜암은 자리에서 일어나지 않았다. 금정산 솔바람 소리가 은은히 스며들어온 선방에서 벽을 앞에 두고 앉아 화두에 몰입했다. 다음과 같은 조사스님들의 가르침만을 기억할 뿐이었다.

화두가 어느 때에나 또렷또렷하여 어둡지 않은가.
남과 이야기하고 있을 때에도 화두가 끊임없이 되는가.
보고 듣고 알아차릴 때에도 화두가 한결같이 한 조각을 이루는가.

'한 물건'을 찾는 일이 시급할 뿐이었으니 어떤 것에도 동요되지 않았던 것이다. 그때 동산이 선방에 들렀다가 혜암만이 홀로 앉아있는 것을 보았다. 그리곤 돌아서면서 혼잣말을 했다.

"밥 먹는 놈은 많은데 공부하는 '사람'은 없구나."

해제하는 날에 여든여덟 명의 수좌 가운데 혜암에게만 안거증을 주며 이렇게 말했다.

"이번 철에 참으로 공부한 수좌는 혜암뿐이다."

혜암도 일생의 정진 가운데 이때의 수행을 특별히 기억했던 것 같다. 훗날 제자들이 행장을 정리할 때, 동산선사가 한 말을 전했다. 행장을 정리한 대오大悟는 스승에게 들은 당시의 일화를 정리해서 행장에 올렸다.

집단생활을 하면서 모두 같은 행동을 할 때, 보통의 신념만을 가지고는 홀로 자신의 뜻을 지키기는 쉽지 않다. 전쟁 중이던 1952년의 범어사 하안거는 혜암에게 출가 후 조금도 변하지 않는 발심과 신심으로 정진에 정진을 거듭한 시간이었다.

혜암은 범어사에서 한 해 정도 정진하고 성철이 있는 안정사 천제굴로 갔다. 좀 더 한적한 곳에서 자신의 공부를 점검하고 더 맹렬하게 정진하고 싶었기 때문이다.

내외가
명철한가

참선은 절대로 혼자서는 하지 못하는 것이니, 반드시 선지식을
여의지 말아야 한다. 선지식은 인생문제를 비롯하여 일체 문제
에 걸림 없이 바르게 가르쳐주는 사람이다. 참선을 하기 위해
서는 반드시 도량道場, 도사道師, 도반道伴의 세 가지 삼대 요
건을 갖추어야 한다.

만공선사

　오대산의 한암과 더불어 당대 후학들에게 선지식으로 알려
졌던 만공이 공부를 할 수 있는 도량, 공부를 이끌어주는 스
승, 함께 탁마해가는 도반의 중요성을 이렇게 지적했다. 도량은

외호 선지식, 도반은 동행 선지식, 도사는 교수 선지식이 된다. 그래서 도량, 도반, 도사 모두 선지식이며, 그 선지식을 떠나서는 공부를 이루기 어렵다고 한다.

혜암이 전쟁 중에 머물렀던 범어사와 안정사가 그런 곳이었다. 전쟁 중의 경남 통영 안정사는 전쟁의 소음을 비껴 앉은 듯 조용한 편이었다. 안정사는 신라 때 원효대사가 창건한 고찰이다. 안정사와 은봉암 사이의 산자락에 초가삼간의 토굴을 지어 천제굴闡提窟이라 이름을 짓고 성철이 정진하고 있었다. 혜암이 그곳에 갔을 때는 성철을 모시고 있던 몇몇 스님들이 모두 떠나고 봉암사에서 성철을 만나 스승으로 모시고자 결심했던 법전만이 성철을 모시며 정진하고 있었다.

천제굴은 기존의 사찰이 가지고 있는 관습에 얽매이지 않겠다는 성철의 의지가 담긴 곳이었다. '천제闡提'는 부처가 될 수 없는 존재를 뜻한다. 부처가 되는 것도 바라지 않는다는, 부처에 집착하는 자는 부처를 볼 수 없다는 뜻이 들어있는 이름으로, 세상에 쓸모없는 사람이 되어서 바보등신 소릴 들어야 공부할 수 있다는 성철의 철학이 깃든 암자였다.

법전은 나무를 해 나르고 벽방산을 넘어 고성으로 장을 보러 다니면서 몸이 약한 성철을 극진히 모시고 있었다. 풀을 해서 빨래를 널고 저녁에 군불을 때고 도량이 말끔하도록 청소를 하면서 하루 종일 눈코 뜰 새 없이 분주히 움직이면서도 약한 번 태우는 일 없이 시봉했다. 이미 전국에 도인으로 소문이 난 성철을 만나기 위해 전국 방방곡곡에서 찾아오는 많은 사람들을 만나서 사정을 들어보고 만나야 할 사람은 만나게 하고 돌려보낼 사람은 돌려보내는 일을 했던 법전의 하루 스물네 시간은 정진과 시봉으로 이루어져 있었다.

혜암이 도착하자 성철은 반가움을 드러냈다. 가는 곳 어디에서나 그랬던 것처럼 걸망을 풀자마자 정진에 몰두했다. 성철은 혜암과 법전 두 사람에게 설했다.

"공부가 제대로 이루어지기 전에는 공부란 이름도 붙이지 못하는 기라. 적어도 하루 20시간 화두가 한결같게 들려야 비로소 화두 공부를 한다고 할 수 있다. 이를 화두천話頭天이라고 한다. 목숨을 아끼지 말고 부지런히 노력하라.

깨달음의 경계는 한 번 얻게 되면 영원토록 잊어지지 않는 것이다. 현재의 생애에서뿐만 아니라 내생에서도 잊어지지 않는 것이다. 이것이 영겁불망永劫不忘, 대자유에 이르는 것이며, 이 길에 이르는 가장 빠른 방법이 참선이다. 아무리 깊은 잠이 들어도 절대 어둡지 않고 여여불변如如不變하게 되면 그것이 영겁불망, 대자유인이 되는 것이다."

천제굴에서 정진하면서 혜암은 비로소 공부에 대한 급한 마음을 조절할 수 있었다. 공부를 이루고자 하는 마음은 간절했으나 봉암사에서 성철에게 들은 수행의 노정기를 실천하기엔

미흡했던 터였다. 정진하고 있던 어느 날 성철이 물었다.

"공부는 어찌하고 있는가?"

"어묵동정행주좌와에 화두를 놓치지 않으려고 하고 있습니다."

성철이 《선요禪要》에 나오는 이야기를 꺼내들었다.

고봉 원묘(1238~1295) 스님이 설암 스님을 만났을 때 나눈 문답이다. 설암 스님이 고봉 스님에게 물었다.

"낮 동안 분주할 때도 한결같은가?"

"한결같습니다."

"꿈속에서도 한결같은가?"

"한결같습니다."

"잠이 꽉 들었을 때는 주인공이 어느 곳에 있느냐?"

여기에서 말로써 대답할 수 없었고 이치로도 펼 수가 없었다. 5년 후에 곧바로 의심덩어리를 두드려 부수니 나라가 편안하고 조용하여서 한 생각도 함이 없이 천하가 태평하였다.

성철 스님은 이 이야기를 들려주면서 한마디 덧붙였다.

"고려의 태고 스님도 20여 년 공부 끝에 오매일여의 경지에 이르고 그 후 확철히 깨쳤지. 그때가 마흔 즈음이야. 아무리 깨친 것 같고 지견이 분명하더라도 오매에 일여한지 반드시 점검

해야 해. 또한 무심의 경계를 체득했다고 하더라도 그곳에 머물면 마구니 경계가 됨을 알아서 확연히 깨쳐 내외명철內外明徹의 경지에 이르러야 하는 것이 달마 스님에서 육조 스님으로 면면히 내려온 우리 종문의 가풍이니, 이를 잊지 말아야 해."

봉암사에서와 마찬가지로 화두의 삼단법문에 대해서 성철은 다시 강조했다.

"화두가 움직일 때나 가만히 있을 때나 한결같은 동정일여動靜一如, 화두가 꿈에서도 한결같은 몽중일여夢中一如, 화두가 잠잘 때도 한결같은 숙면일여熟眠一如의 경지가 되어야 한다. 이 세 관문을 뚫어야 화두를 깨칠 수 있고 비로소 만근의 짐을 내려놓은 공부인이 되는 것이다. 그러나 실제로 오매일여를 넘어 내외가 명철한 구경묘각을 얻어야 견성한다. 오매일여가 되었다고 해도 구경에 이르지 못하는 수가 있으니 꼭 본분종사를 찾아가서 인가를 받아야 한다. 오매일여의 경지에 이르렀는가를 스스로 점검하고 양심을 속이지 말아야 한다."

이러한 지도는 혜암의 선사상에 큰 영향을 끼쳤다. 혜암은 성철이 입적하고 해인총림 방장에 추대되어 동안거 결제에 들었을 때, 동안거 반결제 법어에서 오매일여에 대해 이렇게 설했다.

수좌들의 공부가 가나오나 서나 앉으나 누우나 한결같이 쉬지 않고 물 흐르듯이 해야 합니다. 몽중일여와 숙면일여가 되어서 잠이 꽉 들어서도 일여한 데서 깨쳐야만 해탈하는 것입니다. 그 전에는 견성할 수 없다는 것이 근본적으로 딱 서야 합니다. 동정일여, 몽중일여도 안 되는 그런 깨우침은 깨친 것이 아니고 실제로 생사(해탈)에는 아무 이익이 없습니다. 그것은 깨침이 아니고 불교의 병이요 증상만增上慢입니다.

그러니 우리의 공부가 실제로 오매일여가 되어 영겁불망이 되도록 위법망구하여 정진으로 부사의해탈경계를 성취하고 미래겁이 다하도록 고해중생의 다생부모를 제도합시다.

1993년 동안거 반결제 법어

혜암도 견성을 했다고 확신하며 자신을 찾아오는 수좌들에게 묻곤 했다.

"잠이 꽉 든 숙면상태에서도 화두가 일여한가?"

"예, 일여합니다."

"그렇다면 지금 내외內外가 명철明徹한가?"

자신이 경험한 선의 노정기에 대한 점검이었다.

구들장을
파버리다

성철이 천제굴에 있으면서 정진하고 있다는 소문이 나자 전국
에서 수행자들은 물론 신도들이 찾아와 법문을 듣고 공부를
물었다. 그 가운데 해제 전날이면 찾아와 밤새 정진하고 해제
일에 법문을 듣고 가는 사람들이 있었으니, 마산의 성주사 대
중들이었다.

　성주사에서 비구니들을 이끌며 결사를 하고 있던 인홍仁弘
(1908~1997)은 성철을 법사로 모시며 성주사에서 봉암사결사
를 모범으로 해서 정진 중이었다. 인홍은 전국비구니회 초대 총
재를 지낼 만큼 리더십과 정진에 뛰어났던 근현대 비구니계의
대표로 꼽힌다.

혜암이 법전과 함께 성철 스님을 모시고 정진을 하고 있던 어느 날이었다. 인홍이 상좌들을 비롯해 신도들을 데리고 하안 거 해제 법문을 들으러 왔다. 혜암과 법전은 그들을 위해 공양 준비를 했고, 대중들은 저녁공양을 마친 뒤 선방에 앉았다. 천 제굴을 찾는 사람이면 누구나 밤새 정진하고 다음날 아침 성 철의 법문을 듣는 것이 규칙으로 되어 있었다. 먼 길을 걸어온 탓에 피곤한 몸을 이기지 못하고 그대로 방에 눕기라도 하면 당장 쫓겨나는 것이 다반사였다.

혜암은 그들과 함께 선방에 앉아 밤새 정진하고 다음날 새벽 예불을 모시고 난 다음 법당에 앉았다. 법문을 내릴 성철을 기 다리는 동안, 선방에는 적요함만이 가득했다. 곧 성철이 들어왔 고 주장자를 들어 법상을 내리쳤다. 성철의 시퍼런 눈길이 대 중을 향했다.

"일러보라."

성철은 대중들을 앞에 두고 주장자를 들어 휘두르면서 묻곤 했다.

"누구 없는가?"

공부한 것을 내놓을 수 있는 사람 누구 없느냐고 묻는 것이 었다. 대체로 모두 꿀 먹은 벙어리처럼 앉아 있으면, 아무 말도 하지 않은 채 휙 나가버리곤 했다. 그런데 그날은 좀 달랐다. 전 날, 무슨 말을 들었는지 얼굴이 여느 때와 다르게 굳어있었다.

한 철 안거 동안 공부한 것을 내놓아보라는 말에, 그 누구도 대답을 하지 못한 채 침묵만이 흐르자 성철 스님이 명했다.

"모두 마당으로 나가라."

대중들이 마당으로 나가 앉자 성철 스님은 가부좌를 하고 앉은 혜암과 법전의 어깻죽지와 다리를 내리쳤다. 두 사람은 미동도 하지 않고 소나기처럼 내리쏟아지는 주장자를 그대로 맞았다. 성철의 주장자가 다시 비구니 혜춘에게로 옮겨졌다. 혜춘도 주장자를 피하지 않았다. 손에서 피가 철철 흘러내렸다. 성철의 주장자는 한동안 멈춰지지 않았다.

"자식까지 두고 출가했다는 사람이 그렇게 수행해서 어느 천 년에 깨치겠는가?"

자식을 둔 채 출가를 결심했던 혜춘의 입산은 어렵게 이루어졌다. 출가 후 정진에 힘을 쏟았으나 생각했던 것처럼 정진은 쉽지 않았던 것 같다. 해제 전날 천제굴에 도착해서 공부의 어려움을 성철에게 털어놓았던 터라 경책의 강도가 높았던 것이다.

성철의 질책은 그것으로 그치지 않았다. 뿌리라도 뽑으려는 듯 매서운 눈초리로 이제 막 출가해서 어른스님들을 따라온 어린 사미니를 불렀다.

"뒷방에 가서 저 비구니 바랑을 가지고 나오너라."

어느 안전이라고 명을 어길 수 있겠는가. 그렇다고 곧바로 뒷방으로 뛰어가 바랑을 덥석 내갈 수도 없었다. 우물쭈물 망설이는 사이 성철의 호령이 한 번 더 떨어졌다.

"왜, 바랑이 나오지 않는 거냐?"

벽방산을 뒤흔드는 고함을 듣고서야 사미니가 뒷방 문을 여니, 마침 천제굴에 다니러왔던 성철의 모친(초연화 보살)이 문틈으로 그 광경을 보고 있다가 바랑을 내주었다. 혜춘의 바랑에 있던 장삼을 빼고 다른 것을 넣어 내주었다. 곧 바랑이 성철 앞에 놓여졌다.

"불을 질러라."

장삼을 태우라는 것은 하산하라는 의미였다. 어렵게 출가한 혜춘에게는 사형선고와 다름없는 일이었다. 바람결에 바랑이 활활 타오르기 시작했고 순식간에 한 줌의 재로 변했다.

그날 저녁, 성주사 대중이 모두 돌아가고 산그늘이 내려앉을 때까지 천제굴에는 침묵만이 흘렀다. 아무도 입을 여는 사람이 없었던 그날, 서늘한 가슴으로 선방에 앉아있는 혜암에게 성철이 한마디 했을 뿐이다.

"진리를 향해 일체를 희생하는 삶을 살겠다고 맹세하고 자식까지 버리고 출가한 사람이 공부를 하지 않으면 무엇에서 출가한 보람을 찾을 것인가? 하루를 살다 죽더라도 오직 공부만 하다 죽는 게 우리들이야. 눈 깜짝할 새라도 나의 참모습을 스스로 발견하고 가는 것 말고 다른 일은 다 죄짓는 일이야."

혜암은 성철이 더 말을 하지 않아도 알았다. 후학들에게 내리쳤던 주장자는 분한 마음을 내서 아무도 의지하지 말고 철저히 화두일념으로 공부하라는 격려였다. 출가수행자가 목숨을 내놓고 피눈물 나게 공부하지 않는 것에 대한 안타까움이었고, 수행자의 사명인 중생교화에의 뜨거운 원력이었다. 그렇게 혹독한 경책을 받고도 그들은 다음 결제와 해제 때가 되면 다시 찾아왔다. 먼발치에서라도 선지식을 보고 가면 신심이 서릿발처럼 일어선 것이다.

천제굴에는 그들뿐만 아니라 청담 스님을 비롯해 자운, 운허, 서옹, 향곡 스님 등이 다녀갔다. 남해 망월암 토굴에서 정진하고 있던 서옹은 가끔 들러 성철과 법담을 나누었고, 정진하고 있는 혜암을 격려했다.

'내놓아 보라', 혜암은 때때로 벽방산을 가르듯 경책했던 성철의 물음을 떠올렸다. 선지식 앞에 무엇을 내놓을 것인가, 평생을 간직한 경책이었다.

혜암은 그날 이후 더 발심하고 뜨겁게 정진하지 않을 수 없었다. 선지식이란 그렇듯 뜨겁게 발심하고 한 치의 방심 없이 예리하게 정진하도록 만드는 존재였다. 당시 성철이 막 마흔 살이 넘어있었고, 혜암이 삼십대 초반, 혜춘이 삼십대 중반의 나이였다. 그날 그토록 혹독하게 경책을 받았던 혜춘은 그 후 물러서지 않는 정진으로 매진했고, 말년에는 해인사에 보현암을 지어 선원을 열고 수많은 후학들을 이끌었다.

당시 성철의 명에 따라 혜춘의 바랑에 성냥불을 그었던 현각(강릉 대성사)은 '그 후 성철 스님이 성주사에 비구총림을 세울 것을 구상하며 잠시 와 계실 때 혜암 스님이 원주를 보고 계셨는데, 살림을 하는 그 바쁜 와중에도 방에 단정히 앉아 정진하시던 모습을 보면서 아, 참 열심히 정진하시는구나 생각했다'고 회고했다.

날이 갈수록 안정사엔 신도들이 많이 찾아왔다. 전쟁으로 인해 마음의 상처를 입은 그들은 도인을 찾아 어떻게 살 것인가를 묻지 않을 수 없었던 것이다. 성철은 그곳에서 무속적인 성격을 띠고 있던 불교의식을 혁명적이라 할 만큼 바꾸었다. 자신에게 일어나는 모든 불행은 어디 밖에서 온 것이 아니라 자신이 지은 것이며 그 장애를 벗어나는 일은 부처님께 빌어서 되는 것이 아니라 스스로 정진해서 벗어나야 한다고 가르쳤다. 그러고는 신도들에게 참회하는 방법으로 삼천배를 하게 했다.

점점 더 많은 사람들이 찾아와 정진에 몰두할 수 없게 되자, 성철과 혜암은 한 가지 방법을 고안해냈다. 함께 정진하던 법전이 잠시 동산 스님이 주석하고 있는 범어사로 동안거를 나러 가고 토굴에서 단 둘이 정진하게 된 어느 날, 신도들이 오지 못하도록 인법당 구들장 가운데를 파버린 것이다.

장좌불와를 하던 두 사람은 구들장을 들어낸 추운 인법당에서 좌복 하나만을 두고 동안거를 났다. 성철은 아랫목에 혜암

은 윗목에 앉아 정진했다. 혜암이 밥을 짓고 설거지는 함께했
다. 그래도 사람들은 찾아왔다. 그리고 성철이 잠시 암자를 비
운 사이 구들장이 다시 놓아졌다. 성철의 건강을 염려해서였을
것이다. 다시 사람들이 모여들기 시작했고, 혜암은 천제굴을 나
와 설악산으로 발길을 옮겼다. 노정기를 확실히 했으니 조용한
곳으로 가 홀로 정진하면서 자신의 공부를 가늠해보고 싶었던
것이다.

　안정사 천제굴에서의 한 철 정진에서 혜암은 구경각에 대한
노정기를 더욱 확고히 하고 스스로 공부를 새로 시작하는 계
기를 얻었다.

慧菴

제5장

해가 돌아 하늘과 땅이 밝도다

전쟁 중에
들어간
설악산 오세암

선은 발심한 자의 소유물이고 고생하고 노력 없이는 성취할 수 없습니다. 어떠한 일이 있더라도 오직 이 공부를 성취하고 말겠다는 결심이 아니면 도저히 이 공부는 성취하지 못합니다. 발심은 불조의 어머니요 공덕의 탑이 되니 모든 성현이 이로부터 나오기 때문입니다. '생자필멸이요 회자정리라' 하며 형체 있는 것은 파괴되나니, 일체 만법이 몽환포영夢幻泡影이기에 영생불멸의 실상을 구득하려는 마음이 곧 발심인 것입니다. 발보리심 하면 처처에 안락국이라, 발심은 철저한 신심을 낳게 하나니 신심은 불과佛果를 이루는 근본이 되는 것입니다.

　오직 이 한 물건만 믿는 것을 바른 신심이라고 합니다. 석가도 쓸 데 없고 달마도 쓸 데 없습니다. 팔만장경이 무슨 잔소리입니까? 오로지 마음 깨치는 공부만 할 따름이요, 그 외에는 전부 외도이며 마군들입니다.

신심은 불조佛祖의 말씀을 믿는 것은 물론이고 자기가 자기를 믿는 신심이 더욱 철저하여야 하나니, 세상일도 자신自信 없이는 성취되는 일이 없거니 하물며 생사를 초월하는 일대사이겠습니까.

아무리 작은 벌레라도 다 이 물건을 가지고 있습니다. 깨친 부처나 깨치지 못한 벌레까지도 똑같이 가지고 있습니다. 다른 것은 이 물건을 깨쳤느냐 못 깨쳤느냐에 있습니다. 석가와 달마도 이 물건은 눈을 들고 보지도 못하고 입을 열어 설명하지도 못합니다. 이 물건을 보려고 하면 석가도 눈이 멀고 달마도 눈이 멉니다. 또 이 물건을 설명하려고 하면 부처와 조사가 다 벙어리가 되는 것입니다.

1994년 7월 15일 하안거 해제 법어

수행자는 오도의 순간을 위해 처절하게 정진한다.

혜암의 삼십대 전반에 걸쳐 이뤄졌던 설악산 오세암에서부터 오도를 이루었던 오대산 사고암까지의 정진은 그의 인생에서 가장 치열했다고 할 수 있다. 저 법문에서처럼 자신에게 이미 갖추어져 있는 '한 물건'이 있음을 굳건히 믿었고 그것을 발견하고자 목숨을 내놓고 정진한 시기였다.

> 앙산이 제일좌에서 이르기를
> "선도 생각하지 말라.
> 악도 생각하지 말라.
> 바로 이러한 때는 어떤가?"
> 스스로 대답하기를
> "목숨을 내던지는 곳이다."
> 앙산혜적

　선한 생각, 악한 생각을 일으키기 이전의 자리, 즉 생각 이전의 자리를 깨닫는 것이 참선이다. 깨닫기 위해서는 모든 생각이 죽는 자리로 나아가야 한다. 일체 번뇌 망념이 죽는 그 자리가 바로 깨달음의 자리다. 그러므로 생명을 던지는 그 자리가 공부처이다.

　혜암은 후학들에게 죽더라도 이 공부만 하다가 죽어야겠다고 생각하면 다 된다며, 불구덩이를 피하는 사람은 죽고 뛰어든 사람은 산다는 법문으로 그들을 격려했다. 또 편한 것이 비상이니 그것을 찾지 말고 가난부터 배우라고 했고, 일부러 고생을 만들어 살라고 가르쳤다. 자신이 한 치 빈틈없이 그렇게 살았기 때문이다.

혜암이 공부하다 죽으리라는 각오로 들어간 곳이 설악산 오세암이다. 1953년 봄, 통영의 안정사 천제굴에서 나와 오세암까지 가는 과정 자체가 고행정진의 시작이었다. 전쟁의 막바지에 전투가 치열하던 때 죽음을 무릅쓰고 간 길이었다. 전쟁 중에 범어사와 안정사에서의 정진이 피난의 차원이 아니라 선지식을 찾아서 공부하기 위한 것이었다면, 오세암에서의 정진은 오도를 위한 처절한 몸부림이었다.

오랜 일제의 침략과 압제 끝에 광복이 되나 했더니 그 기쁨도 잠깐, 민족상잔의 비극인 전쟁으로 모든 희망이 무너진 채 국토는 폐허가 되다시피 했다. 다시 백성들은 굶주림과 친족들의 죽음을 목전에서 겪어야 했다. 이 같은 상황에서 혜암은 다시 마음을 다잡을 수밖에 없었다. 선배 스님들도 동료들도 각기 헤어져 인연 있는 절에서 몸을 숨겨야만 했던 시절이었다. 더욱더 고행정진이 필요할 때라고 생각했다.

모든 부처와 조사祖師가 옛날에는 모두 우리와 같은 범부였다. 그들이 이미 장부요 나도 또한 장부이니 다만 하지 않았을지언정 할 수 없는 것은 아니다. 불조에게 속아서 못난 놈이 되지 말자. 이 세상에는 나보다 더 높은 자가 없다. 석가모니 부처님은 용맹정진으로 성불하여 고해에 빠진 중생을 제도한 분이다. 자기 마음을 깨친 두타납자다. 목숨을 건 정진만이 살 길이다.

평생 골수에 박혔던 혜암의 이러한 불타관佛陀觀은 그의 삶을 관통했다.

전쟁 중인 오세암에서의 정진도 그랬다. 용맹정진과 두타행만이 지금 할 수 있는 일이었다. 전쟁은 오히려 발심을 굳게 세우는 촉매가 되었다. 이데올로기도 한낱 한 생각의 분별에서 일어난 망상이었다. 저것을 뛰어넘는 것은 마음을 깨쳐 중생들을 교화하는 것이었고, 그것이 자신의 몫이라고 생각했다. 과거와 미래에 빠질 필요가 없었다. 물론 현재에도 빠지지 말아야 한다. 내 마음을 찾는 것이 역사를 초월해서 사는 길이고 온갖 차별적인 속박을 초월해서 사는 일이었다. 선각자들은 이를 불가사의해탈不可思議解脫이라 했다. 중요한 것은 이 모든 것을 보고 듣고 생각하는 이것이 무엇인가를 아는 일이었다.

혜암은 오로지 수행에만 철저했던 두타수행자다. 두타행이 끊어지면 정법안장이 끊어진다는 것을 철저히 믿었고, 편안한 것을 추구하는 것은 자신을 죽이는 비상이라는 신념이 굳건했다. 그래서 죽도록 공부할 곳만 찾아다니며 평생을 고행정진 속으로 자신을 밀어 넣었다.

전쟁의 한가운데서 모두 북에서 남으로 피난을 갈 때 오히려 남에서 북쪽으로 갔던 것도 그런 사상에서 나온 행동이었을 것이다. 깨달아서 중생을 교화해야한다는 발원이 얼마나 사무쳐 있었는지 알 수 있는 시기다.

승속을 불문하고 당시 대부분의 사람들이 북에서 남쪽으로 피난을 가고 있을 때 혜암은 남쪽의 안정사 천제굴을 나와 북쪽으로 발걸음을 재촉했다. 전쟁 중에 적군의 수중에 있던 설악산으로 공부를 하러 들어간다는 것은 공부하다 죽으리라는 비장한 각오가 없으면 죽음을 자초하는 일과 다름없다. 양양의 한계령을 넘어 설악산 입구의 용대리에 도착해 설악산으로 들어가는 모습은 마치 장수가 갑옷을 단단히 동여매고 백만 대군이 포진하고 있는 적진을 향해 홀로 돌진하는 장면을 떠올리게 한다. 폭풍우가 휘몰아치는 거친 파도 위를 쪽배를 타고 노를 저어 바다를 건너는 형국과 다름없어 보인다.

반드시 공부를 해마치기 위한 절박한 마음 아니면 죽음을 무릅쓰고 위험한 곳을 선택하지 않았을 것이다. 법계는 오직 마음뿐이니 자신의 이러한 오직 진리만을 위한 위법망구의 절박함이 법계와 통할 것이라 확신했을 것이다. 또한 평소 털끝만큼도 얕보일 일을 하지 않았던 터라 틀림없이 화엄신장과 불보살의 가피가 있을 것이라 믿었을 것이다.

오세암은 용대리에서 백담사 입구를 거쳐 영시암을 지나가는 외길뿐이다. 최소한 용대 삼거리와 백담사 입구, 영시암 입구에 검문 초소가 있었을 것이다.

혜암은 현명하고 영민했다. 처음부터 아예 손을 번쩍 들고 산으로 들어갔다. 용대리 입구에서 인민군들이 심문을 했다.

"어디를 가는 길이오?"

"저는 백담사 산내 암자인 오세암에 가는 길입니다."

"무슨 일로 거기를 가는 겁니까?"

"나는 불법을 공부하는 승려로 마음을 깨치는 공부를 하러 갑니다."

"그게 무슨 공부요?"

"마음을 깨쳐 모든 고통의 속박에서 벗어나는 공부요."

그들은 혜암의 몸을 수색했다. 그러나 짊어진 걸망에서 나온 것은 콩과 쌀 조금이었다.

"이것 가지고 사람도 없는 그곳에서 어찌 살 수가 있소?"

"공부하려는 마음만 있으면 부처님이 먹을 것을 가져다 줍니다."

삼십대 초반의 젊은 나이였으니 간첩으로 오해받을 경우 그 자리에서 총살을 당할 수도 있었을 것이다. 그러나 걸망엔 옷가지 한두 벌과 쌀과 콩이 조금 들어있으니 그들의 검문에 통과할 수 있었다. 그보다 수행자에게서 풍겨 나오는 무심함과 범접할 수 없는 위의가 그들을 무장 해제시켰을 것이다.

훗날 혜암은 법상에서 이 날을 회상하며 '말을 잘못하면 바로 총알이 날아올 살벌한 상황이었으나 조금도 떨리지 않고 마음이 한없이 편안했다'는 이야기를 했다고 한다.

그 뒤로도 오세암에 도착할 때까지 몇 번의 검문이 더 있었으나 아무 일없이 통과할 수 있었다. 출가 후 한시도 쉬지 않고 용맹정진해온 정진의 힘과 화두 삼매에서 나오는 그 무심의 순수 불성이 그들에게도 전달되었기 때문일 것이다.

오세암은 백담사에서 영시암과 만경대를 거쳐 약 10킬로미터 거리인 마등령에 오르면 나타난다. 자장 율사가 선방을 짓고 머물며 관세음보살을 친견하려고 기도하던 곳이라고 하여처음에는 관음암이라고 불렀다. 언제 오세암으로 이름이 바뀌었는지 정확하지 않다. 오세암은 '신동 김오세'로 이름을 떨쳤던 조선시대 뛰어난 시인이자 생육신의 한 사람이었던 매월당梅月堂 김시습金時習(1435~1493)이 한때 은거하던 곳이다. 훗날 만해萬海 한용운(1879~1944)이 머물며 오도송을 남긴 곳이기도 하다.

한용운은 백담사에서 〈님의 침묵〉을 완성했고, 1925년 오세암에서 여름을 보내다가 우연히 〈십현담十玄談〉을 읽었다. 〈십현담〉은 중국의 동안상찰同安常察이 지은 선화禪話로, 마음의 현묘한 이치를 열 가지 대목으로 나누어 설했다.

김시습은 한때 출가승이었는데, 그때의 법명은 설잠雪岑이다. 오세암에 머물 때 〈십현담〉에 주석을 달았다. 이를 열경주悅卿註라 하는데, 열경은 김시습의 자字다. 김시습은 오세암에서 〈십현담〉 주해를 썼고, 한용운은 오세암에서 김시습의 열경주를 읽었다. 그리고 훗날 이를 참고로 〈십현담〉에 주석을 썼다.

혜암이 이들이 머물렀던 사실을 알았거나 〈십현담〉을 읽었는지는 알 수 없다. 그러나 〈십현담〉의 첫 장에 나오는 다음과 같은 내용을 보면 그들과의 인연이 보이지 않는 저 너머에 있었을 것이다.

〈십현담〉 10장 중 첫 장 심인心印의 내용이다. 심인은 글이나 말로 나타낼 수 없는 마음속 깨달음이라는 뜻이다.

그대에게 묻노라, 심인은 어떠한 얼굴이더냐.
심인을 그 누가 감히 주고받으랴.
억겁토록 한결같아 다른 빛 없으니
심인이라 부르면 벌써 헛말이로다.
심인의 체는 허공 같은 성품임을 알지니
붉은 화롯불 속의 연꽃에나 비유할까.
무심을 두고 도라 하지 마라.
무심이라 해도 한 관문이 막혀있도다.

'무심을 두고 도라 하지 마라. 무심이라 해도 한 관문이 막혀있도다(勿謂無心云是道 無心猶隔一重關).' 종종 절 주련에도 쓰여있는 저 구절이 얼마나 많은 수행자들의 가슴을 서늘하게 했던가. 혜암도 저 구절 앞에서 수없이 자신을 경책했으리라.

오세암에 도착하자 혜암은 소나무 그늘 아래나 법당에서 오로지 정진만 했다. 군인과 경찰의 첩자라고 의심했던 인민군들이 차츰 경계의 눈초리를 거두었을 만큼 화두만 의식 속에 있었다. 가지고 온 콩과 솔잎으로 하루 한 끼 생식을 하거나 채소밭에서 키운 감자를 캐서 쪄먹는 것을 본 공비들은 오히려 불단에 자기들이 먹으려고 가져온 식량을 올려놓았다. 가끔 초소에서 올라와 보면 잠도 자지 않는 것 같고 먹을 것도 없어보였다. 몇 달 후 보아도 콩과 쌀 한 되가 줄어들지 않는 것 같았다.

그들이 실체를 알 수 없는 젊은 수행자에게 물었다.

"도대체 얼마나 먹기에 아직도 쌀과 콩이 남아 있소?"

"나는 하루에 점심 한 끼만 먹소."

"가만 보니 잠도 앉아서 자는 것 같던데 그렇게 안 먹고 안 자도 살 수가 있단 말이오?"

"수행자이기 때문에 가능하오. 밤에도 자지 않고 앉아서 공부하는 사람이 수행자요."

그들은 믿을 수 없었을 것이다. 나중에는 정말 잠을 자지 않는지 보러 오기도 했다. 밤에도 자지 않고 앉아 좌선하는 혜암을 본 그들은 혜암에 대한 의심의 눈초리를 완전히 거두고 오히려 먹을 것을 불단에 올려두고 내려갔다고 한다.

가지고 간 양식이 떨어져서 죽는다고 하더라도 깨닫기 전에는 나오지 않을 생각이었다. 전쟁 중에 먹을 것을 제대로 준비하지 않은 채 깊은 산으로 들어간다는 것은 공부하다 죽을 각오를 했다는 것을 의미했다. 평생 혜암에게 먹을거리는 중요하지 않았다.

정진만 열심히 하면 하늘이 돕는다는 이치를 믿었다. 후학들에게 들려준 이야기를 들어보면 혜암이 당시 어떠한 심정을 가지고 가열차게 정진했는지 알 수 있다.

사람이 죽을지라도 가서 내가 이걸 꼭 해낸다고 결심하면 죽지 않고 그 일에 성공한다. 무섭고, 고생스럽고, 피곤해서 못한다고 생각하면 거기서 죽어버리고 성공하지 못한다. 죽을 일이라도 끝끝내 버티면 그 사람을 도와주게 되어 있는 것이 천지의 이치다. 나는 어디를 가도 귀신들이 나를 무시하지 못하도록 먹을 것을 준비하지 않았다. 옳은 일을 하면 먹는 것이 내 뜻과 같이 돼버린다. 공부만 잘 하면 천하가 하나로 통해버리기 때문이다.

나는 이 이치를 믿고 육이오전쟁 때 설악산으로 가서 공부했다. 당시 설악산에 호랑이가 나오고 귀신이 산다고 했지만 정작 나는 그것들을 만나지 못했다. 감자를 좋아하는 멧돼지도 내가 심어놓은 감자는 파헤치지 않았다. 다른 논밭은 두둑을 무너뜨리고 심지어 소나무 뿌리를 씹어놓고 갔는데도 내가 심어놓은 채소들은 건드리지 않았다. 산짐승도 부처님이나 산신님이 스님 것은 손대지 말라고 하면 다 알아듣는 것 같았다.

혜암은 한평생 간식을 먹어본 일이 없다. 한때 젊어서 정진할 때는 몇 달 동안 먹지 않아도 괜찮더라는 말을 법문 중에 많이 했다. 먹는 것에 대한 탐욕에서 일찌감치 벗어나 있던 수행자였다. 육체를 지닌 사람인데 왜 배가 고프지 않았겠는가. 혜암이 이렇게 토로한 적이 있다.

이 몸뚱이가 배가 고프다고 자꾸 밥을 달라고 해요. 그래도 내가 이 몸뚱이에 밥을 안 주었어요. '내가 네 놈 시봉하려고 이 세상에 온 것이 아니다.' 아무리 먹여줘도 이 똥자루, 가죽 주머니 이놈은 은혜 갚을 줄을 몰라요. 늙지 말라고 해도 안 들어주고 죽지 말라고 해도 안 들어줍니다. 그러니 이 몸뚱이를 원수와 같이 보고 먹을 것 달라고 해도 주지를 않았습니다. 잠만 자꾸 오고 정신이 흐려지니까 입을 그냥 막아버렸습니다.

수행자는 정진만 올바로 하면 어떠한 장애도 극복할 수 있다는 것을 절실하게 느꼈던 오세암에서의 정진을 훗날 제자들에게 이렇게 말한 적이 있다.

"걸망에 쌀 한 되와 콩 한 되를 넣고 오세암으로 갔지. 잠을 이기기 위해 안 해 본 일이 없었다. 오세암에서 정진할 때는 서서 대변을 보았고, 목에 줄을 감아놓고 화두를 참구했지. 졸면 바로 목이 조이니 그렇게라도 해야 했다."

당시 모두 피난을 떠나고 아무도 없는 산중에서 얼마나 치열하게 정진했는지 알 수 있는 대목이다. 혜암이 평생 지켰던 것은 잠자리에 눕지 않을 것과 적게 먹기였다. 적게 먹어야 몸이 가볍고 몸이 가벼워야 혼침에 빠지지 않고 정진할 수 있기 때문이다.

"일 년 간 시봉해본 바에 의하면 스님의 등은 활처럼 굽어있었다. 평생 눕지 않았기 때문에 우리 일반인들처럼 척추가 평평하게 펴져 있지 않았다. 혹 잠을 자는 경우가 있다고 하더라도 앉아서 잠깐씩 조는 정도였다."

입적 전 한 해 동안 혜암을 모셨던 시자 문광의 말이다.

혜암은 평소 수좌들에게 이렇게 경책했다.

"광겁에도 못 이룸은 졸음 때문이니 사람 몸을 받았을 때 졸지를 마소. 생사대사가 이 한판의 싸움에 있으니 어찌 싸우지 않고 졸기를 즐기랴."

혜암은 생사에서 벗어나 한 물건을 찾는 일이 졸음과의 한판 싸움에 있다고 보았다. 수행에 가장 큰 장애를 게으름과 수마라고 보았는데, 목숨을 내놓고 정진했으니 게으름은 해당하지 않았고 졸음과의 싸움이 가장 큰 적이었던 것이다. 그래서 졸음을 극복하기 위해 안 해본 일이 없을 만큼 자처해서 고행을 한 것이다.

전쟁이 끝난 줄도 모르고 고행정진했던 오세암에서의 시간

들은 잠으로부터 자유로워지기 위해 몸부림치며 정진했던 시기였고, 이 시기를 발판으로 몇 년 뒤 마침내 수마의 족쇄에서 벗어날 수 있었다.

오대산의
봄 길 같던
사람

혜암은 길이 끝난 곳에서도 길이 되는 봄 길 같은 수행자였
다. 진리의 길이 아니면 가지 않았다. 죽을 곳이라도 찾아가 진
리의 길이 된 사람이었다.

1954년 여름, 서른다섯 살의 혜암은 오대산 상원사 곁 서대
(염불암)에서 걸망을 풀었다. 월정사 산내 암자인 서대는 상원
사에서 정진할 때 꼭 한 번 들어가 정진해보리라 마음먹은 곳
이었다.

전쟁으로 인해 월정사를 비롯해 상원사, 산내 암자들은 불타
버렸거나 허물어져 있었다. 그래도 서대는 전쟁의 상흔이 비켜
가 있었다. 너와집의 세 칸짜리 작은 암자가 불에 타지 않고 그

대로 보존돼 있었다. 그래서인지 누군가 살다간 흔적이 있었다. 등잔을 밝힐 석유가 조금 남았고 먹다 남은 쌀, 된장과 간장이 있었다.

혜암은 그만하면 충분하다고 생각했다. 다시 하루 일종식과 장좌불와의 정진이 시작되었다. 바짝 정진의 끈을 조여야겠다는 생각으로 들어간 그곳에 범어사에서 함께 정진했던 일타가 나타났다. 홀로 정진하던 일상에 일타의 등장은 혜암에게 큰 힘이 되었다. 공부의 전부를 도반이 이뤄준다는 말이 증명하듯 서대에서의 정진은 활기를 띠었다. 일타 외에 일구가 동참한 정진이었다.

여름부터 가을까지 서대 염불암에서 낮에는 좌선을 하며 좌복에서 일어서지 않았고, 밤에는 자지 않기 위해 그 위 적멸보궁까지 올라갔다가 내려왔다. 하루도 변함없이 올곧게 한 용맹정진이었다.

혜암은 서대에서의 정진이 끝나고 일타에게 큰 자극을 받아 더욱 정진의 고삐를 다잡을 수 있었다. 일타가 해제 후 서대에서 멀지 않은 월정사 적멸보궁으로 가서 하루 3천배씩 7일 동안 기도를 하고 난 다음, 세세생생 불퇴전하리라는 발원과 함께 엄지를 제외한 오른손 네 손가락을 태우는 연비를 했기 때문이다.

정진의 결기가 무디어질까 두려워할 겨를도 없이 출가 후 8

년을 달려왔지만, 진리를 위해 몸을 버리는 위법망구 정신으로 연비하는 스물일곱 살의 일타를 보면서 새롭게 발심하지 않을 수 없었다.

혜암은 서대에서의 한 철 정진을 마치고 적멸보궁으로 올라가 칠일 동안 밥 먹는 시간과 용변을 보는 시간을 제외하고는 절을 했다.

"공부를 해 마칠 때까지 결코 물러서지 않으리라."

그런 서원을 세우고 다시 오세암으로 들어가 동안거를 나면서 처절한 정진을 했다. 그리고 다음해 다시 오대산으로 들어와 동대(동관음암)에서 하안거를, 상원사에서 동안거를 났다. 그때도 변함없이 밤이면 적멸보궁까지 걸으면서 행선行禪했다.

말년에 혜암이 상좌 한 사람을 데리고 서대를 비롯해 오대산의 오대를 골고루 들른 적이 있다. 젊어서 공부했던 곳을 둘러보고 싶었던 것이다. 상원사를 들러 서대에 올랐다가 북대에 들렀을 때 한적한 주변을 둘러보며 제자가 물었다.

"움막을 치고 혼자 공부를 하셨는데 무섭지 않았습니까?"

수십 년이 지난 지금도 이렇게 사람이 없고 한적한데, 구렁이들이 암자에 수시로 드나들고 멧돼지, 호랑이까지 출몰하곤 했다는 당시는 어땠을까 생각하며 물은 것이다.

혜암이 대답했다.

"무서움을 이기는 것이 공부다. 북대(미륵암)에서 살 때, 한번

서대 염불암에서 낮에는 좌선을 하며 좌복에서 일어서지 않았고,
밤에는 자지 않기 위해 적멸보궁까지 올라갔다가 내려왔다.

은 동이 트기 전 정진하고 있는데 뒤가 썰렁해. 돌아보니 호랑이 한 마리가 눈빛을 빛내며 나를 바라보고 있는 거야. 나는 젊은 시절에 귀신이나 호랑이, 사람을 무서워한 일이 없었어. 공부해놓은 것은 없어도 귀신에게 얕잡아 보일 일은 하지 않았으니까. 수행자는 화두에 온 마음이 가 있으면 두려워할 게 없어."

혜암이 젊은 시절, 중대(사자암)에 살 때의 일이다. 초하루와 보름에는 사시 마지를 준비해 적멸보궁에 올라가서 예불을 드리고 돌아오곤 했다. 눈이 많이 내린 어느 날이었다. 눈을 헤치며 내려오다가 호랑이와 마주쳤다. 화두 일념 속에 있던 혜암은 당황하지 않았다. 화두일념인 채로 호랑이를 쏘아볼 뿐이었다. 오대산의 바람소리조차 숨죽인 듯 고요함 속에서 10여 분의 시간이 흘렀다. 호랑이가 슬그머니 돌아서 산속으로 들어갔다.

혜암은 종종 '수좌는 화두가 없으면 호랑이 밥을 면하지 못한다'는 법문을 하곤 했는데, 이는 화두일념이 얼마나 강한 힘을 발휘하게 하는지 몸소 체험한 데서 나온 산 법문이었을 것이다.

장부에게는 본디 하늘을 찌를 뜻이 있으니 여래가 간 곳조차 가지 않으리라 맹세한 혜암이었다. 여래가 간 곳은 이미 묵은 길이다. 자칫 남의 집을 내 집 삼아 갈 길을 다 간 듯 주저

앉을 수 있다. 자신만의 길을 내야 한다. 그리하여 혜암은 스스로 길을 냈다. 그렇듯 평생 동안 두려움 없는 용맹정진으로 길이 끝나는 곳에서 다시 봄 길을 낸 사람이었다.

편안한 곳은
비상

혜암은 평소 후학들에게 편안한 곳은 비상砒霜과 같이 위험하다고 했다. 의식주가 풍족하고 환경이 자유스럽고 화려해서야 어디 발심을 쉬 하겠느냐고 경책했는데, 자신도 늘 편안하지 않은 곳을 찾아다니며 정진했던 것이다. 태백산의 깊은 산속에 있던 동암도 그 가운데 하나였다.

그 어떤 반연도 만들지 않고 공부에만 전념하기에는 깊은 산속의 절해고도와도 같은 암자가 제격이었다. 그런 의미에서 많은 선객들이 은거하며 정진한 곳이 태백산에 있는 암자다. 그 가운데 각화사 동암은 정암사, 도솔암과 더불어 태백산의 세 보물 사찰로 꼽힌다. 호랑이가 나타나곤 하여 사람들이 무서워서 잘 가지도 못하던 곳이다.

혜암은 전국의 선방을 두루 다녀보던 가운데 모두 좋았지만 나이 들어서도 다시 가고 싶은 곳이 태백산 각화사 암자인 동암이었다고 회고할 정도로 동암을 좋아했다.

수좌들은 태백산 각화사 동암을 금봉암이라고 부른다. 서암에서 동암을 보면 봉황이 알을 품고 있은 것처럼 보이기 때문이다. 금봉은 도를 깨친 것을 상징한다. 많은 선객들이 도를 깨치기를 꿈꾸며 동암에 머물렀다.

혜암은 1956년 늦은 봄부터 1957년 가을까지 각화사 동암에서 정진했다. 철저히 은거하며 공부를 밀어붙인 시기였다. 이때 힘을 얻어 20년 뒤에 다시 들어가 정진했는데, 평생 늘 그리운 곳이었다고 회고했을 만큼 깊이 정진했던 것이다.

수행자들이 동경하는 도인 가운데 한산과 습득을 으뜸으로 친다. 세상으로부터 깊이 숨어 바보인 체 살면서 사람들에게 멸시당하고 살았으나 그 누구보다 쾌활하고 자유자재한 도인의 삶을 살았기 때문이다. 세상사람 그 누구도 돌아보지 않을 만큼 못난 채로 숨어살았던 그들은, 세간에서 대 낙오자가 되어야 공부할 수 있고 비로소 도를 이룰 수 있다는 것을 보여주기 위해 나타난 문수와 보현보살로 일컬어지고 있다. 태백산에서 정진했던 수좌들도 이러한 도인을 꿈꾸었던 것일까. 혜암이 태백산에서 은거하며 공부했을 당시 법전과 일타, 그리고 비구니

인홍이 식솔들을 이끌고 홍제사에서 회상을 이루고 있었다.

인홍이 홍제사를 떠나 석남사로 가고 한때 그곳에 다섯 비구가 살았으니, 오늘날 범어사 방장인 지유, 종정을 지낸 서암과 법전, 조계종 전계대화상을 지낸 일타, 영원사 조실이었던 석주가 그들이다. 그런데 태백산에서 공부할 때 혜암은 극심한 육신의 고통으로 생사를 헤매기도 했다. 태백산으로 들어오기 전, 상원사에서 동안거를 날 때 가슴을 심하게 다쳤다. 그로 인해 삼십대에 눕지 않고 적게 먹으며 수행하던 오대산과 태백산의 정진 때는 목숨을 버리고 싶을 정도로 극심한 고통에 시달렸다.

상원사에서 정진할 때 일어난 일이다. 아침에 대중 모두가 삭발을 한 날이었다. 혜암은 점심 공양 후 선방에서 홀로 좌선 중에 있었다. 그때 한 스님이 뛰어 들어오더니 다짜고짜 발길질을 했다. 무지막지한 구타였다. 작은 몸집에 그 험한 발길을 고스란히 받아내면서 생각했다.

"내가 이 사람에게 맞을 인과를 지었구나."

상원사로 오기 전에 북대(미륵암)에서 3년 결사를 하기로 도반 몇 사람과 약속을 했다. 사정이 여의치 않아 다음 기회로 미루고 상원사로 들어왔는데, 그 소식을 그가 미처 듣지 못하고 3년 결사가 깨진 것이 상원사로 가버린 혜암 때문이라고 오해했던 것이다.

당시 다치고 나서 제대로 치료를 하지 않은 탓에 평생 동안 가슴의 통증으로 고생했다. '그동안 수행하는 데 가장 큰 장애가 된 것이 무엇이었느냐'는 후학의 질문에 '일반적으로 수행에 가장 큰 장애는 해태와 수마이나, 개인적으로는 오대산에서 가슴에 타박상을 입어 수십 년 동안 고생을 했는데, 그것이 평생 수행하는 동안 더없는 장애가 되었다'고 고백할 정도로 심각한 후유증을 겪었다.

중국의 천목선사는 병들어 공부할 때의 정진 방법을 이렇게 알려주고 있다.

"병중 공부를 할 때는 용맹정진도 필요 없고 눈썹을 치뜨고 눈을 부릅뜰 필요도 없다. 다만 그대의 마음을 목석과 같이 하고 생각을 식은 재와 같이 가누는 것이 필요할 따름이다. 사대 환신幻身을 다른 세계 밖으로 던져버리고, 병이 들어도 그만, 살아도 그만, 죽어도 그만, 누가 돌보아주어도 그만, 돌보아 주는 이가 없어도 그만, 향기가 나도 그만, 더러운 냄새가 나도 그만, 병이 나아 건강해져도 그만, 살아서 120살까지 살아도 그만, 혹시 죽어서 숙세의 업으로 지옥에 끌려들어가도 그만이라 생각해라. 이와 같은 경계 가운데에서도 흔들리지 말고, 다만 간절히 아무런 재미도 없는 화두를 들고, 약탕기 곁이나 침상 위에서 묵묵히 묻고 참구하여 놓아버리지 마라."

그러나 정진으로도 해결되지 않는 고통의 순간이 많았다. 차라리 높은 낭떠러지에 올라 정진하다가 몸을 바다에 던져 물고기들의 밥으로 보시하고 다음 생에 다시 공부하는 것이 낫겠다는 생각이 수시로 일어났다. 때로는 무거운 돌을 등에 지고 바닷가를 거닐기도 했다. 너무 통증이 심해서 그만 바다에 몸을 던질 심산이었던 것이다.

오대산은 혜암에게 어머니의 품과도 같이 넉넉한 존재였지만 동해에 몸을 던지고 싶을 만큼 육신의 고통도 있던 시기였다. 혜암은 당시의 고통을 이렇게 회고했다.

"전생의 업보로 오대산에서 살 때 중상을 입어 고통이 극심해 사경에 이르렀다. 정진으로도 해결되지 않았다. 몸을 바다에 던져 물고기 밥으로 보시하고 싶은 마음이 수시로 일어났다."

인내를 가슴에 새기고 살았던 혜암이 그런 말을 한 걸 보면 그 일로 얼마나 힘들어했는지 알 수 있다. 그러나 혜암은 한 번도 자신에게 상해를 입힌 그 스님을 원망해본 적이 없다고 한다. 인과의 법을 철저히 믿었기에 자신이 풀어야 할 업보로 받아들였던 것이다.

그 후 그 스님이 혜암을 찾아와 자신의 오해로 일어난 일이라고 하면서 사과했다. 그러나 혜암은 자신을 구타한 그가 살아가면서 얼마나 미안함으로 고통스러워할까, 오히려 연민의 마음으로 마음이 아팠다고 한다. 혜암이 선물 받은 내의 한 벌을 그에게 주며 위로했으나 차마 그는 내복을 받지 못하고 돌아섰다고 한다.

혜암은 육신의 고통을 이겨내려는 듯 더욱 화두에 몰입했다. 온 마음을 다해 올곧게 정진했다. 마음을 깨치는 것이 세상에 이바지하는 것이라고 확신했다. 억만금을 준다 해도, 제왕의 자리를 내준다 해도 그것을 안개처럼 여길 수 있으며 본마음을 찾는 것만을 위해 목숨을 내걸 수 있을 때, 비로소 자기 역할을 다 하는 것이라고 믿었다. 시간이 흘러도 출가자는 이러한 면을 가볍게 보아서는 안 된다고 믿었기에 정진에 박차를 가할 수 있었다.

육신이 고통스럽다는 것도 한 생각일 뿐이었다. 이 한 생각에 끌려가는 한 고통은 멈추지 않을 것이다. 또한 한 생각에 끌려간다는 것은 화두에 빈틈이 있다는 것을 의미했다.

"한 생각에 끌려가지 말고 화두 일념으로 본 마음자리를 비추어보자. 그것이 화두를 타파하는 길이다."

오십 대 중반쯤에 동암에서 정진하다가 그 위 도솔암에서 정진하던 일타를 찾은 적이 있다. 당시 혜암과 함께 갔던 혜국(충주 석종사 금봉선원장)의 회고다.

"도솔암은 조그만 방 하나와 재래식 부엌 하나가 전부인 암자였다. 오랜 시간 깊은 산을 걸어서 올라갔다. 늦은 시간까지 두 분이 이런 저런 이야기를 나누다가 주무실 시간이 되었다. 혜암 큰스님께서는 작은 좌복을 하나 가지고 방 앞 툇마루로 나가셨다. 밤새 눕지 않고 그냥 앉아서 정진하며 밤을 꼬박 새우셨다. 일타 큰스님께서 내게 '노장님 참 지독하시지. 저런 강단이 있으니 평생 장좌하시겠지' 그렇게 말씀하셨다."

혜암은 두 해 정도의 태백산에서의 은거 정진을 끝내고 다시 오대산으로 들어갔다. 한 치 앞을 알 수 없는 짙은 어둠 끝에 여명의 새벽이 온다고 했던가. 깨달음의 시간이 다가오고 있었다.

오도

선禪의 지침서 《선요禪要》를 남긴 고봉高峰(1238~1295)선사는 임안의 용수산에 살면서 싸리를 엮어 작은 암자를 짓고 사시사철 누더기 한 벌로만 9년을 지냈다.

뒷날 천목산 서암의 바위 동굴에서 세로로 한 발 남짓, 가로로는 그 절반인 배 모양의 조그만 방을 만들고는 현판을 '사관死關'이라 했다. 비바람이 몰아치면 위에서는 빗물이 새고 바닥은 축축했다. 모든 사람의 왕래를 끊고 공양물과 의복, 일용품까지 물리쳤다. 수염도 깎지 않고 몸도 씻지 않았다. 이틀에 한 끼만 먹고 동굴에 오르는 사다리도 치워버리고 마치 밑 빠진 배를 타고 끊임없이 노를 젓듯 고행정진했던 고봉은 《선요》에서 말했다.

"화두를 드는 것은 철로 된 밑 빠진 배(無底船)로 물살을 거슬러 올라가는 것과 같다."

노를 젓지 않으면 물살을 거슬러 가지 못하고 익사해버리고 마는 것처럼 한순간이라도 망념이 일어나면 죽음이라는 것이다. 불등佛燈선사는 금생에 철저히 깨칠 때까지는 절대로 자리에 눕지 않겠다며 기둥에 기대서서 공부를 해서 49일 만에 깨쳤다. 자명慈明선사는 추운 겨울에도 밤낮 없이 정진하다가 밤이 되어 졸리면 송곳으로 허벅지를 찌르면서 탄식했다.

혜암의 오대산 사고암에서의 정진도 이들과 다르지 않았다. 평생 고행정진한 가운데 이보다 더 치열한 용맹정진은 없을 만큼 온몸을 던진 수행이었다.

네 해 전, 오세암에서 죽기를 각오하고 두타 고행정진을 했으나 수마를 조복받지는 못했다. 혜암은 사고암으로 들어가 수마를 완전히 조복하고 생사해탈이라는 대사를 확실히 해결해야겠다고 결심했다.

예로부터 수행자들은 수마를 조복받기 위해 주로 생식이나 벽곡辟穀을 했다. 그리고 바위 속 동굴이나 냉방에서 정진했다. 곡식은 먹지 않고 솔잎이나 대추, 밤 따위를 조금씩 날로 먹는 것을 벽곡이라 한다. 단식의 일종이라 할 수 있다. 단식은 혈액을 깨끗하게 하여 체질을 개선하고 인체의 모든 기능을 정상적으로 회복시켜 만병을 치유한다고 한다. 석가모니 부처님은 6년의 고행과정에서 피골이 상접하도록 단식을 했고, 인도의 간디는 옥중에서 단식으로 무저항운동을 실천했다.

1957년 초겨울 무렵, 혜암은 공부하다 죽으리라는 각오로 사고암史庫庵(지금의 영감사靈鑑寺)으로 들어갔다. 마지막이라는 각오였으리라. 가슴을 다친 것으로 인해 육신의 고통을 경험하면서 육신이란 언제 사라질지 모른다는 것을 확실히 깨우쳤다. 그렇다면 공부하기 좋은 사람의 몸으로 있을 때 생사해탈하지 않으면 생사의 윤회에서 영원히 벗어나지 못할 것이라는 절박한 마음이 있었을 것이다.

사고암은 월정사의 산내 암자로 임진왜란 당시 조선왕조실록을 봉안할 목적으로 창건했다. 임진왜란의 병화를 피하기 위해 조정에서 묘향산, 태백산, 강화도 등과 함께 오대산에 사고를 지은 것이다. 사고史庫는 고려와 조선왕조에 걸쳐 역대의 실록을 보관하던 창고를 말한다. 오대산 사고는 월정사와 상원사에서 차출한 20여 명의 승군과 관군이 지켰다고 한다. 물과 불, 바람의 삼재三災를 막을 수 있는 곳에 터를 잡아 지었다고 하는데, 일제 강점기 때 모든 실록을 강탈당했다가 최근에 일부인 47책이 반환되었다.

혜암이 그곳에 갔을 때는 사고는 물론 사고암이 전소된 채로 빈 터만 남아 있었다. 누군가 임시로 네 치 각기둥으로 지은 홑집 한 채가 을씨년스럽게 서 있었다. 혜암이 왜 사고암으로 들어갔는지는 정확히 알 수 없다. 수행자가 편안한 곳에 머무는 것은 곧 비상을 가까이 하는 것과 같다는 신념으로 살아왔기 때문에 일부러 거주하기에 척박한 곳을 택했을 가능성이 높다. 마지막이라는 각오로 떠나온 길이었기에 더 그랬을 것이다.

겨울철의 오대산은 '춥다'는 표현으로는 부족할 정도로 냉기가 온몸에 스며드는 강추위로 이름 높다. 더구나 겨우 눈보라 정도 막을 수 있는 홑집이었으니, 불도 때지 않는 방안은 영하의 온도를 오르내렸다. 실내라고는 하지만 들여놓은 물이 분수처럼 솟은 채 얼어있었다. 화두 일념이 되지 않으면 뼛속에 냉기가 스며들어 냉병으로 목숨이 위험할 지경에 이르렀을 것이다.

혜암은 냉방에 나무토막(평상) 하나를 구해다 놓았다. 그리고 그 위에 앉아 정진했다. 먹는 것은 하루에 한 번 잣나무 생잎 한 줌과 검정콩 열 알이 전부였다. 화두에 몰입하는 것이 하루의 전부였다.

사고암 빈 터에 지어진 홑집에서 방에 불도 때지 않은 채 생식하면서 정진한다는 소문이 월정사까지 들렸다. 월정사에 주석하며 후학들을 가르치던 한암의 제자 탄허吞虛(1913~1983)가 올라왔다가 소문의 진상이 사실임을 보고는 아무 말도 않은 채 내려가더니, 한 스님을 시켜 쌀을 지고 올라가게 했다.

"스님, 좀 드시면서 하십시오."

"고맙습니다만 생식하는 제게 쌀은 필요 없습니다. 가지고 내려가세요."

청정하게 계를 지키고 정진만 잘하면 양식이나 도업에 장애가 없다는 신념을 가지고 살아온 혜암이었다. 먹고 입을 것을 걱정했다면 그러한 고행을 스스로 선택하지도 않았을 것이다.

월정사 스님은 얇은 무명옷에 먹거리도 시원찮은 혜암이 못내 걱정이 되었던지 쌀을 두고 내려갔다. 그러나 혜암은 생식을 하면서 공부하기로 한번 마음을 먹었기에 손도 대지 않았다. 숲속에서 날아와 마당 앞에서 지저귀는 새들이나 여기저기 분주히 오가는 쥐들이라도 먹으라고 마루에 놓아두었다.

뼛속까지 스며드는 오대산의 추위가 맹위를 떨치는 가운데 혜암은 몇 개월 동안 은산철벽 앞에 서 있었다. 깜깜한 절벽인 은산철벽이었다.

좌우로는 깊이를 알 수 없는 시퍼런 물이 흘렀다. 떨어지면 죽음이다. 뒤로 돌아서 달아나려고 하니 맹수가 입을 떡 벌리고 있었다. 한 발자국이라도 물러나면 잡아먹힐 터이다. 살 길은 저 앞의 은산철벽을 뚫고 나가는 것뿐이었다. 화두에 몰입하는 것만이 은산의 철벽을 뚫고 지나는 것이다. 저 은산철벽을 뚫고 살아남은 자들은 말했다.

"자, 목숨을 뚝 떼어놓고 저 은산철벽을 뚫어보아라."

"모든 사량 분별을 쉬고 간단없이 화두 일념으로 뚫어야 산다."

살아야 했다. 날이 추운지 더운지도 몰랐다. 먹어도 먹는 것이 아니고 보아도 보는 것이 아니었다.

영하 20도를 오르내리는 엄동설한 속을 거치며 5개월이 흘렀다. 생각과 눈동자가 움직이지 않았다. 하루 스물네 시간 화두가 성성했다. 더 이상 혼침은 없었다. 잠은 헛것에 지나지 않았다. 그토록 공부에 장애가 된다고 여겼던 잠도 본디 없는 것임을 확연히 체험한 것이다.

의단疑團은 유리알처럼 더욱 단단해지고 또렷해졌다. 의단만이 홀로 드러났다. 오래가지 않아 의단이 타파되었다. 심안心眼이 활짝 열린 것이다. 마침내 오도송悟道頌을 읊었다.

미혹할 땐 나고 죽더니
깨달으니 청정법신이네
미혹과 깨달음 모두 쳐부수니
해가 돋아 하늘과 땅이 밝도다
迷則生滅心　悟來眞如性
迷悟俱打了　日出乾坤明

출가한 지 10년의 세월이 흐른 후였다. 그동안 깨달음을 얼

迷則 生滅 心이오 悟來 眞如 性이라

迷悟 俱 打了하니 日出 乾坤 明을

미흑 할땐 나고 죽더니

깨달으니 청정 법신 이네

미흑과 깨달음 모두 쳐부수니

해가 돋아 하늘과 땅이 밝도다

오도송

기 위해 얼마나 혹독한 고행정진을 해왔던가. 혜암의 깨달음이 구경묘각의 경지인지 가늠하기는 어렵다. 깨달음의 경지를 언어문자로 표현하는 것에는 한계가 있다.

본래 한 물건도 없고 한 법도 얻을 바가 없는 중도中道의 실상을 깨달은 사람은 번뇌의 오염에도 물들지 않고 보리의 청정에도 머물지 않는다. 언제 어디서나 걸림 없는 주체적인 자유를 살아가는 무위진인無位眞人이다. 무위진인은 일체의 조작된 행위가 없는 참사람이다.

혜암은 단 한 번도 자신이 깨달았다는 말을 한 적이 없다. 다만 당시의 이야기를 한 법문에서 이렇게 얘기한 것으로 보아 그 정도를 미루어 짐작할 뿐이다.

하늘을 보아도 하늘이 아니고, 땅을 보아도 땅이 아니고, 사람을 보아도 사람이 아니고, 밤인지 낮인지 모르고, 밥을 먹었는지 안 먹었는지를 모르고, 길을 가도 목적지를 가지 않았으며, 예불을 하는데 종소리와 북소리를 듣지 못했다. 장삼을 입었는지 가사를 입었는지 모를 정도로 정진했다. 그렇게 5개월 동안 정진했더니 몸과 마음이 일여가 되었다. 그런 경계에 이른 후 남에게 공부에 대해 묻고 싶은 것 없이 정진만 계속했다.

서른여덟의 봄이었다. 날이 풀리자 밭에 씨를 뿌리려고 괭이

혜암이 오도한 사고암은 사고를 지키던
옛 승병들이 거주하던 곳이었는데 지금은 터(수직사)만 남아 있다.
혜암이 정진하던 수행처는 영감사로 이전하여
창고로 사용되고 있다.

질을 하는데 허리가 끊어질 듯 했다. 마을로 내려가 쌀 한 홉
을 얻어와 갈아서 멀겋게 죽을 끓였다. 국물처럼 해서 한 대접
마시자 언제 아팠냐는 듯 다시 거뜬해졌다. 몸이 날아갈 듯 가
벼웠다. 정신만 남아 몸은 없는 것 같았다. 목에 칼이 들어온다
해도 두렵지 않았다.

암자 주변에 큰 구렁이들이 보이고 멧돼지가 나타났다. 어느 덧 그들과 둘이 아니라는 생각이 들었다. 즐거운 마음으로 발 원했다.

"한 산중에 같이 사는 대중이니 아무쪼록 즐겁게 살자."

봄에 감자를 심자 꽃이 피어났고 여름이 오니 거둬들일 때가 되었다. 한 식구로 지내던 멧돼지는 자신을 한 생명으로 여긴 수행자의 마음을 안 것이었을까, 오랜 동면을 보상이라도 하려는 듯 먹을 것을 찾아 암자 주위를 샅샅이 뒤졌으나 감자밭에는 들어오지 않았다.

내 한 마음이 진실하면 아무리 미물일지라도 그 마음을 그대로 느끼는 것이다. 세상의 모든 존재는 하나의 생명이었다. 인심이 천심이요, 불심이었기에 멧돼지와 내가 둘이 아니었다. 내 마음 안에 세상이 있었기에 그들과 나는 둘이 아니었다.

혜암이 해인총림 방장과 원로회의 의장, 종정을 지낼 때 시자로 있었던 상좌 대오는 이렇게 증언했다.

"오대산 사고암에서 정진할 때 확실히 큰 힘을 얻었다고 말씀하셨다. 은사스님께서는 처음으로 잠이 헛것이라는 것, 즉 잠이란 본래 없는 것임을 확연히 체험했다고 하셨다. 그것은 수마로부터 항복을 받았다는 의미다. 스님의 행장을 준비한다고 말씀드리자 사고암에서의 정진을 넣으라고 하셨다."

수행자라면 누구나 격렬했던 두타행의 시절은 있다. 혜암에게는 삼십대, 특히 오대산 사고암에서의 수행이 그런 시기에 해당할 것이다. 훗날 지리산 칠불암에서 함께 정진하던 후학 인각(범어사 금정총림 수좌)에게 이렇게 토로했다고 한다.

"죽을 줄 알았더니 죽지 않더군. 그 정도로 열심히 했지. 추워서 죽는 법 없고 앉아서 죽는 법 없으니, 오로지 공부해!"

후학들에게 정진의 화신으로 통했던 이유를 설명해주는 말이다.

혜암은 초가을 김장할 무렵 사고암을 떠나 설악산 오세암으로 들어가 다시 두타행을 닦았다. 이후 1967년(마흔여덟) 해인총림이 열리면서 선원의 유나로 들어가기까지 선지식을 찾아다니며 자신의 공부를 점검하는 탁마장양琢磨長養의 길을 떠났다.

효봉, 경봉, 전강, 향곡, 성철선사 등 제방의 선지식 회상에서 초지일관 두타 고행으로 정진했다. 실로 용맹정진만이 그의 길이었던 것 같다.

혜암이 떠나고 바로 월정사 지장암에서 출가한 뇌묵雷默(월정사 육수암 선원장)이 제자 혜운을 데리고 영감사로 들어왔다. 불타버린 사고암을 중창하기 위해서였다. 열일곱 살의 혜운은 혜암이 머물던 방을 열어보고 깜짝 놀랐다고 한다. 작은 평상에 좌복 하나가 놓여있는 것이 방안 풍경의 전부였던 것이다.

상상을 초월할 정도로 추운 오대산의 겨울에 이불도 없이 잠도 자지 않은 채, 더운 음식이 아닌 생식을 하며 홀로 정진했을 수행자를 떠올리곤 온몸이 얼어붙는 것 같았다고 한다. 그 추운 겨울에 무명옷을 입고 생식하며 오로지 화두와 싸웠을 고독한 수행자의 모습을 떠올렸던 것이다.

그리고 부엌에는 겨울을 나려고 했는지, 아니면 다음에 올 사람을 위해서 담가놓은 것인지 양배추로 담근 김칫독이 여러 개 있었다고 한다. 그 김치를 겨우내 먹고 이웃 절에도 나누어 주었다고 한다.

혜암은 삼십대에 그리도 처절하게 정진한 끝에 마침내 오도했던 오대산을 잊을 수 없었을 것이다. 가끔 오대산에 들러 자신이 공부했던 상원사, 사고암(영감사), 서대와 북대, 중대(사자암), 동대(관음암) 등을 둘러보곤 했다. 한번은 월정사 내에 있는 육수암을 들렀다가 한 젊은 비구니에게 물었다는 것이다.

"여기 몇이 사나?"

사투리가 섞인 말을 비구니가 알아듣지 못하자 몇 번이나 물었다고 한다.

여기 몇이 사나, 그 물음 속에는 지난 날 자신처럼 치열하게 정진하는 후학들이 몇이나 되나 하는 마음이 담겨있었을 것이다. 그 후 혜암이 지나다가 혜운이 있던 강릉의 한 절에 우연히 들러 그 시절을 잠시 회상하며 말했다고 한다.

"오대산 동관음암에 살 때는 잠을 자지 않으려고 새벽에 적멸보궁까지 올라가 새벽예불을 드리고 내려오곤 했지. 산신님도 보았어."

慧菴

제6장

꽃을 들 때 내가 보았다면

동화사
효봉선사 회상

혜암은 한국 근현대의 격동기를 살았던 수행자이다. 일제강점기에 태어나서 광복을 맞았고 삼십대 초반에 한국전쟁을 치렀다. 출가한 뒤 한국불교는 정통성이 왜곡된 왜색불교의 잔재가 남아있었고, 이를 극복하기 위해 정화운동이 일어났다. 정화운동은 1954년에 시작해서 1962년에 통합종단이 만들어지기 전까지 전개되었다. 일제의 식민통치 아래 이루어졌던 반불교적인 행태와 모순을 제거하고 한국불교가 나아가야 할 방향을 찾기 위해 많은 스님들이 일어섰다. 정화운동의 이념은 비구승을 중심으로 한 교단을 수립하고 청정 승풍을 회복하는 것을 비롯해서 사찰의 정화와 대처승을 배제하는 것으로 요약되었다.

일생을 선승으로 일관한 스승인 인곡도 당시 정화운동에 이름이 오를 정도로 전국의 스님들이 나서서 힘쓴 운동이었다. 효봉, 동산, 인곡, 청담, 금오, 경산, 월하 등의 스님들이 정화를 이끌고 조계종단을 출범시킨 주역으로 기록될 정도로 선방의 수좌들이 나설 수밖에 없는 상황이었다.

이렇듯 한국불교가 정통성을 찾기 위한 격동기에 있었으나 혜암은 정진하는 길만이 한국불교를 살리는 것이라는 생각이었다. 출가의 목적도 그러했고 성향 자체가 그러했다. 정화 이후에도 평생을 정진 말고는 다른 것에 관심을 두지 않았다. 이런 혜암을 두고 사람들은 뼛골까지 정진만을 강조한 선사였다고 했다. 1차 정화운동이 마무리되기 전, 혜암은 동화사에서 은사 인곡과 종정인 효봉을 모시며 정진했다.

서른여덟, 오대산 월정사 사고암에서 오도를 한 혜암은 인곡이 머물고 있는 고성 옥천사로 내려왔다. 몸이 건강하지는 않았던 스승을 모시고 그곳에서 정진했다. 그러던 중 동화사 금당에서 대중들을 이끌고 정진하고 있던 효봉이 편지를 보내왔다. 그 무렵 효봉은 정화운동을 지원하며 종정직을 수행하고 있었다.

동화사로 와서 함께 살 것을 간절히 청하는 편지를 읽은 인곡은 혜암에게 동화사로 갈 뜻을 전했고, 혜암은 동안거가 끝나자 은사를 모시고 동화사로 떠났다. 그곳에서 하안거 정진을 할 생각이었다. 인곡과 효봉 두 선지식의 회상에서 보내며 절 살림을 도맡아하는 원주 소임을 보았다. 안거란 마음이 육진六塵 경계에 흔들리지 않고 텅 빈 마음자리에 머무는 것이니, 원주로 두 선지식과 공부하는 대중들을 외호하는 일 또한 안거와 다르지 않았다.

1959년 하안거가 시작될 즈음 스무 명 남짓의 수좌들이 방부를 들었다. 경을 공부하는 강원의 학인들은 열 사람이었다. 해인사에서 출가한 후 모셨던 두 선지식을 치열한 정진 끝에 십 년이 지나 다시 모시는 일은 여러 의미에서 뜻깊은 일이었다. 불혹의 나이에 이르러 거대한 산과 같은 두 선지식을 가까이서 모시니 그분들이 얼마나 치열하게 살아왔는지 다른 각도에서 볼 수 있었다. 진정한 스승은 생활 전체가 그대로 법문이다. 두 선사가 그런 스승이었다.

사람은 이 세상에서 백 살도 살지 못하면서 언제나 천 년 뒤의 일을 걱정하고 있다는 한산시의 글귀를 전하며 오늘 하루의 정진에 게을리하지 말 것을 당부했던 은사는 많이 쇠약해져 있었다. 남보다 나무를 몇 짐이나 더 할 만큼 힘이 장사였으나 심한 무좀으로 여름에도 덧버선을 신고 있었다. 그러나 은사는 밖으로 내색하지 않고 정진의 끈을 늦추지 않았다.

조실인 효봉도 출가하러 산문을 들어서는 사람들은 물론 선방의 수좌들에게 참선으로 정진할 것을 강조했다.

"이 세상에 종교가 많이 있으나 계정혜 삼학을 닦아 생사에서 벗어나는 종교는 불교밖에 없다. 출가자가 되었으면 참선하는 길밖에 다른 길이 더 있겠는가? 팔만대장경을 바로 외우고 거꾸로 외운다고 해도 생사해탈 하는 데는 아무런 소용이 없다. 참선 외에 하는 주력이나 기도는 모두 제 욕심 때문에 하는 것이다. 수좌는 모름지기 화두를 들어야 한다. 출가수행자가 되고 나서 애써 참선하다 죽었는데 지옥에 가겠는가? 목숨을 내놓고 정진하라."

효봉은 검박했다. 다 타버린 촛농조차 그대로 버리는 법이 없었다. 흘러내린 촛농을 긁어모아 접시에 담아 심지를 박아 불을 밝혔고, 시자에게도 걸레도 너무 짜서 쓰면 빨리 떨어진다고 꼭 짜지 말라고 가르쳤다. 앉아 정진하는 것만이 도가 아님을 보인 선사였다. 혜암은 그것을 익히고 실천했다.

평안남도 출신의 효봉은 스물여섯에 일본의 와세다대학을 졸업하고 귀국해서 서른다섯 살까지 법관생활을 하다가 직책상 사형선고를 내린 일에 자책과 회의를 거듭한 끝에 법관직을 내던지고 나왔다. 3년 동안 엿판 하나를 메고 팔도강산을 종횡무진 방랑하다가 금강산에 금강산 도인이라 불리는 석두 스님이 산다는 말을 듣고 찾아가 출가했다. 그 후 금강산의 여러 절에 다니면서 공부를 했다.

1927년 여름, 신계사 미륵암에서 안거에 들어가서는 꼬박

한 철 동안을 하판(아랫목) 뜨거운 자리에서 정진했다. 엉덩이에 살이 헐어서 진물이 흘러 아래옷이 방석에 달라붙을 정도로 살이 허무는 줄도 모르고 미동도 하지 않은 채 화두일념에 들었던 것이다. 금강산에 있는 선원을 여기저기 옮겨 다니면서 용맹스럽게 정진했다. 밤에는 눕지 않고 오후엔 먹지 않았다. 한번 앉으면 절구통처럼 움직이지 않는다고 해서 '절구통수좌'라는 별명이 붙었다.

효봉은 출가한 지 5년이 지나도 깨달음을 얻지 못하자 금강산 법기암 뒤에 토굴을 지었다. 대중들을 떠나 홀로 마음껏 정진하고 싶었다. 단칸방에 대소변을 볼 수 있는 구멍을 뚫어 밖으로 내고, 밥이 들어올 수 있는 조그만 창문 하나만을 내었다.

1930년 늦은 봄의 마흔셋, 깨닫기 전에는 죽어도 토굴 밖으로 나오지 않으리란 맹세를 하고 토굴에 들어갔다. 가지고 들어간 것은 입은 옷에 방석 석 장뿐이었다. 하루 한 끼씩 공양을 들여보내줄 것을 당부했다. 밖에선 그날 먹은 빈 그릇을 챙기고 아궁이에 불을 지펴주는 일이 전부였다. 그렇게 여름, 가을, 겨울이 지나고 새 봄이 왔다.

1931년 여름, 비가 개인 어느 날, 드디어 토굴 벽이 무너졌다. 1년 6개월 만에 토굴 벽을 발로 차 무너뜨리고 나온 것이다. 그리고 오도송을 읊었다.

효봉의 이러한 치열한 정진은 많은 수좌들에게 전설로 남았고 그러한 수행을 꿈꾸게 했다. 혜암 또한 선사의 정진이야기를 직간접적으로 들었고, 용맹정진만이 수좌의 생명임을 더욱 확신했다.

사자 새끼가
한 마리 있군

여름 안거가 한창이던 어느 날이었다. 포행을 하고 있던 혜암은 동화사 안의 내원암으로 올라가는 산모퉁이에서 당대 선승으로 이름을 날리던 금오金烏(1896~1968)를 만났다. 후학들의 안목을 열어주기 위해 추상과 같은 엄격함을 보여 호랑이보다 무섭다는 평판이 자자한 스님이었다. 선리禪理가 없으면 불법의 명맥이 끊기는 것이며, 참선하지 않는 자는 출가승이 아니라는 믿음 아래 철저히 수행한 선승이었다.

정화운동에 동참했다가 1차 정화가 끝나자 선방으로 내려와 정진에 모범을 보이면서 혹독할 정도로 대중들을 경책하며 출가의 진정한 길을 가르쳤던 수행자였다.

은사 인곡을 통해 인사를 드린 적이 있던 선지식을 만난 터라 혜암은 공손히 합장했다. 모습이 마치 산 달마와도 같았던 금오도 혜암이 인곡의 상좌로 정진을 잘한다는 소문을 듣고 있었다. 내원암 입구에서 앉아 쉬면서 곁에 앉은 혜암에게 금오가 물었다.

"혜암 수좌, 잘 만났구나. 무자無字 화두에 대해 한마디 일러보아라."

혜암이 망설임 없이 대답했다.

"무無."

혜암의 대답이 끝나자 금오도 대답했다.

"무."

혜암이 오른쪽 주먹을 불끈 쥐고 앞으로 내밀었다.

"잘했다!"

금오가 흡족해하며 칭찬했다.

묵묵히 앉아 있다가 금오가 다시 물었다.

"저 바위에 새겨진 뜻을 한번 말해보아라."

눈앞에 보이던 바위에 새겨진 글자는 다음과 같았다.

"제악막작諸惡莫作 중선봉행衆善奉行 자정기의自淨其意 시제불교是諸佛教"

이는 과거칠불過去七佛이 공통으로 계율의 근본으로 삼은 게송으로 칠불통계게七佛通戒偈로 일컬어진다. 통상 불교의 넓고 깊은 뜻이 포함되어있다. 모든 악업을 짓지 말고, 온갖 선행을 행하며, 스스로 마음을 깨끗이 하면, 이것이 바로 불교의 참뜻이라는 내용이다.

선방에 앉아 수마와 싸우고 있는 상좌의 옆구리를 걷어차고, 일을 시원치 않게 처리하는 제자에게 '저 놈 곰이 될 놈이 사람이 되었구나' 하며 가차 없이 꾸중을 내렸고, 문자에 의지하지 말라며 제자가 읽던 책을 회수해 불더미 속에 넣어버려 선에 대한 뜻을 바로 보게 했던 선승이었으니, 게송이 지니고 있는 저 평범한 뜻을 묻지는 않았을 것이다.

눈길이 금오가 가리키는 글자에 머물기도 전에 혜암은 아무 말 없이 금오의 턱밑에 주먹을 대고 뒤로 밀어버렸다. 노선지식에 대한 배려나 인정사정이 없었다. 뒤로 벌렁 넘어졌던 금오가 몸을 일으키고 혜암의 살아있는 눈빛을 보며 말했다.

"흠, 동화사에도 사자 새끼 한 마리가 있군 그래."

언하言下에 본마음 자리를 드러냈던 혜암에게 선지가 뛰어남을 칭찬했던 것이다.

훗날 혜암은 원당암 재가 불자들에게 한 법문에서 그때 금오가 물었던 뜻을 이렇게 설했다.

"모든 선과 악은 인연에 따라 일어났다 사라질 뿐 실체가 없는 것이니 지을 선과 악은 본래 없는 것이다. 선을 행하되 선악이라는 상대를 벗어난 자리에서 선을 행하라는 것이다. 그러므

혜암은 동화사 금당선원 효봉선사 회상에서 정진하였으며,
금오선사와 법거량을 하는 등 많은 일화를 남겼다.

로 다만 마음을 깨치는 것이 부처님의 가르침이다, 이렇게 해석
해야 한다."

선과 악이 있다는 이분법적인 상대 개념을 벗어나는 것이 해
탈이며 중도이며 불교라는 것을 가르친 것이다. 이에 대해 육조
혜능은 선도 악도 생각하지 않는 것이 선이라고 설했다. 한 생
각도 없을 때 바로 본래면목의 자리로 돌아갈 수 있다고 설한
것이다.

그 뒤 금오가 동화사의 한 암자에서 주석하고 있을 때다. 암
자에 부처님을 모시기 위해 점안식을 하던 날, 혜암이 그곳에
들렀다. 금오는 만면에 미소를 띠며 반가워했다.

275

"부처님을 모시려고 하는데 마침 우리 아기 부처가 또 오셨구나."

그날, 혜암은 대선지식인 금오 옆에 앉아서 점안식을 치렀다. 이후 금오는 종종 제자들에게 '혜암 수좌가 공부를 잘 한다'고 얘기하면서 혜암과 같이 투철한 자세로 공부할 것을 당부했다고 한다.

지게 지고
달빛 아래를
걷다

하안거 해제 날이 다음날로 다가온 날, 혜암은 지게를 지고 대구 시내에 있는 시장으로 나갔다. 다음 날 대중들이 먹을 음식 재료들을 사러나간 것이다. 콩을 넣은 백설기를 한 시루 사고 콩나물 한 시루와 소소한 물건들을 사서 지게에 지고 대구 시외버스정류장에서 동화사로 들어가는 버스를 기다리고 있을 때였다.

행자로 보이는 젊은이가 다가와 물었다.

"스님은 어느 절에 사는 스님이십니까?"

"동화사에 살고 있습니다."

그가 반갑다는 듯 얼굴이 환해지면서 다시 물었다.

"그 절에 혜암 스님이라고 계십니까?"

"그 절에 살고 있소만 무슨 일로 그 스님을 찾아가시오?"

다소 나이가 들어 보이는 행자는 문경에 있는 대승사 암자 묘적암에서 오는 길이라고 했다. 대학을 졸업하고 출가사문이 되고 싶은 마음이 북받쳐 올라 묘적암에 갔다가 그곳에서 홀로 정진하고 있던 일타에게 삭발을 했다는 것이다. 당시 일타는 태백산 도솔암에서 6년 정진을 마치고 묘적암에서 하안거를 나고 있던 참이었다. 삭발을 하고 절 일을 익히며 순치황제의 〈출가시〉와 부설거사의 〈사부시〉를 공책에 적어가며 배우던 날, 일타가 이렇게 권했다는 것이다.

"해제를 하면 나도 이 암자를 떠날 테고, 동화사에 가면 인곡 스님과 효봉 스님이 계시니 그곳으로 가서 공부하는 것이 좋겠소. 마침 그곳에 나와 오대산 서대에서 공부했던 혜암 스님이 은사인 인곡 스님을 모시고 있으니 내가 소개장을 써 주리다."

해제가 되자 소개장을 품에 넣고 묘적암을 떠나 동화사로 오던 그날, 버스정류장에서 혜암을 만나게 된 것이다. 혜암은 이야기를 듣고 시침을 뚝 뗀 채 그 편지를 좀 보자며 손을 내밀었다. 그가 펄쩍 뛰면서 뒷걸음을 쳤다.

"아니, 스님이 누군 줄도 모르고 왜 그 편지를 보여드립니까?"

어림도 없다는 듯 정색을 하면서 걸망을 바짝 당겨 메는 그에게 빙그레 웃으며 한 발짝 다가갔다.

"'한번 봅시다."

"안 된다니까요!"

마치 보물이라도 되듯 소개장을 귀하게 여기는 그의 풋풋한 발심이 푸른 가을하늘처럼 청량하게 느껴졌던 혜암은 웃으면서 사실을 말했다.

"아, 이 사람, 내가 혜암이오."

그렇게 실랑이를 벌였던 두 사람은 동화사로 들어가는 막차를 함께 타지 못했다. 버스가 만원이라 콩나물과 떡시루를 짊어진 혜암이 탈 자리가 없었기 때문이다.

"이게 막차이니 먼저 가시오. 나는 천천히 갈 테니까."

행자는 혜암이 시키는 대로 막차를 타고 동화사 입구에서 내려 십리 길을 걸어 동화사에 올라갔다. 그때까지 혜암은 도착해있지 않았다. 따로 작은 트럭을 불러 타고 입구에서 내려 떡시루를 지게에 진 채 달빛을 맞으며 올라오고 있었던 것이다.

해제 전날 소개장을 지닌 채 동화사로 들어온 스물아홉 살의 행자는 그해 시월 보름 효봉을 은사로 사미계를 수계했다. 효봉이 내린 법명은 법흥法興이었다. 송광사 주지를 지내고 현재 회주로 있는 법흥은 당시의 일을 이렇게 회고했다.

"해제 날 혜암 스님은 바로 동화사를 떠나 오대산 서대로 갔다. 한암 스님 부도 제막식이 있어서 효봉 스님과 인곡 스님도 다 오대산으로 향했다. 그 후 미래사에서 효봉 스님을 모시다가 나와 통도사에서 한 철 나고 해인사로 갔더니 혜암 스님이 인곡 스님이 편찮으셔서 노전 채에서 모시며 시봉을 하고 있었다. 결제 전날에 전계화상인 자운 스님, 지관 스님을 교수아사리로 해서 비구계를 받았다. 그래서 1961년 7월 보름날 인곡 스님이 돌아가시는 걸 보았다. 스님으로 하자가 전혀 없는 분이어서 사리가 많이 나왔을 텐데 다비하는 날에 비가 퍼부어 사리를 수습할 수가 없었다. 자운 스님이 주지였고, 석암 스님 등 큰스님들이 많이 오셨다."

영산회상의
영취봉이여

혜암은 오도悟道를 하고 탁마琢磨하는 과정에서 제방의 선지식을 찾아다니며 자신의 공부를 점검했다. 통도사 극락선원의 경봉, 인천 용화사 전강, 부산 월내의 묘관음사의 향곡 등이 그 대표적인 선지식이었다. 탁마는 선지식과의 법 거량을 통해서 자신의 공부를 점검하거나 인가를 받고 다듬어 간다는 뜻이다. 선사들은 오도 후 반드시 이 탁마의 과정을 거쳤다.

혜암이 오도 이후 대중 처소에 가장 먼저 방부를 들인 곳이 통도사 극락선원이다. 경봉이 극락선원에 주석하며 후학들을 이끌고 있었다. 지금은 수좌들이 공부할 수 있는 선방이 제방에 많이 있지만, 당시만 해도 사찰의 경제 사정이 여의치 않아 수좌들이 공부에만 전념할 수 있는 여건을 갖춘 도량이 드물었다. 오대산 월정사, 상원사, 해인사, 범어사, 화엄사, 효봉의 뒤를 이어 구산이 주석하던 송광사, 경봉이 이끌던 통도사 극락암 등을 제외하면, 마음 놓고 공부할 수 있는 곳이 없었다.

그즈음 수좌들 사이에는 후학들이 '어디로 공부를 하러 가면 좋겠는가' 하고 물으면 인천 용화사에 주석하고 있는 전강 스님이나 통도사 경봉 스님에게 가라고 했다고 한다. 그만큼 두 선지식이 대중에게 미치는 영향이 컸다는 증거일 것이다.

혜암은 1963년 하안거를 시작으로 1965년 하안거, 1966년 동안거, 1971년 동안거를 극락암에서 났을 만큼 경봉선사의 회상에서 정진을 깊이 했다. 해인사에서의 안거 정진 말고는 가장 정진을 많이 한 곳이다.

혜암이 극락암에 자주 갔던 것은 경봉선사의 깊은 수행과 교화력 때문이었으나 한편으로는 경봉이 지닌 풍류를 좋아했던 것에도 기인한다. 시를 쓰고 붓을 들어 일필휘지 글씨를 쓰기도 했던 경봉은 혜암이 가장 영향을 많이 받은 선지식 가운데 한 사람이었음을 부인할 수 없다.

경봉이 입적했을 때 혜암은 추모사를 준비하면서 경봉을 탁월한 지혜와 드넓은 관용, 엄숙한 인격과 무한한 역량을 지닌 선지식으로 추억했다.

경봉선사는 누구인가. 아홉 살에 사서삼경을 배우기 시작해서 유학儒學을 마치고 열여섯 살에 출가, 강원에서 경을 배우던 중 '하루 종일 남의 보물을 세고 있어도 나에게는 반 푼도 안 들어온다'는 《화엄경》 구절에 발심해서 통도사를 나와 선방으로 간 수행자였다. 해인사, 금강산 마하연사, 직지사 등지에서 수행하다가 스승의 부름을 받고 서른 살에 통도사로 돌아왔다. 서른여섯이 되던 해, 화엄산림을 시작한지 나흘째 되던 날 갑자기 벽이 무너지듯 시야가 넓게 트이면서 오묘한 일원상만이 드러나는 경지를 체험했다. 그 뒤 쉬지 않고 정진한 끝에 새벽 2시경 문틈을 파고드는 촛불이 춤을 추는 모습을 보고 순간 억겁의 의문이 찰나에 녹아버렸다.

내가 나를 온갖 것에서 찾았는데
눈앞에 바로 주인공이 나타났네
허허 이제 만나 의혹이 없으니
우담바라 꽃빛이 온 누리에 흐르네

경봉은 극락암 삼소굴 뒷산에 올라가 덩실덩실 춤을 추었다고 한다. 그리고 다음날 법좌에 올라가 《화엄경》을 설했는데 이미 경계를 초월한 모습이었다고 한다. 1953년 극락암 조실에 추대된 후부터 입적하는 순간까지 30년 동안 삼소굴에 머물며 중생을 극락으로 이끌었다. 언제나 온화함과 자상함을 잃지 않은 채 꾸밈없는 활달한 경지에서 소요 자재하였으므로 항상 열려진 문호에는 구도자들로 가득했다. 경봉은 선원 대중들을 아끼고 격려했다. 법문도 늘 절절했다. 평생 일기를 쓰면서 절에서 일어났던 일들을 기록할 만큼 평상심을 잘 쓰는 것이 도임을 몸으로 가르쳤다.

회상에 있는 수좌들이 공부에 전념할 수 있도록 철저히 지도했다. 결제일과 해제일은 물론 대중들에게 한 법문은 신심을 촉발시켜 한 철 내내 화두에 몰입하게 했다. 한 철 동안에 토해낸 법문으로 한평생 공부할 양식을 다 얻을 만큼 경봉의 법문은 흐르는 물처럼 유연했다. 한편으로는 수좌들의 내면을 꿰뚫어 보고 하는 것처럼 젊은 납자들의 가슴에 비수처럼 꽂히곤했다. 대중들에게 가장 뜨겁게 가슴 한가운데 박혔던 법문은 '수행을 하자면 마음을 비워서 오만가지 망상을 버리고 천진난만한 동자시절로 돌아가 이번 생은 태어나지 않은 셈 치고 죽을힘을 다해 정진하라'였다.

혜암도 이 말을 평생 가슴에서 뽑아내지 않은 채 기억하고 실천했다. 경봉은 선을 공부하는 수좌들이 홀로 암중모색으로 공부의 길을 잃을까 염려하여 선지식을 반드시 찾아 공부하라고 일렀다. 마치 탁마를 하는 과정 중에 선지식들의 회상을 찾고 있던 혜암의 심중을 꿰뚫어본 듯 설했다.

"참선은 선지식을 찾아가서 지도를 받아가며 해야 한다. 산에 올라가려면 같이 올라가는 이에게 길을 묻지 말고 산에서 내려오는 이에게 물어야 한다. 같이 올라가는 처지에 그곳의 길이 어디가 험한지 순탄한지 물이 어디에 있는지 알 수가 있겠는가. 그래서 선각자를 의지해서 공부를 해야 한다. 화두도 간택을 잘 해야 하는데 자기 마음대로 책에서 보고 참구하니 옳게 되겠는가. 병도 자랑해야 하고 공부도 의심나는 점이 있으면 선각자에게 물어야 한다."

혜암은 경봉이 생존해 있을 때 자주 가서 경봉을 친견하고 게송이나 어록에 대해 물었다.

겨울 내내 입안에 얼음을 물고 수행하다가 입안이 다 망가지고 졸음을 쫓기 위해 목을 매단 채로 좌선을 했으며, 자결할 각오로 6개월 동안 누에고치처럼 들어앉아 정진하는 등 정신의 극점을 넘어선 치열한 수행을 한 끝에 문 없는 문(無門關)에 들었다고 알려진 경봉은 체험한 자만이 할 수 있는 살아있는 법문을 한 것으로 유명하다.

폭포수와 같은 법문이 끝나고 수좌들이 '이 공부를 실답게 하려면 어떻게 해야 합니까?' 하고 물으면 '자기의 보배를 바로 캐내야 하는 이 공부를 실답게 하자면 먼저 마음을 비우고 업장을 녹여야 한다'면서, 누가 자기를 보고 잘못한다고 나무라면 설사 자기가 잘했다고 하더라도 '아이고 내가 잘못했습니다' 하고 절 한 번 하면 그때가 바로 업장이 녹아질 때라고 했다. 다겁생래에 지은 죄가 녹아지지 않고는 공부를 할 수 없다는 것을 가르친 뒤, 다음과 같은 이야기를 덧붙였다. 수많은 수행자들이 기억하는 그 가르침은 이렇듯 간단했다.

선방에서 수행하는 것이 잠자고 이야기하고 시비하며 지내는 것이 아니다. 다만 이 생사대사를 해결하려는 그 한 생각뿐인 것이다. 시비가 생기거든 어쨌든 피하고 공부에만 전심전력해야 한다. 하루에 열세 시간 열네 시간씩 몰아붙이며 생사대사를 해결하려는 이 마당에 시비가 무엇이냐. 어림도 없는 소리다. 망상이 일어나가든 네 이놈 네놈 말만 듣고 따라다니다가 내 신세가 요 모양 요 꼴이니 이젠 내 말 좀 들어봐라 하고는 죽나 사나 한번 해보자 하고 용맹심을 내야 한다.

혜암은 훗날 신도들에게 화두를 드는 법을 가르치면서 이렇게 말하고는 했다.

내가 망상을 제거하는 비법을 가르쳐주겠소. 한 생각을 일으키면 곧 그것이 망상인데, 사람이 어찌 생각을 일으키지 않을 수 있겠소? 생각이 일어나면 그것에 끌려가지 말고 '네, 이놈 이제껏 너를 따라다녀 내가 이 모양이 되었으니 이제부터

네 말 안 듣고 화두만 들린다' 하고 오로지 이뭣고만 하시오.
그것이 살 길이오.

자주 이 참선 방법을 설했던 혜암이다. 경봉 회상에서 정진
하면서 경봉의 법문을 듣고 공감했다는 것을 알 수 있다.

경봉은 법문을 활기차게 해서 수좌들의 발심을 높였던 것만
이 아니다. 마음이 얼마나 섬세하고 다감한지 출가해서 군대에
간 제자의 옷을 우편으로 받고는 나중에 휴가를 나온 제자에
게 '아마 전시였으면 네 옷을 받고 울었을 것이다' 하며 자신의
마음을 그대로 전한 자애로운 아버지 같은 수행자였다. 방선
이후에도 밤늦게까지 정진하는 수좌들이 있는 선방을 소리 나
지 않게 문을 열고 간식을 넣어 주고 가는 정성을 보였다. 상좌
에게만 그런 다감한 마음을 썼을 것인가. 하여 경봉의 회상에
는 많은 이들의 발걸음이 끊이지 않았다.

그로부터 20여 년 후 해인사 수좌로 있으면서 혜암은 젊은
수좌들에게 이렇게 설했다.

"혼자 삼 년, 십 년 공부하는 것보다 선지식께 법문 한 번 듣
는 것이 낫다고 한다. 훨씬 힘이 되니까. 잘못 배워놓으면 큰일
난다. 말세 운명은 회복이 불가능해서 설사 부처님이 다시 태어
나신다 해도 별 수 없다. 박복한 중생들이 동업으로 모여 사는

때이니 선악이나 시비에 말려들지 말고 오로지 용맹정진을 통한 수행으로 고해에 빠진 다생부모(중생)를 제도해주기 바란다."

경봉 회상에서 익힌 바가 잘 드러난 법문이다.

탁마장양의
노래

옛 사람들이 이르길, 생각으로 헤아리려고 들면 귀신굴에 떨어 진다고 했을 만큼 선문답은 어려운 것으로 통한다. 그러나 묻 지 않을 수 없는 것이 선문답이다. 공부를 점검하는 검이기 때 문이다. 경봉선사 또한 후학들에게 자주 물었다.

혜암은 쉰두 살이던 1971년 동안거 때 통도사 극락선원에서 정진했다. 안거 중 경봉이 대중에게 세 단계로 물었다. 첫 번째 질문은 이러했다.

"길에서 도인을 만나면 말하지 말고 침묵하라고 했으니 어찌 대하면 좋겠는가?"

대중 가운데 누구도 답을 하지 않았다. 혜암이 일어나 산천이 떠나가도록 할을 했다.

"아악!"

체구는 작았지만 목청은 산천을 뒤엎을 만큼 컸던 혜암의 할 소리에 이어 경봉이 두 번째 질문을 했다.

"한 철 동안 공부하고 난 소감을 말해보라."

이번에도 아무도 나서지 않았다. 혜암이 다시 답했다.

"언어문자는 학습하기 쉬우나 도를 통하는 것은 천상천하에 제일 쉽고도 어려운 일입니다. 다만 몸을 잊고 법을 구하는 위법망구爲法忘軀의 용맹정진 밖에 무엇이 더 있겠습니까?"

용맹정진을 수행자의 생명으로 삼고 정진했던 혜암다운 대답이었다. 경봉은 마지막으로 '봉·통·홍·중·공峰通紅中空'이라는 운韻자를 주며 선시禪詩를 지으라고 일렀다. 혜암이 그 자리에서 지어올린 칠언율시의 게송은 이렇다.

영산회상의 영취봉이여
만 리에 구름 한 점 없으니 만 리에 통했도다
세존께서 들어 보이신 한 송이 꽃은
천겁이 다하도록 길이 붉으리
꽃을 들 때 내가 보았다면
한 방망이로 때려 죽여 불속에 던졌으리
본래 한 물건도 없어 언어마저 끊겼건만

천진한 본래 성품 공하되 공하지 아니하도다
靈山會上靈鷲峰 萬里無雲萬里通
世尊拈花一枝花 歷千劫而長今紅
拈花當時吾見參 一棒打殺投火中
本來無物亡言語 天眞自性空不空

　마침내 영축산에서 탁마장양의 노래를 부른 것이다. 이날 경
봉선사는 이 게송을 보고 그 자리에 있던 대중들을 모두 일어
나게 했다.
　"대중들은 모두 일어나 혜암 수좌에게 절을 올리도록 하라."
　돈오돈수의 경지에 한 걸음 더 가까이 다가가 있는 혜암의

통도사 극락선원에서 경봉선사와 문답하며 칠언율시를 지어 올렸다.

공부를 인정한 것이다.

그 후 몇 년이 지나 원각이 극락암에 방부를 들이고 인사를 하자 경봉은 그가 혜암의 상좌라는 것을 모른 채 이렇게 말했다고 한다.

"지리산 상무주암에 아주 공부를 잘하는 스님이 있으니까 가서 친견하고 살면서 공부하도록 해라."

경봉은 남달리 참선에 대한 결기를 세우고 서슬 푸르게 정진하는 혜암에게 이렇게 말했다.

"탐욕과 망상, 분별하는 생각의 도둑놈에게 붙들려 살지 말게. 진실과 정성스러운 마음으로 살면 세상은 될 만큼 돼. 기껏 살아봐야 백 년 사는 인생 아닌가. 근심 걱정 다 털어버리고 언제나 쾌활하고 낙관적으로 살게. 사바세계를 무대 삼아 연극 한바탕 하듯 멋있게 살게나."

그렇게 가르쳤던 선지식에게서 혜암은 분별 망상을 일삼는 '한 생각'을 돌이켜 그 이전의 본래 마음을 깨닫는 것이 고통의 결박에서 나오는 길이자, 그것이 참생명으로 살아가는 길이며, 한바탕 연극하듯 멋있게 사는 것과 다름 아님을 확신했다. 그리고 나아가 그것을 세상 사람들에게 널리 가르쳤으니, 탁마하는 과정에서 선지식을 찾았던 공덕의 결과였다.

통도사 불교 전문 강원에서 경전을 익히면서 발심한 경봉선사는 '어떻게 하면 이 좋은 진리의 말씀을 널리 퍼뜨릴 수 있을까'를 깊이 생각하다가 이런 원을 세웠다고 한다.

"선재동자처럼 도를 구하고 보현보살의 행원으로 중생을 제도하리라. 중생계가 다하고 중생 업이 다하고 중생의 번뇌가 다할지라도 나의 원은 다하지 아니하며, 허공계가 다하더라도 나의 원은 다하지 아니하리라."

경봉은 젊었을 때 세운 원을 평생 그대로 실천했다. 고령에도 법상에 올라가 법문을 멈추지 않았던 것이 그것을 증명한다. 그렇듯 오래 설법할 수 있던 것은 자신의 원이 그러하기 때문이라고 했다.

혜암은 경봉의 회상에서 여러 차례 안거를 나며 수많은 가르침을 받았다. 그만큼 경봉에게서 받은 영향도 컸다. 혜암이 입적하기 전까지 해인사에서의 결제, 해제 법문 원고를 직접 써서 설하고, 원당암에서 대중 법문을 멈추지 않았던 것도, 방장이나 종정이라는 자리에 얽매이지 않고 어느 누구에게나 법을 전하려고 노력하며 한평생을 살았던 것도, 고령에도 법문을 멈추지 않았던 경봉의 삶과 닮아있다고 할 수 있다.

혜암은 어느 회상에 있어도 생사를 걸어놓고 용맹정진한 수좌로 유명하다. 선지식에게 배우는 한편 함께 정진하던 후학들에게 '공부하되 흐리명텅하게 해서는 안 된다'고 일렀다. 대도는 눈앞에 있지만 보기는 어렵다면서 용맹정진해서 확철대오하지 않으면 소용없다고 못을 박았다.

당시 극락암에서 혜암과 함께 정진했던 금담(진주 극락선원)은 '쓸데없는 망상을 피우지 말고 참선하라면서 펄펄 끓는 물에서, 활활 타오르는 불에서 연꽃이 피어나는 법이라고 하셨다. 생사를 걸어놓고 수행하던 혜암 스님의 정진력을 따라갈 자는 아무도 없었다'고 당시를 회고했다.

경봉은 자주 '혜암이 입승으로 선방을 맡고 있으면 나는 아무 할 일이 없어'라고 하면서 많은 수좌들 가운데 가장 신임했다고 한다.

1982년 가을, 경봉선사 열반 후 49재 추모법회에서 혜암은 경봉을 이렇게 추모했다.

대종사 각령전에 삼가 추도사를 올리나이다. 무정세월은 유수같이 빨라서 어언간 49재를 맞이하여 사부대중이 인산인해로 운집하여 추도식을 올리나이다.

오호 통재로다! 아이고 아이고, 법당이 무너지고 어두운 밤에 등불이 꺼졌도다. 고해중생과 종단불사는 어찌하시고 세연을 끊어 열반에 드셨나이까. 대종사의 존안을 다시 뵐 수 없고 활구법어活句法語를 또 다시 들을 수 없게 되었으니 애절하고 한탄스러울 뿐 아니라 삼라만상이 깊은 비애에 싸여 오열할 뿐이로소이다.

인생무상을 몸소 중생들에게 보이심은 본지풍광本地風光이
요 생사가 둘이 아님을 설하신 법은 익히 들었으나, 막상 대종
사께서 열반하신 후 날이 가고 달이 갈수록 일월日月이 흐르고
가슴은 무상無常으로 메어집니다.

　이와 같이 대한불교사상大韓佛敎史上에 거성적巨星的 존재
이신 고귀한 복전福田의 인격을 새삼 느끼지 않을 수 없습니다.
탁월하신 지혜, 대해大海 같이 너그러운 관용성, 엄숙한 인격,
무한의 역량 이것은 솔직히 우리 종단의 승보僧寶일 뿐만 아니
라 국가 사회적 광명등光明燈의 보배라고 아니할 수 없습니다.
이러한 대방편의 멋진 일기一期의 연극과 대자대비로 교화하
시던 일을 생각하니 더욱 간절한 마음 무엇으로 표현하오리까.
(후략)

내일은
없다

탁마하는 기간에 혜암은 경봉, 향곡, 전강의 회상에서 선방의 규율을 담당하는 입승立繩을 보며 정진했다. 입승은 선방의 대중을 총지휘하는 소임자를 말한다.

1964년 마흔다섯의 여름 안거는 부산 기장군 월내면에 있는 묘관음사에서 보냈다. 짙푸른 바다가 바라보이는 묘관음사에서 향곡(1912~1979)이 대중들을 이끌고 있었다. 출가 직후 봉암사결사에 동참하여 정진하고 있을 때 그곳에서 깨달음을 이룬 향곡을 곁에서 보았던 터라 묘관음사는 꼭 한번 공부하고 싶던 도량이었다.

향곡은 묘관음사에 온 혜암을 보고 반가움을 금치 못했다.

입승의 소임을 맡긴 혜암에게 15년 전 봉암사에서 함께 정진했던 일을 추억하곤 했다.

성철과 향곡은 가까운 도반이었다. 성철은 봉암사결사를 시작하면서 묘관음사에서 정진하고 있던 향곡을 불렀고 향곡은 두말없이 편지를 받고 달려갈 만큼 두 사람은 막역한 도반이었다. 봉암사의 결사가 무르익어가던 어느 날 정진하고 있던 향곡에게 성철이 물었다.

"죽은 사람을 완전히 죽여야 바야흐로 산 사람을 볼 것이요, 죽은 사람을 완전히 살려야 바야흐로 죽은 사람을 볼 것이라는 말씀이 있는데 그 뜻이 무엇인 줄 알겠는가?"

이 질문에 한 발자국도 나아가지 못한 향곡은 그날로부터 혹독한 정진에 들었다. 성철의 양해를 받고 규칙적인 대중생활에서 벗어나 며칠 동안 바위 위에 앉아 참선하기도 하고 산천을 집어삼킬 듯 쩌렁쩌렁 고함을 지르기도 했다. 21일 동안 침식을 잊은 채 정진하다가, 하루는 개울을 건너다가 홀연히 몸에 매달려 앞뒤로 흔들리는 자신의 양 손을 발견하고 활연 대오했다. 당시 읊은 게송이다.

홀연히 두 손을 보니 전체가 살아났네
삼세의 불조들은 눈 속의 꽃이요
천경만론千經萬論이 무슨 물건이었던고

이로부터 불조들이 모두 몸을 잃었도다

봉암사결사가 막을 내린 다음해 전쟁 중이던 1951년, 마흔이 조금 넘어있던 향곡은 부산의 선암사 조실로 추대되어 많은 납자들을 지도했다. 당시 개당설법에서 그는 봉암사에서의 오도를 거론했다.

봉암사의 한번 웃음 천고의 기쁨이요
희양산 굽이굽이 만겁토록 한가롭네
내년에도 또 있겠지 둥글고도 밝은 달
금풍이 부는 곳에 학의 울음 새롭구나

향곡은 후학들에게 외쳤다.
"이 일을 해결하지 못하면 살아도 산송장에 지나지 않으니 죽여도 살인이 아니다."

그러면서 수마에 잠든 수좌가 눈에 띄면 불을 붙인 한 웅큼의 향불로 살갗을 지졌고, 때로는 긴 끈으로 목을 매어 끌고 다녔다. 그렇듯 깊은 애정으로 후학들에게 경책을 아끼지 않은 선지식이었다. 향곡이 일흔이 안 되어 열반에 들었을 때, 그에게 화두 지도를 받던 한 비구니는 장례식장으로 달려와 이제 누구를 스승으로 공부해야 하느냐며 어서 일어나라고 울부짖었다는 일화가 있다. 그만큼 후학들을 열의를 다해 지도한 수행자였다.

혜암이 갔을 당시 향곡은 묘관음사를 중창한 다음, 그곳 길상선원 조실로 제방의 납자들을 제접하고 있었다. 향곡은 길상선원에서 공부하는 수좌들 곁을 지날 때마다 들릴 듯 말 듯 조용하게 말하곤 했다.

"이 공부는 오래 하는 공부가 아닌데."

21일의 용맹정진 끝에 깨달음을 이루었던 자신의 경험에서 우러나온 소리였을 것이다.

"이 법은 오로지 바르고 참된 신심과 용맹심과 의심을 가지고 정진을 해야 성과가 있는 것이다. 어느 누구도 못 입고 못 먹어 중이 된 것은 아닐 것이다. 그런데도 공부를 자꾸 늦추어 내생에 하겠다는 생각을 내면 절대로 안 된다. 금생에 이 몸뚱이 있을 때 해결할 마음을 가져야 한다. 일체 다른 생각은 하지 않고 오직 공부 하나만 하면 성취가 안 될 까닭이 없는 것이다."

혜암은 향곡의 가르침에 전적으로 동감했다. 천겁을 지나왔어도 옛날이 아니고 만세를 뻗쳐도 지금 이 자리다. 그래서 항상 존재하는 이 마음 바탕의 현재를 사는 것이 전부였다.

내일은 없었다. 오늘 이 자리가 전부인 삶을 사는 사람이 수행자 아닌가. 그러므로 혜암은 함께 정진하는 수좌들이 오로

백양사 무차선회에서 서옹 스님(가운데), 진제 스님(오른쪽)과 함께 _1998년 8월

지 공부에 온 마음을 다할 수 있도록 독려했다.

　때로 방선 시간이 지나 입선을 알리는 죽비를 쳤는데도 들어오지 않는 수좌도 있었다. 혜암은 그 수좌의 좌복을 치우게 했고 다시는 선방에 들어오지 못하게 했다. 물샐 틈 없이 철저하게 대중을 지도했던 혜암은 외쳤다.

　"우리 수행자에게 내일은 없다."

　혜암이 다녀 온 몇 해 후 1967년 8월, 향곡은 그의 제자 진제眞際에게 다음과 같은 전법게를 내려 그의 법을 잇게 했다.

　부처님과 조사의 산 진리는
　전할 수도 받을 수도 없는 것이라.
　지금 그대에게 활구법活句法을 부촉하노니
　거두거나 놓거나 그대 뜻에 맡기노라

　당시 혜암과 함께 묘관음사에서 정진했던 진제는 향곡에게 법을 받은 후 더욱 올곧게 정진했고, 대한불교조계종 제10대 종정 혜암, 제11, 12대 종정 법전에 이어 제13, 14대 종정으로 추대되었다.

조실을
가르치러 다니네

"잘 왔어. 자네가 입승을 봐주게."

전강田岡선사는 도봉산 천축사에서 인사를 받은 적이 있는 혜암을 반갑게 맞았다. 혜암은 용화사에 오기 전에 천축사 무문관의 일반 정진실에서 수행했다. 그때 전강이 무문관의 조실로 결제와 해제 때 법문을 했고, 법문을 들으면서 전강의 회상에서 공부하리라 생각했다.

전강은 공부의 기틀이 있어 보이는 수좌를 좋아했고 그들이 해제가 되어 떠나려고 하면 몹시 서운해 했던 선지식이었다. 방부를 들인 바로 그날부터 혜암은 인천 용화사 법보선원 선덕禪德 겸 입승으로 자리에 앉았다. 전강이 칠십대 초반, 혜암이 쉰

살이었다.

어느 날, 전강이 대중 법문을 위해 법상에 올라 주장자를 세 번 내리쳤다.

혜암이 불쑥 말을 던졌다.

"주장자를 한 번만 치시면 되는데 무엇 하러 세 번씩이나 내리치십니까?"

스무 살도 더 아래인 후배 수좌의 선기 어린 기개를 전강은 넉넉한 품으로 받아들였다. 흐뭇한 미소가 얼굴 전체로 번졌다.

"이것 봐라, 혜암 수좌는 배우러 다니는 것이 아니라 조실을 가르치러 다니네?"

무인의 생애는 한 자루의 칼에, 문인의 생애는 한 자루의 붓에, 선승의 생애는 한 자루의 주장자에 들어있다는 말이 있다. 그러므로 선지식이 법문을 시작하기 전 주장자를 한 번 내리치는 것은 대중들에게 지금 자신의 마음이 어디에 있는가를 묻는 것이다. 지금 이 자리의 마음이 부처이며 생의 전부이기 때문이다. 주장자를 내리치는 그 순간이 법으로 들어가는 문, 즉 법문이니 한 번이면 족한 것이다. 선지식들은 주장자를 한 번 내리치면서 이것을 깨닫게 하려고 했을 텐데, 나머지는 군더더기 아닌가 하는 뜻에서 혜암이 던진 말이었다.

혜암 자신도 훗날 대중들에게 법문을 할 때 단상에 올라 주

장자를 한 번 내리치고는 탄식을 하면서 이렇게 서두를 연 적
이 많다.

사실상은 주장자를 한 번 치는 여기에서 법문은 마친 것입
니다. 주장자를 치는 이것이 무엇인가를 묻는 것이 법문의 전
부입니다. 더 이상 필요가 없는 거예요. 못 알아들으니까 할 수
없이 입을 열어 말을 하는 것입니다.

열일곱 살에 해인사 인공印空에게 출가한 전강은 이십대 초
반에 개안을 이루고 삼십대에 조실에 오른 현대 한국 선종의
대표적 선지식이다. 당대 최고의 선지식인 용성(1864~1940), 만
공(1871~1946), 한암(1876~1951) 등을 직접 찾아 법거량을 통해
인가를 받았다고 전해진다.

해인강원 대교과를 수료하고 한 도반의 죽음에 삶의 허망함
을 느껴 만공으로부터 무자화두를 받고 본격적인 구도의 길에
들어서면서 시작된 그의 수행은 타의 추종을 불허할 만큼 강
렬했다. 덩어리 같은 피가 코와 입으로 흘러나오거나 머리가
터져 삭발조차 할 수 없을 정도였다고 한다. 특히 백일 동안 자
지 않고 수행한 일화는 널리 제방에 알려졌다.

스물세 살에 오도송을 남긴 후 당대 선지식을 찾아다니며
인가를 받던 중 금강산에 있는 한암을 찾아가자 '육조 스님께

1969년 혜암은 인천 용화사 법보선원 전강선사 회상에서
선덕 겸 입승으로 정진했다.

서 본래무일물이라 일렀지만 나는 본래무일물이라 해도 인가
를 못하겠으니 그대는 어떻게 하여 인가를 받겠는가' 하고 물
었다. 이에 전강이 손뼉을 세 번 치고 물러나왔다는 일화가 전
해진다. 25세에는 덕숭산 금선대에서 만공에게 전법게를 받고
선종 제77조의 법맥을 잇는 대선사가 되었다. 삼십대에 통도사
보광선원을 시작으로 법주사 복천선원, 직지사 수도선원 등 조
실을 역임했고 1961년에 인천 용화사에 법보선원을 설립해서
후학들을 이끌며 선풍을 드날렸다.

혜암이 용화사에 갔을 때는 법보선원이 문을 연 지 몇 년 지
나서였다.

전강은 푸른 하늘처럼 마음이 열려 있던 선지식이었다. 안거가 한창이던 어느 날이었다. 한 비구니 스님이 대중공양을 하러 왔다가 신도들에게 본인이 직접 법문할 수 있도록 조실인 전강에게 청을 넣었다. 전강은 비구니의 청을 흔쾌히 허락했다. 비구니가 조실이 주석하는 회상에 와서 법문을 하는 일이 거의 전무하던 시절이었다.

앉아서 비구니의 법문을 듣던 혜암은 그 비구니 스님이 '평상심平常心이 도道'라는 것을 얘기를 하는데, 가만히 들어보니 평상심이 아니라 그 반대인 분별심을 얘기하고 있었다.

지금 깨어있는 가장 기본적인 이 의식이 평상심이다. 생멸하지 않는 본래의 마음이 평상심이다. 지금 텅 빈 채로 깨어있는 이 평상심이 생명이고 무량수無量壽이며 공성空性이고 각성覺性이다.

세상에 '평상심시도平常心是道'라는 문구를 남긴 마조도일馬祖道一은 말했다.

"도를 닦을 필요가 없다. 오직 오염시키지 말라. 무엇이 오염인가. 나고 죽는다는 생각으로 일부러 조작하는 것을 오염이라 한다. 단박에 도를 이루고 싶은가. 평상심이 도이니라."

육조혜능도 《육조단경》에서 '평상심이 도'라는 것을 이렇게 설했다.

"누구나 이 마음을 쓰고 있으니 이미 성불해 마쳤다."

당시의 일을 두고 혜암은 결제 법어에서 이렇게 설했다.

산승이 인천 용화사 법보선원에서 안거에 들었을 때 있던 일입니다. 모 비구니 스님이 대중공양을 올린 후 본인이 직접 법문할 수 있도록 전강田岡 조실스님에게 허락을 받고 신도님 전에서 법문하는데 산승이 듣자하니, '평상심이 도'라는 법을 편견에 따른 분별심으로 집착하여 말하는 것이었습니다. 견성한 분상에서는 과실이 없지마는 범부의 입장에서 말하면 자연외도라고 합니다. 언어도단이나 불가피하게 말하자면, '평상심이 도'라는 것은 조작造作이 없고 시비是非가 없고 취사取捨가 없고 단상斷常이 없으며 범부와 성인이 없는 것이니 오직 진실하게 정진하여야 합니다.

병인년(1986) 동안거 결제법어 중에서

혜암이 오도한 후 중생들을 교화하면서 가장 강조한 것도 도는 밖에서 찾는 특별한 어떤 것이 아니라, 이미 우리 안에 갖추어져 있는 또렷하고 청정한 평상심을 자각하라는 것이었다. 이 자각이 수행자가 갖출 수 있는 최고의 능력이며, 이 능력을 갖춘 사람을 대장부라 한다고 설했다.

혜암은 무엇보다 진실하게 정진하는 것이 중요하다는 것을 강조했다. 자신이 그토록 장좌불와와 일종식으로 고행했던 것도 그 자체가 중요한 것이 아니라, 진심을 다해 정진한 것에 핵심이 있다는 것이었다.

누군가 입적을 앞둔 혜암에게 물었다.

"스님께서 입적하고 난 먼 후일 어떤 사람이 혜암의 철학이 무엇이었느냐고 물으면 어떻게 대답할까요?"

답은 간단명료했다.

"밥 먹고 잠잤다."

육자배기
타령

용화사 전강 회상의 특징은 아직 계를 받지 않은 행자라 하더라도 각자의 일이 끝나면 정진을 시킬 만큼 수행을 강조한 것이었다. 전강의 발심 법문은 무상관無常觀이었기 때문이다.

"갓 출가한 행자라도 언제 죽을지 모르는 것 아닌가. 화두를 들면서 죽음에 대처할 방법은 가지고 행자노릇을 해야 한다."

전강의 교육방식은 잘한 일에 대해서는 아무 말이 없었고 잘못한 것은 찾아서 나무라는 형식을 취했다. 아궁이 앞에서 불을 때고 소제하고 문지방을 넘어서는 것까지 행동거지 하나하나를 모두 살폈다. 하루 종일 일하면서 몸을 놀리느라 고단한 행자가 아궁이 앞에서 불을 때며 졸고 있으면 어느 결에 알

왔는지 금방 불러들여서 주의를 주었고 끝난 다음 다른 일을 시켜서 조금도 쉬게 하지 않았다.

"잘한다고 칭찬만 하면 넘치게 되는 법이다. 잘못하는 것을 꾸짖어주면 고쳐서 좋게 되는 것 아니겠느냐."

자신의 나무람으로 인해 잔뜩 골이 나있는 행자들을 불러 타이르면서 했던 말이다. 자신이 어릴 적에 출가해서 어린 행자들의 마음을 누구보다 잘 헤아렸기 때문에 그들을 꿰뚫어보고 일일이 가르쳐주었던 것이다. 밤 아홉시가 되면 방선을 했다. 대중들이 흩어져 자신들의 거처로 돌아가면 시봉하는 시자들이 선방에서 잠을 잤다. 전강은 시자들이 잠이 들 무렵 다시 선방으로 가서 자그마한 의자에 앉아 선정에 들었다. 새벽녘에 잠시 눈을 붙이고는 새벽예불에 나왔다.

전강은 일 년 열두 달 새벽예불 때마다 법상에 올라 법문을 한 것으로 유명했다. 《몽산법어》나 《초발심자경문》 등의 교재를 가지고 법문했다. 날마다 메모를 해 가지고 법상에 올라 한두 시간씩 했던 전강선사의 법문은 흡입력이 대단했다고 알려져 있다. 후학들은 수행자의 일생은 화두가 전부라는 전강의 법문을 매일 들으면서 수행자로서의 입신을 굳혔다.

"수행자는 본분사本分事 하나를 위해서 살다가 죽어야 한다. 세상 살아가는 일은 세상 사람들이 하고, 중은 세상 사람들이 하지 않는 일을 해야 하는데, 그것이 바로 화두를 챙기는 일이다. 중노릇을 하다가 나이 들어 죽을 때가 되었을 때, 걸망 메고 시골길을 가다가 따뜻한 논두렁 밑에 가서 걸망을 메고 숨을 거두는 마지막 순간까지 화두를 놓지 않으면, 그게 중의 본분사다. 중은 그렇게 살아야 한다."

혜암의 가슴에 깊이 아로새겨진 법문이었다. 죽는 순간까지 화두를 놓지 않는 게 중의 본분사라고 했던 전강의 법문은, 혜암이 훗날 세상 사람들에게 남긴 '공부하다 죽어라'와 맥을 같이 하고 있다. 그것은 출재가자를 막론한 모든 생명에게 필요한 할이었을 것이다.

장좌불와를 하는 혜암에게 새벽 세시에 시작되는 새벽예불이 반갑지 않을 때가 많았다. 화두 일념에 들어 자리에서 일어나고 싶지 않을 때가 많았기 때문이다. 오직 화두만 들고 싶은데 차례로 돌아가면서 새벽에 도량석을 해야 하는 일이 번거롭게 느껴지던 어느 날 새벽이었다. 정진하던 자리에서 일어나 목탁을 들고 밖으로 나갔다. 아직 별빛이 총총히 빛나고 있었다.

평상 도량석을 돌 때는 《천수경》을 비롯해서 의상대사의 〈법성게〉, 《화엄경》의 〈약찬게〉를 하기도 하고 《초발심자경문》을 초심, 발심, 자경문을 나누어 하기도 한다. 혜암은 그날 목탁을 치면서 항상 하던 것을 버리고 구성진 노랫가락을 뽑았다.

그날도 여느 날과 마찬가지로 새벽에 잠깐 눈을 붙였다가 선방으로 들어와 의자에 앉아 선정에 들어있던 전강은 도량에

울려 퍼지는 육자배기 타령을 들었다. 화두를 잠시 놓은 채 바람결을 타고 들려오는 육자배기를 들었던 전강선사는 혜암을 새삼스레 부르지 않았다. 혜암의 의중을 모르는 바가 아니었기 때문이다. 자연스레 그날 이후 혜암에게 도량석의 차례는 돌아오지 않았다.

훗날 혜암은 제자들에게 철저히 화두 수행에만 집중할 것을 당부하면서 이렇게 말했다.

"너희들은 염불 잘하지 마라. 잘하게 되면 공부에 지장이 있어. 공부할 때는 오직 이뭣고만 해."

혜암은 전강의 회상에서 탁마를 하는 과정 중에 전강이 후학을 섬세하고 귀하게 대하는 태도는 물론 일반 불자들에게도 화두를 주어 공부를 시키려고 애쓰는 것을 익혔다. 그것이 훗날 해인사 원당암에 선방을 지어 수많은 재가불자들을 지도했던 것과도 무관하지 않을 것이다.

78세에 입적한 전강은 후학들을 위해 7백여 개의 활구活句 참선 육성 녹음을 남겼다. 입적한 지 반세기에 가까운 지금도 용화사 선방에선 결제와 해제일마다 전강선사의 낭랑한 음성의 법문이 흘러나오고 있다. 자칫 사견에 떨어지거나 조금 얻은 것에 만족하지 않고 공부할 수 있도록 지도했던 전강의 경책이 아직도 살아있는 것이다.

혜암 또한 해인사 원당암에 20여 년 동안 주석하면서 5백여

개의 육성 법문 테이프를 남겼다. 혜암의 고구정녕한 활구 법문
도 원당암 대중 선방인 달마선원에서 매월 첫째 주와 셋째 주
철야정진 때마다 대중들의 가슴을 적시고 있으니, 두 선사의
인연이 우연의 일치만은 아니리라.

전강은 혜암이 다녀오고 7년 뒤 입적했다. 탁마 기간, 전강
과 경봉선사를 마지막으로 선지식들을 친견하며 정진한 혜암
은 남해 용문사 염불암에 머물면서 납자들을 본격적으로 지도
하기 시작했다. 대중교화의 시기에 접어든 것이다.

원당암 미소굴

慧庵

제7장

사
자
전
승

정진 제일의
유나

해인사로 출가한 지 20여 년 만에 혜암은 해인총림으로 돌아왔다. 후학들을 지도하기 시작한 마흔여덟이었다. 당시 해인사에 사는 대중들은 혜암을 정진 제일의 수행자로, 성철을 지혜 제일, 지월을 인욕 제일의 수행자로 칭했다.

1967년 7월 25일, 해인사에서 열린 임시중앙종회에서 총림법을 통과시키면서 해인사가 통합 종단 최초의 총림으로 지정되었다. 그보다 한 해 전에 율사이자 해인사 주지를 지낸 자운의 초청으로 백련암으로 거처를 옮겼던 성철이 종회에서의 추대 결의로 총림의 최고지도자인 방장이 되었다. 성철이 방장으로 취임하면서 혜암은 대중의 화합과 질서 유지를 관장하는 유나 소임을 보게 되었다.

초대 해인총림의 소임으로는 방장 성철, 서당西堂 청담, 수좌 석암과 자운, 유나 혜암, 율주 일타, 강주 지관, 주지 지월이었다. 교무는 훗날 송광사 조계총림 방장을 지낸 보성이었다. 종정인 고암은 용탑선원에 머물고 있었다.

혜암은 은사 인곡이 입적한 후부터 가야산 중턱에 자리한 두 칸짜리 토굴 중봉암에 거처를 두고 제방 선원에서 안거를 나다가 산철이면 이곳으로 와서 정진하고 있었다.

당시 해인사 학인들은 머리를 삭발하지 않고 수염을 기른 혜암에게 참선법문을 듣곤 했다. 혜암은 금생에 마음을 밝히지 못하면 한 방울의 물도 소화하기 어렵다는 법문을 들려주며, 화두참구 수행을 통한 깨달음을 강조했다고 한다.

동안거가 시작되자 총림은 활기를 띠기 시작했다. 전쟁으로 인해 가야총림이 문을 닫은 지 이십여 년만이었다. 방장인 성철은 동안거 중에 백일법문을 통해 사자후를 토해냈고, 유나 혜암은 마치 호랑이와 같은 모습으로 선방대중을 경책했다. 총림이 살아나려면 무엇보다 참선수행이 중심이 되어야 했다. 방선 시간에 수행에 대한 소참 법문을 할 때는 온화하다가도 정진 중 경책할 때에는 장군 죽비로 사정없이 내리쳤다. 함께 정진하던 수좌들은 보고만 있어도 긴장하지 않을 수 없었다.

총림의 방장은 선원 대중을 비롯하여 총림의 대중과 제방의 납자 및 학인을 제접하고 지도한다. 유나는 이러한 방장을 보좌하는 소임자로 총림 대중의 규율을 관장하며 정진한다.

출가하는 날로부터 이십여 년 동안 오후불식과 장좌불와를 멈추지 않으면서 정진에 솔선수범하는 혜암을 보면서 후학들은 제방의 방장이나 조실이 혜암처럼 대중과 함께 정진하면서 수행에 대한 지도를 해준다면 선원의 수행풍토가 정진의 열기로 가득할 것이라고 생각했다. 당시 혜암의 지도로 정진했던 후학들은 '선정이 이어지고 화두가 순일해지는 체험과 수행의 기쁨과 환희를 느낄 수 있었다'고 입을 모으고 있다.

유나인 혜암뿐만 아니라 해인사의 모든 소임자들이 삼매에 들어있는 것 같은 분위기였다. 혜암 후임으로 유나를 맡았던 법전은 돌절구처럼 움직이지 않고 선방에 앉아 정진했다. 강주 지관은 아홉시에 소등이 된 후에도 방에 담요를 치고 12시까지 책을 보고 나한전에서 108배를 한 다음 잠자리에 들었다.

주지 지월은 소임을 보는 중에도 짬을 내어 선방에 앉아 정진했고, 밤이 이슥해지도록 행자에게 《초발심자경문》을 가르쳤다. 또 옛 도인들이 공부했던 이야기를 들려주며 출가의 보람이 어디에서 오는지 가르쳤다. 축원이 하도 간절해서 듣는 이들로 하여금 발심하지 않을 수 없게 만들었고, 대중들끼리 시비가 벌어지면 합장을 하고 '아이고 제가 잘못했습니다'라고 참회한 주지였다.

후원 살림을 책임지는 원주는 대구로 나가 한 번 시장을 보면 인부들이 나를 수 있는 짐을 스무 개씩 사 날랐다. 시장에서 지게꾼을 사서 짐을 나르고 자전거에 실어서 또 날라 버스 짐칸을 가득 채워 해인사까지 오곤 했다.

총림이 열린 1967년 겨울에는 전기도 들어오지 않고 수돗물도 없던 시절이었다. 울산 석남사에서 온 비구니 스님들이 백일 법문을 듣기 위해 해인사에 와 결제를 했기 때문에 해인사에 머무는 대중이 4백여 명이나 되었다. 행자들로 구성된 공양주들은 한 끼 밥을 짓기 위해서 한 가마니의 쌀을 일어야 했다. 정미되지 않은 한 가마니의 쌀을 이는 데만 두 시간이 소요되었다. 추운 부엌에서 찬 물로 쌀을 씻을 때마다 손발이 얼어 터져버릴 것 같았던 행자에게 선배스님들은 대중을 공양하는 것은 부처님을 공양하는 것과 같다고 말해주며 그들이 단단한 수행자로 거듭나도록 가르쳤다.

예불 후 대적광전에서 행자들이 모여 108배를 하며 백팔참회문을 읽는 소리는 허공계가 다하도록 세세생생 목숨을 바쳐 수행하리라는 결연한 의지가 담긴 천상의 소리와도 같았다.

당시 총림의 선원에는 세 개의 선방이 운영되었다. 용맹정진은 조사전, 가행정진은 퇴설당, 일반 정진은 선열당에서 진행되었다. 대중들이 많아서 방이 부족했기 때문에 노장(구참)들과 신참 수좌들이 선방(큰방)에서 생활을 같이 했다. 선방에서 수

행도 하고 잠도 자며 일상생활을 해야 했던 것인데, 신참들이
자다가 눈을 뜨면 이미 대중의 삼분의 일은 앉아서 정진하고
있을 만큼 열기가 있었다.

방장은 조사전에서부터 시작하여 조는 수좌들을 경책하기
시작하며 소리치곤 했다.

"밥도둑들이 잠만 자는구나"

졸고 앉아있는 수좌들을 죽비로 사정없이 내리치는 소리가
들리면 퇴설당과 선열당의 대중들은 허리를 꼿꼿이 세우며 전
열을 가다듬었다. 잠시 쉬는 사이 차를 나누는 시간에는 방장
을 비롯해서 수좌, 유나, 율주까지 정진하는 곳으로 가서 법문
을 해주어 발심을 돋게 했다. 정진의 분위기는 최고조에 달했
고, 해인사에 사는 모든 대중들은 화합 속에 정진했다.

해인총림이 시작되면서 유나 소임을 맡으며 후학들을 지도
했던 혜암은 1977년에 유나 소임을 다시 맡았던 때까지 10년
동안, 해인사 퇴설당에서 3년 결사에 들었고, 많은 제자들을
두었으며 잠시 주지를 맡기도 했다. 예순이 되던 해(1979)에는
조사전에서 3년 결사를 시작했고, 그 뒤 유나와 수좌를 거쳐
1985년에 부방장이 되었다.

1983년부터 1990년까지 8년 동안은 방장인 성철을 보좌하
며 주로 해인사에서 정진했다. 1993년 성철이 입적하자 방장으
로 취임했고, 1999년 4월 대한불교조계종 제10대 종정으로 추

대되었다.

1946년 해인사에서 출가한 이후 2001년 12월 입적할 때까지 해인사에서 보낸 반세기의 시간은 곧 수행정진과 대중교화의 역사였다. 출가 인생을 꽃피울 수 있었던 가장 장엄한 도량이었다.

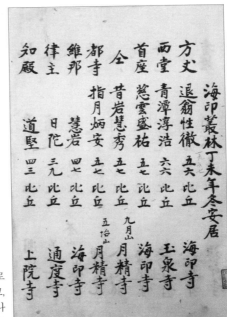

1967년 통합종단 최초로 해인사가 총림으로 지정되었고, 해인총림 선원 첫 유나 소임을 혜암이 맡았다.

이렇게
가르치다

출가하면서 혜암은 절을 맡지 않을 것이며 상좌를 들이지 않겠다고 다짐했었다. 공부만 하겠다는 원력을 세웠기 때문이다. 그러나 해인사라는 큰 대중처소에서 살면서 그 결심을 거두어들일 수밖에 없었다. 이미 제방에 정진을 잘하기로 소문이 난 터라 제자되기를 소망하고 찾아오는 행자들을 물리치기 어려웠다. 누가 제자 되기를 원해 찾아오면 상좌 하나에 지옥이 하나라면서 상좌를 받지 않겠다고 말하면서도, 거절은 끝내 하지 못했다. 그 결과, 혜암이 해인사에 주석하면서 거둬들인 제자는 50여 명에 이른다.

해인 총림이 개설되기 전인 1967년 2월, 혜암이 통도사 극락암에서 동안거를 마치고 중봉암으로 돌아와 보니 조용한 분위기의 행자가 와 있었다. 대학입시를 위해 공부하려고 해인사 산내 암자인 약수암에 와 있다가 한 스님의 소개로 중봉암에 올라와 있던 스무 살의 젊은이였다. 삼배를 올리고 앉은 행자에게 혜암이 물었다.

"왜 출가를 하려고 하느냐?"

"학교에서도 그렇고 어딜 가나 착하게 살아야 한다고 했습니다. 대학에 들어간다면 저로 인해서 한 사람이 떨어지게 되면 잘한 일이 아니지 않나 하는 고민을 하게 되었고, 대학입시를 준비하는 것조차 혼란스러웠습니다. 암자에서 공부도 하고 요양도 좀 할 겸 와 있다가, 그곳에 다니러 온 스님이 한 말씀을 듣고 마음이 편안해졌습니다."

"무슨 얘기를 하더냐?"

"세상에는 착한 일도 나쁜 일도 없으니, 착하게 살아야 한다는 그 생각도 쉬어야 참으로 살 길이 나온다고 했습니다. 착하게 살아야 한다는 생각에 시달리다가 그 얘기를 듣고 그간의 고민이 눈 녹듯 사라지는 것 같았습니다."

"어린 네가 그 얘기를 알아듣고 발심을 했다니 기특하구나."

"선도 악도 생각하지 않는 그 자리가 생명의 본 자리라는 말씀을 듣고 제가 알고 있는 세계와는 다른 세계가 있다는 걸 알게 되고 희열을 느꼈습니다."

"흠, 네가 바른 길을 찾아왔구나."

스무 살의 젊은 행자는 입시공부를 위해 보던 책을 치우고 그 스님이 읽어보라고 준 조사어록 몇 권을 읽은 이야기와 《육조단경》을 읽으면서 자신의 생각과 합일이 되는 경지를 느낀 이야기를 담담히 털어놓았다. 혜암은 생각했다.

'이놈은 다른 것에 곁눈질하지 않고 끝까지 공부하겠구나.'

다른 말은 더 들어보지도 않고 제자로 받아들여 출가를 허락했다.

"출가를 승낙하고 처음 하신 말씀은 모든 것은 때가 있으니 그때를 놓치지 말고 젊을 때 공부해야 한다는 것이었다. 그리고 중노릇 잘해야 한다며 제자를 잘못 가르치면 스승이 지옥행이라는 말씀을 자주 하셨다."(원각)

그해 2월에서 10월 총림이 시작되기 전까지, 마흔여덟의 스승은 한 번도 옆구리를 방바닥에 대지 않은 채 장좌불와를 했으며 하루 한 번만 밥을 먹었다. 울력을 오래 한 날, 피곤해서 쓰러져 잤던 행자가 새벽에 눈을 떠 일어나보면 스승은 장좌불와를 하고 있었다. 깜짝 놀라 일어나 앉았던 적이 한두 번이 아니었다.

울력과 정진, 제자를 위한 참선의 중요함과 필요성을 설명하는 참선 법문이 전부인 생활이었다. 제자는 새벽 두 시에 일어나 예불을 올리고 스승을 따라 좌선을 했고, 때에 따라 스승의

중봉암은
가야산 중턱에
자리한
두 칸짜리
토굴이었다.
산철이면
이곳으로 와서
정진했다.
지금은
터만 남아있다.

아침 법문을 듣고 아침 공양 준비를 했다. 여름 국화 싹이 막 올라오자 위를 잘라서 물로 깨끗이 씻은 다음 물기를 털고 간장과 식초, 고춧가루를 조금 넣어서 겉절이를 만들어 상에 올려놓았다.

한여름이면 수많은 별빛이 쏟아지던 중봉암에서 혜암은 상좌로 받아들인 행자와 한방을 쓰며 그를 세밀히 가르쳤다. 행자는 새벽 두 시면 어김없이 일어나 예불을 올리고 정진했다. 은사는 아랫목에서 제자는 윗목에서 정진했다. 두 칸짜리 암자인 중봉암은 큰방인 법당과 부엌이 딸린 골방이 있었다. 큰방은 사람이 기거하는 인법당으로 사용되었다. 마루 서까래에 종이 달려있어 새벽 첫송을 할 때는 마루로 나와 종을 쳤던 소박한 암자였다.

"무슨 일이든 이치에 맞게 해야 된다."

밥물이 넘치지 않게 밥을 짓는 법부터 음식을 만드는 법, 걸레질을 하는 법, 방을 쓸 때 빗자루 사용법, 뚫어진 창호를 바르는 법, 나무를 패는 법까지 일일이 가르쳤다. 하루 종일 밖에서 일을 할 때는 부엌 바닥에 상을 펴서 같이 밥을 먹고 나가서 일을 했다. 부엌에서 밥을 먹을 때도 무엇이든 허술하게 지나지 않았다.

"국그릇을 들어서 입에 가져다 대고 마실 때 후루룩 거리는 소리를 내서는 안 된다. 밥도 입에 쏘옥 집어넣어서 소리 나지 않게 씹어라."

마당에서 장작을 팰 때도 상좌의 도끼질이 서툴러 보이면 팔을 걷어 부치고 나서서 시범을 보였다.

"나이테가 촘촘한 데를 찍지 마라. 나이테가 크게 벌어진 데를 쳐야 나무가 잘 쪼개진다. 단단한 곳과 물렁한 곳 중에서 어느 곳을 도끼날이 파고 들어야 잘 쪼개지겠느냐."

스승은 밤새 정진하고도 낮에는 울력을 하고 난 다음 연장을 말끔하게 정리 정돈해 놓았다.

"연장도 다 쓰고 나면 깨끔하니 씻어서 제자리에 갖다 놔라. 그래야 다음에 쓸 때 쉽게 찾을 수 있지 않겠느냐."

제자는 그 후에도 평생 스승을 보면서 한 번도 방이 흐트러진 모습을 보지 못했다. 언제나 사는 곳 주위가 말끔하고 훤했다. 안팎이 한 점 흐트러짐 없이 정리정돈 된 것이 곧 도임을 가르치고 있는 것 같았다.

혜암은 장좌불와를 하는 자신을 따라 종종 밤을 새우기도 하는 행자에게 《초발심자경문》을 가르쳤다. 행자는 자신만의 안목으로 색다르게 해석할 줄도 알았다. 선지가 깊은 행자에게 법문을 아끼지 않았다.

네가 10년 공부한 수좌보다 낫구나. 모든 일에는 원인과 결과가 있다. 스스로 올바르게 살고 철저하게 공부해라. 공부하다 죽는 것이 수행자의 삶이다. 네가 착하게 살아야 한다는 생각에 사로잡혀 고통을 겪었듯이 일어났다 사라지는 생각 이전의 본래의 마음자리를 찾는 것이 참선이다. 착하다 악하다, 길다 짧다, 옳다 그르다, 이렇게 분별을 일삼는 그 한 생각이 일어나기 이전의 자리를 깨치고 살아야 비로소 산 사람이라 할수 있어. 내 본바탕을 모르고 생멸하는 생각을 나라고 착각하고 사는 한 우린 자유로울 수 없다. 죽지 않는 내가 따로 있다. 죽지 않는 내 마음을 깨치려는 공부를 하다가 죽어버리면 그게 수지맞는 일이야. 생각을 일으키기 이전의 이 본마음을 찾는 것이 불법의 핵심이고 수행이다. 공부하다 죽을 각오로 참선 공부에 매진해라.

늘 일어났다 사라지는 시비是非, 장단長短, 유무有無의 상대적인 관념에서 벗어나 자신의 본바탕에서 사는 것이 주인공의 삶이며 활발한 삶이 되겠구나 하고 이해했던 행자는 그 후 정진에 힘을 쏟으면서 상대적 개념에서 벗어난 자리에서 묘妙를 행할 때 비로소 속박에서 벗어날 수 있다는 것을 깨달았다.

공부에 비법은 없다. 진실함과 신심이 있어야 한다. 진실하게 정성껏 공부하면 상대가 끊어진 대목에 들어가 저절로 경계가 나오게 되어있어. 오래 공부하는 것보다 올바르게 공부하는 것이 중요해. 간절한 마음을 내면 구태여 남에게 배우지 않고도 바로 들어가게 된다. 도에 선정이 무르익지 못하면 중간에 흩어지고 풀어져 공부가 늦어져. 화두를 타파하기 전에는 정답이 없다. 이렇게 알고 진심을 다해 공부하면 한 철이 아니라 일주일에도 공부를 성취할 수 있다.

여덟 달 동안 간곡하게 설한 법문의 핵심이었다. 거의 하루도 빠짐없이 설한 법문은 주로 새벽 정진 후에 있었는데 몇 시간이고 계속될 때가 많았다.
그러면 행자는 조심스럽게 중간에 말을 하곤 했다.
"스님, 이제 아침 공양을 준비할 시간입니다."
봄이 시작되기 전부터 가을까지 스승을 시봉하며 수행자로서 행해야 할 모든 것을 배우고 익혔던 행자는 그해 하안거 해제 후에 계를 받고 본격적인 수좌의 길로 들어섰다. 네가 한번 이름을 지어보라는 스승의 명에 따라 근원을 깨달으라는 뜻의 '원각源覺'이라는 법명을 스스로 지었다. 그렇게 원각은 혜암의 두 번째 제자가 되었다.

혜암은 원각이 계를 받자 수행자가 되었으면 참선해서 마음을 깨치는 것 말고는 다른 것이 없다면서 선방에서 공부할 것을 명했다. 원각은 그해 가을 해인 총림이 개설되면서 해인 선원에서 정진하는 것을 시작으로 세 철을 난 다음 군대에 갔다. 스승은 군대에 간 제자에게 편지와 함께 필요할 때 쓰라며 용돈을 부쳐주었다. 쌀 두어 가마니 값의 큰돈을 받은 제자는 비닐에 돈을 꼭 싸서 군대 담장에 끼워놓고 필요할 때마다 꺼내 썼다. 군대에서도 공부에 대한 의문이 생기면 편지로 써서 보냈고, 스승은 답장을 거르지 않았다.

수십여 명의 제자 가운데 원각이 가장 오랜 시간 동안 스승 혜암을 가까이에서 모시고 정진했다. 해인사 선원을 비롯해 남해 용문사, 지리산 상무주암, 각화사 동암, 하동 칠불암, 실상사 백장암 등에서 함께 정진했다. 다른 선방에 가 있다가도 산철이 되면 스승을 찾아 정진하고 때로는 불사를 도왔다. 혜암이 1968년, 지리산 상무주암 아래에 문수암을 지을 때는 원각에게 편지를 보내 올라오라고 했고, 원각은 산철 동안 밥을 해 나르고 시멘트며 모래를 지어 나르며 불사를 도왔다. 일을 시키다

인각(왼쪽), 원각(오른쪽)과 함께.
많은 제자들 가운데 원각이 가장 오랫동안
스승 혜암을 가까이에서 모시고 정진했다.

가도 스승은 안거 때가 되면 선방에 가도록 했다.

제자는 안거 중에도 공부하다가도 답답하거나 의문이 나
면 편지를 썼고 스승은 곧바로 답장을 보내 제자의 공부를 격
려했다. 때로는 제자가 공부하고 있는 선방을 찾아가 경책했
다. 남해 용문사, 통영 용화사, 거창 고견사를 찾곤 했는데, 비
포장도로에다가 승용차도 없던 시절, 버스를 몇 번이나 갈아타
고 가 제자를 격려해주었다. 당시 혜암을 모시고 동행했던 거
사 이종수는 정진하는 젊은 제자를 찾던 나이든 스승을 아름

다운 사자전승의 모습으로 기억했다.

제방 선원에서 정진하던 원각은 해인사로 돌아와 유나 소임을 시작으로 해인총림 방장에 취임했다. 은사 혜암을 스승으로 출가한 지 48년 만이었다. 스승의 뒤를 이어 큰절 대중 200명, 가야산 전체로 하면 500명이 정진하고 있는 총림의 책임자가 된 것이다.

어느 날, 취업을 앞두고 고민하는 젊은이 한 사람이 찾아와 인생을 묻자 스승이 젊은 날의 자신에게 그렇게 했던 것처럼 성의를 다해 이렇게 위로하고 격려했다.

"근본 자리에서는 부처님과 중생과 마음, 이 세 가지가 차별이 없어. 전혀 차이가 없기 때문에 조금도 꿀릴 게 없어. 우리가 불행한 것은 이것을 모른 채, 좋고 싫은 게 있고, 옳고 그른 게 있고, 잘나고 못난 게 있다는 생각으로 분별을 일삼기 때문이지. 시비 장단에서 벗어난 본래의 마음 바탕에서 지혜롭게 생활할 때 비로소 주인공의 삶을 사는 거지. 그러면 어디를 가든 활발하고 편안해져. 이러한 것을 깨우치는 부처님 공부가 얼마나 귀한 것인지 몰라. 이러한 것을 모른 채 내 소견 좁은 살림살이로만 산다면 헛사는 것이지. 이러한 방향을 알고 꾸준히 수행해나가면서 사회에 어떤 일을 할까 생각하는 것이 나를 발전시키는 거야."

예전 그 나이에 스승의 말을 무릎 꿇고 들었던 것처럼 귀 기울여 경청하는 젊은이에게 다시 부드럽고도 단호하게 말했다.

"주눅들 것 없어. 주어진 모든 상황에서 멋있게 살아! 세상에 살면 다 내 뜻대로 되지는 않아. 그러나 저 상대적 개념에서 벗어나 살면 날마다 좋은 날이지."

스승이 퇴설당이나 원당암에서 자신을 찾아오는 각계각층의 사람에게 불법의 정수를 전하며 위로했던 것처럼, 또 스승이 젊은 날의 자신에게 그랬던 것처럼 해인총림 방장 원각의 법문은 명료하고 따뜻했다. 그리고 법문에는 살아온 날과 스승에게서 배우고 익혔으며, 또 스스로 깨우친 모든 것이 녹아있었다.

원각은 자신을 찾아오는 수좌들을 비롯해 참선 공부를 하는 사람들이 찾아와 '화두 공부는 어떻게 해야 하느냐'는 질문에 꾸준히 공부해야 한다면서 이렇게 답하고 있다.

화두를 분별심으로 따져서 하는 것은 맞지 않다. 공부에 대해 조금 안다고 자만하게 되면 공부는 그걸로 끝이다. 공부는 간절하게 애써서 해야 한다. 이 공부를 성취해야 인생, 생사 문제가 해결되기 때문이다. 우리의 근본 자성 자리를 깨쳐서 그것을 바탕으로 활발하고 자유롭게 살기 위해서 화두 공부를 하는 것이다. 근본 바탕자리를 깨치지 못하면 바깥일에 끄달려서 생활하게 되고 항상 현상적인 경계에 휘둘려 살게 되기 때문에 주인공의 삶을 살지 못하는 것이다. 그렇게 되면 다른 사람과 소통도 못하고, 당연히 갈등이 생긴다. 근본 바탕 자리를 깨닫게 되면 무엇과도 소통하게 된다. 너와 내가 둘이 아니라는 불이의 이치를 깨닫게 되는 것이다. 그러므로 우리는 공부를 해야 한다. 공부를 하려면 먼저 핵심사상인 중도 연기中道緣起를 바르게 이해해야 한다. 그러고 나서 실참實參을 해야 한다. 실제 생활에 적용할 수 있어야 제대로 된 공부다.

《스승 혜암》에서

堆雪堂

笑對鳥談天　　　靜聽魚讀月

해인사 퇴설당에서 법전 스님(왼쪽)과 함께 _2000년

퇴설당
3년 결사

1969년 동안거에 혜암은 3년 결사를 나기 위해 퇴설당으로 들어갔다. 오랜 도반인 현우, 오대산 서대와 태백산에서 함께 정진했던 일타, 후배 적명이 함께했다. 강원에 다니는 상좌가 혜암을 시봉했다.

해인사 퇴설당. 얼마나 많은 도인들이 이곳에서 자신을 담금질하며 몸부림을 쳤던가. 한국 근현대 선불교의 중흥조라 불리는 경허는 구한말, 퇴설당에서 결사를 시작하면서 '함께 정혜定慧를 닦아 도솔천에 나며 성불하기 위한 결사문結社文'을 지었다. 결사를 통해 중생 제도의 목적을 세 가지로 제시했다. 인간의 유한성을 자각하자는 것과 스스로 깨닫고 닦자는 것, 그리고 정법 교화가 후대까지 계승되는 것이 그것이다. 이는 구한 말의 난세를 정법으로 교화하여 미래의 정토를 가꾸자는 의미였다.

통도사 극락암의 경봉은 젊은 시절에 퇴설당에서 안거를 나는 동안, '예전 성현들도 대장부요, 나도 대장부인데 나는 과거 몇 만겁 동안 내 마음을 깨치지 못하고 생사 윤회하여 온갖 고통을 받아왔구나!' 하고 분심을 냈다. 퇴설당 기둥에 머리를 쿵쿵 찧고, 겨울철에는 개울가로 나가 얼음을 입에 물고 정진했다. 시시때때로 망상과 졸음으로 화두를 놓치는 자신에게 실망을 하는 날에는 장경각 뒷산에 올라가 소리 내어 울었다. 그렇게 한바탕 울고 내려오면 업장이 씻겨 내린 듯 시원해져서 새로운 마음으로 화두를 들었다고 한다.

퇴설당에 든 혜암은 머리를 길게 늘어뜨리고 수염을 자르지 않고 있었다. 석가모니 부처님도 설산에서 정진할 때 머리가 까치집을 이루고 있지 않았던가. 자르고 깎을 시간도 겨를도 없었다. 한 점 흐트러짐 없는 모습으로 정진하는 동안, 먼발치 울 너머로 이 모습을 본 해인사의 많은 수좌들이 뜨겁게 발심했고 처절하게 정진했다.

3개월 동안 화두에 몰입했던 동안거가 끝나고 해제 철이 되자 젊은 수좌 몇 사람이 용맹정진하기 위해 선열당에 모였다. 일타의 제자인 혜국이 찾아왔다.

"선열당에서 용맹정진을 하려고 합니다."

새벽 두 시에 시작해서 밤늦게까지 이어지는 17시간의 가행정진을 하겠다고 했다. 기다렸다는 듯이 혜암이 격려해주었다.

"그럼, 내가 죽비를 쳐주지."

후학들이 정진하려고 애를 쓰는 모습을 보며 얼굴에 환한 미소를 머금었다. 그보다 더 좋을 수는 없다는 표정이었다.

"용맹정진 하다가 죽는 놈 못 봤어. 용맹정진 하다가 죽는다면 그보다 더 수지맞는 장사는 없어. 정진하다가 죽을 수만 있거든 죽어버려. 내가 화장해줄 테니까."

함께 자리에 앉아 정진하며 경책의 강도를 높이는 것으로 후학들을 독려했다. 앉아서 조는 수좌의 어깨에 죽비가 내려앉는데 마치 장작을 패듯 내리쳤다. 때때로 정진 시간이 시작되었는데도 빈자리가 보이면 다른 수좌에게 재촉했다.

"이 수좌 어디 갔는가? 똥간에 가봐. 필시 거기서 자고 있을 것이여."

용맹정진 때는 보통 나흘에서 닷새 째 수마가 가장 많이 덮친다. 정진 중 가장 무거운 것이 눈꺼풀이라는 말을 증명이라도 하듯 눈이 저절로 감기며 잠이 쏟아진다. 용맹정진 중 잠이 덮칠 때는 밖에 쌓인 눈이 마치 홑이불처럼 보여 눈밭에 누워 자는 경우도 종종 있다.

해인사에서는 이런 일이 흔했다. 해인사 도량에 눈이 하얗게

쌓인 어느 날이다. 수좌 한 사람이 참선 정진을 하다가 일어나 문을 살그머니 열고 밖으로 나갔다. 눈밭에 드러눕더니 마치 이불을 덮듯이, 손으로 눈을 가슴 위로 쓸어 올렸다. 흰 눈을 하얀 소청으로 된 이불로 생각한 것이다. 영하 20도의 차가운 눈밭에서 눈을 이불이라고 뒤집어쓸 정도이니 잠만큼 큰 마장이 없다는 말이 실감되는 순간이다.

혜암은 대중들을 데리고 눈밭으로 나갔다. 그들이 정신을 차릴 때까지 퇴설당 밖 흰 눈으로 덮인 산길 위를 거꾸로 돌고 바로 돌며 포행을 멈추지 않았다.

"잠이란 본디 없는 것이여. 발심이 덜 되어서 그렇지. 천 길 낭떠러지 절벽 위에 앉아서 화두를 들던 엣 도인들을 생각해 봐. 도를 이루는 데는 인욕이 제일이야. 인욕하고 또 인욕해서 도를 이루는 것이지 먹고 싶은 것 다 먹고 자고 싶은 것 다 자고 나서 무엇을 이룰 수 있겠는가?"

하루하루 이뤄지는 일이 한 생애가 되고 그 한 생애가 또한 무량겁의 인생으로 연결되는 일이었으니, 지금 이 순간 여기 이 마음이 전부였다. 그 전부인 현재의 마음을 부처의 자리라 했다. 그러나 젊은 시절에 이를 알 사람은 드물었다.

혜암은 자신의 전부를 건 듯 정진하는 젊은 수좌들에게 용맹정진을 하는 이 하루가, 잠을 이기지 못해 혼미한 상태로 흘려버리는 그 한 시간이 얼마나 귀한 시간인지 전해주고자 했다. 시간을 눈동자처럼 아껴 쓰라고 했던 것이 혜암이 후학들에게 전한 평생 가르침이었다.

왼쪽부터 일타, 법전, 성철, 혜암 스님

수행자의
복

퇴설당에서 3년 결사를 나는 동안 혜암은 여전히 점심에 한 끼만 들고 있었다. 강원에서 공부하며 시봉을 들고 있던 상좌 성법은 하루도 빠짐없이 대중들의 밥을 푸기 10분 전에 공양 간에 도착해 밥 솥 한복판의 가장 잘 익은 밥을 퍼서 밥그릇 에 담았다. 해인사 큰 법당인 대적광전의 부처님께 공양을 올 리는 것과 조금도 다르지 않게 스승에게 공양을 올리고 싶었 던 것이다. 그리고 언제나 스승이 공양을 다 드실 동안 곁에서 무릎을 꿇고 공양이 끝나기를 기다렸다.

시자는 퇴설당에서 시봉을 하기 전, 지리산 문수암에서 솔 잎과 쌀가루를 섞은 것만을 들던 은사를 떠올렸다. 거사 한 사람을 데리고 홀로 정진하던 스승 곁에 사흘을 같이 있으면서 스승이 어떻게 먹고 정진하는지를 보았었다. 스승은 솔잎을 따 말려서 절구에 넣어 빻은 솔잎가루와 물에 불렸다가 절구에 찧은 쌀가루에 꿀 한 숟가락을 넣어 한 끼만 먹었다. 부엌에는 조그만 절구통과 쌀 조금, 말려놓은 솔잎이 전부였다. 사시(오전 9~11시)에 한 번 공양을 하고는 낮에는 울력을 하고 밤에 눕지도 않고 정진하는 은사에게 물었었다.

"스님, 왜 꼭 사시에만 한 번 공양을 드십니까? 다른 시간에 드실 수도 있고 하루에 두 번 세 번도 먹을 수 있지 않습니까?"

은사가 친절히 답해주었다.

"부처님도 하루 사시에 한 끼만 잡수셨어. 하루 24시간 중 사시는 우주 법계의 잡신들이 침범하지 않는 가장 좋은 시간이다. 잡신들이 임무를 교대하기 위해 자리를 비운 시간이여. 그래서 그 시간엔 방해를 받지 않는다. 오전에는 축생들이 밥을 먹는 시간이고, 사시에는 부처님이나 성인들이, 오후에는 귀신들이 밥을 먹는 시간이라고 해. 그래서 밤에 밥을 먹는 것은 수행에도 건강에도 조금도 도움이 안 돼."

평생을 사시에 한 끼 밥을 먹는 것 말고는 어떤 간식에도 손을 대지 않았던 혜암이었다. 그 사흘 동안에도 스승은 공부하려면 적게 먹고 많이 자지 말라고 가르쳤다.

혜암이 제자들에게 가장 강조했던 것은 적게 먹고 적게 자며 강력하게 정진하라는 것이었다. 평생 저 두 가지를 솔선수범해서 지켰던 스승이다.

"때 되면 밥을 달라고 하고 잠을 재워달라고 하는 몸뚱이를 믿지 말아야 한다. 언젠가는 사라질 것의 노예가 되어서 살아야 되겠냐? 밥은 하루 한 끼 목숨을 지탱할 만큼만 먹으면 되고, 잠도 잠 귀신에게 붙들려 살면 안 돼. 나는 몇 달을 안 자고도 아무 일 없었다. 잠을 자지 않아도 사람은 살아."

퇴설당의 혜암은 공양 시간이 끝나면 시자를 위해 법문을 아끼지 않았다. 때로는 길었고 때로는 짧았다. 한 시간 동안 법문이 이어지는 때도 있었다. 쉰 살의 스승이 스무 살의 어린 제자에게 주로 한 말은 복을 짓되 수행자는 정진을 잘하는 것으로 복을 지어야 하다는 것이었다.

"부처님께서도 부처가 되시기 전 오백 생 동안 복을 지어 부처를 이루셨어. 비록 어려운 여건에서 출발했더라도 정진하는 것으로 복을 지어놓으면 길이 넓어져서 자신은 물론 따라오는 사람들도 드넓은 광장을 만나게 돼. 그래서 수행이 깊어지면 대도를 만나게 되어 있어."

설사 과거 전생에 국왕이 되는 복을 지었다 하더라도 수행하는 것으로 복을 지어서 쓰고 또 써도 없어지지 않는 무루복無漏福을 짓는 것이 출가수행자이며, 나아가 무루복을 짓는 사람이 부처임을 가르쳤던 것이다.

　때로는 무릎을 꿇고 앉아있던 제자가 물었다.

　"공부는 해야겠는데 어떻게 공부를 해야 할지 몰라 갈피를 잡기 어렵습니다. 강원공부를 하면서 화두를 들고 정진하는데도 확신이 서질 않아서 그런지 혼란스럽습니다."

　그런 날에는 상을 물리고 아직 발심이 서지 않아서 방황하는 제자를 데리고 명월당 앞 연못가를 거닐면서 위로해주었다.

　"전생에 닦다가 더 닦는 과정에서 우리가 스승과 제자의 인연으로 만난 것일 것이다. 어쨌든지 출가해서 참선을 하는 데 온 마음을 기울이면 성불할 수 있다는 부처님의 말씀을 믿어야 돼. 나도 때로는 이번 생에 도를 이룰 수 있을까 하는 생각에 마음이 흔들린 적이 있었지. 그러나 그럴 때마다 설사 이번 생에 이루지 못하더라도 도를 이루려는 마음을 잃지 않고 있으면 다음 생에 그만큼 수월해지겠지 하면서 신심을 다지고는 했어. 설사 이번 생에 도를 이루지 못한다 하더라도 흔들림 없이 정진하면 되는 것이다."

　어떻게 해서라도 공부를 시키려고 했던 스승이었으니 공부를 묻는 제자에게 하는 법문은 시간에 구애받지 않았다.

　화두 공부를 해서 깨칠 수 있다는 것을 철저히 믿어서 오랫동안 물러서지 않는 것이 중요한 것이다. 도를 배우는 사람은 늘, 일을 시작할 때 스스로에게 무엇부터 할 것인가를 묻고, 화두를 드는 것으로 일을 시작해야 한다고 답을 낼 수 있어야 한다. 그래서 옛 도인들은 이십 년, 삼십 년 동안 공부해서 깨달음을 얻지 못했더라도 다른 방편을 찾지 말라고 했다. 기이한 인연에 이끌리지도 말고 부지런히 힘써서 오직 자기가 참구하는 화두를 바라보고 굳게 지키되, 살면 같이 살고 죽으면 같이 죽기로 작정하면 3생이나 5생, 10생, 100생으로 이어진들 어떤가 하고 경책했다.

한번 시작되면 마치 폭포수가 떨어지듯 쉼 없이 이어지는 혜암의 법문이 계속되었다.

인과법이나 공부 모두 공짜가 없는 것이니 생사를 벗어나려고 출가한 수행자는 일념으로 정진하되 이번 생은 세상에 태어나지 않은 셈치거나 죽은 셈치던지 세상만사의 반연을 일도양단해야 한다. 화두를 생명으로 삼아 세세생생 외변外邊에 떨어지지 않고 확철대오하여 널리 중생을 제도하려는 원력을 한시도 잊지 말아야 해.

혜암은 자신을 정성들여 시봉하는 제자에게 신심을 잃지 말 것과 인욕하며 정진할 것, 매사에 자비로울 것을 가르쳤다. 막

지천명知天命의 나이에 들어선 혜암은 저 세 가지가 수행자의 삶에 있어서 무엇보다 중요한 요소임을 알고 있었기 때문이다.

부처님께서도 도를 이루시기 전에 오백생 동안 배고픈 호랑이에게 몸을 보시하는 등 수많은 보시와 인욕 끝에 공부를 성취할 수 있었다. 사생의 자부라고 하는 부처님께서도 그렇게 많은 생에 걸쳐서 보시와 인욕정진을 거듭한 끝에 부처를 이루셨는데, 이제 시작에 불과한 우리가 인욕하고 정진하는 것 말고는 무엇을 논할 수 있겠느냐?

혜암의 평생 골수법문은 시작도 끝도 언제나 '정진하라'에 있었으니, 그날도 예외는 아니었다.

"남을 도울 때는 대가를 바라지 말고 최선을 다해 앞장서라."

유형무형의 모든 생명에게 귀를 기울였던 관세음보살처럼 조건 없이 베푸는 것이 진정한 보시이며 자비임을 가르쳤던 것이다. 혜암은 한 철 동안 내내 남을 이기려고 하지 말고 자신을 이겨야 한다고 가르쳤던 상좌에게 붓을 들어 이런 글을 써주었다.

백 번 싸워서 백 번 다 이기더라도
한 번 참는 것만 못하고

만 번 다 옳은 말을 할지라도

한 번 침묵하는 것만 못하느니라

百戰百勝 不如一忍

萬言萬當 不似一黙

　이는 상좌 성법의 좌우명이 되었고 훗날 법문 모두에서 인용
되었다. 또 다른 많은 제자들에게도 이 글을 붓글씨로 써주곤
했을 만큼 인욕을 강조했다.

　혜암은 출가해서도 세속의 습관이 여전한 상좌들에게 일거
수일투족 사문의 위의와 법도를 가르쳤다. 따라오지 못하고 참
아내기 힘들어하는 상좌도 물론 있었다. 그런 상좌들에게는
'이런 깜깜한 놈'이라며 경책했다.

　"상좌 하나에 지옥이 하나라고 했다."

　상좌가 잘못하면 그를 잘못 가르친 죄로 스승도 함께 지옥
에 떨어진다는 말이다. 혜암의 상좌치고 저 말을 듣지 않은 사
람은 없을 것이다. 스승이라는 자리는 부담이 클 수밖에 없다.
상좌가 출가자의 법도를 잃으면 스승도 지옥에 떨어지는 것에
서 자유롭지 못한 것이다.

　상좌들이 무엇보다 힘들어한 것은 시한이 없는 장좌불와와
일일일식의 두타행이었다. 누워서 잠을 자지 않고 하루 한 끼
만 공양하는 스승 곁에서 잠을 깊이 잘 수도, 많이 먹을 수도

없었기 때문이다.

"나는 참선하지 않는 사람은 상좌로 생각하지 않는다."

그리하여 정진에 게으른 상좌들을 오금을 펴지 못하게 만들었던 것이다. 정진에 대해선 엄격했지만 장좌불와를 한다고 애쓰다가 자기도 모르게 잠이 들어버린 상좌에게 담요를 덮어주는 자비로운 어버이 같은 면도 있었다.

한번은 삭발하고 나서 거울을 보는 상좌를 보자 곁으로 다가가 거울을 획, 빼앗았다.

"중이 무슨 거울이 필요하냐? 옛 사람들은 거울에 얼굴을 비추어 보지 말고 사람들(상대방)에게 자신을 비추어보라고 했다. 거울을 자주 보면 아상만 높아진다. 중은 남들이 무시하고 외면할 정도로 바보 등신 같이 살아야 중노릇 잘할 수 있고, 공부도 잘 되는 법이다."

시봉을 마치고 강원으로 공부를 하러 가는 상좌에게는 이렇게 말했다.

"어디를 가든지 대중 가운데 머물러라. 매사에 조백皁白(잘잘못)을 가릴 줄 알아야 되고, 중노릇하면서 잘 살지 못하는 것을 부끄러워할 줄 알면 된다."

제자들이 참선하는 걸 좋아했으나, 성정에 따라 강원으로 가는 상좌들을 수용하면서 한 말이다.

혜암은 수행 이외에는 다른 생각을 하지 않았다. 밥 먹는 시간도 아까워했다. 다기를 내놓고 차 한 잔 마시는 법이 없었다. 잠자는 시간도 아까워 밤에도 눕지 않았으며, 시간을 눈동자보다 더 아끼며 살았던 스승이었다. 제자들은 그러한 은사를 통해, 스승은 산 사람을 만들어 내는 지도자이며 부처님을 대신하는 사람임을 깨달았다.

주지 임기
넉 달

혜암이 해인사에 살았던 반세기 동안 유일하게 사판 직을 맡았던 시기가 퇴설당 3년 결사 중이었다. 원하던 일은 아니었으나 방장 성철을 비롯한 사중의 간곡한 청으로 소임을 맡았다. 해인사가 안정되는 대로 그만 둘 것이라는 전제 아래 사중의 청을 받아들이게 된 것이다. 처음이자 마지막인 주지 소임기간은 정확히 4개월이었다. 이로 인해 3년 결사를 끝내지 못했다.

당시 해인사는 소설 속의 무대처럼 사람도 많이 살았고 사건도 많았다. 총림이 결성된 초기였기 때문에 사중이 소란해 시비가 끊이지 않기도 했다. 졸업여행을 간 강원의 학인들이 돌아오는 날짜를 지키지 않고 하루를 넘겨 들어와 강사가 그

들을 용서하지 않자 학인들 모두 다른 강원으로 옮겨가는 일
도 있어났다.

지월指月(1911~1973)이 주지를 할 때의 일이다. 정진에 힘을
쏟는 지월을 대신해 상좌인 도성이 총무 소임을 보면서 절 살
림을 도맡아했다. 그런데 도성이 수좌를 우대하고 배려하는 해
인사 선방의 풍토에 반기를 든 것이 문제가 되었다. 공양 음식
을 강원과 율원, 선방을 구별하지 않고 똑같이 한 것이다. 선방
이라고 해서 다른 특식을 올리지 않고, 공양 때의 반찬도 가난
한 절 살림을 감안해서 가짓수를 줄였다. 선방에서 불평이 나
왔다. 급기야 전 대중이 모여 대중공사를 벌였다. 서로 자기주
장을 내세워 물러서지 않았고, 대중공사가 무위로 끝났다.

몇몇 수좌들이 곡괭이를 들고 총무의 방문을 열고 들어가
구들장을 파버렸다. 선방수좌들을 무시한다는 것이 그 이유였
고, 주모자들이 거창 지청에 잡혀가게 되었다. 성철이 방장으로
취임하면서 선방에서 정진하는 수좌들을 누구보다 존중해주었
던 탓에 선방의 수좌들이 해인사의 주인노릇을 했고, 그 연유
로 절 살림을 하는 주지는 힘을 펴지 못하던 때였다.

지월이 부덕한 자신이 주지를 맡은 탓에 불미스러운 일이 일
어났다며 참회하고 주지 소임을 사퇴했다. 이 유명한 해인사 곡
괭이 사건으로 인해 주지가 물러나는 바람에 혜암이 주지를 맡
게 된 것이다. 혜암은 주지를 하는 동안 대중들을 다독였다. 선

방 수좌들에게는 화두 참구에 열중할 것을, 강원과 율원의 대중들에게도 각자의 자리에서 공부하고 정진할 것을 당부했다.

사중이 점차 안정을 찾아갈 무렵, 하루는 주지실 시자로 있던 행자가 풀이 죽어 찾아왔다.

"주지스님, 제가 잘못을 저질러 삼직(총무, 교무, 산감) 스님들에게 승복을 빼앗겼습니다."

"무슨 일로 어쩌다가 그랬느냐?"

행자가 울먹이며 사연을 털어놓았다.

"주지스님의 시자가 되기 전에 후원에서 같이 있었던 행자 두 사람이 하산한다기에 어젯밤에 마을로 내려가서 술을 한 잔 마시다가 삼직 스님들에게 들켰습니다."

"그런 일이 있었는가?"

"스님들께서 산문출송을 시키겠다며 속복으로 갈아입게 하고 승복을 빼앗아갔습니다. 제가 잘못했으니 해인사에서는 나가겠으나 다른 절에 가서 법답게 행동해서 다시 출가하겠습니다. 그러하니 스님께서 삼직 스님들에게 말씀을 좀 해주셔서 승복을 다시 돌려주도록 해주십시오."

가만 보니 눈가가 빨개져 있었다. 단 한 번의 실수로 산문 출송을 당하려니 어린 마음에 하늘이 무너져 내리는 심정이었을 것이다. 잠깐 세속에서 익힌 습을 버리지 못해 승복을 빼앗긴 행자의 심정을 헤아린 듯 혜암이 위로했다.

"아직 계를 받지도 않은 행자의 신분인데 산문 출송은 너무 하구나. 그렇지만 종무회의에서 결정한 일일 터이니 규칙을 따를 수밖에 없지 않겠느냐. 너무 서운해 하지 말고 다른 곳에 가 있더라도 공부 열심히 해서 훌륭한 수행자가 되어라."

그리고는 담당자를 불러 알아듣게 얘기를 하고는 승복을 찾아주었다. 풀이 죽어 떠나는 행자에게 가사 한 벌을 챙겨주었다.

"나중에 계 받을 때 챙겨 입거라."

모두 부처님 제자가 될 소중한 인재들이었다. 그 행자는 범어사로 가서 행자시절을 보낸 뒤 광덕光德(1927~1999)을 은사로 출가했다.

혜암은 낮에 사중의 일을 보고 밤에는 주지실에서 정진했다. 장좌불와를 하는 혜암에게 밤은 정진하기에 좋은 시간이었다. 번잡한 일들을 처리해야 하는 주지 자리를 밤새 잠들지 않고 하는 정진으로 버텼다. 그렇게 밤에서 새벽까지 주지실에서 정진하던 어느 날이었다.

한방을 같이 쓰던 시자가 낮에 축구장에서 도반들과 축구경기를 하고 들어와 저녁에 책을 보는 둥 마는 둥 하더니 쓰러져 누워 잠이 들었다. 새벽녘이 되었을 때, 시자는 꿈에서 축구경기를 하는지 '골인~'을 외치더니 아랫목에서 결가부좌를 하고 있던 혜암의 옆구리를 걷어찼다. 이리저리 뒤척이고 구르면서 아랫목까지 몸을 굴려오더니 주지스님의 옆구리에 골을 넣은 것이다. 그리곤 아직 남은 경기를 치르는지 발길질을 멈추지 않았다. 자신이 한 일을 모른 채 잠을 자던 시자는 소변을 보려고 일어나려는데 주지스님이 자신의 발을 가만히 잡고 있는 것을 보았다.

혜암은 무안해서 몸을 일으키지 못하는 시자의 맘을 헤아리고 발목을 잡고 있던 손을 가만히 놓아주었다. 그리고 아무 일 없다는 듯이 허리를 꼿꼿이 세우고 좌선의 자세로 돌아갔다. 시자는 꾸중을 듣지 않을까 노심초사했으나 하루가 다 지나도록 혜암은 아무 말이 없었다. 낮에 또 축구를 하러 나가도 별 말이 없던 주지스님은 그날 밤 또 가만히 앉아 새벽을 맞고 있었다.

정확히 4개월 만에 혜암은 주지 방에 열쇠꾸러미를 놓고 새벽에 해인사를 나왔다. 아침 공양을 끝낸 뒤, 시자를 불렀다.

"봉암사로 가자."

전 날까지 아무 말도 없다가 갑자기 가자는 말에 시자가 놀라서 보니 걸망을 싸놓은 것이 보였다. 가야면까지 걸어가 그곳에서 버스를 몇 번이나 갈아타고 봉암사에 도착하니 오후였다.

소임을 다하고 본래 자리로 되돌아간 것이다.

慧庵

제8장

연꽃을 비추어보아 자비로 중생을 교화하라

첫 회상

천태지의天台智顗(538~597)는 선지식이 가져야할 조건으로 외
호外護, 동행同行, 교수敎授의 세 가지 덕목을 제시했다. 권위가
아닌 수행력과 자비로 제자를 보호하고, 도반처럼 함께 가며,
인생과 도를 가르쳐주는 스승이 진정한 선지식이라는 것이다.

혜암은 이러한 덕목을 골고루 갖춘 최상의 선지식이었다. 혜
암이 탁마의 기간을 끝내고 첫 회상을 이룬 곳이 남해 용문사
이다. 어느 곳에 있든 혼자 공부하기보다는 대중들과 함께 살
려고 했던 것이 혜암의 가풍이었다.

대중들이 함께 사는 총림이나 큰절에서 가장 못산다고 하는
수행자가 홀로 토굴에서 제일 잘 산다고 하는 수행자보다 낫다

는 말이 있다. 대중이 많은 곳에서 처신을 잘못하면 대중이 경책을 해준다. 대중 가운데 뛰어난 수행자가 있으면 깊은 영향을 받아 수행하는 데 큰 도움을 받는다. 그래서 선지식들은 대중처소를 떠나지 말고 정진할 것을 당부했다. 토굴에서 홀로 공부를 하려면 이번이 마지막이라는 각오로 목숨을 던질 마음의 준비가 되어 있거나 근기가 뛰어나서 승가의 규범을 흐트러짐 없이 지킬 수 있어야 한다.

혜암은 오도하기 전 젊은 시절 치열하게 공부할 때를 제외하고는 주로 크고 작은 대중처소에서 정진했다. 제자들에게도 대중처소에서 공부하라고 일렀다. 초심자일수록 대중들과 살면서 수행자로서의 위의와 법도를 익혀야 하기 때문이다.

혜각(단청장)이 남해 용문사 주지 소임을 마치고 나와 마침 그곳이 비어있다는 소식을 듣고 혜암이 용문사로 들어갔다. 당시 용문사는 노량에서 배를 타고 들어갈 만큼 외진 곳이었다. 혜암이 그곳에서 정진하고 있다는 소문을 듣고 납자들이 모여들어 자연스럽게 회상을 이루었다. 경봉선사 회상에서 탁마를 마치고 난 후 첫 회상이 이루어진 것이다.

혜암은 용문사에 선원을 개원해서 20여 명의 납자들을 지도하면서 1972년 하안거와 동안거를 지냈다. 오십대 초반이었다. 그해 하안거에는 열다섯 명의 납자들이 가행정진을 했다. 무문, 도범(총무), 적조(원주), 상현, 군대를 제대하고 온 상좌 원각 등

남해 용문사에서 _1972년

이 그들이었다. 대구에 사는 보살 등 재가불자들도 몇 사람 모
여들어 용문사에 방을 얻어 따로 정진했다. 혜암은 주로 염불
암에 머물며 그들을 지도했다.

혜암은 정진 이외의 시간엔 마당에 나와 장작을 팼다. 겨울
안거가 시작되기 전 어느 가을날이었다. 한 젊은이가 염불암으
로 올라와 윗옷을 벗은 채 소박한 모습으로 장작을 패고 있던
혜암에게 물었다.

"혜암 큰스님을 뵙고 싶습니다. 어디 계신지요?"

출가를 결심하고 찾아온 젊은이는 자신이 찾아온 스님이 키도 크고 힘이 장사일 거라고 상상했다.

"그 스님은 산에 나무하러 가서 지금 안 계시다."

해가 지도록 기다렸으나 큰스님은 나타나지 않았다. 젊은이가 다시 와서 여전히 나무를 패는 혜암에게 물었다.

"큰스님께선 아직 안 내려오셨습니까?"

나무를 패던 도끼질을 멈춘 혜암이 젊은이를 바라보면서 말했다.

"들어와라."

그때서야 젊은이는 나무를 패던 스님이 자신이 찾아온 분인 것을 알고 쫓아 들어가 삼배를 올리고 소개장이 든 편지 봉투를 내밀었다. 혜암은 편지를 읽고 법문을 시작했다. 법문의 요지는 예수도 내 아들이고, 부처도 내 아들이라며, 오직 마음 하나로 세계가 이루어졌으니 마음을 찾는 수행을 하라는 것이었다.

불교는 마음을 깨닫는 종교이니, 마음 밖에서 무엇을 찾으려 하지 말라는 가르침이었다. 초학자들에게는 예수도 부처도 내 아들이라는 법문은 직선적이면서 파격적일 수밖에 없었다. 그래서 상좌들은 처음에는 어리둥절하다가 그것이 화두가 되었고, 마침내 세계는 내 인식의 산물, 즉 내 의식에서 나왔다는 것을 알게 되었다. 그것을 일체유심조라고 함도 알았다. 그래서 생로병사하는 육신을 가진 내가 참나가 아니라 불생불멸하는 마음의 내가 참나임을 깨달으면 영원한 생명으로 산다는 것도 깨달았다.

혜암은 사흘째 되던 날, 젊은이의 머리를 밀어주었다.

"두상을 보니 재주는 많아 중노릇은 잘하겠구나. 그런데 참선 공부는 잘 할지 모르겠다."

곧 동안거 결제가 시작되었고 선방에서 수좌 열다섯 사람이 하루 열다섯 시간의 가행정진을 시작했다. 젊은이를 비롯해 행자가 서너 명이었고, 반찬 만드는 일을 돕는 채공 보살이 부엌 살림을 맡았다. 그해 행자는 산에서 해온 가시덩굴나무로 수십 명의 밥을 지으면서 여러 차례 손가락을 찔렀고, 밥을 태우기도 해서 혼쭐이 나기도 했다.

혜암은 처음 출가생활을 시작하는 행자에게 눈길을 거두지 않았다. 세심히 살피고 철저하게 가르쳤다. 물건을 함부로 낭비하는 것을 용납하지 않았다. 소포가 오면 노끈을 풀어 정리해놓았다가 다시 쓰게 했고, 소포를 쌌던 종이는 반듯하게 펴서 보관해놓았다가 한 번 더 쓰게 했다. 보리 밥풀을 풀어서 광목 옷에 풀을 먹이는 법과 숯불을 피워 다림질하는 법을 가르쳤고, 생콩가루를 풀어서 밀대죽을 끓이는 법을 가르쳤다. 화장실의 변기를 다시 손이 가지 않게 완벽하게 닦게 가르쳤고, 벽에 액자를 거는 데도 한 시간이 넘을 때도 있었다.

댓돌에 벗어놓은 혜암의 신발은 한 번도 반듯하게 놓이지 않은 적이 없었으며, 직접 한 빨래는 반듯하게 정리되어 있었다. 출타했다 돌아오면 흙이 묻은 신발을 흐르는 물에 씻어 놓아 흰 고무신은 처음부터 끝까지 새 것 같았다. 행자는 혜암의 첫 회상인 그곳에서 수행자로서의 법도를 익혔다.

그해 동안거가 시작되면서 선방 수좌들이 태고종 승려였던 조종현을 초청해서 《종경록》 강의를 들었다. 점심 공양 이후의 휴식 시간을 이용해 강의를 듣고자 개설한 것이다. 훗날 조종현은 소설가 조정래의 부친으로 이름이 더 알려졌으나, 당시는 신심을 겸비한 학자로 명망이 높았다. 강의를 듣는 수좌들이나 행자는 좋아했으나 혜암이 이를 알고 선방 책임자를 불러 호통을 쳤다.

"불립문자不立文字 집안에 살면서 정진에 힘을 쏟아도 시원찮은 안거 기간에 경전 강의가 웬 말이냐?"

혜암의 호통으로 하루아침에 강의실은 폐쇄되고 말았다. 오로지 참선 위주의 회상을 차리고자 했던 혜암다운 결정이었다.

그해 가을 용문사에서 행자시절을 보내고 다음해(1973) 해인사 강원에 입학한 여연은, '은사스님은 극락전에 철조망을 치고 3년 결사에 들어가셨다. 강원에 들어가 하루 한 끼 공양을 나르며 시봉하는 일로 본격적인 출가생활이 시작되었다'고 용문사 염불암에서의 혜암과의 첫 만남을 회고했다.

당시 용문사에서 스승 혜암을 모시고 정진했던 원각은 용문사 회상에 대해 이렇게 의미를 부여했다.

"스님을 모시고 용문사에서 정말 신심 나게 잘 살았다. 모두들 열심히 정진했다. 은사스님은 토굴에서 자기 정진 위주로 살지 않으시고 꼭 대중하고 함께 사셨다. 용문사에서 크게는 아니지만 첫 회상을 차린 셈이다. 누구를 만나든 깨우쳐 주려고 법문을 하시면서 포교를 하셨고, 어디에 가서 살더라도 대중을 모아 사셨던 게 은사스님 회상의 특징이었다. 용문사를 시작으로 회상을 이루어 대중을 교화하시기 시작해 지리산 칠불암, 원당암으로 이어졌다."

그리운
태백산 동암

안거가 시작되기 전 정진하는 대중들이 수행에만 집중할 수 있도록 환경을 만들어주는 것이 지도자의 몫이다. 더구나 한 회상을 이루어 살고 있는 곳에서는 회상을 이끄는 사람의 어깨는 더 무겁다. 대중이 많은 선원이든 서너 명이 정진하는 토굴이든 한 철 안거 삼 개월 동안 대중이 정진하면서 생활하려면 일상용품들을 비롯해 식량 등 준비해야 할 것이 많다. 혜암은 회상을 이룬 뒤 안거를 앞두고 늘 동분서주했다.

혜암은 해인사 극락전에서 하안거를 마친 다음 태백산의 동암으로 들어가 두문불출하고 용맹정진에 들어갔다. 1950년대 중반에 용맹정진했던 동암은 혜암이 늘 그리워하던 곳으로 16

년 만에 다시 들어간 것이다. 도반 현우를 비롯해 수좌 무여, 현기 등과 함께였다. 동암에서의 결제를 앞두고 혜암은 공부하러 온 후배 수좌 한 사람을 데리고 탁발에 나섰다.

"살림에 필요한 것을 사야 하니, 함께 갑시다."

버스를 타고 안동으로 나갔다. 미리 연락을 받은 신도들이 많이 모여 있었다. 혜암은 그들을 위해 먼저 법문부터 시작했다.

참선은 어디서나 누구나 할 수 있습니다. 승속, 남녀, 유식 무식, 빈부귀천에 차별이 없어요. 백정도 간절한 마음으로 도를 닦으면 됩니다. 마치 암탉이 알을 품는 것과 같이 간절한 마음으로 해야지 하다가 말다 하면 공부가 식어 힘을 얻기가 어렵습니다. 잠깐을 해도 간절히 목적지를 향해 마음으로 해야 효과가 있습니다. 공부하는 사람은 바다와 같은 부동심을 가지고 부지런히 하되 물이 높은 데서 낮은 데로 쉴 새 없이 유유히 목적지를 향해 끝없이 흐르는 것과 같이 공부해야 합니다. 아무리 힘들고 어려운 일이 생겨도 참고 이겨내야 합니다. 쉴 새 없이 공부할 때 힘을 얻는 것입니다. 사람 몸 받기 어렵고 정법 만나기 어려우니 좋은 인연 만났을 때 이 몸을 제도하지 않으면 어느 생에 이 몸을 건지겠습니까. 간절히 노력하세요.

공부하는 길만이 살 길이라는 법문이었다. 왜 우리가 공부해야 하는지, 마음을 깨친다는 것이 무엇인지, 왜 마음을 깨쳐야 자유인이 되는 건지, 어떻게 공부해야 하는지 있는 힘을 다해서 설명했다. 마음을 깨치지 않고서는 그냥 이렇게 밥 먹고 자식들 부양하며 사는 것이 꿈속의 일일뿐이라는 걸, 그 꿈에서 깨어나야 한다는 걸 가르쳤다.

혜암의 진솔한 마음이 그들에게 고스란히 전달되었고, 그들은 법문을 듣고 발심했다. 신도들이 마련한 공양을 끝내고 혜암이 동암의 사정 이야기를 꺼내며 보시하기를 권했다.

"스님들이 한 철 동안 공부하려면 준비해야 할 것들이 많습니다. 보시를 좀 하세요."

대중들을 안정된 환경에서 정진시키고 싶은 마음 하나였기에 보시를 권하는 그 모습이 어느 때보다 당당했다. 법문을 들으면서 신심이 차올랐던 신도들은 두말없이 앞을 다투어 공양금을 내놓았다. 당시 혜암을 따라 나섰던 봉화 축서사 선원장 무여는 당시를 이렇게 회고하고 있다.

"곁에서 볼 때 '저렇게 하는 것이 진정한 탁발이구나' 하고 느낄 만큼 스님의 모습에서 진정성이 느껴졌다. 안동에서 다시 대구로 나가 스님은 똑같이 탁발을 했다. 그 모습이 너무 당당했다. 그렇게 보시를 받아 필요한 물건들을 사서 동암으로 돌아왔다. 화주를 할 때 부끄러운 생각이 들면 신도들에게 당당하게 말을 할 수가 없다. 환희심이 나서 보시를 하는 신도들의 모습을 그때 처음 보았다. 수행정진에 빈틈이 없고 출가자는 물론 재가 대중들에게 발심의 인연을 만들어주시던 참 도인의 모습이었다."

혜암은 대중공양을 위해 신도들이 찾아오면 선방 안으로 들게 해서 법문을 했다. 대중공양은 대체로 인연이 있는 신도나 스님들이 공부하는 선방 수좌들에게 공양물과 현금 보시를 하는 불가의 전통 가운데 하나다. 그들이 오면 절의 조실이나 어른스님들이 법문을 해서 발심을 하게 했다. 신도들의 공양에는 이 시주의 물건을 받고 스님들이 하루 속히 깨달음을 얻어 중생을 제도해주길 바라는 마음도 담겨있다. 그러나 선방에서 정진하던 수좌들은 신도들이 오면 자리를 비켜주어야 해서 불편해했다. 혜암은 수좌들을 다독이며 이렇게 말했다.

"우리가 수행을 잘 할 수 있는 것은 신도들이 뒷바라지를 해주기 때문이 아닌가. 그리고 우리 수행자들은 중생을 교화할 의무가 있지 않은가."

혜암은 공부하려고 마음을 낸 사람을 보면 출가 재가 남녀 노소를 막론하고 기쁘게 받아들였다. 동암에 한 젊은이가 찾아와 방부 들이기를 청하자 수좌 이외에 일반인은 받을 수 없다며 주지가 펄쩍 뛰며 반대했다. 그러나 혜암은 정진에 출가와 재가가 어디 있으며 남녀노소가 어디 따로 있는가를 묻고는 계를 받지 않은 젊은이에게 수계를 해주고 선방에 앉게 했다.

혜암은 전국의 선방 가운데 나이 들어서도
다시 가고 싶은 곳으로 태백산 동암을 꼽았다.

혜암은 그에게 마음 맑히는 일이 첫째임을 설하며 '칠불통계
게七佛通戒偈'의 참뜻을 설명해주었고, 실천하지 않으면 아는
것은 아무 소용이 없다는 것을 얘기해주었다.

"하나를 알면 그걸 실천하도록 하게."

혜암은 동암에서도 두타행자의 진면목을 여실하게 보여주
었다. 여전히 잠자리에 드는 법이 없었으며 사시에 한 끼를 먹
는 것 말고는 그 어떤 간식도 입에 대지 않았다. 그래도 새벽
1시에 죽이 나오는 시간엔 자리에 함께 앉아 있었다. 수계를
한 청년이 허기를 느끼고 잣죽을 많이 먹자 한마디만 했을 뿐

이다.

"많이 먹으면 잠이 와서 못쓴다. 적게 먹는 것이 수행의 시작이야."

동암에서 두 해 정도 정진하고 있던 어느 날, 송광사에서 수좌 두 사람이 혜암을 찾았다. 송광사에서 3년 결사를 시작하는데 선방의 규율을 책임지는 입승으로 모시고 싶다는 청을 넣으러 온 것이다.

"그래, 내가 한 철만 살지."

1975년 동안거를 앞둔 때였다.

문수보살의
수기

부처님이 발심한 수행자에게 미래에 반드시 성불할 것이라는 기별奇別을 수여하는 것을 수기授記라고 한다. 부처님은 제자들의 수행이 무르익었음을 인가해줄 때 기별을 주었다. 기별을 주면서 제자가 성불할 때 이름과 수명을 밝혀준다. 다시 말하면 부처님이 수행자들에게 미래에 성불할 것이라고 예언하는 것이 수기인 것이다. 아득한 과거세에 연등불然燈佛이 세존에게 한 예언이나 세존이 미륵에게 미륵불이 될 것이라고 한 예언 등이 대표적이다.

혜암은 57세에 지리산 칠불암에서 문수보살로부터 수기를 받은 것으로 전해진다. 부처님이 혜암의 공부를 증명하고 불법으로 중생들을 교화하라는 부촉을 내린 것이다. 출가 이후 끊임없이 이어져왔던 고행정진과 청정한 계행, 중생교화에 대한 뜨거운 원력을 제불보살이 증명한 것이다.

도인의 일생은 깨달음을 얻고 선지식을 찾아 탁마를 거친 후 자연스럽게 중생교화에 나서는 순으로 진행된다. 혜암도 이러한 과정을 지리산 칠불암에서 문수보살의 수기를 받으면서 거친 것이다. 이때 수기를 받고 3년 뒤 해인사 조사전에서 마지막 3년 결사를 시작했고, 다시 5년 뒤인 1981년 4월에 해인사 원당암에 재가 불자를 위한 선원을 열고 참선수행으로 교화를 시작했다.

화엄사 승려였던 진응(1873~1941)의 《지리산지智異山誌》에 의하면, 지리산은 칠불七佛의 조사인 문수보살이 머무는 곳이기 때문에 칠불암이라 했다고 한다. 연담유일蓮潭有一(1720~1799)이 쓴 칠불암 상량문에 의하면, 신라 신문왕 때 옥부선이 부는 옥피리 소리를 들은 일곱 왕자가 입산하여 6년 만에 도를 깨치고 이 절을 창건했다고 한다. 그러나 김수로왕의 일곱 왕자가 이곳에서 성불하여 칠불암이라고 했다는 이야기가 가장 설득력 있게 전해진다.

이러한 역사를 담은 칠불암은 창건된 이후 동국제일선원으로 이름을 날리면서 선승들의 발걸음이 끊이지 않았다. 고려 때의 대선사인 청명화상, 조선시대의 서산대사, 문하에 7백여 명의 제자를 두었던 부휴대사 등이 주석하며 정진했다. 율사 금담과 대은을 비롯해 다승茶僧 초의선사도 이곳에서 《다신전 茶神傳》을 초록했다.

조선시대 대은 율사는 칠불선원에서 7일 동안 기도를 하고 이마에 성스러운 빛이 내리고 저절로 향에 불이 붙어 서상수 계瑞祥受戒를 했는데, 이것이 칠불계맥의 연원이 되었다. 그 뒤 금담, 초의, 범해, 선곡, 용성에게 계맥이 전해졌고, 1936년 용 성은 제자 동산에게 칠불계맥을 전해주었다.

근대에는 용성, 석우, 금오 선사 등이 머물며 정진했다. 용성 은 47세이던 1910년에 칠불선원의 종주宗主로 있으면서 《귀원 정종歸源正宗》을 탈고했다. 선원에서 정진하던 가운데 선원 대 중이 타종교인들이 불교를 배척하는 것을 우려하여 불교가 타 종교보다 우수한 점과 차이점에 대해서 서술해 줄 것을 요청 하여 썼다고 한다. 이 책은 3년 뒤 1913년 중앙포교당에서 펴 냈다.

선승 금오는 칠불암의 아자방에서 정진하기 전에 경찰서에 가서 '우리가 거기서 정진하다 죽더라도 법에 저촉이 되지 않 는다'는 각서를 쓰고 올라왔다고 한다. 그만큼 선사들이 죽을 각오로 정진했던 곳이다.

1976년 초봄, 백장암을 떠나 칠불암으로 간 혜암은 그해 하 안거와 동안거를 그곳에서 보냈다. 혜암이 이루었던 회상 가운데 해인사를 제외하고 가장 많은 대중들과 함께한 회상이었을 것이다.

안거가 시작되기 전 혜암은 칠불암 운상선원을 중수하던 중 문수보살에게 중생을 교화하라는 수기授記를 받았다. 많은 조사들이 공부한 유서 깊은 곳에서 큰 회상을 이루고, 지혜로 상징되는 문수보살이 머무는 칠불암에서 수기를 받은 것은 여러 모로 의미가 깊다.

칠불암에 들어오던 그해 봄에 운상선원을 넓히는 작업을 하고 있을 때였다. 흙먼지가 자욱한 부엌에서 일을 하고 있는데 홀연히 먼지 속에서 흰옷을 입은 노인이 나타났다. 그리고는 게송이 적힌 쪽지를 잠시 보여주고는 금세 사라졌다. 작업 중이었지만 연필을 찾아 쪽지에서 본 게송을 종이에 적어두었다.

때 묻은 뾰족한 마음을
금강 검으로 베어내고
연꽃을 비추어보아
자비로써 중생을 교화하라
塵凸心　金剛劊
照見蓮　攝顧悲

3자·3자, 3자·3자 형식으로 총 12자인 이 게송은 엄격히 말하면 불교 경전 안에 부처님이 설하고 있는 수기의 형식은 아니다. 그러나 불가에서는 지리산이 문수보살의 상주 도량으로 알려져 있기 때문에 혜암이 본 흰색 옷을 입은 노인을 문수보살로 보는 것이 마땅하다.

문수보살을 만난다는 것은 증도證道, 곧 도를 깨달았음을 뜻한다. 무엇보다 그동안 행해진 혜암의 정진력을 볼 때 부처님이 이를 증명할 시절이 도래한 것이며, 지혜를 상징하는 문수보살의 수기요 가피이며 탁마라고 할 수 있다.

문수는 지혜를 상징하는 보살로 푸른 사자를 타고 푸른 검을 든 모습으로 나타난다. 보현보살과 더불어 석가모니 부처님을 모시고 교화를 돕는 협시보살이며, 진리를 상징하는 비로자나부처님의 교화를 돕는 좌우보처로 불린다. 《화엄경》〈보살주처품〉에 의하면, 문수보살이 사는 곳은 동북방에 위치한 청량산淸凉山이며, 이곳에서 문수보살은 1만 보살 권속들에게 가르침을 설한다고 되어있다. 중국은 이 청량산을 베이징 서남쪽에 위치한 산시성 오대산에 정했고, 우리나라는 신라 자장율사에 의해 신라의 동북방으로 인식된 것이 강원도 평창의 오대산이다. 이로부터 오대산은 산 전체가 신앙의 대상인 성산聖山 문화를 확립하게 되었다.

북쪽 오대산과 더불어 지리산 역시 문수보살의 성산이다. 지리산智異山의 '지리智異'는 대지大智의 이인異人, 즉 재주가 신통하고 비범하다는 뜻이다. 또 지리智利라고도 쓰는데, 이는 대지문수사리大智文殊舍利를 축약한 것이다. 문수보살을 한국불교에서 '오봉성주五峯聖主'라고 일컫는다. 이는 오대산의 오대와 지리산의 오봉을 의미한다.

문수보살의 가피에 관한 일화가 있다. 신라의 자장율사가 중국의 오대산에서 문수보살을 친견하고 부처님의 가사와 사리를 받은 것이 그 일화다. 자장은 이 성물聖物을 모시고 신라로 돌아와 경주 황룡사, 울산 태화사, 양산 통도사와 강원도 오대산 중대에 봉안했다. 또 조선의 세조가 오대산 상원사를 중창하고 낙성식에 참석했다가 계곡에서 동자로 화한 문수보살을 만나 등을 밀고 난치병을 치료했다는 일화도 전해진다. 또 중국의 당나라 때 무착선사가 오대산에서 문수보살을 친견하고 들었다는 게송이 《송고승전》에 전해진다.

성 안 내는 그 얼굴이 참다운 공양구요
부드러운 말 한마디 미묘한 향이로다
깨끗해 티가 없는 진실한 그 마음이
언제나 한결같은 부처님 마음일세

혜암은 세상 모든 사람들에게 '본래의 마음을 찾으라'는 지혜의 수기를 내린 문수보살의 삶을 살았던 수행자이다. 그러므로 출가해서 문수보살이 상주하고 있다는 강원도 오대산에서 오도하고, 지리산 칠불암에서 문수보살을 친견하고 게송을 받은 것은 중생을 교화할 시기가 도래했음을 상징하는 수기였다고 볼 수 있다. 훗날 원당암에 재가불자 선원을 개원했을 때 문수보살을 주불로 모시고 재가불자들을 정진시키며 교화한 것과 맥을 같이 한다.

혜암은 이 게송에 대해 정진력을 바탕으로 자성불을 드러내어 중생을 널리 제도하라는 의미로 해석하고, 수행과 중생제도

1976년 봄에 혜암은 칠불암 운상선원 중수 시
문수보살을 친견하고 게송으로 수기를 받았다.

라는 두 가지 원력을 이루기 위해 달마선원을 설립했다고 말한 바 있다.

혜암은 칠불암에서 문수보살에게 수기를 받은 일을 당시 함께 정진하던 수좌 원융에게도 얘기했다고 한다.

자장율사가 문수보살을 친견하고 부처님의 가사와 사리를 받은 가피 그리고 금담과 대은율사의 서상수계와 더불어 혜암이 받은 문수보살의 수기는 한국불교사에 매우 희유한 일로 기록될 것이다.

지관智冠(1932~2012)이 쓴 혜암의 '사리탑비명'에는 수기의 의미를 '지금부터는 그간의 수행한 정진력을 바탕으로 하화중생에 전념하면서 발현진중자성불發現塵中自性佛하여 광도무변제중생廣度無邊諸衆生하라는 수기를 준 것'으로 기록하고 있다.

"칠불암에서 신이神異한 부촉을 받고 이를 실천하기 위해 재가불자의 선수행을 위한 달마선원을 원당암에 개원한 것이다. 재가불자도 안거를 나도록 하고 결제 중에 7일 동안 용맹정진은 물론 한 달에 두 번 철야 용맹정진을 하도록 했다. 해인사가 한국불교사에서도 획기적이라 할 수 있는 사부대중이 함께 안거를 나는 총림으로 새로운 모습을 갖추게 된 것이다."(권탄준, 불교학자)

"은사스님께서는 입적하기 몇 달 전에 칠불암에서 문수보살이 주신 게송이라고 하시며 나에게 게송을 적어둔 노트를 주셨다. 운상선원을 중수할 때 앞을 분간하기 어려울 정도로 뿌연 흙먼지를 뒤집어쓴 채 작업을 하고 있는데 갑자기 흰옷을 입은 노인이 나타나 게송이 적힌 쪽지를 잠시 보여주고 바로 사라졌다는 말씀을 하셨다. 그때 쪽지에서 본 게송을 노트에 적어둔 것이라고 하셨다."(대오)

칠불암
선풍

1976년 하안거가 시작될 즈음, 비구 비구니 등 사부대중이 화개에서 삼십 리 길을 걸어 칠불암으로 들어왔다. 장좌불와와 일종식을 하는 수행자로 이름을 날리고 있던 혜암이 지리산 칠불암에 있다는 소식을 들은 수좌들이 제방에서 몰려든 것이다. 혜암의 두 번째 회상이 이루어졌다.

현우, 활안, 현기, 성우, 인각, 원융, 영진, 장춘, 대현 등 비구 15명, 비구니와 보살 13명이 하안거에 들었다. 운상선원에서는 비구들이 정진했고, 그 밑 요사채에서 인홍, 철마 등 비구니와 보살들이 정진했다. 안정사 천제굴에서 만났던 인홍은 당시 울산 석남사에서 한 회상을 이루고 정진에 박차를 가하고 있던 중이었다.

혜암은 공부할 때는 서릿발 같은 기상을 잃지 않은 채 정진에 몰두했고, 대중을 외호할 때는 공부하는 데 불편하지 않도록 최선의 환경을 조성했다.

어느 날 보니, 선방을 둘러싸고 있던 나무가 너무 울창해 보였다. 선방 주위에 나무가 많으면 음기가 서려 공부에 방해된다는 것을 알고 대중들을 데리고 나가 주변의 나무를 모두 베어버렸다. 한번 해야 된다고 생각하면 속전속결로 일을 해치우고 마는 혜암을 절의 주지도 미처 막지 못했다. 주지가 올라와 볼멘소리를 했다.

"아니, 아무런 상의도 없이 나무를 전부 베어버리면 어쩝니까?"

"나무가 주변에 많으면 선방의 기운이 음습해져서 공부에 방해가 돼요."

마을 입구에서 칠불암으로 올라가는 길을 직접 쓸며 청정한 도량으로 만들었던 혜암에게 주지는 더 이상 아무 말도 하지 못하고 내려갔다.

"하루 일하지 않으면 하루 먹지 말라."

중국 백장선사의 이러한 청규사상을 내세우며 모든 대중에게 지게를 지급하고 낮에는 울력을 하고 밤에는 공부하도록 했다. 혜암은 수좌들의 정진을 힘껏 지도했고 외호에도 힘썼다.

대중에게 필요한 물품이 있을 때는 삼십 리 길을 마다하지 않고 내려가 구해왔다. 선원을 중수할 때는 하루에도 몇 번씩 오르내릴 때도 있었다. 절에 전화가 없던 시절이라 밖에 연락을 하려면 공중전화가 있는 마을까지 내려가야 했던 것이다. 다람쥐가 산을 오르내리듯 발이 땅에 닿지 않을 정도로 가볍게 지리산을 오르내렸다.

시장에 나가 물건을 사서 올라오는 날에는 대중들이 지게를 지고 버스가 서는 곳까지 내려가 물건을 지고 올라왔다. 후학들이 정진을 열심히 하니 자신이 정진할 때보다도 더 환희로웠다. 정진을 하면서도 주지 소임을 보는 것처럼 살림을 다 맡아 하며 정성껏 대중들을 보살폈다.

쉰일곱의 혜암은 칠불암에서 후학들을 데리고 정진을 하면서 '죽을힘을 다해서 공부하지 않으면 후회할 것이다'라고 외쳤고, 대중 모두에게 생식할 것을 지시했다. 그리고는 들깨와 쌀을 빻을 수 있는 도구들을 한 세트씩 마련해 나누어 주었다.

당시 유행처럼 선방에서는 단식을 많이 행하고 있었다. 그러나 혜암의 생식에 대한 권유는 더 적극적이고 유난했다. 불에 익혀서 먹으면 졸음을 이길 수 없기 때문에 생식을 권한 것이다.

수행자들이 극복하기 어려운 것 중 졸음을 가장 으뜸으로 친다. 오죽하면 수마睡魔라고 했겠는가. 수마를 이겨내기 위해

천장에 등잔을 매단 것처럼 밧줄을 매고 그 속에 머리를 넣어 졸음이 오면 목이 조이도록 해놓고 공부했다. 졸음이 밀려오는 한밤중에는 밖으로 나와 얼음을 탄 물을 머리에 붓기도 했고, 졸음을 쫓기 위해 얼음을 입에 물고 정진해 이가 몽땅 빠지기도 했다.

그만큼 이기기 어려운 수마가 먹는 것과 직결되어 있음을 알고 있는 혜암이 생식을 권한 것은 당연한 일이었을 것이다. 생식을 하고 있는 혜암이 권한 일이기에 대중들에게 생식은 거절할 수 없는 제안이자 반가운 방편이었을 것이다.

"이가 닳으면 수명이 단축된다."

당시 선방에 돌던 이야기다. 풀만 먹는 코끼리의 수명이 40년밖에 안 되는 것은 그 많은 풀을 씹어 먹다보니 이빨이 닳아서 그렇다는 것이다. 물에 담갔다가 꺼내놓은 생쌀을 그냥 먹지 않고 가루를 내어서 먹는 것도 이를 닳지 않게 하기 위한 것이다.

혜암은 대중들에게 말하곤 했다.

"많이 먹어 죽지 적게 먹어서는 죽지 않는다. 공부하다 죽는 것은 수지맞는 일이나 밥 많이 먹다 죽어서야 수행자라 할 수 있는가?"

누구보다 열심히 정진하던 젊은 수좌 인각에게 혜암이 해준 말은 이렇다.

"불을 때고 살면 도인이 아니라는 고인들의 말씀을 잊지 않고 살던 젊은 시절, 오대산에 살 때였지. 한겨울 오대산이 좀 추운가. 그래도 불을 때지 않고 살면서 정진에만 힘을 쏟았지. 잠도 자지 않았어. 그래도 죽지 않더라고. 죽을 각오를 하고 공부해봐. 절대 죽지 않으니까."

경험에서 우러나온 진실한 말은 큰 힘을 지닌다. 대중들은 정진의 고삐를 더 단단히 조일 수밖에 없었다.

그러나 밤에도 눕지 않고 정진한데다 하루 한 끼 생식을 했던 혜암은 좌복에 앉으면 허리가 굽어질 때도 있었고 고개를 많이 떨어뜨리기도 했다. 곁에서 보면 졸고 있는 것으로 보여 오해를 많이 받기도 했다. 후학들은 그런 혜암에게 감히 죽비를 내리치지 못했다. 죽비를 내리치려고 가까이 가면 딱, 허리를 곧추세워 기회를 잃곤 했다. 한번은 입승을 보고 있던 도반 현우가 내리친 장군죽비를 피하지 못하고 말았다. 혜암이 현우를 쏘아보며 일갈했다.

"니 앉아서 조는 것과 내 조는 것이 같나?"

고개를 아래로 떨어뜨리고 허리가 굽어지긴 했으나 화두는 성성적적하다는 말을 그렇게 에둘러 했던 것으로 그날 함께 정진했던 수좌들은 받아들였다. 사실 그랬다. 한평생을 장좌불와를 멈추지 않았던 혜암의 등은 말년에는 활처럼 굽어있었다고 한다. 일을 마친 대장부를 무사인無事人이라고 한다. 일을 마친 사람에게 조는 것은 조는 것도 아니고 졸지 않는 것도 아니다.

대중들의 정진은 격렬했다. 모든 욕망을 버리고 마음 하나 찾으려고 떠나온 사람들이었다. 생명을 걸고 공부하지 않을 수 없는 정진이었다. 죽는 길이 살 길이라는 것이 수행자의 신념이었기에 목숨을 건 듯 정진은 뜨거웠다.

동백나무 잎
하나

혜암이 안거 중에 칠불암을 잠시 벗어난 것은 쌍계사 수계산림
受戒山林 증명법사(證師)로 다녀오는 정도였다. 그때의 일이다.
강진 백련사 선원 대중이 비구 수계를 하러 왔다가 혜암을 보
고는 봉투를 하나 주면서 말했다.

"저희들을 지도하는 선사(鶴山)께서 선답禪答을 받지 못하면
백련사로 다시 오지 말라는 엄명을 내리셨습니다."

혜암이 봉투를 여니 동백나무 잎 하나가 들어있었다. 백련사
는 동백나무 숲으로 둘러싸인 절이다.

"그렇다면 내가 수좌들을 절에 들어가게 해주겠네."

그리고는 다음과 같이 글을 써서 보냈다.

"설사 일엽一葉이라도 삼십 방榜이요, 수연雖然이나 일엽이 시방춘十方春이라."

이 글을 받은 백련사의 선사는 다시 이렇게 서신으로 물어 왔다.

"여하시생사해탈如何是生死解脫입니까(무엇이 생사해탈입니까)?"

혜암은 더 이상 선의 참뜻을 범하지 않으리라 생각하고 법거량을 거절했다. 무릇 도를 닦는 자는 진실함이 제일이니 대오大悟, 즉 큰 깨달음을 법칙으로 삼아 오로지 정진해야 한다는 뜻이었다. 정진, 두 글자가 성불의 어머니라고 강조했던 혜암다운 법거량이었다.

혜암은 대중들에게 마음이 부처라는 도리를 이해하는 것과 마음이 부처임을 깨닫는 체험은 확연히 다르기 때문에 오로지 정진해서 스스로 체험해야 한다고 강조했다.

궁극적인 깨달음은 근본 무명 등 일체의 무명을 완전히 끊는 것이다. 미세 망념이 모두 끊어져 진여자성의 지혜의 해가 드러나 자기 본성을 보는 것, 그것이 돈오이고 해탈이며 성불이다. 해오나 점차를 밟아 본성을 보는 것이 아니라, 찰나지간에 본성을 바로 보아 성불하는 것이다. 이것이 바로 선종의 비결이다. 삼삼조사卅三祖師(정통법맥을 이은 33인의 조사)를 비롯해 선

388
389

종 정맥의 모든 조사들이 구경각을 돈오라고 했지 중간의 해오를 돈오라고 한 분은 아무도 없었다.

　그러면서 수행자가 일상생활에서 다니고 머물고 앉고 누울 때에도 늘 화두를 점검하여서 하루 종일 끊어짐이 없는가, 사람들과 이야기를 할 때에도 화두를 참구하는가를 살피며 끊임없이 정진하라고 가르쳤다. 또한 화두 참구가 잘 되지 않을 때는 무명 중생이니 마음이 있어도 벗을 삼지 말고, 장님이니 눈이 있어도 보지 말 것이며, 귀머거리이니 귀가 있어도 듣지 말고, 벙어리이니 입이 있어도 말하지 말 것이며, 입이 화근이니 입이 있어도 함부로 먹지 말라고 했다. 또한 바보인 체, 모르는 체, 어리석은 체 화두에만 집중하면 의심하지 않아도 저절로 의심이 되고 들지 않아도 저절로 들어져 화두 일념이 만년이 될 때 곧 고향으로 돌아가게 된다고 설했다.

　당시 혜암의 칠불암 회상에서 정진했던 인각(금정총림 수좌)은 '돈오돈수의 가풍을 배울 수 있었던, 평생 깊은 의미가 된 정진의 한 철이었다'고 회고하며, 그 후 정진해서 얻은 힘을 '손을 들면 산도 밀려갈 것 같고 발을 뻗으면 땅도 꺼질 것 같은 힘이 생기더니 그때부터 잠도 오지 않고 아프지도 않고 배도 고프지 않았다'고 표현했다.

　원융(1938~2019, 해인총림 수좌)은 '스님께서는 출타했다 밤늦게 오더라도 당신의 일과대로 저녁도 잡숫지 않고 밤이면 정진을 함께하면서 오후불식과 장좌불와를 하셨다. 혜암당 종정스님께서는 한 마디로 두타행으로 평생을 일관하신 분이다. 기회가 닿을 때마다 두타행이 끊어지면 정법안장正法眼藏이 끊어진다고 말씀했다'고 당시를 기억했다.

공부의 성취는 발심에 있다며 발심이 되지 않으면 다시 발심하고 또 다시 발심하라며 후학들을 독려하며 정진의 분위기가 최고조에 달해있을 때다. 당시 나는 새도 떨어뜨린다고 소문난 권력자 한 사람이 일행과 함께 칠불암을 방문했다. 친분이 있던 비구니 스님을 찾아 대중공양을 왔다가 하루 머물게 되었다. 선방의 규칙을 어기고 비구니 스님들이 공부하던 선방에서 잠을 자게 된 것이다. 이 사실을 전해들은 혜암이 당장 호통을 치며 그들을 불러냈다.

"당장 선방에서 나오시오."

혜암은 그들 일행을 데리고 재가자들이 정진하는 방으로 가서 밤새도록 정진하게 했다. 혜암의 당당한 도인의 풍모에 존경심을 일으킨 그는 다음날 혜암에게 공손하게 말했다.

"이곳 칠불암을 동양 제일의 선원으로 만들어 드리겠습니다. 필요한 것 있으시면 말씀하세요."

신라시대 때 지어져 절묘한 공간배치로 참선할 때는 면벽하고 묵언을 하며 눕지 않던 전통을 지켰던 아자방이 1948년 여

순 사건 때 불타버렸다. 그 후 수리하지 못한 채, 구들을 함석으로 덮어 보존하고 있던 상황이었다. 그러나 혜암은 신심이 깊어 보이지 않을 뿐 아니라 무례했던 그의 시주를 단번에 거절했다.

"없소!"

몇 년 후, 한번 불을 때면 오랜 시간 온기를 유지해 오랫동안 앉아 참선하기에 알맞은 온돌의 아자방이 있던 선원의 벽안당은 옛 모습 그대로 복원되었다. 일언지하에 도움을 거절한 혜암의 기세에 눌린 채 절을 내려갔던 그 권력자는 칠불암 인근 주민들에게 일일이 봉투를 돌리며 부탁했다고 한다.

"칠불암에서 공부하시는 혜암 스님과 여러 스님들을 잘 부탁합니다."

자성을 깨달은 사람의 행동에는 걸림이 있을 수 없다. 어떤 오염의 영역 속에 들어가도 물들지 않으며, 물들지 않았기에 가는 곳마다 반야 아님이 없고, 처하는 곳마다 진실 아님이 없다. 혜암이 그런 사람이었다.

혜암이 사랑한
지리산 상무주암

"고인들이 말씀하시기를 금강산에서 발심하고 묘향산에서 수도하고 지리산에서 보임保任한다."

평소에 혜암은 때때로 저 말을 하면서 어서 통일이 되어 좋은 도량에서 좋은 도반들과 함께 훌륭한 선지식을 만나 불법을 일으킬 날을 기다린다는 말을 덧붙이곤 했다.

상무주암은 고려의 보조국사 지눌이 《대혜어록》을 읽다가 깨달음을 얻은 곳으로 알려져 있다. 그래서 공부하는 수좌들에게는 몇 달씩 머물며 공부하는 곳으로 이름이 나 있다. 대중들이 북적대는 처소에서 살다가 온 힘을 다해 공부를 밀어붙이고 싶을 때 찾아오는 토굴이었다.

상무주암은 함양의 금대와 남원의 백장암과 함께 지리산의 3대 토굴로도 알려져 있다. 금대와 백장암은 3일, 상무주암은 7일 만에 도를 깨친다는 말이 있을 정도로 공부하기에 좋은 명당으로 일컬어진다.

혜암은 해발 1천 미터가 넘는 고지의 상무주암에서 정진하기를 좋아했다. 마흔 초반부터 오십대 후반, 해인사에 완전히 주석하기 전까지 가장 즐겨 찾은 곳이기도 하다. 해인총림이 시작되면서 주로 해인사에서 정진하면서도 산철엔 자주 상무주암에 와서 정진했다. 홀로 정진할 때도 있었으나 후학들이나 제자들이 와서 함께 정진할 때가 더 많았다.

강원 방학 때나 선원의 산철에 상무주암에 올라온 제자들에게 낮에는 일을 시키고 밤에는 정진을 하게 했다. 새벽 두 시부터 하루 일과가 시작되었고, 낮에는 땔나무를 하게 하거나 텃밭을 가꾸게 했다. 하루 종일 아무리 힘들게 일을 했어도 밤에 누워서 자는 일은 허용하지 않았다. 누워 자는 일이 발각되면 당장 쫓겨났다.

"졸지 말고 정진해라."

낮에 똑같이 일을 한 스승이 밤새 앉아 정진하는데 제자가 드러누워 잘 수는 없는 일이었다. 졸아도 앉아서 정진했다. 그래서 제자들은 그 시간이 인생에서 가장 값진 시간이었다고 기억한다.

지리산에 눈이 한번 내리면 무릎까지 쌓이곤 했다. 골짜기에는 겨울 내내 눈이 녹지 않은 채 봄이 올 때까지 그대로 있었다. 그 쌓인 눈을 헤치고 걸어 다녔고 빙판이 된 경사진 언덕에서는 얼음을 지치고 골짜기를 누볐다.

혜암이 오십대 초반, 산철에 홀로 상무주암에서 정진하고 있을 때다. 젊은 수좌 한 사람이 선원에 방부를 들여놓고 만행하며 지나는 길에 올라왔다. 하루 이틀 머물며 혜암이 공부하는 모습을 보고는 큰 선원에서의 안거를 포기한 채 눌러앉았다. 장좌불와와 일종식을 하며 공부에 모든 것을 바친 모습을 보면서 굳이 다른 곳에 갈 필요 없이 저 분을 모시고 공부해야겠다고 결심하고 걸망을 내려놓은 것이다.

밤이 되어도 붙박이 그림처럼 앉아있었고, 먹는 것은 하루 한 번 사시에 쌀가루와 솔잎가루를 물에 타서 입에 넣는 것이 전부였다. 아무 말 없어도 그 모습만으로 발심이 되었다.

"공부하는 수좌는 정진에 자신을 전부 던져야 하네."

공부에 목말라있던 수좌에게는 정진만이 전부라는 혜암의 분명한 사상이 감로수와 같았고 발심에 불을 지폈다. 젊은 수좌는 먹고 자는 것에 초월해 있던 혜암을 따라 밤에도 자지 않고 정진했다.

젊은 수좌 무여(축서사 조실)는 당시를 이렇게 회고했다.

"아무 준비도 없이 바랑 하나 메고 올라갔다가 방부를 들인 곳에 가지 않고 한 철 동안 머물며 오로지 공부에만 몰두할 수 있었던 것은 혜암 스님이 보여준 정진의 힘 때문이었다. 체구는 작지만 강단 있어 보였던 스님은 정진 이외에 아무런 관심이 없었다. 밤새 앉아있는 모습을 보는 것만으로도 신심이 샘솟았다. 공부에 모든 것을 바친 모습이었다. 공부와 죽음을 하나로 놓고 직접 실천한 분이 혜암 스님이다. 곁에 있다 보니 스님을 따라 자연스럽게 장좌불와와 용맹정진을 하게 되었다. 다만 한 끼 먹고 생활하는 것은 힘들었다. 그래서 하루 두 끼를 먹었다. 상무주암에서 그렇게 운명적인 한 달 반을 보내고, 그 뒤 해인사, 송광사, 각화사 동암, 지리산 칠불암 등지에서 혜암 큰스님을 모시고 정진했다. 정진에서만큼은 사상이 확실한 분이었다."

"큰스님께서 상무주암에 계실 때 배고픔을 참지 못한 곰이 먹을 것을 찾다가 삼매에 든 큰스님의 모습을 보고는 도망갔다고 한다. 이를 두고 스님께서 '내가 먹는 것을 두지 않으니 곰도 아마 눈치를 채고 간 것이 아닌가 싶다'고 하셨다."(경국사 전 주지, 해운)

21일 단식
용맹정진

"잠과 밥과 시간을 극복해야 제대로 수행할 수 있다."

혜암은 제자들에게 이 세 가지를 실천할 수 있도록 혹독하게 가르쳤다. 70년대가 저물 무렵, 혜암이 예순에 가까웠을 때다. 강원을 졸업한 여연이 은사인 혜암에게 인사를 드리려고 상무주암에 올라왔다가 붙잡혔다.

"다른 곳에 갈 것 없어. 여기서 이번 한 철 나하고 살자."

송광사 선원에 방부를 들여놓고 온 상좌는 아무 소리 못한 채 스승 곁에 눌러앉았다. 이미 와 있던 사제 몇 사람과 함께한 1978년 동안거 결제 정진이 시작되었다.

"화두 한 생각으로 밀어붙이면 일주일 안에 깨칠 수 있다.

천길만길에서 떨어져있을 때 어떻게 하면 살아날 수 있을까만 생각하듯이 일념으로 간절히 화두를 들어야 한다. 은산철벽을 뚫고 나갈 길을 찾는 데 온 마음을 다 두고 활로를 찾는 방법이 용맹정진이다. 깨치고야 말겠다고 어깨에 힘을 주고 눈을 부릅뜨고 앉아있는 것이 용맹정진이 아니다. 간절하고 정성스러운 마음으로 오로지 화두를 밀어붙이는 게 용맹정진이다."

혜암은 여느 때와 마찬가지로 하루 한 끼만 먹었다.

"공부할 생각이 있으면 조금만 먹어라."

한참 먹을 때인 젊은 제자들은 스승이 소식을 하니 발우를 펴놓고 마음대로 먹을 수가 없었다. 은사의 가풍 중 하나가 음식을 적게 먹는 것에 있으니, 눈치만 볼 수밖에 없었다.

정진 초기에는 은사 혼자만 일종식을 할 뿐 대중들에게 강요하지 않았다. 세 끼를 먹어도 모른 척했다. 한 달이 지나자 이렇게 선언했다.

"중은 식탐이 많으면 안 된다. 오늘부터 하루 한 끼만 먹어라."

다들 명을 따르는데 여연과 정견 두 사람만 유독 견디지를 못했다. 부엌에 들어가 남은 밥을 먹기도 했고, 밑에 문수암으로 가서 밥을 얻어먹고 오기도 했다. 그러나 이도 오래 가지 못했다. 혜암이 이를 알고 부엌문을 자물쇠로 잠가버린 것이다. 이에 그치지 않고 문수암에도 가지 못하게 했다. 어쩌다 비구니 스님들이 별식으로 만들어온 만두도 많이 먹지 못하게 했다.

"혈액순환에 장애가 오니 차가운 벽에 등을 대지 말라."

그러던 어느 날, 용맹정진 중 정견이 졸음을 견디지 못하고 뒤로 자빠졌다.

"쿵!"

바람소리조차 숨을 죽인 듯 고요한 선방에 몸집이 실한 젊은 제자가 넘어지는 소리에 근엄한 스승도 소리 내어 웃었다.

"저 정견이 좀 봐라."

대중들이 웃음을 참지 못하고 앉아있을 때 혜암이 다가가 죽비를 내리쳤다.

"잘 좀 해봐라, 이놈아."

그런 날이면 혜암은 젊은 상좌들을 데리고 상무주암 아래에 있는 영원사까지 포행을 다녀오곤 했다. 날이 갈수록 스승은 정진에 대한 강도를 높였다.

"가난하고 고생스러운 데서 도가 익는 것이다."

나무를 아껴야 한다며 날씨가 추워져도 옷을 갈아입는 곁방에 불을 때지 못하게 했다. 목욕물도 많이 데우지 못하게 했다. 미지근한 물을 몸에 한두 번 끼얹는 것으로 목욕을 하던 대중들이 불만을 표했다.

"정말 독하시네, 장작이 얼마나 든다고 방에 불도 때지 못하게 하시나?"

이에 아랑곳하지 않고 혜암은 정진에 힘을 다하게 했고, 두 달 뒤에 본격적인 용맹정진과 단식이 시작되었다.

"일주일만 하자."

스물네 시간 잠을 자지 않는 가운데 단식을 시작한 것이다. 그런데 일주일이 지나 용맹정진이 끝나자 대중 가운데 한 사람이 문수암에 내려가 고구마를 구워먹고 그만 창자가 꼬여버리는 일이 일어났다. 단식 후에는 묽은 음식으로 서서히 몸을 풀어야 하는데 젊은 혈기에 그만 급하게 고구마를 먹어 사달이 난 것이다. 혜암이 이를 알고 방법을 제시했다.

"저래가지고는 병원에 가서 치료를 받아도 죽는다. 방법은 하나밖에 없다. 다시 단식을 하자."

다시 용맹정진이 시작되었다. 일 년에 두 번 해인사에서 일주일씩 용맹정진을 해본 그들이었다. 해서 일주일 정도는 견딜 수 있었으나 다시 시작된 용맹정진은 이러다 죽을 수도 있겠구나 하는 생각마저 들게 할 만큼 고행이었다. 그러나 모든 것은 지나가는 법, 두 주가 지나면서 자신감이 올라왔다. 가끔 물을 마실 뿐 아무것도 먹지 않았는데도 몸에 힘이 생기는 것이 느껴졌다. 만사가 개운했다. 혜암은 대중들이 점점 힘을 얻어가는 것을 보자 한 걸음 더 나아갔다.

"여기까지 잘 왔으니 아예 21일을 채워버리자."

대중들은 이의 없이 한 주 더 정진하고 21일의 용맹정진을 마무리했다. 말로 표현할 수 없는 심신의 변화를 느낀 것은 당

상무주암 용맹정진 중 상좌들(왼쪽)과 사제 대일 스님(오른쪽)과 함께

연한 일이었다. 혜암은 해제 15일을 남겨둔 날부터 〈백팔 참회
문〉을 읽으면서 절을 하도록 했다. 나머지 일주일 동안 매일 천
팔십배씩 하도록 했다. 문수암의 두 비구니 스님들도 동참했다.
단식을 한 뒤였기 때문에 죽도 먹지 못하고 미음을 겨우 넘기
면서 절을 했다. 회향하던 날 대중 모두가 감사와 참회가 깃든
눈물을 흘렸고, 스승에게 감사의 삼배를 올렸다.

"어디서들 오셨습니까? 천상에서 내려온 분들 같습니다."

용맹정진이 끝나고 멀지 않은 곳에 있는 백장암으로 대중 모
두 포행을 갔더니, 주지가 이들의 맑고 빛나는 모습을 보고는

합장을 한 채 이렇게 물었다고 한다.

"정진이 끝나고 나자 깊은 동면에서 깨어난 기분이었다. 지견 知見같은 것이 열린 것 같았는데, 그때 그걸 계속 밀고 나가지 못한 것이 아쉽다. 그러나 살면서 힘들 때마다 21일 동안 자지 않고 먹지 않으며 용맹정진하면서 얻었던 그 힘으로 버틸 수 있었다. 사람은 먹지 않고 자지 않아도 정진의 힘으로 살 수 있다는 은사스님의 말씀도 확실하게 깨달은 시간이었다."(여연)

"승려대회에서 호령하는 모습보다 해인사 법당에서 총림 대중에게 사자후를 하는 것보다, 한밤중에 화두 일념이 되어 홀로 정진하는 은사스님의 모습이 더욱더 가슴 깊이 다가왔다. 참선 공부는 사람을 새롭게 태어나게 하는 매력이 있다. 스승은 우리에게 그걸 가르쳐주셨다."(정견)

청매와
혜암

혜암이 세수 여든 살의 생일을 맞던 날, 제자들이 모였다. 그 중 한 사람이 물었다.

"그동안 정진하셨던 곳 중 어느 곳이 가장 기억에 남으십니까?"

"정견이랑 능혜를 데리고 청매 토굴 살 때가 제일 좋았지."

옛 조사가 살던 토굴을 복원하면서 제자들과 정진했던 때를 떠올리며 그렇게 대답했던 것이다.

혜암은 지리산 영원사의 부속 암자인 상무주암에 살면서 그 밑 바위굴 옆에 문수암을 지었고, 조선 중기 청매 조사가 주석했던 도솔암을 복원했다.

청매인오靑梅印悟(1548~1623)선사는 임진왜란이 일어나자 승병장으로 3년 동안 승군을 이끌고 왜군과 맞섰던 수행자다. 불가피한 전쟁 속에서 전란으로 인해 불에 탄 가람과 땅에 떨어진 승풍을 진작시키고자 깊은 고뇌에 빠졌을 때, 어떻게 하면 도탄에 빠진 민중을 구해낼 것인가가 그의 화두였다. 말년에 청매선사는 크게 발심한 끝에 부안 아차봉 마천대 기슭에 월명암을 짓고 목숨을 건 수행에 들었다. 선사 자신이 주석한 선실의 이름도 청매당靑梅堂이라 붙였다. 매서운 추위 속에 피어나는 매화와 같이 고고한 깨침을 얻기 위함이었다.

이후 지리산으로 거처를 옮겨 연곡사, 영원사, 도솔암에서 정진했다. 지리산 함양 오도재는 청매선사가 이 고개를 오르내리면서 도를 깨쳤다고 해서 붙여진 이름이다.《청매집》은 지리산 숨은 도인이자 뛰어난 문장가로 알려진 청매선사가 남긴 시문집이다. 이 책에 수록되어있는〈십무익송十無益頌〉은 평범하면서도 깊은 울림이 있어 공부하는 납자들에게 귀감이 되고 있다. 혜암도 가끔 내용을 새기면서 음미하곤 했던 내용은 다음과 같다.

마음을 반조하지 않으면 경을 보아도 이익이 없고, 자성이 공한 줄 알지 못하면 좌선에 이익이 없으며, 정법을 믿지 않으면 고행을 하더라도 이익이 없고, 아만을 꺾지 못하면 법을 배워도 이익이 없으며, 사람의 스승이 될 덕이 부족하면 중생을 제도하는 데 이익이 없고, 안으로 실다운 덕이 없으면 밖의 위의도 이익이 없으며, 마음이 진실하지 못하면 아무리 말을 잘해도 이익이 없고, 원인을 가벼이 여기고 결과를 중히 여기면 도를 구하여도 이익이 없으며, 뱃속에 무식만 가득하면 교만하여 이익이 없고, 일생 동안 괴팍하면 대중에 처하여도 이익이 없다.

혜암은 상무주암에 살면서 청매선사가 살던 토굴터를 바라보며 언젠가 복원하리라 마음먹었다. 옛 선사가 정진하던 곳이

지리산 도솔암은 1982년에 천막을 치고 동안거를 난 후
불사를 시작하여 1987년에 복원을 마무리했다.

방치되어 있는 것이 마음에 걸렸고, 터가 공부하기에 좋아 후학들이 정진할 수 있도록 복원했으면 하는 생각이 떠나지 않았던 것이다.

"청매조사 토굴터가 참 좋으니 한번 가봐라."

상무주암에서 그를 시봉하고 있던 정견에게 그렇게 일렀을 만큼 복원할 생각이 깊었다. 인연이었을까, 정견도 은사의 말이 귀에 쏙 들어왔고 가보고 싶은 마음이 오래 뭉클댔다. 정견은 다음 해에 그곳을 올라가보았다. 스승이 해인사 조사전에서 3년 결사에 들어있던 늦가을, 첫서리가 내릴 무렵이었다. 천막과 일주일 분의 양식을 지고 올라가니 터 앞쪽으로 나뭇가지와 산죽으로 얼기설기 지은 작은 움막이 반쯤 허물어진 채로 있었다. 그동안 수좌들이 살다간 흔적이 역력했다. 암자를 복원하고 싶어 한 스승의 심정을 알 것 같았다. 일주일 동안 그곳에서 있다가 3년 후 토굴을 짓기 시작했다.

해인사에서 결사를 마치고 잠시 영원사에 와 있던 혜암은 그곳에서 관음기도를 하고 있던 정견에게 '이제 복원불사를 시작하라'고 이르면서 본격적인 집짓기가 시작되었다. 혜암이 원당암에 주석하기 시작한 다음해인 1982년 동안거가 그곳에서 시작되었다.

처음 다섯 평 정도의 터에 나무로 기둥을 세우고 스티로폼으로 바람을 막은 다음 산죽으로 지붕을 씌워놓고 기거하면서 일이 시작되었다. 산불의 위험이 있어 주변의 큰 나무들을 베어냈다. 조금씩 터를 넓히고 길을 넓혔다. 방학을 맞은 제자들을 부르자 달려와서 거침없이 일하며 불사를 도왔다.

"순진한 정견아, 그렇게 어름해가지고 어떻게 세파를 이겨낼 것이냐?"

간혹 그런 나무람을 듣곤 했던 정견은 몸을 사리지 않고 누구보다 앞장서 일했다. 젊었으니 힘이 장사였다. 스승이 시키면 '왜'라는 물음을 갖지 않고 묵묵히 스승의 뜻에 따른 순수하고 우직한 상좌였다.

청매토굴의 하루는 새벽 두 시에 시작되었다. 결제와 해제를 막론하고 혜암이 있는 곳의 하루는 언제나 그렇게 시작되었다. 정진과 일을 함께하는 것으로 가풍을 삼았으므로 불사를 한다고 해서 정진을 뒤로 미루는 일은 없었다. 길을 내고 나무를 정리하는 일이 끊임없이 계속되는 가운데서도 화두를 챙기게 했다.

"우리가 살 길은 화두 참구, 이것뿐이다. 불사를 하느라고 힘들어도 계속 애를 쓰고 집중하면 반드시 좋은 일이 있을 것이다."

해가 뜨자마자 시작된 일은 날이 저물고 사방이 어둠으로 물들어 일하는 손이 보이지 않을 때가 되어서야 끝이 났다. 나무를 베고 장작을 패고 풀을 깎고 길을 만들었다. 조금도 쉴 틈을 주지 않았던 혜암은 하루에 한 끼 먹는 점심 공양이 끝나면 잠시 쉬며 앉아있는 제자들을 불러냈다.

"빨리 나와라, 길 고치러 가자."

말이 떨어지기가 무섭게 곡괭이를 들고 나오는 제자들에게 한마디 했다.

"밥을 먹었으면 길을 고쳐야지."

방에 앉아 정진하는 것만이 수행이 아니라, 남들이 편히 잘 다닐 수 있도록 길을 만드는 것도 똑같이 정진임을 가르쳤던 혜암이었다. 그뿐만 아니다. 땔나무가 충분한데도 나무를 해서 담장 밑에 쌓아놓게 했다. 제자들은 스승을 따라 원 없이 나무를 해다가 담 밑에 쌓아놓았다.

"암자에 살려면 나무를 많이 해봐야 한다. 그것이 밥값을 하는 것이다."

나무를 넉넉히 해놓으면 다음에 와서 사는 사람에게 도움이 된다는 것을 가르친 것이다. 그런 까닭에 혜암이 머물다 떠난 곳에는 언제나 몇 년 동안 땔 장작이 쟁여 있곤 했다.

"나무는 암자에서 먼 곳부터 해라. 그래야 뒤에 와서 사는 뒷사람들이 가까운 곳에서 쉽게 나무를 하지 않겠냐?"

어느 곳에 살아도 천년만년 그곳에 살 것처럼 틈나는 대로 나무를 해다가 쌓아놓았지만, 한두 철 정진한 다음 미련 없이 암자를 떠난 수행자였다. 혜암은 원당암 법문에서 이렇게 말한 적이 있다.

집을 여러 채 지었습니다만 영원히 산 곳은 한 군데도 없습니다. 여기 원당암은 나이 들어 있을 데가 있어야 하니까 있는 것이지, 모두 남들을 살게 하려고 집을 지었어요. 신중당도 뜯어서 새로 해놓았고 화장실도 고쳐놓곤 했어요. 다음에 오는 사람들이 잘 살 수 있도록 했지요. 소문에 일타 스님하고 나하고 가는 데는 극락세계가 된다는 얘기도 있었습니다.

"은사스님은 장좌불와를 오래하셨는데도 기력이 넘쳐났던 분이다. 그런 스님께서도 난방이 잘 안 되었던 불사 초기에는, 뼛속까지 스며드는 지리산 한겨울의 한기를 견디기 어려웠는지 밤에 앉아 정진할 때 얇은 이불을 어깨에 두르고 계셨다. 안에 들여놓은 물이 다 얼어버릴 정도의 추위였다. 젊은 혈기의 제자들은 불을 조금만 때도 몸에 열이 나는데, 스님은 방에 불을 땔 때 장작을 좀 더 넣으라고 하셨다. 지금 그때 스님의 나이가 되어보니 음식도 조금씩 드시고 잠도 안 주무셨으니 얼마나 추우셨을까 싶다."(정견)

대중처소로
가라

지리산 도솔암 불사가 막 시작될 무렵인 늦은 가을, 혜암을 극
진히 모시며 불사 준비를 하던 정견이 잠시 자리를 비운 때였
다. 이제 막 수계를 한 상좌가 올라왔다. 조사어록을 읽고 발심
해서 고등학교 졸업식도 치르지 않은 채 출가한 능혜였다. 은
사를 모시고 정진하고 싶은 마음에 계를 받고 한걸음에 달려
온 스무 살의 상좌에게 혜암이 물었다.

"여기는 아무나 사는 곳이 아니다. 밥과 빨래도 네가 해야
하고 장작도 패야 한다."

"하겠습니다."

"한 끼만 먹고 장좌불와를 해야 하는데, 그래도 살겠느냐?"

집을 짓는 일보다 정진이 더 중요함을 알린 것이다. 선고했던 대로 스승은 잠시도 쉴 틈을 주지 않았다. 날이 밝으면서 시작된 일이 어두워져서야 끝이 났다. 그리고는 정진이 시작되었다. 하루 종일 일을 한 상좌가 졸고 앉아있으면 죽비로 잠을 깨웠다.

"신심도 없는 놈! 신심으로 공부하겠다고 지리산 골짜기까지 온 놈이 기껏 졸고 앉아 있구나."

혀를 차는 소리에 정신이 번쩍 들어 허리를 세우면 그때부터 법문이 시작되었다.

"아무리 힘들다 해도 불법 공부에 비하면 세상살이는 쉬운 것이다. 불법 문중의 무심 공부는 보려고 해도 볼 수 없고 잡으려고 해도 잡을 수도 없다. 느끼려고 해도 느낄 수도 없고, 성취했다고 해도 성취한 것이 아니니, 이렇게 이 무심 공부가 어려운 것이다. 이것 말고 어려운 것은 이 세상에 하나도 없다."

다시 정진이 시작되고 제자가 졸면 어느새 알고 조용히 일렀다.

"나가서 찬 물 한잔 마시고 들어오너라."

일이 많았던 오늘은 힘들었을 테니 좀 쉬라는 말은 생전에 없는 일이었다.

"우리에게는 참선 공부밖에 없다. 제대로 공부를 해놓으면 도둑맞을 일이 없다. 누가 훔쳐갈 수 없는 것이 이 공부다. 공부하는 사람은 공부에만 집중해야 한다. 공부를 성취하면 부처님, 스승, 부모님, 시주의 은혜를 다 갚는 것이다. 귀신도 벌벌 떨게 할 정도로 몸과 마음을 바르게 하고 살아야 한다.”

제자는 하루 종일 일을 하고, 밤에 잠을 자지 않으면서 스승을 따라 정진했고, 점심에는 상을 차려 내왔다.

“몸은 똥자루에 불과한 것이다. 똥자루를 위해 배불리 먹을 필요는 없다. 춥고 배고파야 공부할 마음이 사무치고 간절하다. 잠에도 마음을 빼앗겨서는 안 된다. 나태해지면 잠귀신만 좋아한다. 공부하다 죽는 삶을 사는 것이 수행자다. 쉬지 말고 용맹정진해라.”

능혜는 후에 그 시절을 이렇게 회고했다.

“장작 패기, 나무 베기, 길 만들기, 풀 깎기는 기본이었고, 눈에 보이는 일들을 모조리 하고나서 밤에 정진을 하려면 졸려서 참을 수가 없었다. 그러면 그때부터 큰스님께서 법문을 해주셨다. 하루 4시간 법문은 기본이었다. 수행자는 변이 염소 똥처럼 나올 것이 없을 정도로 먹어야 하고, 잠에 마음을 빼앗겨 나태해지면 잠귀신만 좋아한다고 법문하셨다. 스승을 모시고 보낸 그 5개월은 내 인생에서 가장 소중한 시간이었다. 평생 공부에 머물며 정진의 맛을 알게 해준 스승이었다.”

옛 암자를 복원하는 불사가 수월한 일은 아니었다. 많은 난관이 뒤따랐다. 모든 일에 배짱과 추진력이 뛰어났던 혜암은 물러서지 않았다.

"과거에 우리 수좌들이 공부했던 터가 아닌가. 우리 터를 복원해서 수좌들을 공부시키고자 하는데 무엇이 문제인가."

곧 국립공원관리공단에 허가 신청을 냈으나 불허판정이 내려졌다. 사찰 땅에 암자를 짓는 것인데도 허가가 나지 않자, 혜암은 직접 관련 정부 기관 곳곳을 찾아다니며 불사하는 까닭을 설명했다. 그래도 쉽사리 해결이 되지 않았다.

"내가 원을 세우고 하는 불사는 그동안 다 이루어졌는데 도솔암은 참 힘들구나."

관계기관에서 불러들이고 시일이 길어지며 힘들기는 했으나 혜암은 결코 위축되지 않았다.

"우리 땅에 우리가 길을 내고 집을 짓는데 누가 뭐라 하는가."

공공법에서 보면 법에 저촉되는 일이었으나 혜암은 다른 사심이 없었기에 계속 불사를 진행시킬 수 있었다.

불사를 시작한 지 4년 만인 1987년에 허가가 났다. 해인사 승려대회가 끝난 뒤 1,200명이 진정서를 만들어서 중앙기관에 내고, 중앙에서 도와 군에 지시해서 검토해본 결과 국립공원 안이지만 토굴터가 사사지私寺址로 되어 있었기 때문에 허가가 날 수 있는 조건임이 판명되었던 것이다. 기관에서는 산불과 산 훼손의 염려를 들어 그렇게 오랜 시간에 걸쳐 반대를 했던 것이다.

허가가 나자 혜암도 마음고생이 없지 않았던 터라 만면에 미소를 띠며 기뻐했다. 수좌들이 공부하기 좋은 터에 암자 하나를 복원하는 일이 그만큼 힘든 일이었다. 불사에 들어가는 비용을 마련하기 위해 사방으로 다니면서 법문을 하고 신도들에게 아쉬운 소리를 해가며 화주를 해야 했던 몇 년 간의 일들이 주마등처럼 스쳐갔다.

1982년에 시작된 불사는 1987년에야 마무리되었다. 혜암은 5년 동안 도솔암 불사에 매달렸던 정견을 불러 말했다.

"이제 정견이 너도 대중처소로 가서 공부해라."

자신이 힘들여 지은 곳에서 공부하고 싶은 것이 인지상정일 터이나, 혜암은 단호했다. 정견은 스승의 뜻에 따라 그곳을 떠나 해인사 선방으로 들어갔다. 한 철 내내 자신의 손때가 묻은 도솔암 생각이 떠나지 않았다.

"아, 애착을 끊는 것이 이렇게 쉽지 않구나."

두 철이 지나서야 자신이 정성껏 지은 도솔암에 대한 애착을 놓을 수 있었던 정견은, 스승이 천년만년 살 것처럼 정성을 다해 집을 짓고 나무를 해놓았지만 고작 한두 철 살고 그곳을 떠난 이유를 알 것 같았다. 그 후 정견은 제방선원에서 입승 등의 소임을 보며 정진에 매진했다.

집이 지어진 뒤 도솔암에 혜암이 산 적은 없다. 집을 짓는 동안 해인사를 오가며 임시로 지어진 곳에서 지리산의 혹독한 추위를 무릅쓰고 밤새 정진한 날들이 전부였다. 불사 기간 동안 신도들이 찾아왔을 때도 밤을 지새우면서 좁고 추운 방에서 함께 정진했을 뿐이다.

멀리 앞으로 천왕봉이 보이는 양명한 터에 지어진 도솔암은 그 뒤 수좌들이 와서 정진하고 싶어 하는 수행처가 되었다. 오래전 조사들이 살면서 정진하고 도를 전한 역사가 그렇게 이어지고 있는 것이다. 조사들의 수행을 후학들에게 잇게 하고 싶었던 혜암의 원력도 함께 살아 숨 쉬고 있다.

혜암은 도솔암 복원으로 선풍을 일으켰으며, 다시 청매의 법향이 도량에 진동하였다.

慧庵

제9장

가야산 정진불

지리산
도인

오십대 후반에 지리산에서 내려와 일흔네 살인 1993년에 해인
총림 방장이 되기까지 혜암은 주로 해인사에 머물면서 후학들
을 지도했다. 유나, 수좌, 부방장을 거치면서 총림의 발전과 수
행 가풍의 진작을 위해 힘썼다. 일흔한 살까지 안거 때마다 선
원에 들어가 대중들과 함께 정진했다. 하안거, 동안거 중인 반
산림 저녁에는 반드시 소참법문을 했다. 자신의 수행체험담, 화
두결택, 발심 법문, 과거 선지식 회상에서 공부하며 배웠던 이
야기 등을 한 시간가량 했다. 간혹 법거량이 있었고, 납자들의
질문도 있었다. 또한 많은 제자들을 길러내며 원당암에 재가불
자 선원을 지어 재가불자들을 참선수행으로 이끌었다.

1981년 1월 어느 날, 해인사 후원에서 점심 공양을 준비하던 행자들을 향해 강원에 다니는 선배 학인이 외쳤다.

"지리산 도인스님이 내려오셨다. 빨리 나와 봐."

하던 일을 멈추고 행자들이 우루루 몰려나와 후원 앞을 지나 퇴설당으로 가는 혜암을 바라보며 합장했다. 다소 마른 몸 전체에서 빛이 뿜어져 나오고 있었다. 삭발한 머리는 마치 참기름이라도 바른 듯 반짝거렸다. 봉암사결사에서 함께 정진했던 청담이 길을 가다가 문득 '혜암 수좌의 머리에 전봇대가 비친다'라고 했을 만큼 머리가 유난히 투명하고 청정했다. 주먹을 쥔 손에서도 빛이 날 정도였으니 입적 뒤에 황금빛 사리가 많았던 것은 당연한 일이었다.

그날 저녁, 행자 한 사람이 지리산에서 내려와 총림의 유나로 조사전에서 3년 결사를 나고 있던 혜암의 방문을 두드렸다. 후원에서 '저 분이 선배스님들이 이구동성으로 말했던 도인스님이시구나' 하며 마음속으로 흠모의 정을 품은 행자였다.

"큰스님을 스승으로 모시고 싶습니다."

"고향이 어디냐?"

"대전입니다."

"무엇을 하다가 왔느냐?"

"대학을 다니다 왔습니다."

"출가 잘했다. 키워준 부모조차 버리고 출가를 했으니 견성

해인사 조사전 해행당 3년 결사 중 장경각에서_1979년

성불해서 부모를 제도해야 하지 않겠느냐. 알고 보면 일체중생이 전생의 부모 아님이 없다. 생사에서 벗어나야 부모를 건질수 있다. 열심히 정진해라. 그것이 조사스님들이 걸어간 길이다."

법문이 두 시간 동안 이어졌다. 눈썹이 굵고 짙은데다 몸가짐이 가볍지 않아서 마치 오래 수행한 수좌처럼 느껴지는 그에게법명을 주었다.

"중생을 제도하려면 크게 깨달아야 한다. 법명을 대오大悟로해라."

계를 받은 행자는 그해, 원당암에 주석하기 시작한 스승을 따라 들어와 시봉하기 시작했다. 스승은 그에게 무자 화두를 주었다.

대오는 그 후 참선 수좌의 외길을 걸으며 제방 선원에서 정진했다. 혜암이 해인총림 방장과 그 뒤 종정을 할 때 예경실장으로 곁에서 스승을 보좌했다. 스승의 행장을 정리할 때 은사에게 직접들은 이야기를 세심하게 적었다.

유나를 지내던 이때부터 그 후 수좌, 부방장, 방장을 지내는 이십여 년 동안 많은 행자들이 해인사 정진 제일의 도인스님으로 불리던 혜암을 은사로 출가했다.

혜암이 해인사에 머물며 후학들의 정진을 격려하면서 가장 많이 한 경책은 게으르지 말고 정진하라는 것이었다. '중이 없으면 지옥이 비고 소가 없다'는 말을 수시로 했다. 시주를 받으면서 정진하지 않고 게으르면 죽어서 지옥에 가거나 다음 생에 소로 태어나서 평생 일을 하다 죽어 몸을 고기로 바쳐서 그 빚을 갚아야 한다는 의미였다.

상좌가 하나면 지옥이 하나라면서도, 우직하게 공부만 할 것 같은 상좌를 보면 '옛 조사들은 미련한 놈 한 사람을 공부시켜 제대로 된 수행자로 만드는 것을 큰 보람으로 여겼다'면서 흐뭇한 미소를 짓기도 했다. 화두 공부를 할 때, 스승을 보면 입에 물고 있지 말고 밖으로 토해내 질문하라고 다그쳤고, 공부는 하지 않고 말만 많은 상좌에게는 말을 줄이고 화두에 집중하라고 가르쳤다.

　칭찬과 나무람을 적절히 한 스승이었다. 안거 한 철 동안 지극히 공부해서 눈에서 빛이 뻗쳐 나왔던 제자에게는 칭찬 대신 공부한 것을 자랑하지 말고 감추라고 했다.

　"주머니에 송곳을 넣으면 자연스레 삐져나오듯 공부도 익으면 자연스럽게 드러난다. 그게 불법의 묘미다. 그러니 스스로 드러내려고 하지 마라."

　혜암은 매사에 청결했다. 걸레 하나도 더러운 것을 보지 못했다. 걸레를 쓰고 나서는 그 자리에서 빨아 말렸다.

　"걸레를 사용하는 데에도 법이 있다. 걸레에 냄새가 나도록 내버려두는 것은 법도에 어긋나는 것이다. 걸레면 걸레, 옷이면 옷, 집이면 집 모두 그것만의 법도가 있으니 그걸 지켜야 한다. 수행자가 되어서 법도에 맞지 않게 함부로 살면 귀신이 얕잡아 본다. 귀신도 벌벌 떨 정도로 법도에 맞게 정돈된 생활을 해야 한다."

　정진하면서도 틈만 나면 호미를 들고 마당의 풀을 뽑았고, 그의 곁에 사는 시자들에게 낮에는 울력을 하고 밤에는 참선하는 것을 원칙으로 삼게 했다. 대중 울력에 나오지 않고 방에 들어앉아 전축을 틀어놓고 클래식 음악에 심취해있던 제자의 방에 들어가 들고 있던 호미로 전축의 턴테이블을 찍어 박살나게 한 적도 있다.

혜암은 절에 자주 출몰하는 뱀 하나에게도 함부로 하지 않았다. 뱀이 나오면 작은 막대기로 뱀의 등을 찬찬히 쓰다듬어주며 말해주고는 했다.

"보리심을 일으켜라."

하루는 상좌 한 사람이 혜암에게 꾸중을 듣고 있었다. 큰 소리로 야단을 치는 스승이 야속했던지 목소리를 높여 대꾸를 했다. 두어 번 그런 일이 있을 때마다 뱀이 상좌의 방 앞에서 고개를 들고 서 있었다. 상좌는 스승을 찾아가 무릎을 꿇고 참회하지 않을 수 없었다.

상좌가 공부에 대해서 물으면 시간가는 줄 모르고 답해주었고, 대중들을 위한 법문을 할 때 다시 한번 세밀하게 말해 정확히 알도록 했다. 정진하는 제자나 후학을 누구보다 아끼고 존중했다. 참선하기를 주장했으면서도 교학을 공부하기 위해 해외유학을 결심하고 찾아오는 학인에게는 서랍을 열어 장학금을 넉넉히 내놓았다.

"대大를 위해 유학을 가는 것도 좋아. 나중에 큰일을 해야할 것이니 공부 잘하고 오너라."

변명하지 않고 잘못을 비는 제자에게는 허물을 눈감아 주었고, 불사를 돕는 것으로 정진을 삼은 제자에게는 고생했다며 등을 두드려주었다. 단식을 감행해서 군대에 가지 않은 제자에게는 '중은 제 의지대로 살아야 한다'면서 칭찬해주었고, 군대에 간 제자에게는 용돈을 보내어 격려했다. 저 혼자만을 위한 것이 아니라 만 중생, 만 부모를 위해서 하는 거라면 어떠한 결단을 내려도 괜찮다고 했다. 무슨 일이든 스스로 결정을 내려 자신의 삶을 책임질 수 있게 가르친 뛰어난 교육자였다.

혜암이 해인 총림의 유나로 있던 1980년대 초반엔 5백여 명이 넘는 대중이 해인사에 살았다. 이른 아침이면 강원 학인들의 경전 읽는 소리가 경내에 울려 퍼졌고, 가야산 늠름한 소나무들이 선원과 율원을 오가는 스님들의 위의를 장엄해주었다. 이십 리 홍류동 계곡을 끼고 걸어 들어와 출가하려는 사람이 하루에 십여 명이나 되었을 만큼 활기에 가득 차 있었다.

새벽 두 시 경에 일어나서 밤 열 시까지 일을 해야 하는 고된 일과로 인해 다시 밖으로 돌아가는 행자들도 많았으나, 매일 새로 들어오는 사람들이 있었기에 행자실은 늘 북적였다. 공양 준비나 사중의 여러 일들에 손을 보탰던 행자들이 자체 내 논의 끝에 행자기본 교육 때 법문을 해줄 법사로 혜암을 모셨다.

혜암은 자신이 행자시절에 수행한 일화를 들려주는 것으로 법문을 시작하곤 했다. 행자시절에 밥을 짓다가 주걱을 내려놓고 백련암 위 환적대로 올라가 단식하면서 용맹정진 했던 이야기는 그대로 행자들에게 전설이 되었다. 영하 20도가 오르내리던 추운 겨울, 오대산 사고암에서 자지 않고 생식하면서 정진한 이야기는 행자들의 발심을 촉발시켰던 것으로 유명하다.

"처음 출가해서 시작된 일주일 용맹정진이 평생이 되었지. 일주일이 끝나면 다시 일주일, 그렇게 평생을 일주일 단위로 정진했다. 일주일 후 깨치지 못하면 태평양 한가운데 빠져 죽을 각오로 정진했지."

어떤 행자는 혜암의 정진 이야기를 듣고 신심이 북받쳐 21일 동안 단식하며 용맹정진에 돌입하기도 했다. 그렇게 한번 수행 일화를 들은 행자들은 혜암의 곁을 떠나지 않고 서로 시봉하겠다고 나섰으며, 나아가 은사로 모시기를 원했다.

훌륭한 선지식을 스승으로 모시고 싶은 발원을 담아 100일 동안 매일 5백배의 절을 했던 행자는 선배들에게 '혜암 스님을 찾아가라'는 얘기를 듣고 와서 제자가 되기도 했다. 어느 해는 수계한 행자 모두 혜암을 은사로 삼겠다고 나서서 총림의 행정을 맡은 실무진들이 애를 먹기도 했다.

"위법망구 정신으로 그 어떤 것도 보지 말고 화두에만 말뚝을 박아야 한다."

조사전에서 결사를 나고 있던 혜암은 자신을 시봉하는 행자나 학인들에게 매일 아침 30분씩 법문을 해주었다. 불교의 핵심을 쉽게 풀어서 설명해주었고, 참선을 공부하는 방법을 비롯해서 불법을 관통하는 인과법, 조사들이 공부한 이야기를 실례를 들어서 생생하게 전했다.

정진 제일의 선지식에게 살아있는 공부를 배운 그들은 수계

후, 강원을 졸업할 때까지 일 년에 두 번 있던 용맹정진에 빠지지 않고 참석했다. 발심 법문이 주효했던 것이다.

사람을 키우는 일이 무엇보다 중요한 일임을 알았기에 행자나 초발심 수좌들에게 관심을 소홀히 하지 않았다. 나무 한 그루 한 그루가 뿌리를 튼실하게 내려야 울창한 숲을 이루듯, 어린 출가자 한 사람이 총림의 주인이 될 터였기에, 그들을 정성을 다해 가르쳤다. 자신이 정진한 이야기를 남김없이 털어놓았던 것도 경험에서 나온 이야기가 가장 진실되고 강력한 힘을 발휘하기 때문이었다.

당시 강원 학인으로 혜암을 시봉한 해운의 기억이다.

"큰스님께서는 평생 장좌불와를 하셔서 주무시지를 않았다. 시봉하던 우리는 당연히 고생을 좀 했다. 큰스님이 정진하는 곳에는 이불이 없었다. 오직 좌복 하나뿐이었다. 밤 11시만 되면 좌복에 앉아 미동도 하지 않고 정진하셨다. 뒷모습만 봐도 수행자의 결기가 느껴졌다. 그런 큰스님을 보고 있으면 잠도 오지 않아 밤새 뒤척이기만 했다."

"법문을 준비할 때는 조사어록과 경전을 보면서 자기 세계를 점검했고, 내용에 의문이 나는 것이 있으면 후학이라도 그 방면의 전문가를 찾아가 물었다. 불치하문不恥下問의 용기였다. 아랫사람에게 묻는 것을 부끄러워하지 않는 어른의 진면목이었다."(율사 종진)

가야산
법주가 되다

1993년 11월, 가야산을 호령하며 해인총림을 이끌던 성철 스님이 입적에 들었다. 입적 후 49일 동안 1백만 명이 다녀갔던 추모의 열기가 식기 전, 해인사에서는 임회를 열어 혜암을 후임 방장으로 추대했다. 부방장으로 성철을 보필한 지 8년 만이었고 세수 일흔넷일 때였다.

해인총림이 출범하면서 유나로 시작해 수좌, 부방장을 거쳐 왔기 때문에 방장이 되었다고 해서 총림의 운영이 크게 달라질 것은 없었다. 그러나 혜암은 평소 현실적인 면에서 필요하다고 생각한 총림 운영에 대한 몇 가지 지침을 실천하고자 했다. 대중의 화합을 유지할 것과 위계질서를 확고히 세울 것, 부처님의 정법을 지켜나갈 것이 그것이다.

특별할 것 없이 지극히 상식적인 것이었다. 그러나 평소 '상식常識을 떠난 법은 없다'는 법문을 많이 했던 혜암의 의지가 잘 드러난 지침이었고, 혜암은 이것을 실천하기 위해 노력했다.

"있는 법을 지키느냐가 문제이지 길이 없어서, 혹은 길을 몰라 당황할 일은 없어요. 부처님의 말씀대로 지낼 생각입니다. 상식을 떠나서 법이 없는 것처럼 대중이 함께 살면서 서로 경우를 잘 지키면서 수행에 전념하면 됩니다."

정진 두 글자가 성불의 어머니이니 정진에 힘을 쏟으면 된다는 것이 혜암의 소박하면서도 상식적인 생각이었다.

일상생활에서 성철이 직설적으로 호통을 치며 후학들을 가르쳤다면 혜암은 따뜻한 봄바람과도 같이 부드럽게 대했다. 방장이 되기 20여 년 전 어느 날의 일이다. 태백산 동암에서 결제를 마친 혜암이 성철을 만나고자 백련암으로 올라갔다. 좌선실에서 이런저런 담소를 나누던 중 성철이 시자 원택을 불러 차를 가져오라고 했다. 시자가 곧 찻상을 준비해서 차를 가지고 들어왔다가, 긴장을 한 탓에 물을 엎지르고 말았다. 시자는 마음이 급한 터에 옆에 있던 두루마리 휴지를 손등으로 몇 번 감고 나서 뜯어내더니 바닥에 흘린 물을 닦았다.

그 모습을 바라보고 있던 성철이 큰소리로 나무랐다. 네모난 화장지를 네 조각, 여섯 조각으로 나눠 쓰던 성철이었으니 그냥 지나칠 수 없는 노릇이었다.

"니는, 느그 아부지가 만석꾼이제?"

시자가 처음 뵙는 손님 앞에서 무안을 당한 채 얼굴을 붉히자 혜암이 성철을 누그러뜨리며 말했다.

"요새 출가한 사람들은 넉넉한 환경에서 커서 그런지 아끼는 근성이 조금 부족합니다. 오늘 야단을 맞았으니 앞으로는 더 잘할 것입니다."

시자가 나가자 한 철 정진한 이야기, 선방 분위기를 전했고, 성철은 귀 기울여 경청했다. 늘 있는 일이었다. 시간이 지나 나오면서 배웅하는 시자를 향해 따스한 마음을 담아 격려했다.

"나는 호랑이도 때려눕힐 힘이 있는 사람이니 신경 쓰지 말고 어서 들어가서 큰스님 시봉하게. 큰스님 모시다보면 야단맞을 일이 많을 것이지만 수행한다고 생각하고 잘 참고 지내야 하네."

혜암이 내려가자 성철이 원택에게 저 스님이 누구인지 아느냐고 묻고는 이렇게 얘기했다.

"혜암 스님이라고 하제! 천제굴에 있을 때 나랑 같이 지냈는데 해인사에서는 보기 드문 정진 수좌스님이지. 제방에서 선지식을 탐방하며 정진하는데 수좌들의 귀감이야."

"그 후 혜암 큰스님께서는 해인사 원당암에 주석하시면서 해인 총림의 유나, 수좌, 부방장을 차례로 맡으면서 대중의 정진과 사중의 안정적 운영을 뒷받침했다. 산중 수좌의 고고한 품격이 살아있는 분이었다."(원택)

성철은 공식 석상에서 늘 말해왔다.

"혜암 스님처럼 철저하게 계율을 지키고 용맹스럽게 정진하는 사람은 내 일찍 보지 못했다. 해인사에 혜암 스님이 없으면 내가 소화가 안 된다."

원당암에 주석하기 전까지 혜암은 해인사와 제방 선원을 오가며 정진했다. 그런 혜암에게 성철은 해인사에서 주로 정진하기를 원했으나, 한곳에 머물러 있는 것보다 제방의 선지식을 찾아다니면서 정진하기를 즐겨하고 후학들과 조촐한 선방에서 정진하기를 좋아했던 혜암을 붙들지는 못했다.

혜암이 해인사 선원의 유나로 있으면서 정진할 때다. 당시 해인사는 전국의 수좌들이 한 번씩은 다녀가야 하고, 또 다녀가고 싶은 총림으로 자리매김을 하고 있었다. 발심한 수행자들이 끊임없이 찾아와 선방 분위기가 한껏 달아올랐다. 그 가운데 신심 또한 폭발했다.

그런 한편 괴각승들이 찾아와 정진의 열기에 찬물을 끼얹기도 했고 수좌인 혜암에게 어깃장을 놓기도 했다. 보다 못한 후학들이 그들을 제지하면서 싸움으로 번지기도 할 만큼 혜암이 존경을 받을 때, 혜암이 해인사 선원을 떠난다는 소식을 듣고 수좌들이 충격에 빠졌다.

혜암을 믿고 따르며 정진하던 후학들 가운데 한 사람이 그 소식을 듣고 밤 10시에 방선을 하자마자 백련암으로 뛰어올라갔다.

"뭐라고? 혜암이 간다고? 그럼 안 돼!"

성철이 곧 혜암을 불러 사정했다.

"대중이 좀 말을 안 들어도 가야산에 있어야지. 대다수의 대중은 혜암이 가야산에 있는 것을 원해. 지금 원당암이 비어있으니 그리로 가서 좀 쉬는 게 좋겠어."

성철은 대중에 양해를 구해 혜암이 주석할 처소를 원당암으로 정하고 일을 수습했다. 지금 원당암의 탄생은 성철의 배려와 혜암의 중생교화 원력이 빚어낸 작품이라고 할 수 있다. 그러나 혜암은 해인사에 살면서 잃어버린 것이 있다며 이렇게 토로한 적이 있다.

사실 방장스님을 보필하다보니 뜻에 없는 중노릇을 세 가지 하게 되었다. 토굴 같은 데 숨어서 평생 정진하며 살고 싶었는데 그러지 못한 것, 상좌를 안 만들려고 했는데 큰절에서 살다보니 안 받을 수 없었던 것, 절을 맡지 않으려고 했으나 방장스님과 사중에서 원당암을 맡으라고 해서 할 수 없이 맡게 된 것이다. 일파잠동만파수一波暫動萬波水라고 하나가 잘못되니 자꾸 가지가 생겨나 내 뜻과는 달리 이렇게 된 것이 조금 아쉽기도 하다.

1988년 〈수다라〉와의 인터뷰

성철은 혜암을 아꼈고 혜암은 성철을 법사로 모시며 존경하고 따랐다. 서로를 아끼고 존중하는 모습은 후학들에게도 승가의 아름다운 전통을 배우게 했다. 젊은 수좌들이 참선하는 것을 최고의 가치로 두었던 성철은 혜암이 지리산에서 내려와 조사전에서 정진하기를 원하자 이미 서너 명의 젊은 수좌들이 신청한 용맹정진을 물리치고 혜암이 용맹정진하도록 배려했다.

함께 정진하던 현우가 일주일 용맹정진 초반에 입적했다. 현우는 혜암을 따라다니며 가행정진을 하던 이북 출신의 수좌다. 성철은 혜암이 용맹정진 중이니 장사를 며칠 미루더라도 끝나고 상을 치르자고 했다. '현우가 수좌였는데 중간에 용맹정진을 깨고 장사 지내주는 것을 좋아하겠는가' 하는 것이 표면적인 이유였지만, 혜암의 정진을 오롯이 뒷받침해주고 싶은 마음이 더 컸던 것이다.

원당암에 주석하게 된 혜암은 그 후 차츰 해인사에서 정진하는 날들이 많아졌고, 1985년 부방장이 되면서 성철과 함께 총림의 운영을 더 심도 있게 의논했다. 몸이 약한 성철을 대신해 상당법문을 했고, 일흔한 살이 될 때까지 안거 동안 대중들과 함께 자리에 앉아 정진했다. 일 년에 두 번 있었던 용맹정진 때는 입적하기 한 해 전까지 빠지지 않고 동참하면서 후학들을 격려했다.

"가난한 것부터 배우는 것이 제불조사의 청백 가풍을 잇는 것이니 수행의 출발은 이것부터 시작되어야 한다."

힘들고 고통스러운 수행이 끊어지면 정법안장이 무너진다는 말이 있듯, 이러한 청백가풍으로 정법의 맥을 잇고 중흥의 틀을 마련하자는 것에 두 사람은 뜻을 같이했고, 방장이 되어서도 혜암은 성철과 같이 했던 뜻을 이어갔다.

더불어 수행의 방법으로 돈오돈수에 대한 뜻을 같이했다. 성철은 상당법문을 할 때는 반드시 돈오돈수법을 이야기한 육조혜능의 《육조단경》, 대주혜해의 《돈오입도요문론》, 황벽의 《전심법요》, 임제의 《임제어록》 등 네 가지 어록을 의지해서 법문을 하라고 당부했다.

그밖에 성철은 총림의 원만한 운영 지침으로 세 가지를 부탁했다. 청정한 계행을 지키게 하고, 서로 공경해서 화합하게 하며, 일체중생을 부처님과 같이 섬기는 동시에 그들에게 이익을 주라는 유시가 그것이었다. 그리고 무엇보다 참선수행에 대한 바른 길을 제시하며 잘 이끌어갈 것을 부탁했다. 이에 대해 1994년 〈해인〉 1월호 특별탐방 '해인총림 방장 혜암 큰스님께 듣는다'에서 편집장 향적에게 이렇게 전했다.

오래전부터 늘 총림 운영에 대한 부탁이 있었습니다. 상당법문을 할 때는 반드시 육조혜능 스님의《육조단경》, 대주혜해 스님의《돈오입도요문론》, 황벽 스님의《전심법요》, 임제 스님의《임제어록》, 이 네 가지를 의지해서 법문 하라고 못을 박아 놓으셨습니다.《임제어록》에 대해서는 일본의 예를 들어가면서, 약삭빠른 일본 사람도 다른 것은 다 불타 없어져도 이 책만 있으면 괜찮다고 했다는 일화를 소개하면서 말입니다. 누가 뭐라고 비방하더라도 이런 원칙론을 세우시고 이를 지시하였습니다. 이는 한두 번 들은 얘기가 아니에요. 선지식이 이렇게 부탁한 것을 뒤를 이어 정법을 선양해야겠다는 마음이 확고부동합니다. 다음에는 어떻게 되든지 내 대에는 스님이 지시한대로 이끌어 나갈 생각입니다. 지금은 나의 뜻으로 법문을 하고 있지만, 조만간 위 네 권을 돌아가면서 법문할 것입니다.

해인총림 방장 추대식 _ 1994년 1월 26일

오직 화두하는
그놈만이 나다

방장 취임 일 년 후, 해인 강원 학인들이 발행하는 〈수다라〉 편
집인들이 퇴설당으로 찾아와서 물었다.

"불교에 귀의하여 불법을 닦고자 하는데 어떻게 공부의 단계
를 밟아야 합니까?"

"각자의 직분에서 밀행密行으로 선정을 닦아야 원융한 불자
라고 할 수 있다. 그 밖의 것은 불법 문중에서는 외도법이다."

"결제 중 용맹정진 때만 되면 몸소 관음전에 와서 학인들에
게 화두를 주십니다. '이뭣고' 화두에 대해 말씀해 주십시오."

"오직 화두 하는 그놈만이 나다. 그 외에는 전부 업을 짓는
것이다. 화두 공부가 안 되면 끝까지 되도록 하라. 그것이 생사

윤회를 벗어나기 위해 출가한 우리의 의무다. 화두의 생명은 의정疑情을 타파하는 데 있는 것이다. 이뭣고는 이뭣고 하기 전에 모르는 것이 있을 때 그것을 알기 위하여 이 무엇인고 할 일이 생긴다. 비유를 들자면 이뭣고는 달을 가리키는 손가락이나 마찬가지고, 원칙은 달을 보는 데 뜻이 있으니 조작으로라도 이뭣고를 해서 공부를 하면 이뭣고가 참 의심뭉치(의단) 하나로 된다. 거기서 한 걸음 더 나아가서 터진 것을 견성이라 한다. 이뭣고 화두는 세상일과 같이 알아맞히는 공부가 아니고 알 수도 없고 답답한 데로 들어가니 답답해서 터지는(打破) 공부다. 하라는 대로만 하면 견성을 하지 않으려야 안 할 수 없다."

"스님께서 좋아하는 게송은 무엇입니까?"

밤낮으로 간절히 도를 닦아서
좋은 때를 헛되이 보내지 마라
한 번 뛰어 여래지에 바로 들어가거니
오온 망상에 머물러 세상사에 속으리요
子午慇懃修白業 不須虛負好光陰
一超直入如來地 莫向閻浮滯五陰

수행하는 데 필요한 간곡한 말씀 하나를 청하자 혜암은 이렇게 답했다.

해인총림 방장 취임 후 해인사 대적광전에서 설법하다.

"크게 깨친 뒤에야 큰 꿈을 알 수가 있다(大覺然後知大夢). 무슨 직업을 가지고 있든지, 무슨 일을 할 때라도 자기를 바로 보아야 자유해탈이니 참선을 해서 무심을 증득해야 대지혜 광명이 생기고 대자유가 생기는 것이다. 출가의 근본이 생사해탈이니 밀행을 다해서 이뭣고를 타파하라."

그리고 다음과 같은 글을 써주었다.

여래선을 단박에 깨치니
육도만행 본체 속에 원만함이라

꿈속에선 밝고 밝게 육취가 있더니
깨친 후엔 비고 비어 대천세계가 없도다
頓覺了如來禪 六度萬行 體中圓
夢裏 明明有六趣 覺後 空空無大千
1995년 12월 7일 〈수다라〉

　방장에 취임하고 두 번째 새해를 맞으면서 신년 대담을 목적
으로 교계 방송에서 찾아와 물었다.
　"어떻게 지내십니까?"
　"나이 많을수록 세월이 빠른 것 같다. 옛 어른들의 말씀은
하나도 버릴 게 없다. 언제나 안으로 중생을 위해 용맹정진하
고, 밖으로 남을 위해 여러모로 도와줄 일밖에 없다. 세상에
나올 때부터 중생을 제도하러 왔고, 선풍을 진작시키는 것으로
제도 방법을 삼고 있다."
　"외부의 조건이나 도전에 대한 극복은 어떻게 해야 합니
까?"
　"무유정법無有定法으로 일정한 법은 없으나 개인의 일에는
양보하고 대중의 일에는 극복해나가야 한다."
　"바람직한 인생관은 어떻게 가져야 합니까?"
　"사람 몸을 받기 어려운데 좋은 계기를 맞이했으니 본 고향
으로 돌아가야 한다. 나의 참 모습을 찾는 일이 세상 법으로는

옳은 일이니 공부하다가 죽어야 한다."

간결하지만 방장인 혜암이 어떤 생각을 가지고 총림을 운영하고 있는지 알 수 있는 육성이다.

오후불식
하라

혜암의 가풍 가운데 가장 앞서는 것이 용맹정진이다. 계정혜戒
定慧 삼학도 용맹정진을 통해 완성되며 용맹정진을 위해 존재
한다고 본 선사였다. 계정혜 삼학을 철저히 자성을 찾는 정진
으로 강조한 것이다.

　1993년 말, 해인총림 방장으로 추대되고 나서 얼마 뒤 종단
원로회의가 열려 종단의 계율을 지도하는 조계종 전계대화상
으로 추천되었을 정도로 계율에 철저했으나, 실상을 관하는 정
진이 곧 바른 계율임을 천명했다.

　혜암이 평생 언제 어디서나 강조한 것은 물러섬이 없는 용맹
정진이었으니, 해인총림의 방장으로 추대되고 나서 첫 안거에

서 가장 먼저 강조하며 실시한 것도 용맹정진이었다. 그리고 정
진과 함께 강조한 것이 많이 먹지 말라는 것이었다. 젊은 시절
부터 몸을 지탱할 만큼만 먹으며 하루도 요를 펴지 않고 지내
온 혜암은 무엇보다 적게 먹는 것이, 그것도 오후에는 음식을
손에 대지 않는 것이 공부에 절대적으로 도움이 됨을 잘 알고
있었다.

혜암은 평소 밥 먹는 것을 보면 그 사람의 인격과 운명을 알
수 있다며 다음과 같은 말을 자주 하곤 했다.

세 끼를 먹고는 공부하기 어렵습니다. 사람마다 차이가 있
겠으나 밥을 많이 먹고는 공부하지 못해요. 밥 먹는 것을 보면
그 사람의 인격과 운명을 알 수 있습니다. 밥이 그 사람의 몸을
좌우하지요. 몸이 무거우면 해태심이 나고 짜증이 나서 무슨
일을 해도 안 됩니다. 그래서 나는 밥을 적게 먹는 것이 공부의
첫 발이라고 말합니다. 해인사 선방에 대중이 적게 살더라도
오후불식을 하도록 하고, 공부하려고 애쓰는 수좌들을 도와
주어야겠다고 생각했습니다. 한 사람이 살더라도 올바르게 공
부하려고 애쓰면 그곳이 선방입니다. 많이 살더라도 밥만 먹고
사는 데는 선방이 아니에요.

방장이 되고 처음 맞는 동안거에 들어가기 전 선원의 지객知

客 소임을 맡은 대오에게 이렇게 명을 내렸다.

"이번 동안거 철부터는 방부를 받되 오후불식 할 사람만 받아라."

일종식과 장좌불와를 출가한 날로부터 평생 실천했던 두타 수행자다운 방장의 일성이었다.

해인사 유나로 있던 어느 해 봄이었다. 결제가 끝난 산철에 발심이 투철한 정예 수좌 스무 명을 선발해서 당시 가행정진 공간으로 사용되던 퇴설당에서 특별정진을 시킨 일이 있다.

새벽 2시에 시작해서 밤늦게까지 이어지는 17시간의 가행정진이었다. 특히 오전 7시부터 오후 5시까지는 점심 공양도 생략한 채 집중정진을 시켰다. 오전 9시부터 점심 공양할 시간대가 화두에 대한 집중력이 최고조에 이르기 때문이다. 처음에는 모두 허기를 참기 어려워했다. 그러나 정진에 힘이 붙자 그들은 오히려 점심 공양이 방해가 됨을 알았다. 적게 먹음으로 해서 마음이 맑아지고 투명해지는 그 맛은 말로 표현할 수 없었던 것이다.

대오는 입방 원서에 오후불식을 지키겠다는 내용을 적은 각서를 첨부했다.

"방장스님의 방침입니다."

방부를 들이러 온 수좌들은 자필로 각서를 쓰고 입방했다. 당황해하며 돌아가는 몇몇 수좌들도 있었다. 그렇게 처음 실시하는 해인 선원의 오후불식이 시작되었다. 대다수의 수좌들은 방장이 특별히 지시한 지침을 따라주었다. 차 한 잔 정도 마시는 것으로 허기를 달랜 수좌도 더러 있었으나 대체로 순조롭게 진행되었다.

그 뒤 '해인사 선원은 오후불식을 할 스님만 받는다'는 소문이 나자 소신을 가지고 오는 수좌들이 많아졌다. 두세 철이 지나자 오후불식은 안정적으로 자리를 잡았다. 혜암이 방장으로 있던 1993년 동안거부터 1996년 하안거까지 오후불식을 실시했다.

당시 선원의 일과를 보면 이렇다.

오전 2시 – 기상

2시 10분 – 예불 및 입선

5시 – 방선 및 108배

6시 – 아침 공양

8시 – 입선

10시 30분 – 방선 및 사시예불

11시 10분 – 사시 공양

오후 2시 – 입선

5시(겨울 4시) – 방선 및 청소

7시 – 예불 및 입선

10시 – 방선 및 취침

방장을 비롯한 모든 대중이 대적광전에서 사시예불을 함께 할 때는 환희심으로 벅찼고, 새벽과 저녁에 선원에서 죽비예불을 올릴 때는 마음이 적요함으로 가득하곤 했다. 새벽 정진이 끝난 뒤 바로 이어졌던 108배 참회는 새벽의 도량을 경건함으로 물들게 했다.

"몸이 가볍고 잠이 적어야 공부를 제대로 할 수 있다. 그러려면 적게 먹어야 한다."

혜암은 소참 법문이나 상당법문에서도 오후불식을 강조했고 차츰 시간이 흐르면서 대중들은 방장의 법문에 동감하기 시작했다.

경전에는 오후에 음식을 먹지 않으면 다섯 가지 복이 있음을 이렇게 설했다.

부처님께서 말씀하셨다. 첫째는 음심淫心이 적고, 둘째는 누워 자는 것이 적으며, 셋째는 한결같은 마음을 얻고, 넷째는 하풍下風(방귀)이 없으며, 다섯째는 몸이 편안하고 또 병들지 않는 것이다. 그러므로 사문은 먹지 않는 데에 복이 있다는 것을 알아야 한다.

《처처경》

부처님은 '때 아닌 때에 먹지 않으면' 다섯 가지 이익이 있다

고 강조했다. 즉 적게 먹음으로써 탐욕을 제거할 수 있고, 잠이
줄어들고, 정신이 맑아 상쾌해지며, 복과 수명이 늘어나 깨달
음을 얻는 데 도움이 된다는 점이다.

《비라삼매경》

오후불식을 실시한 첫해 동안거 해제법어 중 마지막에 혜암
은 이렇게 일갈했다.

설사 결제 중에 약간의 정진을 했다고 하더라도 해제 3개월
동안에 동분서주로 타락한다면 해제의 뜻을 모르는 사람입니
다. 해제라는 것은 결제 때 못한 공부를 더 잘하기 위하여 선
지식을 찾고 도반을 찾고 처소를 가려 공부를 더 잘하고, 거주
지에서 하는 사람들은 청산과 같이 요지부동하고 끊어짐이 없
이 용맹정진 하는 데 뜻이 있습니다. 오늘도 이만 내일도 그만
금년도 이대로 명년도 그대로 허송세월하니 세월은 사람을 기
다려 주지 않기에 허망하게 왔다가 허망하게 죽을 때에 누구
나 후회한들 무엇하겠습니까?

꽃다운 풀밭 길을 걷지 않으면
꽃이 지는 마을에 가긴 어려워

不行芳草路　難至落花村

혜암은 주장자를 한 번 내리치고 일침을 가하듯 다시 한 번 오후불식에 대해 거론했다.

"이 다음 철부터는 오후에 불식하고 용맹정진하여 다 같이 공부에 득력하고 확철대오하기 바랍니다."

그날 준비한 법문 원고 끝에는 오후불식의 여섯 가지 복과 죽을 먹는 열 가지 이익에 대한 글이 이렇게 쓰여 있었다.

중후불식육복中後不食六福 ─ 소음少淫, 소수少睡, 무하풍無下風, 신안身安, 무병無病, 득일심得一心

죽십리粥十利 ─ 자색資色, 증력增力, 익수益壽, 안락安樂, 변설辯說, 제풍除風, 소숙식消宿食, 사청辭淸, 제아除餓, 소갈消渴.
1994년 2월 24일 음력 정월 15일 해제법어

전국의 제방 선원에서 개인적으로는 오후불식을 하는 사람이 더러 있었으나 단체 대중이 모두 오후불식을 행했던 예는 당시 해인사가 처음이고 그것도 혜암이 방장으로 재임하던 때가 유일했다.

방장의
용맹정진

방장에 오르고 첫 동안거 용맹정진이 시작되기 전 날 혜암은 반산림 법어를 하기 위해 원고를 다듬었다. 단정한 필체로 늘 손수 써서 원고를 준비하고 법문했다.

오늘은 반산림半山林에다가 내일 새벽 세 시면 산중 모두에서 납월臘月 8일 성도재成道齋의 일주일 용맹정진이 시작되는 날입니다. 한산림은 최절인아산摧折人我山, 장양공덕림長養功德林이란 뜻이요, 반산림은 90일 동안에 견성할 목적이라면 날짜로 보아 반이 되었으니 공부를 절반 했는지 못했는지를 점검하는 때입니다. 만약 반산림의 정진이 여의치 못했으면 보다 더욱

분발하여 용맹정진하자는 다짐을 하는 때입니다.

이런 기회에 학인들도 제행무상諸行無常하여 무상이 신속하니 업장을 소멸하고 생사를 해탈해야지, 항상 인아상人我相만 기르고 생사 죄만 쌓으면 원한이 끝이 없을 것입니다. 서산 스님께서도 금강산 중내원암에서 10년을 정진하시고 그 경지를 이렇게 읊었습니다.

앉아서 모든 이들이 끊지 못할 최후 다한 곳을 끊으니
허다한 분별 망상 마침내 어디로 갔는고
坐斷諸人不斷頂　許多生滅竟何歸

정진하는 사람들이 앉으면 망상이 생기고 졸음이 와서 혼침 산란에 시달리고 이뭣고 하던 것이 그만 망상이 생겨서 그 망상을 따라다니다가 어느 때는 화두가 있고 어느 때는 화두가 없고 하는 것이 지금은 망상을 찾아보려고 해도 도무지 없었다는 말입니다.

세상만사도 피땀을 흘려 참고 이겨서 성공하는데, 하물며 무가보無價寶인 자기보장自己寶藏을 찾는 이 공부는 생명을 걸고, 죽은 폭 대고, 이 세상에 나오지 않은 폭 잡고 정진일념精進一念이라야 합니다. 고인들이 먹을 것 다 먹고 잘 것 다 자고 공부한 사람은 한 분도 없습니다.

수좌들의 공부가 가나오나 서나 앉으나 누우나 한결같이 쉬지 않고 물 흐르듯이 해야 되고, 몽중일여가 되고 숙면일여가 되어서 잠이 꽉 들어서도 일여한 데서 깨쳐야만 해탈한 것이지, 그 전에는 견성할 수 없다는 것이 근본적으로 딱 서야 합니다. 동정일여도 안 되고 몽중일여도 안 되는 그런 깨우침은 깨친 것이 아니고 실제 생사에는 아무 소용이 없습니다.

실제로 생사에 자재한 능력을 가질 수 있는 깨침이어야지 생각으로만 깨쳤다고 하는 것은 생사에 아무 이익이 없고, 그것은 깨침이 아니고 불교의 병이요 증상만입니다. 그러니 우리의 공부가 실제로 오매일여가 되어 영겁불망이 되도록 위법망구하여 정진으로 부사의해탈경계를 성취하고 미래겁이 다하도록 고해 중생의 다생부모를 제도합시다.

고조사古祖師가 말씀하시기를 '대자비심으로써 육도만행六度滿行, 곧 남을 돕는 큰 불사를 지어 공부를 성취하려는 사람은 송장을 타고 큰 바다를 건너려는 사람과 같다'고 하시었습니다.

이암李庵 권權선사는 공부할 적에 해가 지면 눈물을 흘리며 오늘도 또 이렇게 헛되이 보냈구나 하며 울지 않는 날이 없었으며, 누구와도 절대로 말을 하지 않고 정진하였습니다.

자명慈明선사는 분양汾陽 화상 밑에서 지내면서 추운 겨울에도 밤낮으로 정진하며 밤이 되어 졸리면 송곳으로 허벅다리를 찌르며 탄식하기를, '고인들은 도를 위하여 먹지도 아니하고 자지도 않았거늘 나는 또한 어떤 놈이기에 게으르고 방종하여 살아서는 모든 일에 도움이 없고 죽어서는 후세에 이름이 없으니, 너는 무엇 하는 놈이냐?' 하였습니다. 이렇게 정성을 다하여 공부하더니 후일에 크게 깨쳐 분양선사의 도풍을 크게 떨쳤습니다.

경허鏡虛 스님께서도 해인사 퇴설당에서 공부하실 때에 면상에 바가지를 쓰고 대장간에서 작도斫刀를 둥글게 만들어서 목에 걸었다고 합니다. 그 당시에는 대중적으로 아침은 죽 공양, 사시巳時에는 정식공양正食供養, 일일一日 오후불식, 잠은 두 시간, 선방에서 가사를 수하고 정진하였다고 합니다. 그 당시 경허 스님을 모시고 정진하시었다고 하신 구십 세 이상의 노스님들에게서 직접 들은 말입니다.

고요히 앉은 무심한 마음은
칠보탑을 세운 것보다 공이 승하네
분별심은 생사에 윤회하지만
무심은 길이 생사가 없도다
靜坐無心心　勝造七寶塔
有心成生死　無心永不滅

도를 배우는 것은 별것 아니요
당사자의 굳은 결심에 있나니
이 모든 집착을 놓아버리면
물건 물건마다 내 친구 되네
學道無多子　當人決定心
忽然都放下　物物是知音
1994년 1월 11일 동안거 동짓달 그믐 반산림 법어

"일흔 살까지는 대중과 함께 정진하겠다."

혜암은 이 약속을 지켰다. 일흔이 넘자 선원에는 들어가지 않았다. 대신 방장으로 있던 칠십대 중반일 때도 동안거와 하안거 일주일 철야 용맹정진에 반드시 참여해 단 한 시간도 빠지지 않고 정진에 임했다.

1996년 여름, 7일 용맹정진할 때의 일이다. 선원 대중 40여 명, 강원의 학인 80여 명을 비롯해 종무소에서 행정직 소임을 보는 국장급 스님들까지 120여 명의 대중들이 선원을 꽉 채웠다(여름에는 대적광전에서 한다). 용맹정진이 시작되기 전 혜암은 시자인 대오에게 선방에 작은 평상을 하나 가져다 놓으라고 일렀다. 맨 바닥의 좌복보다는 양쪽 팔걸이가 있는 의자 모양의 평상이 더 편했기 때문이다.

"분한 마음을 내어 간절하게 정진하는 것이 용맹정진이다.

좌복 위에서 죽는 수좌가 제일 복이 많은 수좌다."

연로한 방장이 몸소 참여해 정진을 격려하는 이러한 법문에 대중들은 비장한 마음을 느끼지 않을 수 없었다. 모두 바짝 긴장하고 척추를 곧추세웠다. 정진의 열기가 멀리 가야산 정상까지 닿은 어느 날이었다. 고요함이 흐르고 있던 선원에 '쿵' 소리가 울려 퍼졌다. 방장이 평상에서 떨어진 것이다. 혜암은 일어나 다시 평상에 앉았다. 세월을 비껴갈 수 없는 노년에 이르러 어느덧 기력이 쇠해진 혜암은 바로 시자에게 명했다.

"끈으로 나를 평상에 묶어라."

이제 용맹정진은 쉬시겠지 짐작했던 시자는 혜암의 명에 잠시 망설였다. 오십여 년 동안을 하루 한 끼 공양에 이불 없이 앉아서 정진해온 스승이 이제는 쉬어야 할 때라고 생각했기 때문이다.

"어서 나를 묶지 않고 무엇 하느냐?"

시자는 스승의 명에 따라 평상에 몸을 묶었다. 일흔일곱의 방장은 남은 시간 어깨와 허리가 불편함에도 불구하고 평상에 앉아 대중 곁을 떠나지 않았다. 쉬는 시간을 틈타 시자가 안마를 했으나 나아질 기미가 보이지 않았고, 포행을 할 때는 어깨와 허리가 완전히 뒤틀린 채로 걸었다.

"스님, 들어가 쉬시지요."

대오의 염려에 혜암은 단호히 고개를 저었다.

"내가 빠지면 선원의 분위기가 흩어져서 안 된다."

정진하는 대중만을 생각했던 혜암은 일주일 용맹정진을 마치자 돌아가서도 방에 드러눕지 않았다. 호미를 들고 그새 풀이 많이 자라있는 마당으로 나갔을 뿐이다.

예로부터 총림의 방장은 부처를 만들어내는 지도자이며 부처님을 대신하는 자리에 있는 사람이라고 했다. 혜암은 수백 명이 모여 사는 총림의 방장으로, 종단의 종정으로, 여든에 가깝도록 용맹정진을 함께하면서 많은 대중들이 화두의 용광로에 들어가 부처가 되어 나오기를 기다렸다.

총림을 통솔해야 하는 방장의 자리는 어깨가 무거운 자리였다. 대쪽 같은 기개와 깊은 수행력이 없으면 견디지 못할 자리였다. 어느 해 해제 전날 저녁, 선원에서 자자自恣(하안거의 마지막 날에, 모인 승려들이 자기의 죄를 참회하고 고백해서 다른 승려들에게서 훈계를 받는 일)를 하던 중에 일어난 일이다. 안거 중 이러저런 일로 문제를 일으켰던 수좌에게 세 철(3안거)을 다른 선방에서 공부하고 오면 방부를 받아주겠다고 언질을 주었다. 그 수좌로 인해 힘들어했던 대중들도 당연한 결정으로 받아들였다. 그런데 그날 밤, 기분이 나빴던 그가 흉기를 들고 방장이 있는 원당암 염화실 방 안으로 들어왔다. 혜암은 눈 하나 깜짝이지 않고 호통을 쳤다.

"이놈아, 너는 흉기가 없어도 나를 해칠 수 있는데 무엇 때문에 그걸 가지고 왔느냐?"

그는 고개를 숙인 후 참회를 하고 내려가 짐을 싸서 선방을 떠났다고 한다.

방장으로 있는 동안 시련을 겪기도 했다. 총림을 혼란스럽게 만든 제자의 잘못을 책임지고 방장에서 물러난 일이다. 사중에서는 일을 그르친 제자만 소임에서 물러나게 하는 것으로 가닥을 잡았으나, 제자를 잘못 가르친 책임은 스승인 자신에게 있다며 방장직을 내놓은 것이다. 이를 두고 안팎에서는 말이 많았으나 혜암의 결심은 단호했다. 2년 10개월 만에 미련 없이 퇴설당에서 내려와 원당암 염화실로 돌아왔다. 평생을 책임감 있고 대쪽 같은 기개로 살아온 선승다운 결정이었다. 해인사 홍제암 감원 종성은 이렇게 말했다.

"큰스님께서는 높은 연세에도 불구하고 용맹정진 기간 중에 절대 자리를 비우지 않으셨다. 몸이 구부러져도 끝까지 앉아 계셨다. 그런 큰스님을 보고 공부를 안 할 사람이 누가 있겠는가. 일생을 공부하는 데 당신의 모든 것을 던진 분이다."

해인사 선원에서 용맹정진 중 수좌스님들 경책

해인사 선원 용맹정진

해인사 선원 용맹정진을 마치고

慧庵

제10장

석가도 예수도 내 아들이다

재가불자
선원을 열다

드디어 대중교화가 본격적으로 시작되었다. 칠불암에서 문수보
살의 수기를 받은 지 5년 만의 일이다. 1981년 초, 혜암은 해인
사 산내암자인 원당암에 주석하자마자 재가불자 선원을 개원
했다. 원당암의 역사가 바뀌었다. 전통적으로 내려오던 염불도
량이 부처를 뽑는 참선도량으로 변한 것이다.

혜암은 한국불교의 대표적인 수행법인 간화선을 강조하면서
염불, 관법, 주력, 독경, 절 수행 등의 보조적인 수행을 배제했
다. 오로지 일초직입여래지一超直入如來地하는 경절문만이 있
을 뿐, 철저하게 활구 참선법만을 강조한 것이다. 그래서 염불,
독경 등의 수행에 익숙해있는 불자들에게 간화선은 소수의 수

행자만이 접근할 수 있는 최상승 수행법이라는 선입견과 간화선을 대중화하기 어렵다는 시각이 있었다.

그러나 혜암이 원당암에 재가불자 선원을 개원한 이후 지금까지 수십 년 동안 운영되고 있다. 나아가 재가불자 간화선 수행 운동에 모범사례로 꼽히고 있다. 불가능하다고만 여겨졌던 간화선 수행의 대중화가 실제 가능하다는 것이 확인된 것이다. 간화선이 출가 수행자의 전유물처럼 여겨지고, 어려운 간화선 수행 앞에서 위축되어왔던 중생들에게 선수행은 누구나 할 수 있으며, 누구라도 반드시 깨칠 수 있다는 확신을 준 수행자가 혜암이다.

'나는 누구인가. 나와 마주한 이 세계는 무엇인가.'

'자아'와 '세계'를 규명하는 이 문제는 인류가 생긴 이래 끊임없이 추구해온 화두다. 혜암은 인류와 함께해온 이 화두를 해인사 원당암에 재가불자 선원을 개설해 대중과 함께 적극적으로 풀어나간 것이다.

총림 안에 재가불자 선원을 개설해서 수많은 사람들이 산중의 수행자처럼 참선 수행할 수 있도록 이끌었던 방장이나 종정은 드물 것이다. 혜암 회상의 가장 큰 특징은 수행하는 이들에게 문턱이 높지 않고 문호가 활짝 개방되어 있었다는 점이다. 방장이라고 해서 퇴설당에만 머물며 총림 대중들을 상대로 상당법문만을 하지 않았다. 찾아오는 사람은 누구든 만나주었고 법문을 청하는 곳에는 어디든 가서 참선 법문을 했다. 그래서 한국 근현대 불교사에서 혜암은 재가불자들과 가장 가까이 있던 선사이자 선지식으로 존재한다.

지금 한국불교 최대의 재가불자 선원이 있는 원당암은 혜암이 추구했던 용맹정진의 가풍이 가장 잘 실천된 곳이다. 혜암은 입적 전까지 이곳에서 수시로 발심을 일으키는 법문을 했고 대중들을 독려하며 함께 정진했다. 수행자의 깨달음의 완성은 대중 속으로 걸어 들어간 입전수수入廛垂手의 대중교화에 있다. 그러므로 해인사 원당암은 혜암의 대중교화가 결실을 맺은 곳이다.

원당암願堂庵은 왕실의 원찰願刹로 지어졌다. 신라의 애장왕이 딸인 공주의 난치병이 부처님의 가호로 나았다고 여기고, 해인사의 창건을 발원한 순응대사를 도와 가야산에 작은 집을 짓고 공사를 독려했던 곳이 원당암이다. 해인사와 역사를 같이하고 있어 해인사 일번지와 같은 상징적인 암자다.

원당암은 1981년 혜암이 머물기 시작하면서 활기를 띠었고, 혜암은 이곳에서 방장과 종정직을 수행했다.

육십 대 초반의 혜암이 주석하기 전까지 원당암은 고시생들을 위한 밥장사를 하면서 살림을 유지한 암자였다. 절 사정이 어려워서 전국의 많은 암자들이 하숙생을 받던 시절이다. 당시 원당암의 사정이 얼마나 어려웠던지 하숙생들이 곁에 있던 암자인 희랑대에 가서 세 끼를 해결할 정도였다고 한다. 암자를 관리하는 주지격의 감원이 수시로 바뀔 정도로 형편이 어려워서 모두 가기를 꺼려했던 암자였다.

"처음 원당암에 갔을 때(1986) 세수할 곳이 따로 없을 정도로 열악한 환경이었다. 도량 한쪽 외진 곳에 천막을 치고 그 안에 가마솥을 걸고 장작으로 불을 때서 따뜻한 물을 썼다. 공양주도 없었다. 새벽별을 보면서 하루 종일 일을 하고 밤 11시가 넘어야 잠자리에 겨우 들었다."(진각)

몇 년이 지나서도 원당암의 사정은 나아지지 않았음을 알 수 있다. 초기에는 상좌들이 겨울에 김장김치를 절여놓고 고춧가루가 없어서 속가 집으로 얻으러 갔다는 이야기가 있을 만큼 어려운 살림을 살았다. 이러한 상황임에도 불구하고, 혜암은 1981년 4월에 들어가자마자 곧바로 재가불자 선원인 선불당選佛堂을 개설했다.

"이 공부는 스스로 자기의 본래 마음을 닦고 자기를 깨닫는 것이니 어떠한 이론이나 지식도 필요하지 않다. 오로지 직접 정진하라."

그렇게 당부하며 함께 정진했던 혜암은 처음 오는 불자들에게 반드시 수계식을 통해 기본 오계를 받게 하고 불명을 주어 본래 부처라는 것을 각인시켰다. 이후 곧바로 화두를 결택해서 주고 화두를 드는 방법을 자세히 교육시켰다.

화두 결택의 종류는 대체로 다음과 같았다.

'부모가 낳기 전 본래면목이 이뭣고'
'마음도 아니요 물건도 아니요 부처도 아니니 이뭣고'
'관세음보살을 부르는 것이 이뭣고'(평생 염불을 많이 해온 사람들에게 준 화두)
'만법이 하나로 돌아가는데 그 하나는 이뭣고'
'어째서 무라 했는고'

재가불자들 각자에게 알맞은 화두를 준 다음 바로 실제 참구하게 하는 것으로 인도했다. 공부 도중 흔히 생기는 상기병이나 마장이 드는 것은 염려할 필요가 없었다. 혜암이 늘 대중들과 함께 정진했기 때문에 바로 궁금한 점을 물을 수 있었기 때문이다. 또 적게 먹고 잠을 자지 않는 용맹정진을 정례화시켰다.

도를 닦는 것에 승가와 세속의 차별이 있을 수 없으며, 참나를 찾기 위한 공부를 하다 죽는 것이 가장 수지맞는 장사라고 독려했다. 그리고 선방에 함께 앉아 수행하며 견성 성불하도록 재가 불자들을 이끌었다.

그동안 혜암을 스승으로 모시고 공부했던 신도들과 소문을 듣고 찾아온 사람들이 하나둘 늘어나기 시작했다. 매월 첫째,

셋째 토요일 저녁부터 이튿날 새벽까지 정진했다. 저녁 8시부터 한 시간 동안 법문하고 50분 정진, 10분 포행하는 식으로 진행되었다.

오전 3시와 오후 7시에 직접 죽비를 치며 예불을 올리고 평소 해오던 대로 장좌불와를 하며 밤을 새웠다. 정진이 끝난 후에는 도량을 청소하고 울력을 함께했다.

이러한 정진은 혜암이 입적에 들기 한 해 전까지 계속되었고 그동안 수많은 사람이 발심했으며, 부처가 되는 길에 들어섰다. 철저하게 참선 공부를 시키고 싶은 진심이 통하면서 원당암의 선불당은 몇 년을 기다려야 안거 정진에 들어올 수 있는 정진처가 되었다.

혜암은 매 안거마다 1주일 철야 용맹정진을 직접 지도했다. 그리고 매월 2회 토요 철야 용맹정진을 개최하여 약 500여 회에 걸쳐 참선 발심법문을 설했다. 입적하기 전까지 원당암에서 20년 동안 오직 참선수행으로 수많은 재가불자를 교화했다.

혜암이 입적하고 20여 년이 흐른 지금도 원당암 달마선원에서는 1년 가운데 아홉 달 동안 정진이 계속되고 있다. 동안거와 하안거, 봄과 가을 산철 결제를 각각 한 달 보름씩 진행한다. 동안거와 하안거에는 일주일 동안 잠을 자지 않고 하는 두 차례의 용맹정진이 있다. 매월 1, 3주 주말 철야 참선법회가 있다. 안거에는 오륙십 명이 방부를 들이고, 토요 참선법회에는 전국에서 이백여 명이 몰려든다.

"재가대중들과 함께 선방에 앉는 것이 최상의 포교다."

혜암이 남긴 이 명언은 지금도 유효하며 대중교화를 향했던 그의 발자취는 여전히 뚜렷하다. 지금도 정진이 시작되기 전에 혜암이 남긴 법문을 듣고 사람들은 서릿발 같은 신심을 일으키며 좌복에 앉고 있다.

원당암 달마선원에서 법문 _1999년

원당암 달마선원에서 함께 용맹정진 _2000년

원당암 달마선원에서 법문 _2000년

원당암 달마선원에서 함께 용맹정진 _ 2000년

원당암 달마선원에서 오계를 설함 _1999년

집을 지으면
공부할
사람이 온다

날이 갈수록 원당암으로 정진하러 오는 사람들이 늘어났다. 몇 사람에서 시작된 신도가 2백여 명으로 불어나자 이를 감당하지 못해 선방 앞마당에 자리를 깔고 정진을 해야 했다. 불사가 불가피했다. 혜암은 봉암사에서 한 해 동안 정진하고 다시 전국의 선방을 돌며 공부를 하러 가겠다고 인사를 하러온 제자 각안을 붙들었다.

"들어와서 집 좀 지어라."

행자생활을 마치자마자 시작해서 강원생활을 하는 내내 자신을 시봉했던 그를 눈여겨온 터였다. 부방장으로 있던 1987년, 상좌 쉰다섯 명 가운데 스물여섯 번 째 상좌인 각안이 투입되면서 본격적인 불사가 시작되었다. 스승도 제자도 무섭도록 불사에 온 마음을 기울여 밀고나갔다. 홍제암 계곡에서 소나무를 베어다가 무설전無說殿 대들보로 썼다. 정진만이 살 길이라는 신념과 배짱이 아니었으면 불가능한 일이었다. 이렇듯 저돌적으로 일을 밀어붙이는 혜암이 무서워 국립공원 직원들이 올라오지 못했을 정도다.

일을 시작한다는 보고를 받으면 반드시 나와서 뒷짐을 지고 지시했다. 공사하는 것이 마음에 들면 슬그머니 돌아섰고, 마음에 들지 않으면 그 자리에서 지적하고 멈추게 했다. 축대를 쌓을 때는 한여름 뙤약볕 아래서 직접 진두지휘를 하기도 했다. 한번은 중간 돌이 제대로 놓이지 않은 것을 보고 먼저 놓은 것을 다 들어내고 새로 쌓게 했다. 일꾼들이 혀를 내둘렀지만 덕분에 비가 아무리 쏟아져도 끄떡없는 축대가 되었다.

혜암이 모아둔 법문비를 다 쏟아 붓고 신도들이 십시일반으로 공양금을 내놓았으나 공사비를 제때에 주는 일은 쉽지 않았다.

어려운 가운데서도 혜암은 멀리 보고 집을 지었다. 오래도록 신도들이 공부하는 데 사용될 집을 짓는 일이기에 소홀히 할 수 없었다. 토목공사하는 데만도 큰돈이 들어갔다. 가야산 봉우리가 세 개가 보이는 곳을 향해 토목공사를 끝낸 후, 지관地官을 불러 물어보니 조금만 틀어 지으면 봉우리가 일곱 개가 보인다고 조언했다. 들어간 돈이 물거품이 될 터였지만, 혜암은 다시 틀어 지으라고 명했다. 신도들이 공부할 곳이고 오랫동안 유지될 선방이기에 비용이 문제가 아니라고 판단한 것이다.

혜암은 큰일을 할 때마다 각안에게 말했다.

"편하게 살고 싶으면 적당히 타협하고 살아라. 그러나 편하게 사는 것은 수행자의 삶이 아니다. 원력이 핸들이다. 바로만 잡고 있으면 바른 길로 나가게 된다. 일을 하다보면 오해가 생기는 일이 많을 것이다. 모든 일은 시간이 지나면 해결된다. 그 안에 해결하려고 할 필요 없다. 참는 것밖에는 없다."

불사가 한창 진행될 때 재가불자 한 사람이 왔다가 보고 뼈 있는 말을 했다.

"산내 암자인 원당암이 본사인 해인사보다 더 커지는 것 같습니다."

이 말에 혜암이 간단히 답했다.

"집을 지어 놓으면 공부할 사람이 옵니다."

재가 수행자들이 언제라도 와서 공부하기를 바랐던 혜암다운 대답이었다. 불사가 마무리될 즈음 혜암은 가까운 거리에서 불사를 도우며 외호했던 홍제암의 종성을 불러 고마움을 표하며 칭찬을 아끼지 않았다. 자신의 뜻을 이해하고 국립공원관리공단이나 합천군 등 행정기관을 상대하면서 불사의 필요성을 역설하고, 순조롭게 불사가 진행되도록 애를 썼던 스님이다.

"종성 스님이 가야산의 주인이다. 네가 산중의 제일이야. 굽은 나무가 산을 지킨다고 하지만 종성 스님은 제일 잘난 나무다."

1987년에 본격적으로 시작된 불사는 1991년에 법당과 염화실, 영당이 완성되었고, 1996년에는 108평의 달마선원이 개원되었다.

혜암은 '달마선원 상량문'을 직접 지었는데, 그 가운데 다음과 같은 내용이 있다.

최초 고찰인 금봉포란지金鳳抱卵地의 명당인 원당암 내에, 오호라, 지모지知暮地 기지基地가 80년 동안 공지空地로 있다가 다시 인연이 도래해서 108평을 달마선원達磨禪院으로 창건하는 데 있어서 기지를 확장 조경하는 기간이 3년 동안 걸리어 오늘에 이르러 상량식을 하게 되었습니다.

이십여 년에 가까운 불사가 진행되는 동안 보광전, 선방, 요사채 등 세 개의 전각이 전부였던 원당암은 20여 채의 전각으로 이루어진 대가람이 되었다.

원당암에 선원을 지으려고 할 때 상좌 한 사람이 와서 '여기 해인사보다는 신도들이 많은 대전이나 서울에 선방을 짓는 것이 어떻겠느냐'고 건의하자 일언지하에 거절했다. 장소가 어디든 집이 있는 곳에 반드시 공부할 사람이 온다는 것을 믿었기 때문이다. 결과적으로 해인총림이 사부 대중이 함께 정진하는 총림이 되는 데 원당암의 달마선원이 큰 역할을 했다는 평가를 받고 있다.

　고졸했던 원당암의 분위기가 큰 불사로 인해 훼손되었다고 말하는 사람들도 더러 있다. 그러나 결과적으로 보면 한국불교가 살 길은 수행으로 돌아가는 것에 있다는 현실의 여론과, 오늘날 인류 평화의 미래에 대한 대안이 불교의 수행에 있다는 것을 감안해 볼 때, 해인총림 안의 원당암 달마선원이 지니는 절대적 힘은 그 무엇으로도 계산할 수 없는 무한한 가치라 할 것이다.

　지금 한국불교에서 활발히 운영되고 있는 템플스테이의 효시가 되었으며 각 사찰의 단기 출가수행의 근원이 된 점도 달마선원이 지니는 무가보無價寶이다.

　"혜암 스님이 신도들에게도 안거를 나게 하는 수행의 장을 열어준 것은 한국불교의 포교에 새로운 장을 연 것이다. 수십 년이 지난 지금까지 선원이 모범적인 정진도량으로 운영되고 있는 것이 그것을 증명하는 것이다. 원당암에 수행 도량을 열면서 그것이 출발 지점이 되어 전국에 유행처럼 번지게 되었다."(무여)

　"이백 명 정도이던 인원이 선원을 짓고 오백 명으로 늘어났다. 일주일 용맹정진에는 3백여 명이 계속 정진했다. 수백 명이 걸망을 지고 올라오는 모습을 보면 환희심이 났다. 신도들의 쌈짓돈으로 이뤄진 원당암 불사이기에 불사가 중도에 무너지지 않았다. 스님께서 평생 선방에서 용맹정진, 장좌불와를 하시며 공부했던 힘을 마지막으로 중생을 위해서 원당암을 짓는 데

쏟았다고 생각한다. 은사스님의 수행자다운 가풍으로 대중들을 공부시키면서 이룬 불사였다."(각안)

"원당암 달마선원에 기와를 올리는 날이었다. 그날따라 비가 내려서 사람들이 걱정을 했다. 기와를 다 올리기 전에 비가 오면 서까래가 쉬 썩어 건물이 상한다. 그런데 큰스님께서 누구를 꾸지람 하듯 '용왕아 너 잠자느냐'고 크게 세 번을 외치셨다. 그러자 바로 비가 그쳤다. 큰절(해인사)에는 내리고 원당암 일대는 비가 그친 것이다. 그래서 우리는 큰스님의 도력이 하늘을 움직인다는 걸 알았다."(신도 광명화)

1981년부터 해인사 원당암에 재가불자를 위한 선원을 개설하여 20년 동안 참선수행으로 교화하였다. 사진은 1996년에 개원한 달마선원.

원당암의
법음

말년에 혜암은 한 일간지와의 인터뷰에서 이렇게 말한 적이 있다.

"내가 여기 원당암에서 이십 년 동안 한 말이 이것입니다. 쉴 없이 일어나는 생각을 쉬세요, 한 생각을 내지 않는 사람이 바로 부처입니다. 그리고 남에게 져주세요, 그 사람이 바로 부처입니다."

안으로는 정진하고 밖으로는 남을 도우라는 법문을 해온 혜암의 평소 교화에 대한 뜻이 잘 드러나 있다. 1985년 늦봄, 해인사에 생불生佛이 살고 있다는 소문을 들은 여성 신도들이 승합차 한 대를 빌려 타고 원당암을 찾아왔다. 그중의 한 사람이 우물가에 서 있던 자그마한 체격의 스님에게 물었다.

"여기 혜암 스님이 계시다는데 어디 계시나요?"

"어디서들 왔소?"

"대전에서 왔습니다."

"들어갑시다."

발걸음이 가벼워 보이는 혜암을 따라 들어와 인사를 올리자 혜암이 거두절미한 채 말했다.

"아무것도 모르고 이 절 저 절 돌아다니는 불쌍한 똥자루들이 이렇게 왔구먼."

똥자루들이라니, 기분이 살짝 나빠지려는 순간, 다음에 나온 말은 더 무시무시했다.

"어미 아비 잡아먹은 원수들이요, 당신들이."

"스님, 저희들이 무슨 부모님을 잡아먹었겠습니까?"

"당신들 부모가 죽어서 소가 되었는지 돼지가 되었는지 아시오?"

"…"

"그것도 모르면서 소고기, 닭고기 먹고 사니 부모 잡아먹은 원수가 아니요?"

할 말을 잃고 앉아있는 그들에게 한 발 더 나아갔다.

"깨치고 보면 밥 먹고 잠자고 식구들하고 살며 일하는 것이 도예요. 지금 내가 서 있는 일상에 도가 있다는 말입니다. 여기저기 소문 듣고 도인을 찾아 돌아다니지 말고 먼저 가족들에게 잘하시오. 내 옆에 있는 사람이 부처입니다. 혹시 집에서 남편이 치거들랑 때리기 좋게 드러누워서 맞으시오. 보기 싫다고 가래침을 뱉거들랑 휴지로 잘 닦아서 모셔 놓으시오."

멀리 대전에서 해인사까지 왔으니 고준한 법문을 들으리라 기대했던 사람들은 아연실색했다.

"아이고 스님, 그렇게는 못합니다."

"지는 게 이기는 것입니다. 그저 남에게 져주면서 사시오."

그렇게 서두를 시작해 놓고 꺼낸 이야기는 다음과 같은 고사다. 상당 법문에서도 종종 얘기했던 내용이다.

옛날 당조시대에 진사의 위치에 있던 누사덕婁師德이라는 사람이 있었다. 덕이 높아서 모든 사람들을 수용하는 아량을 가진 그에게 어느 날, 동생이 와서 물었다.

"어제 어떤 사람이 제 얼굴에 침을 뱉었는데 제가 그와 싸우지 않고 제 손으로 침을 씻어버렸습니다."

자신이 한 행동이 잘한 것인가에 대해 물은 것이다.

"사람이 네 얼굴에 침을 뱉었다면 이는 너에게 노한 것이다. 거기에는 반드시 연유가 있을 것이다. 네가 그 사람에게 옳지 못한 일을 했기 때문에 그 사람이 노했을 것이다. 그러니 이때 네가 네 손으로 침을 씻어버린다면 저 사람의 뜻에 거역하는 일이 될 것이다. 그러므로 너는 침을 씻어버릴 게 아니라 저절로 말라버리도록 했어야 할 것이다. 그렇게 해서 네가 반성하고 있는 것을 보이는 것이 진실로 사람을 용납하는 법이다.

《혜암대종사 법어집 II》

　신도들에게 하는 혜암의 법문은 비유가 뛰어나며 알아듣기 쉽고 재미있는 것으로 정평이 나있다. 그날, 그게 어디 쉬운 일이냐고 물었던 사람들은 차츰 혜암에게 법문을 듣고 참선 공부를 지도받으면서 화두 공부를 하려면 남에게 지는 것부터 배워야 한다는 것을 알게 되었다. 인욕을 거치지 않고는 참선 공부를 할 수 없으며, 오염된 마음을 본래의 깨끗한 자리로 돌려놔야 화두 공부를 제대로 할 수 있다는 것을 깨달았다. '남에게 무조건 져주라'고 한 혜암의 뜻을 알게 된 것이다.

　화두 공부를 하면서 불만을 내려놓고 상대방을 배려하게 되었다. 그게 지는 것이었고, 져주면서 사는 게 곧 참나로 사는 것이었다. 그동안 아무것도 모른 채 절에 다닌 것을 부끄럽게 여겼던 그들은 그날 이후 눈이 오나 비가 오나 선방에 와서 열심히 참선 공부를 하기 시작했다. 매월 첫째, 셋째 주말 철야 참선법회, 하안거 동안거 막바지에 진행되는 용맹정진에도 빠짐없이 동참하게 되었다. 시간이 흐르면서 승합차 한 대가 대형 버스 두 대로 늘어났다.

　혜암은 예리한 지도자였다. 수계를 하지 않은 사람들에겐 수계를 하게 해서 불자로서의 격을 갖추게 한 다음, 화두를 주어서 선방에 앉게 했다. 정진하는 곳에 들어서면 호랑이처럼 변해 무섭게 경책했다. 게으름을 피울 틈을 주지 않고 솔선수범으로 정진하면서 가르쳤다.

"화두를 공부하는 사람은 게으름 없이 항상 깨어있어야 합니다. 매 시간 전쟁터에 나와 있다고 생각해야 합니다. 팔만사천의 번뇌망상이라는 적군이 나를 향해 총을 겨누고 있으니 적군의 총탄에 언제 죽을지 모르지 않습니까. 정진은 곧 자기와의 싸움입니다. 정신 똑바로 차리고 공부하세요."

사람들은 참선의 길에 들어섰고 그들 곁을 혜암이 천군만마와도 같은 힘으로 지켜주었다. 그들은 뜨겁게 발심했다.

"몇 생이 걸린다 하더라도 성불할 때까지 마음 찾는 이 공부를 계속해야겠구나! 진리의 길에서 절대 물러서지 않으리라."

화두에 집중하자 한 생각을 일으키는 번뇌가 사라지기 시작했다. 마음에 중심이 잡히고 힘이 생겨 탐진치에 오염된 마음을 다스릴 수 있었다. 청정한 본심에서 나오는 힘이 강해진 것이다.

그러다보니 현실생활에서도 어지간한 일에는 휩쓸리지 않았으며, 이미 지닌 것에 만족하고 더 구하려 하지 않았다. 시시때때로 삶에서 고통을 일으키던 업장이 녹으면서 자유로워졌다. 그들은 화두 드는 것 자체가 행복임을 깨달았다. 선승 혜암이 준 선물이었다.

7일 단식
용맹정진

혜암은 신도들이 정진하는 곳에 늘 함께 있었다. 무엇보다 공을 들였던 것은 한 해에 두 번, 여름과 겨울에 있었던 일주일 용맹정진이었다. 그 시간 그들 곁에서 함께 정진하고 법문했다.

용맹정진 할 때 무엇보다 강조한 것은 적게 먹으라는 것이었다. 선방을 운영하던 초기에는 단식을 하면서 용맹정진을 하도록 권하고 실시했다.

"적게 먹어서 머리가 맑고 몸이 가벼우면 공부의 성취가 빠릅니다. 이번 용맹정진에는 아예 단식을 해봅시다. 평생 공부의 밑거름이 될 것입니다. 진정한 용맹정진은 공부를 잘해보겠다고 어깨에 힘을 주고 눈을 부릅뜨고 앉아 있는 것이 아닙니다.

지금 이 순간이 마지막인 것처럼 그저 간절히 정성을 다해서 화두에만 열중하는 것이 용맹정진입니다."

단식에 묵언까지 하는 일주일 용맹정진이 시작되면, 그 기간에는 잠을 아예 자지 않았다. 잠시 쉬는 틈을 타서 눈을 붙이는 것이 전부였다. 잠을 자지 않는데다가 먹지도 못하니 모두 초죽음이 되었다. 집에서 자주 먹던 음식 냄새가 코를 찔렀고, 눈꺼풀은 무겁게 내려앉았다. 무엇보다 공복감을 견디기 어려웠다. 힘이 들자 모두 쉬는 시간에 자꾸 드러누우려고 했다.

선방에 같이 앉아 정진하던 혜암은 그들을 죽비로 내리치며 격려했다.

"힘들다고 드러누우면 그건 죽는 길입니다. 물을 많이 마시고 걸으세요. 걸으면서 몸을 움직여야 몸의 독소가 다 빠져 나옵니다."

사람들을 데리고 함께 걷는 혜암의 발걸음은 마치 나비의 날개 짓처럼 가벼웠다. 그 경쾌한 발걸음은 그들에게 경책으로 다가왔다.

'평생 동안을 눕지 않으신 분도 있는데 일주일을 견디지 못한단 말인가.'

하루 이틀이 지나자 조금씩 나아지는 기미가 보이자 혜암이 격려했다.

"사흘만 넘기면 괜찮습니다. 화두에 대한 명쾌한 답이 나올 겁니다."

사흘이 지나자 거짓말처럼 잠이 달아났다. 몸 안의 독소가
다 빠져 나간 듯한 느낌이 들었다. 비로소 몸이 가벼워지고 마
음은 평온해졌다. 자연히 화두가 성성해졌다. 한 번도 경험해보
지 못한 성성적적함이었다.

"끝까지 분발하세요. 어디가 좀 아파도 끝까지 버티세요. 정
진 중에는 설사 부모가 죽었다 해도 가지 말아야 합니다."

몸이 아파도 선방 밖을 나가지 말고 끝까지 버틸 것, 설사 부
모상을 당했다 해도 나가지 말 것, 이 두 가지 원칙은 수십 년
이 지난 지금까지도 원당암 달마선원의 가풍으로 엄격히 지켜
지고 있다.

단 한 번의 단식 용맹정진에서 그러한 가벼움과 성성함을 느
꼈던 그들은 그 후, 누가 시키지 않아도 단식 용맹정진을 하게
되었다.

"기도를 하지 말라는 것이 아닙니다. 그러나 그건 작은 장사
에 지나지 않아요. 다리가 꺾어지도록 절을 해도, 팔만대장경
을 거꾸로 바로 외워도, 바람을 묶는 재주가 있어도, 마음을 깨
치지 않고는 모두 외도입니다. 이제부터 화두 들고 용맹정진하
세요. 지금 여러분의 공부는 새끼를 엮기 전 볏단에 물을 축이
는 정도에 지나지 않습니다. 공부를 잘하기 위해서 기초를 잘
닦는 것이 중요합니다. '이뭣고' 화두를 들면 자기 스스로 공부

하는 계기를 만들 수 있고 화두 공부만 제대로 하면 눈덩이처럼 큰 번뇌도 모두 녹습니다."

힘든 용맹정진을 끝내고 가방을 메고 집으로 돌아가려고 나오는 그들을 혜암은 때때로 불렀다.

"보살님!"

"예?"

"이렇게 공부하고 내려가다가 죽는다 해도 수지맞아요. 화두를 들면 너와 내가 알고 하늘과 땅이 알고 우주가 압니다. 어쨌든 화두 공부만 하시오. 살 길이 거기에 있어요."

애쓰고 가는 그들에게 건넨 그 격려의 한 마디는 그들 모두에게는 성불할 수 있다는 수기와 다름 아니었다. 두고두고 공부하는 데 큰 힘이 되었다.

교화는 가르쳐 변화시키는 것을 말한다. 그들이 혜암의 지도로 참선 공부를 하면서 얻은 가장 큰 변화는 무엇이었을까.

"스님의 지도 아래 용맹정진을 시작하고 사흘이 지나자 화두가 스윽 들리고 새 생명으로 태어나는 느낌이 몸으로 전해졌다. 적게 먹고 화두 드는 것을 생명처럼 소중히 여기라고 하시던 스님의 가르침을 일찍부터 실행했으면 긴 행복을 누렸을 것이다. 화두가 성성하게 살아있을 때 죽는 것이 최고의 죽음이라는 스님의 말씀을 알게 되었다. 이제 나도 인생의 막바지에 와 있다. 참선 공부하면서 외롭고 괴로운 일도 많았으나 참고 견디며 고개를 잘 넘어서 편안한 길로 들어섰다. 이렇게 될 때까지 긴 시간이 필요했는데 스님의 가르침이 절대적이었다. 모두 죽지 않으려고 야단인데 죽음을 눈앞에 둔 나는 아무 걱정 없이 편안하다. 스님에 의해 화두 공부를 만난 것이 인생의 보배 중 보배였다."(대원성, 87세의 신도)

"스님께서 주신 화두를 들고 공부를 하니 하심이 되면서 내가 제일이라는 생각이 바뀌었다."(대원경)

"큰스님께선 구름 한 점 없는 허공처럼 마음이 때 한 점 없이 투명하시니까 우리를 바로 보고 아시는 거예요. 모든 걸 진리 자체에서 보시니까 사람이 끌려가지 않을 수 없는 거예요."(무심행)

품위 있게
사는 길

원당암에서 정진를 하던 신도 한 사람이 연로한 친정아버지를 모시고 혜암을 찾았다. 아버지도 참선 공부를 했으면 좋겠다는 마음을 담고 가야산의 도인 앞에 선 것이다. 삼배를 하고 자리에 앉자 언제나 역설적으로 대화를 시작했던 혜암이 건넨 말은 이렇다.

"부모는 다 원수요. 효도하려고 하지 말고 참선 공부하시오."

그녀의 아버지가 화가 나서 일어서려는 걸 딸이 붙들었다. 언제나 그렇듯 혜암의 생명력 있는 법문이 시작되었다.

"제 뜻은 껍데기뿐인 아버지가 아니라 영원히 죽지 않는 아버지를 도와주라는 것입니다. 물이 쉴 새 없이 흐르듯 사람도

매일 발바닥이 닳아지게 가고 있기에 죽을 때의 일을 언제나 마음에 두고 도 닦는 일을 게을리하지 않아야 합니다. 이것이 격조 높고 품위 있게 사는 길입니다."

"이리 나이 들어 이제 와서 새삼 무슨 도를 닦겠습니까?"

"중국에 脇 존자라는 스님은 여든 살에 출가했습니다. 젊은 스님들이 비웃었지요. 출가인의 공부는 첫째는 선禪을 닦는 것이요, 둘째는 경經을 외우는 것인데, 늙고 쇠진했으니 무슨 진취가 있겠느냐고 말입니다. 협 존자가 이 소리를 듣고서 도를 깨치기 전까지는 결코 옆구리를 땅에 붙이지 않으리라고 맹세를 했습니다. 굳게 발심을 한 존자는 낮에는 교리를 연구하고 밤에는 선을 닦아 마침내 3년 만에 맹세한 바를 이루었습니다. 이를 보고 당시 사람들이 우러러보고 '협 존자'라 했어요. 협은 옆구리라는 뜻인데 옆구리를 땅에 붙이지 않고 공부했다고 해서 협존자라고 부른 것이지요. 이렇듯 공부할 마음을 일으키는 발심 정도에 따라 성취되는 것이 참선 공부입니다. 더 늦기 전에 공부하세요."

화가 나서 일어서 나가려고 했던 그는 어느새 혜암의 법문에 빠져 있었다.

"수명도 사람의 욕망을 기다려주지 않습니다. 무상이라는 죽음이 닥쳐오는 것은 물이나 불이 덮쳐오는 것보다 빠르고 피할 길이 없습니다. 죽음에 임박하여 늙은 부모나 어린 자식, 또 왕의 은혜, 친지의 정애 등을 버릴 수 없다고 해서 안 버리고 버틸 수 있단 말입니까.

이 몸은 밤낮으로 쉬지 않고 가니 귀중한 시간을 헛되이 보내지 말고 우리들의 스승 세존과 같이 정진하세요. 세상만사는 분별 망상으로 하는 일이기에 선악이 꿈속의 일이요, 나고 죽는 괴로운 일입니다. 그러니 대大를 위하고 먼저 할 일은 참나를 찾는 일입니다. 주인공을 찾는 일이 내 일이요 남을 돕는 일이니, 무슨 직업을 가졌든 도를 닦아야 합니다.

세상에 소망을 이룩해 놓고 난 뒤에 한가한 몸이 되어서 도를 닦으려고 한다면 그 소망이 언제까지나 그칠 줄 모르니 어찌하겠습니까. 환상의 덧없는 일생 동안에 무엇을 하겠다는 말입니까. 모든 소망은 망상에 지나지 않습니다. 만일 어떤 소망이 일어나거든 '이것이 부질없는 망상이구나' 하고 생각하여 무엇이든 하겠다고 나서서는 안 됩니다. 모든 일을 즉각 내버리고 도를 닦을 때 장애가 없어지고 소행도 없어 심신이 여유 있고 평온해지는 것입니다. 이 말을 따르지 않으면 후일에 후회가 끝이 없고 고통을 받을 것입니다."

언제 어디서나 누구 앞에서나 법문의 핵심은 늘 하나였다.

"마음이라는 보물이 나한테 있습니다. 내 보물을 잘 쓰면 하느님도 되고 대통령도 되고 도인도 됩니다. 이 껍데기 몸뚱이를 나로 알고 사는 한 자유로울 수 없습니다. 자유롭지 않으면 행복할 수 없어요. 내 본래의 그 마음을 찾으세요. 그리하여 지금 이 순간 이 자리에서 그 마음을 쓰세요. 그 사람이 부처입니다."

이 핵심 법문과 함께 마지막에 한 말은 이러했다.

"설은 것은 익게 하고 익은 것은 설게 하는 게 수행입니다. 이제부터 마음 찾는 공부를 하는 것은 익게 하고 공부를 방해하는 나쁜 습관은 설게 하도록 노력하세요. 도는 어렵지 않습니다. 도의 길을 찾아 가는 것이 어려운 것입니다."

조용히 앉아 듣던 그 노년의 거사가 방을 나와 원당암 마당을 걸으면서 딸에게 말했다.

"여기는 신선들이 사는 것 같구나."

자식이 부모에게 하는 가장 큰 효도는 부모가 도의 길을 가게 해주는 것이며, 부모가 자식에게 주는 가장 큰 선물은 재산이 아니라 도의 길을 갈 수 있도록 인도하는 것에 있다고 가르친 혜암이었다.

다음은 명절인 추석 날, 자식으로 인해 걱정을 하는 신도에게 편지를 받고 답장으로 쓴 편지다. 책상 앞에 앉아 신도에게 오직 정진할 것을 당부하는 고승의 모습은 대중을 모두 부처로 여겼던 옛 조사의 모습과 다름 아니다.

혜암은 때로 신도들에게 편지를 써서 참선 공부를 하도록 격려했는데, 그 글의 내용이 언제나 간결하면서도 문장도 담박하다.

세속에서는 바로 오늘이 추석 명절이라고 예를 찾되 사람에 따라 슬픈 사람 혹 즐거운 사람이 있겠지요마는 결과적으로 죽음에 가는 한 정거장, 슬픔의 길로 도살장에 나가는 소와 같이 더 도착하였을 뿐이니 어찌 즐거움이 있으리오.

그리고 자녀들로 인해 너무나 걱정이 된다 하니 말씀드립니다. 오직 사람마다 제 복과 명을 타고 왔으며 이 세상에서 지혜와 복을 닦으면 자유를 얻는 것이니 걱정은 소용없는 일이오. 우리 인생은 하루 저녁 쉬어가는 나그네로서 부모님의 은혜가 깊어도 마침내 이별이 있고 처자권속의 의리가 중하여도 필경 이별이 있는 것이, 비유컨대 새들이 같은 숲속에 자다가 명이 다하면 가는 길이 다른 것과 같아서 이것도 허망한 꿈속의 일이오.

바로 말하자면 도를 닦아 나고 죽는 것을 해결하지 못하면 짐승들이 새끼를 키운 뒤에 다른 적이 잡아먹는 폭이 되니, 어리석은 인정이 생겨서 걱정하고 물질적으로 도와주어도 임시일 뿐 결국은 역시 허망한 일밖에 되지 않습니다. 그러니 바르게 살려면 참선 공부를 하여 본래면목을 깨달아서 일체중생을 제도하여야 합니다.

아무쪼록 세상만사 꿈과 같이 생각하여 지혜 방편을 잘 써서 한 세상 안 나온 폭 잡고, 죽은 폭 잡고 거짓으로 멋진 연극 배우가 되어 남을 도와주시길 바랄 뿐이오.

어리석은 중은 정처 없는 구름같이 흐르는 물과 같이 생활하기를 좋아하여 해인사 원당암을 언제 떠나서 만행을 할지, 더 깊은 산중으로 들어갈는지 알 수 없습니다.

끝으로 보살님 댁에 좋은 일 있기를 바라면서, 세월이 사람을 기다리지 아니하니 시간을 아껴서 인정에 끄달리지 말고 무슨 일을 하든지 일념으로 정진하기를 축원하며 지극히 빌고 비나이다. 이만 줄이오.

원당암에서 혜암. 음력 8월 15일(연도 불명).

가장 오래된 신도인 광명화에게 보낸 다음의 편지 한 장은 마치 어버이가 사랑하는 자식에게 보낸 것처럼 자상하다. 또한 혜암이 신도들을 어떻게 가르쳐왔는지 그대로 나타나 있다.

도 닦는 마음을 견고히 하여 모름지기 반드시 견성할지어다.

화두를 꼭 붙들고 생철을 씹듯이 하라.

좌복 위에 길이 앉아 옆구리를 땅에 대지 마라.

불조의 말씀을 잘 읽어서 항상 스스로를 부끄러워하라.

계의 몸을 청정하게 해서 몸과 마음을 더럽히지 마라.

말을 적게 하고 음성을 낮추며 장난치고 웃는 일을 좋아하지 마라.

항상 빗자루를 들고 다니며 집안의 먼지를 쓸어내라.

도를 닦는 행에 게으름이 없으며 음식을 배불리 먹지 마라.

원당암 염화실에서

대통령에게
한 법문

법(진리)으로 들어가는 문을 법문法門이라 부른다. 혜암의 일생은 진리를 찾고 수많은 중생을 교화하기 위해 법문을 설하는 것으로 이뤄졌다. 혜암이 바란 것은 단 한 가지, 중생 모두가 본래 마음을 깨달아 대자유인으로 살아가는 것이었다. 대자유인이 되는 것은 나의 본마음을 찾아 쓰는 것에 있으며, 이것을 찾는 가장 수승한 방법이 참선임을 설했다. 그것이 혜암의 일생이었다.

석가모니 부처가 깨닫고 나서 49년 동안을 맨발로 걸어 인도의 구석구석을 찾아다니며 법문을 설했던 것처럼 혜암의 대중교화도 길 위의 법문으로 이루어졌다. 총림의 방장이라고 해서 법상에 올라 출가 사문들에게만 법을 설하지 않았다. 산문 밖을 나서지 않은 채 찾아오는 사람들만 만나지 않았다. 목욕탕 한복판에서 젊은 청년인 세신사에게도 법문이 설해졌고, 태백산 정상에서 굿을 하려고 자리를 편 무속인들에게도 법문이 설해졌다. 치료를 받으러간 병원의 의사에게도 법문을 설했다. 시내 목욕탕의 지하에 있는 작은 선방에서도 설해졌고, 깊은 산중으로 대중공양을 하러 왔던 불자들에게도 법문은 이어졌다. 총림의 방장이 주석하는 해인사 퇴설당에 수많은 세상 사람들이 오가며 혜암의 법문을 들었다. 정치인, 기업가, 법조인, 교육자 등 누구나 할 것 없이 그를 찾아와 인생을 묻고 길을 물었다.

1996년, 대통령에 네 번째 도전하려던 김대중金大中이 찾아왔다. 혜암은 거두절미하고 그에게 대통령이 되는 법을 가르쳐 주겠다고 했다. 그가 눈을 반짝이며 귀를 기울였다.

"불교에서는 가장 이상형의 사람을 보살이라고 부릅니다. 보살은 위로는 내 본마음이 부처라는 깨달음을 얻고, 아래로는 생명 있는 모든 존재를 참된 삶의 길로 인도하는 사람입니다. 한 나라의 대통령이 되려면 보살계菩薩戒를 받고 세상에 나와야 합니다. 이제 보살이 되는 덕행을 쌓으시오. 내 본마음을 알기 전에는 하늘의 별을 따고 바람을 묶는 재주가 있어도 값어치가 없습니다. 대통령이 되는 것이 중요한 것이 아니라 오늘부터 이 본마음을 찾기 위해 도를 닦으시오."

아무리 분주한 대통령 후보자라고 해도 혜암의 발심 법문을 피할 도리는 없었다. 그리고 몇 번째 떨어져 다시 도전하는 그에 대한 연민을 담아 현실적으로 필요한 자비의 법문을 잊지 않았다.

"대통령은 국가와 국민을 책임져야 하는 자리에 있는 사람 아닙니까? 책임자가 지켜야 할 세 가지 조건이 있으니 들어보시오. 번거로운 일이 닥쳐와도 겁을 내지 말고, 일이 없기를 찾지 마시오. 그리고 시비를 가릴 때는 엄격히 가려야 합니다."

방장의 법문을 귀 기울여 들었던 김대중이 대통령에 당선되고 다시 방문했다. 이번의 법문은 지난번보다 한층 더 강했다. 축하의 인사를 건넨 다음, 바른말을 좀 하겠다고 운을 뗀 뒤한 법문은 이렇다.

"전 우주를 통틀어 가장 위대한 것은 우리가 가지고 있는 본마음입니다. 이 마음은 무한한 능력과 지혜를 갖추고 있습니다. 그러므로 내 마음을 찾는 출가 수행자의 존재는 허공보다 큰 권리를 지닌 사람이오. 이에 비하면 대통령이 가진 권력은 모래알만도 못하지요. 나는 당신들에게 이 본마음을 찾아 쓰는 법을 가르치러 이 세상에 온 사람이니, 자세히 들으시오."

대통령 후보나 대통령 당선자나 혜암에게는 마음 법문을 들려줘야 할 중생의 한 사람일 뿐이었다. 김대중을 비롯해 주변 모든 사람들이 꼿꼿한 자세로 대통령을 마주하고 법문하는 혜암을 주시했다.

"세상에 핵보다 강력하고 허공보다 큰 것이 있으니 그것이 무엇인 줄 아십니까? 우리들 누구나가 가지고 있는 본래면목, 즉 마음입니다. 우리는 이러한 귀한 보물을 안에 가지고 있으면서도 미혹해서 그것을 쓰지 못하고 살고 있어요. 번뇌에 가려있는 그 보물을 발견해서 쓰는 사람이 가장 지혜로운 사람입니다. 한 국가를 통치하는 대통령께서 이 우주 법계의 그 어떤 것보다 위대한 물건인 우리 본심을 깨닫고 정치에 활용한다면 그보다 더 중하고 귀한 일은 없을 것입니다. 아무쪼록 내 본마음을 찾는 공부를 하시길 바랍니다."

다독에 다변가이며 웅변가로 이름난 김대중이 그날 조용히 경청하고 일어나며 말했다.

"방장스님께 그 어디에서도 들을 수 없는 귀한 말씀을 들었습니다."

자신의 본마음을 모르고는 세상의 그 어떤 명망도 다 허수아비에 불과하다고 강조하면서 내 본래면목은 모르면서 다 아는 척 하고 사는 사람이 세상에서 가장 불쌍한 사람이라고 설했던 혜암이다.

혜암이 이십대 젊은 수좌 때의 일이다. 화물칸에 몸을 싣고 부산을 떠나 서울로 향하던 때였다. 주변을 아랑곳하지 않고 서른 명쯤 되는 기독교 신자들이 찬송가를 부르고 나더니 장로 한 사람이 다가와서 혀를 차며 말했다.

"보아하니 젊은 양반이 불쌍하군요. 금을 캐러 다닌다면서 금맥을 모르고 다니니 말입니다."

"고맙습니다. 그런데 한 가지 묻겠습니다. 예수님은 어디에서 나오셨습니까?"

"예수님은 우주의 창조주이신데 나오고 말고 할 게 있습니까?"

"만약 제게 그런 질문을 해주신다면 '예수는 내 아들놈이다!' 이렇게 말하겠습니다."

장로가 몹시 불쾌한 표정을 지었으나 혜암은 못 본 척 하고 찬송가를 부르던 사람들이 모여 있는 자리로 가서 물어보았다.

"속 시원한 해명을 해주겠으니 들어보시겠습니까?"

그들이 호기심 어린 표정을 한 채 한번 들어나 보자고 했다.

"예수님뿐 아니라 우리 석가모니 부처님도 내 아들놈입니다. 이제 속이 시원합니까? 이 범부가 어찌 성인들께 욕을 하겠습니까. 다만 여러분들이 우상, 우상 하면서도 참으로 우상을 모르기에 말한 것입니다. 2,500년 전 인도에서 별을 본 순간 진리를 깨달은 석가모니 부처의 육체가 성인입니까? 그 육체는 고깃덩어리일 뿐이고 그 마음이 성인일 것입니다. 그럼 십자가에 못 박혀 죽은 그분이 예수입니까? 역시 육체는 고깃덩이요,

그 마음이 예수라 하겠습니다.

그 마음은 티끌만큼의 욕심도 성냄도 어리석음도 없는 깨끗한 자리를 말합니다. 그 티 없이 깨끗한 마음은 우리가 태어나기 이전부터도 있었고 우리가 이 세상에서 사라져도 없어지지 않습니다. 또 그 마음은 성인에게만 있는 것이 아니고 나에게도 있고 저 길가에 피어있는 풀이나 돌멩이에게도 있습니다. 모두에게 죽지 않는 생명이 있어요.

이 청정한 마음이 모두에게 있기에 우리는 평등한 존재입니다. 예수님이나 부처님이라고 해서 그들만 뛰어난 존재가 아니에요. 나보다 가치가 높고 중요한 것은 이 세계 어디에도 없습니다. 모든 것이 이 귀중한 내 마음에서 나왔기 때문에 예수도 석가도 내 아들놈이라는 것입니다.

예수나 성경, 부처나 팔만대장경에도 속지 마십시오. 오직 우리가 잃어버린 저 깨끗한 마음을 찾은 사람이 부처이고 예수입니다. 우리 승려들은 그 마음을 깨닫기 위해 공부하는 사람들입니다. 알아들으시겠습니까?"

혜암이 늘 했던 말처럼 팔만대장경을 단번에 때려 붓는 이 말을 정확히 알아들은 사람은 없었을 것이다. 그러나 서울에 기차가 도착할 때까지 승복을 입은 혜암을 우상이나 믿는 불쌍한 사람이라고 말하는 사람은 없었다. 얕보던 눈초리를 거두어들인 채 조용히 앉아 있었을 뿐이다.

그로부터 반세기 후, 그 젊은 수좌 혜암은 나라 밖 수많은 인종이 섞여 사는 도시 뉴욕으로 가서도 똑같은 말을 했다. 법문이 시작되고 주장자를 내리치고 난 뒤 세상이 무너지도록 내지른 첫 마디는 '석가모니 부처님은 내 아들놈이요'이었다.

이 세상에 내 마음보다 더 귀한 가치를 지닌 것은 없으며 그 마음이 모든 것을 만들어내는데, 세상 사람들은 그 본마음을 잃어버린 채 살아가고 있었다. 혜암의 눈에는 그들이 모든 것이 갖추어져 있는 본고향을 잃고 타향에 사는 실향민처럼 안타까워 보였다. 그래서 그토록 중요한 마음이란 무엇이며, 마음을 찾는 화두참구법에 대해 설했다. 뉴욕의 교민과 서구인들은 여든에 가까운 노승의 진심 어린 발심 법문에 매료되었다.

말과 말이 만들어낸 틀에 갇히지 말라며, 진리는 내가 내 본래면목을 발견하는 것에 있음을 설했던 노승에게 힘찬 박수를 보냈다.

원당암 합동천도재 법회 _1997년

慧庵

제11장

공부하다 죽어라

어떻게
살 것인가

말세의 운명은 회복이 불가능하지만 불교는 멸망시킬 수가 없다. 사원을 헐고 불상을 없애고 이름난 스님네가 없다고 해도 불교는 망하지 않으며 불법은 없앨 수 없다. 사람의 마음이 부처이므로 자기 마음을 멸망시킬 수 없듯이 불법도 영원하다. 공부하다 죽어라.

혜암은 역대 해인총림 방장, 조계종 종정 가운데 대중을 상대로 크고 작은 법석에서 가장 법문을 많이 한 수행자일 것이다. 원당암에서만 매달 두 번씩 한 법문이 수백 개가 넘는 녹음테이프로 남아있다.

혜암이 법문하는 곳에는 늘 수많은 사람들이 몰려들었다. 1988년 서울 조계사에서 있었던 재가 수행단체 수선회修禪會 법문 때는 조계사 창건 이래 최대의 인파가 몰렸다는 기록도 있다. 법회에서 한결같이 말한 것은 마음을 찾는 공부만이 살 길이라는 것이었다.

그리고 마음을 깨치는 참선법이 출가수행자들의 전유물이 아니라는 것을 강조했다. 이 모든 것을 전하고 싶었던 진심이 대중들에게 이심전심으로 전달되었다. 길고 짧은 법문 모두에 '이뭣고' 법문이 들어있었다. 이것이 혜암 법문의 특징이었다.

"사람은 무엇으로 살아야 하는가?"

"보고 듣고 생각하는 이것이 무엇인가?"

그들이 집으로 돌아가면서 뜨겁게 가슴에 품은 저 화두는 발심과 수행정진으로 이어져 다시 원당암을 찾게 했다. 그들은 법문을 듣고 정진하면서 자신이 불생불멸하는 위대한 존재임을 확인했다. 그래서 세상에선 혜암을 일러 발심 법문의 최고 수행자라고 했다.

매월 첫째, 셋째 주 토요일 오후가 되면 원당암으로 올라오는 언덕에는 걸망을 지고 전국 각지에서 몰려드는 사람들로 가득했다. 회색 법복으로 갈아입은 그들은 저녁 8시가 되면 혜암의 법문을 듣고 9시에 정진을 시작했다.

철야정진이 있던 어느 날이었다. 정진이 시작되기 전, 보살

한 사람이 방으로 들어와 절을 하는데 보니 얼굴이 벌겋게 달아 올라있었다. 얼굴이며 목이 땀으로 얼룩져있던 그녀는 시내에서 큰 곡물상을 경영하며 철야정진에 참여하던 불자였다.

"스님, 살려주시오."

"무슨 일이 있습니까?"

"8천만원어치 외상을 하고 물건을 가져간 사람이 달아나버렸어요. 사방으로 알아봐도 찾을 수가 없어요."

혜암이 위로했다.

"걱정 근심할 것 하나도 없습니다."

"돈을 8천만원이나 날렸는데 어떻게 근심하지 않을 수 있겠어요? 속상해서 가게에 나가 있기도 싫습니다."

"전생의 빚진 일이 없으면 새삼스레 일어날 일은 없어요. 그걸 알고 세상일을 보면 근심하거나 남 원망할 거 하나도 없소."

"그럼 제가 전생에 그 사람한테 빚이라도 졌단 말입니까?"

"그건 모르지요. 들어보시오. 만약 전생의 일이라면 빚을 갚았으니 잘된 것이고, 전생에 그런 일이 없었는데 돈을 떼었다면 내생엔 그 사람이 이자를 쳐서 갚으러 올 텐데 무슨 걱정이요? 식은 땀 흘릴 필요 없어요. 공짜배기는 없소. 이런 이치를 모르니까 병부터 나고 머리도 깜깜해지는 거예요. 그렇게 허둥지둥 정신을 놓고 속 썩으면 나만 죽을 일이지 무슨 이익이 있나 생각해보시오. 내가 도둑질을 하고 남을 해치는 것이 걱정이지,

세상사 모든 일이 빚 갚을 일 아니면 빚 놓는 일입니다. 머리 싸매고 드러눕지 말고 더 정진하시오."

그날 저녁 8시, 선방의 법상에서 이 이야기를 전하며 혜암이 한 법문은 이렇다. 두려움 없이 자유롭게 사는 방법은 무엇인지, 사람들이 그토록 찾아 헤매고 있는 행복은 무엇에 있는지가 잘 드러난 법문이다.

분별하고 취해서 구하는 그 한 생각이 나를 괴롭히는 것인데 그것을 모르고 사는 중생들이 한없이 안타까웠던 혜암은, 이렇게 어리석게 사는 것이 너무 억울하지 않느냐고 물었다. 그리고 이 고통에서, 이 꿈속에서 벗어나려면 참선 공부를 해야 한다고 강조했다.

법문을 들은 사람들은 혜암이 설한 법문을 잊지 않았다. 어려운 일이 있을 때마다 법문을 기억하고 헤쳐 나갔으며, 공부하는 것으로 그 은혜에 보답하고자 했다. 오랜 세월이 흐른 지금도 혜암의 법문을 매일 들으면서 삶을 다지고 수행하는 사람들이 수없이 많다.

"어떻게 살 것인가?"

숱한 사람들이 스스로에게 혹은 삶을 규명하는 것을 업으로 하는 철학자, 종교인에게 물었다. 그들은 자신이 살아온 경험에 비추어 다양한 답을 내놓았다.

혜암의 답은 무엇이었을까.

"공부하다 죽어라."

그리하여 그 공부가 무엇이며, 왜 공부해야 하며, 어떻게 해야 하는지를 설했다. 무려 일생 동안.

오직 마음뿐이다

허공이 텅 비어 하나인 것처럼 부처와 중생과 마음이 하나입니다. 너와 나, 아버지와 아들, 어머니와 딸이 둘이 아니고 하나입니다. 이들이 내 마음에 들어서 존재하기 때문이며, 다 마음이라는 불성으로 충만해있기 때문입니다. 그런데 어른인 척 어머니인 척 뽐내고 자녀들을 멸시하고 삽니다. 눈으로 보이는 것이 아들딸이 아니라 눈으로 보이지 않는 곳에 그들이 있습니다. 중생들이 아들 딸, 너와 나를 분별하면서 사는 세상은 꿈속에서 사는 것입니다.

오직 마음 하나밖에 없습니다. 일어났다 사라지는 생각을 나로 착각하고 분별하며 사는 이 세상은 어제 저녁 꿈과 같습니다. 우리는 지금 있는 마음은 없다고 하고 분별하는 생각은 옳다고 하면서 살고 있습니다. 우리의 고통은 이것을 알지 못하는 데서 생기고, 그로인해 생로병사를 되풀이하면서 살아가고 있습니다.

생멸하지 않는 이 본마음을 찾지 않으면 부처님이 살아와서 법문을 한다고 해도 소용이 없습니다. 본마음을 지니고 있는 나라는 존재가 그렇게 귀중한 것입니다. 생멸하는 생각을 내기 이전의 내가 따로 있습니다. 한 생각 일어나기 전의 나를 알아야 산 사람이라 할 수 있습니다.

이렇게 말해주어도 믿지 못하니 안타깝습니다.

진정한 행복은 어디에 있는가

남을 도와주고도 도와주었다는 생각도 내지 말고 대가도 바라지 마세요. 그냥 도와주어야 행복합니다. 도와주었다는 한 생각을 내는 순간 괴롭기 때문입니다. 아무리 좋은 생각도 한 생각을 내는 순간 괴롭습니다. 우리는 이 한 생각을 내지 않기 위해 공부하는 겁니다. 기대를 하지 않고 텅 빈 마음이 되어야 대자유인이 됩니다. 이렇게 일 없는 사람, 편안한 사람이 대 자유인입니다. 이런 이치를 알고 편안 마음을 쓰고 살면 얼마나 행복하겠습니까?

자기가 아는 세계는 아주 좁기 때문에 모든 생각과 행동이 인과를 벗어나지 못합니다. 내 본마음을 모르고 일어났다 사라지는 생각을 나라고 착각하고 그것에 의지해서 사는 한 자유로울 수 없습니다. 이런 것은 대학원에 가도 배우지 못합니다. 텔레비전에 나와서 지식인이라고 하는 사람들이 하는 말을 가만히 들어보면 모두 그릇된 법을 가르치고 있어요.

착하다는 생각도 내가 만들어낸 허상입니다. 없는 것을 짊어지고 다니니 얼마나 무겁겠습니까? 착하다는 생각도 나쁘다는 생각도 다 텅 비우세요. 내가 옳다고 생각하면 상대가 그른 것이 되어버립니다. 그러면 원망하는 생각이 일어나 내가 괴롭습니다. 괴로움에서 벗어나는 것이 불법이고, 벗어난 그 자리가 우리의 본심, 불성의 자리입니다.

육체는 언젠가 사라지지만, 우리에게 있는 이 본 마음은 죽지 않습니다. 이 죽지 않고 영원한 마음을 깨치려는 일을 하다가 죽어버리면 수지맞습니다. 사람들은 이 수지맞는 장사를 알지 못한 채 하루 종일 언젠가 사라질 이 몸을 나로 알고 이것을 먹여 살리려고 분주합니다.

복이 많은 사람은 누구인가

내 재산을 빼앗아 가는 것은 밖에 있는 누군가가 아닙니다. 큰 도둑은 나에게 있습니다. 오직 그 분별하는 한 생각이 들어와 나를 해칠 뿐입니다. 가장 복이 많은 사람은 이 마음을 찾는 공부를 하는 사람들입니다.

부자들 부러워하지 마세요. 전생에 지은 복으로 잠시 안락하게 사는 것일 뿐, 내일이면 염라국에서 잡으러 올 텐데 그 며칠 간다고 부러워하고 삽니까?

내가 떳떳하면 죽을 일이 있어도 죽지 않습니다. 보이지 않는 기운이 도와줍니다. 내 할 일만 잘하면 문제없어요. 농사짓는 사람은 농사짓는 일을 잘 하고, 정치하는 사람은 올바른 선정을 펴려고 노력하면 됩니다. 공업 일을 하는 사람은 국민들이 편하게 살도록 무역해서 돈 벌고, 장사하는 사람들은 남을 속이지 말고 성실하게 장사를 잘하면 됩니다. 각자 자리에서 단결 화합하면 귀신들이(하늘이) 저 사람을 해치지 말고 도와주라고 무선전화를 칩니다.

남을 원망하지 마세요. 나쁜 일도 좋은 일도 감추지 못하는 법입니다. 한 번은 누구나 잘 할 수 있지만 오래 하는 것은 어렵습니다. 오래 잘해야 복을 받습니다.

총칼보다 강력하고 핵보다 무서운 것이 내 마음입니다. 이런 이치를 올바로 딱, 세우고 살면 내일 당장 죽어도 괜찮은 것입니다. 이런 이치를 정립하고 의심하지 않으면 어떠한 폭발적인 침해도 나에게 오지 못합니다.

참선 공부밖에 무슨 할 일이 있는가

범부들이 참 불쌍합니다. 마음 말고는 없는 것인데 없는 것들을 스스로 만들어 짊어지고 있어요. 그래서 재미가 없어도 이 마음을 찾는 참선 공부가 제일입니다. 석가모니 부처님이 세상에 오신 것은 중생을 제도하러 온 것이 아니라 우리가 벌써 제도되어 있는 성인이라는 것을 가르쳐주려고 온 것입니다. 제도 받을 것도 없이 중생들이 그대로 성인이고 극락이고 열반이라는 것을 가르치러 온 것입니다. 이 사실을 믿어야 합니다.

일어났다 없어지는 한 생각 때문에 고통이 생깁니다. 그래서 이 한 생각을 없애는 것이 중생제도입니다. 이미 생각이 비고 고요하다면 중생 제도도 없는 겁니다.

돈이 귀중한 것이 아니라 마음이 귀중한 것입니다. 돈은 있다가도 없고 없다가도 있지만, 마음 공부하는 복은 대통령도 강도도 못 가져갑니다. 이치를 모르니 그걸 이용하지 못하고 삽니다. 공부해서 마음 한번 잘 써보시기 바랍니다.

공부하는 데 필요한 것

공부하는 데는 도적적인 규범이 필요합니다. 계율은 도둑을 잡는 것이요, 선정은 도둑을 묶는 법이라고 했습니다. '계율의 그릇이 온전하고 견고해야 선정의 물이 고이고 지혜의 달이 나타날 것이다'라고 했습니다.

음란한 생각이 깨끗한 성품을 끊는다고 합니다. 음란하면서 참선하려는 것은 모래를 쪄서 밥을 짓는 것과 같아요. 오입질을 하면 죽어서 바로 화탕 지옥에 떨어집니다. 그 지옥 구경 가고 싶으면 오입질 한번 해보세요. 화살처럼 빠르게 갈 테니까요. 화탕 지옥에 가면 오입질한 사람이 드글거립니다. 공짜배기가 없습니다. 정조를 잘 지킨 복은 한이 없습니다. 부부애가 좋고 자식이 효자고, 좋은 친구를 만납니다.

자식들이나 남편이 잘못하면 '한 생각 잘못 일어나 마구니가 들어와서 저렇구나', 그렇게 생각하고 바라보세요. 마구니는 우리가 기분 나쁘다고 함부로 하면 더 달라붙습니다. 그들의 본바탕은 깨끗한 것입니다.

내 주인공을 찾아라

미련한 사람들이 몸에 든 병을 고치려고 외국까지 가면서 마음의 병은 고칠 생각을 안 합니다. 사람의 병을 고친다는 의사들도 그렇습니다. 수행자는 대의大醫, 큰 의사입니다. 껍데기인 몸에 생긴 병은 고치고 나면 다른 병이 생깁니다. 몸의 병은 이렇게 끝이 없습니다. 그러나 마음병을 고치면 몸에 병도 나지 않습니다. 마음이 뿌리이기 때문입니다. 이렇듯 전부 병든 몸인데 모두 그 몸을 자기로 알고 통통히 살을 찌우면서 살아갑니다. 세상에서 제일 불쌍한 사람이 마음병을 고치지 않는 사람입니다. 부처님과 조사의 말씀을 믿고 지켜서 실천하세요.

돈과 벼슬을 얻고 하늘의 별을 따고 바람을 묶는 기술이 있어도 내 주인공인 마음을 찾지 않으면 자유로울 사람은 없습니다. 힘이 있을 때 자기 허물을 경책하고 살아야 합니다.

이렇듯 마음 하나 말고는 아무것도 없습니다!

백학명 스님이라고 공부 잘하는 스님이 있었습니다. 공부할 때 모친이 추운 겨울을 나라고 솜을 넣어 옷을 해오면 공부를 이루기 전에는 남의 신세를 지지 않겠다는 결심으로 옷을 받지 않았다고 합니다. 그분은 공부가 하도 되지 않아 물푸레나무로 회초리를 만들어 자신의 종아리를 내리쳤다고 해요. 다른 사람들은 다 깨쳤는데 너는 무엇 하느라고 아직도 깨치지 못하고 이 고통을 받는가 하고는 다리에 피가 나오도록 종아리를 내리쳤다고 합니다.

회초리를 친 탓에 종아리가 너덜대니 옷을 찢어 묶고 다니자, 대중들이 수군댔어요. '저 스님은 왜 밤낮 다리를 다쳐서 다니나?' 하루는 뒤를 쫓아갔다 보니 바위 위에 올라가 바지를 벗고는 회초리로 자신의 넓적다리며 종아리를 사정없이 내리치는 것이었습니다. 공부를 이루기 전에는 추워도 네 몸뚱이에게 옷을 입히지 않을 것이며, 잠이 와도 네 종노릇은 안 하련다, 그렇게 결심하고 공부한 끝에 도인이 되었습니다. 그런데 우리는 '오늘은 좀 한 시간만 더 자고 하자, 오늘 저녁에는 많이 먹었으니 좀 쉬었다 내일 하자' 그러고 삽니다. 그렇게 공부하면 백 번을 태어나도 공부를 성취할 수 없습니다.

팔만대장경에는
법이 없다

혜암의 법문은 늘 역설적으로 시작되고는 했다.

보살계를 받으러온 사람들에게 '오늘 보살계를 받으러 온 사람들은 다 지옥에 빠질 것이다' 라고 말문을 열었다. 보살계를 받아서 사람답게 잘 살려고 온 사람들에게 지옥에 들어갈 것이라고 했으니, 모두 눈이 동그래진 채 법문에 집중하지 않을 수 없었다. 그리고 나서 그들의 눈높이에 맞추어 친근하고 따뜻한 법문으로 이야기를 풀어나가는 것이 혜암의 설법 방식이었다.

보살이 되어서 나도 자유로워지고 나아가 괴로운 중생들을 구제해야 할 것이 아닌가, 그러려면 마음을 찾는 참선 공부를 해야 한다는 것으로 결말을 짓는 것이 법문의 특징이었다. 지옥에 간다는 얘기에 의문을 품었던 사람들은 마음 찾는 공부만이 살 길이라는 법문을 듣고 발심하지 않을 수 없었다.

팔만대장경을 연구하는 학자들이 해인사를 방문했을 때다. 방장인 혜암은 팔만대장경은 고름덩어리를 닦는 종이에 불과하다며, 그들에게 벽력같은 할을 하고 나서, 지금 지금 이 순간, 이 자리의 평상심이 본마음이요 부처임을 일깨웠다.

팔만대장경은 1962년 12월에 국보 제32호로 제정되고, 2007년에는 그 가치를 인정받아 유네스코 세계 기록 유산이 되었다.

1997년 가을, 독일 함부르크에서 열린 '한국의 달' 행사에 60여 명의 불교사절단이 파견되었다. 함부르크주 제안으로 한국의 불교문화를 소개하기 위해 각종 공연과 전시회 중심으로 한국불교문화예술제가 열렸다. 이때 한국불교의 정수인 선禪을 알리기 위한 법석이 마련되었고 혜암이 법문했다. 법문 후 함부르크 시청 공연장을 가득 메운 관중이 기립박수를 보냈다고 한다.

서구인들 앞에서 무슨 말을 쏟아냈을까? 혜암은 한 시간 동안 이뤄진 법문에서 불교는 참선으로 깨닫는 실천주의임을 천명했다. 음성은 카랑카랑하고 힘이 있었으며, 법상에 앉아 있는 자세는 한 점 흐트러짐 없이 꼿꼿했다.

함부르크를 거쳐 베를린에서도 법문이 이어졌다. 법문이라는 것은 말길이 끊어지고 분별하는 생각이 사라졌기 때문에(言語道斷 心行處滅) 주장자 한 번 드는 것으로 법문은 다 마친 것이나, 이 법문의 진리를 모르기 때문에 입을 열게 된다면서 말문을 열었다. 1997년 9월 17일, 그날도 역시 역설적인 서두로 법문이 시작되었다.

팔만대장경은 똥닦개다

이 팔만대장경은 똥닦개입니다. 도를 아는 입장에선 허물이 많습니다. 부처님께서는 그렇게 48년간 법문을 해놓고도 한 말도 한 적이 없으며 모두 마구니 설이라고 했습니다. 불법은 본심(본마음)을 떠나선 있을 수 없기 때문입니다. 본심을 부처나 스승, 부모보다 더 존중하라고 했습니다.

불법은 팔만대장경이나 법당, 절에 있는 것이 아닙니다. 방편인 것입니다. 불법은 격외선格外禪이기 때문에 할 수 없이 이렇게 많은 말을 했습니다. 전 세계 사람을 다 살려낸다 해도 '성불하라'는 이 말 한마디를 당해내지 못합니다. 대통령을 하고, 하늘의 별을 따고 바람을 묶는 재주를 가져도 내 마음을 알지 못하면 자유는 없는 것입니다.

팔만대장경에는 법이 없어요! 부처도 스님도 없습니다. 몸이 나를 구속하며 내 말을 듣지 않는데 무슨 자유와 성공이 있겠습니까. 영원히 죽지 않는 법신, 이 주인공은 불생불멸, 상주 불멸합니다. 허공처럼 변치 않는 이것, 이 보물을 찾기 위해 도가 있는 것입니다. 이 마음을 찾지 못하고 살면 이대로가 어젯밤 꿈속의 일입니다. 이렇듯 불법을 바로 보지 않으면 부모에게 효도하고 국가에 충성하고 남을 사랑하고 도와주는 것도 다 죄짓는 것에 지나지 않아요.

팔만대장경을 죽도록 읽어도 마음을 깨달으라는 선지식의 말 한마디를 들은 것만 못합니다. 중생의 병에 따라 약을 주다 보니 헛소리를 했을 뿐, 병이 없는 사람에겐 약이 필요 없습니다. 부처에게 속지 마세요. 부처에게 속는 것을 부처에게 얽혔다고 해서 불박佛縛이라고 하며, 법에 얽히는 것을 법박法縛, 스님에게 얽히는 것을 승박僧縛이라고 합니다. 우리의 마음이 내 주인공일 뿐 그밖에 다른 것은 다 객일 뿐입니다. 주인공을 저버리고 객에게 붙들려 살면 되겠습니까.

부처에게도 대장경에게도 스님에게도 속지 마세요. 오직 참선해서 성인이 되는 이 공부해주시기 바랍니다.

고통은 어디에서 오는가

많은 사람들이 세상 법을 말해놓고도 법문이라고 합니다. 팔만대장경에도 허물이 많은데 말입니다. 간단히 이 세상일을 말하자면, 온 곳도 모르고 가는 곳도 모르는 멍텅구리들이 공연히 욕심만 부리고 살고 있는 세상입니다. 이 세상에 빈손으로 왔는데 무얼 가지고 가려 합니까? 백년도 살지 못할 사람들이 천 년 만 년 영원히 죽지 않고 살 것처럼 준비합니다.

세계적인 학자라고 하는 사람들도 세상일을 다 아는 것 같아도 정작 자기를 모르니 멍텅구리요 산송장입니다. 산 사람이 하나도 없어요. 이 산송장들을 살리기 위해 참선이 나왔습니다.

참선이 주인공을 찾는 공부 아닙니까. 내 눈이 내 눈을 못 본다고 눈이 없습니까? 이렇게 지금 법문을 듣고 있는 이것이 본마음입니다. 마음을 떠나서는 아무것도 없습니다. 이 마음을 팔만대장경에서 찾으려고 하면 죽었다 깨어나도 못 찾습니다. 여기 앉은 이 자리에서 본마음을 찾는 것이 참선입니다.

눈이 보는 것이 아니라, 이 한 물건(본마음)이 들어서 보고 듣고 냄새 맡고 주먹으로 쥐었다 폈다 하며 촉감을 느끼는 것입니다. 몸이 아니라 마음으로 왕래하는 것이지요. 눈에 보이지 않는 주인공이 하는 것입니다. 그런데 중생들은 그 주인공, 마음을 깨닫지 못한 채 몸을 자기라고 알고 살고 있어요. 모든 고통은 이것에서 비롯됩니다.

무심을 이루는 것이 불법이다

복을 지어 천상에 나도 그 복이 다하면 다시 떨어집니다. 그러나 이러한 인과를 벗어나는 공부를 하는 것이 참선입니다. 선악과 생사는 둘이 아닌데 선악과 생사를 따로 보고 살고 있습니다. 선악, 생사 등의 이러한 상대 개념을 벗어나지 못하면 아무리 살아봐야 고생감일 뿐 좋은 일은 없습니다.

오늘이 제일 좋은 날입니다. 착한 일 한다고 수지맞지 않습니다. 그러니 착한 일을 했다는 상을 내지 마십시오.

오직 무심을 성취하는 것이 불법입니다. 일어났다 없어지는 생각을 지닌 그것이 내가 아닙니다. 세상에선 모두 착한 일 하라고 합니다. 착한 일을 하라고 하는 것은 상대에서 벗어나지 못한 무명에서 나온 생각입니다. 무명 속에 있는 사람들이 무엇을 어떻게 도와준다는 말입니까? 물심양면으로 도와준다고 합시다. 오늘 지나면 썩어버리는데 무슨 이익이 있겠습니까. 다 송장들입니다. 마음이 죽었다 살았다 하니 송장인 것입니다.

부모에게 오기 이전의 소식, 생각이 일어났다 사라지는 이전의 소식을 아는 사람이 산 사람입니다. 이 몸은 고깃덩어리입니다. 입으로 밥을 먹고 말을 하는 것이 내가 아닙니다.

어떤 것이 성불인가

도를 닦다가 그 자리에서 죽는 것이 정법正法입니다. 세상일은 연극처럼 하고 정작 해야 할 일은 내 주인공을 찾는 일입니다. 권리도 자유도 없는 이 몸뚱이가 무슨 가치가 있습니까? 영원히 죽지 않는 그 주인공을 찾는 것이 참선법입니다. 주인공을 찾지 않은 채 가짜인 나로 세상일을 하려고 하는 것은 진흙으로 백옥을 만들고 모래를 쪄서 밥을 지으려고 하는 것과 같습니다.

옳고 그른 것에 대한 분별이 있어서 괴로운 것입니다. 이 괴로움에서 벗어나는 길은 분별을 버리고 영원한 참나로 살아가는 것입니다. 세상일이 즐겁고 괴로운 것은 잠시 분별로 인해 일어난 것일 뿐, 어제저녁 꿈과 같은 것입니다. 처음부터 끝까지 영원한 것은 없습니다. 자식이 공부를 잘하고 벼슬을 해봐도 언젠가는 끝이 날 일입니다. 이 몸뚱이는 오늘 해가 넘어가면 썩어버리니 도움을 주는 사람도 도움을 받는 사람도 희망이 없는 일을 하는 것입니다.

참나를 찾아야 합니다. 영원히 죽지 않는 내가 있습니다. 그 보물을 찾아야 합니다. 그러니까 문화유산으로 지정된 팔만대장경이지만 거기에 보물이 있는 것이 아니고 내 안에 있는 영원히 죽지 않는 참나, 그것이 보물입니다. 그걸 찾아야 합니다.

어떤 것이 성불입니까? 나고 죽는 일을 해결하는 것이 성불입니다.

'성불합시다!'

이 말은 나고 죽는 한 생각을 해결하라는 뜻입니다. 나고 죽는 한 생각에서 생로병사의 고통 뿐 아니라 부자유스러운 고통이 생겨납니다. 이것은 내 주인공 자리에 있어서는 상관없는 불구덩이입니다. 이 불구덩이의 고통을 여의고 본 고향(본 마음)으로 돌아가기 위해 참선하는 것입니다.

'나'를 찾는 비법

여러분, 참선하시기 바랍니다. 거울을 의지해서 보면 힘을 들이지 않고 나를 보는 것처럼, 화두를 들면 내 주인을 바로 볼 수 있습니다. 이것이 비법秘法입니다. 화두는 내 주인을 찾는 거울입니다. 거울을 보고 내 얼굴을 보는 것처럼 화두를 들면 참 나를 볼 수 있습니다. 참선이 없었으면 불법도 없는 것입니다.

여러분은 나고 죽는 빚을 갚으러 온 사람들입니다. 내 주인공만 알아버리면 모든 일을 다 알아버립니다. 너절한 살림살이인 팔만대장경이 중요한 것이 아닙니다.

팔만대장경을 한마디로 줄이면 '자기 본마음을 깨달아서 중생을 교화해라. 나고 죽는 이 일을 해결하라! 성불해서 다생의 부모를 구하라', 그것입니다.

중생뿐 아니라 무정물까지 일심동체입니다. 초목이나 바윗돌 등 만물이 서로 통하고 있어요. 기본을 알고 보면 너와 나, 성인, 범부가 따로 없는데 분별해서 생각하니 죄가 될 수밖에 없는 것입니다.

마음고향으로 돌아가라

부처님께서는 중생이 말을 안 들어서 잔소리를 많이 하신 것입니다. 말을 안 들으니 이렇게 저렇게 말해놓고는 나중엔 한 말도 하지 않았다고 하셨습니다.

이 공부는 자본금도 안 들어갑니다. 시간도 안 걸립니다. 이러다보니 너무 쉬워서 얕봅니다. 그러나 오늘 화두를 하나, 도매금으로 드리겠습니다. 도인들은 팔다리를 잘라 놓고 화두를 타갔습니다. 팔다리를 잘라놓고 화두를 타 가는 그들에게 도매금으로 넘기면서 한 말은 무엇이었을까요?

공부하는 데 있어서 첫 번째 원수가 나에게서 일어나는 번뇌 망상이고, 두 번째 도둑이 이 몸입니다. 몸은 바꿔 입는 옷입니다. 이 몸이 가지고 있는 재산이나 돈에 의지할 게 하나도 없습니다. 원수와 도둑에게 속지 마십시오. 내 것이라면 써먹을 수 있으나 내 것이 아니기에 써먹지 못합니다. 일어났다 꺼졌다 하는 번뇌 망상을 벗하지 말라고 합니다. 본마음인 참나는 안 죽습니다.

이 원수와 도둑들이 주인을 해치고 재산을 뺏고 있는 시간의 이 세계는 객지입니다. 털끝만큼도 걱정 없는 마음 고향이 있습니다. 우리는 그곳으로 돌아가야 합니다.

인도의 정치인인 간디도 불법에서 생명을 사랑하라는 것을 배웠고, 세계적인 과학자 아인슈타인도 불법을 알고 나서 생명을 해하는 원자탄을 만든 일을 막대한 죄라 여기고 참회했습니다. 아인슈타인은 죽으면서 세상의 고통을 불교가 해결할 것이라고 했습니다.

세상의 모든 것들은 일심동체입니다. 마음은 허공과 같아서 하나이기 때문입니다. 내 마음도 모르는 눈 먼 봉사인 사람이 아버지, 아들 마음을 어떻게 알겠습니까?

선악을 버린 그 자리가 극락이다

나를 찾아오는 교수들에게 말합니다.

"내가 보기에 당신들은 자기 마음을 모른 채 어줍잖은 지식으로 날마다 사람을 죽이며 다니는 사람들입니다. 이 엄청난 이치를 알겠습니까?"

우리는 모두 좋아하는 일에 죽습니다. 좋아하는 것이 생멸의 종자가 되어서 돈을 좋아하는 사람은 그것에 병 들어서 죽고, 명예를 좋아하는 사람은 그것에 병들어 죽습니다. 이렇게 전부 좋아하는 일에 죽는데 그것에 의지할 필요가 있겠습니까.

착한 일을 하고도 조금이라도 착한 일을 했다는 생각을 내지 마십시오. 나고 죽는 씨앗이 됩니다. 죄를 짓는 일입니다. 이렇게 나고 죽는 죄를 지어 빚 갚으러 온 것입니다.

세상 법은 꿈속의 일이요, 일어났다 사라지는 생멸문生滅門입니다. 우리 몸뚱이는 부모의 물방울로부터 이뤄진 것입니다. 그러나 참나는 이런 가치 없는 물건이 아닙니다. 세상의 좋고 나쁜 모든 일들이 꿈속의 일입니다. 아무리 좋은 일을 해도 나고 죽는 꿈속에서 벗어날 수가 없어요. 선악을 다 버릴 때 극락이 있는 것입니다. 무심이 도, 즉 분별심이 없는 것을 도라고 합니다. 착한 일을 했다는 그 한 생각만 내지 않으면 자유를 얻습니다.

팔만대장경을 다 때려 붓는 '이뭣고'

불법은 진여문眞如門으로 영생불멸, 불생불멸입니다. 세상 법은 죽음으로 가는 길이고 불법은 살 길로 가는 길입니다. 분별 망상을 버린 무심이 바로 도입니다. 번뇌 망상이 하나도 없는 깨끗한 자리가 무심이요, 내 본고향입니다. 물방울이 모여 바다가 되고 모래 가루가 모여 산이 됩니다. 모였다 떨어졌다 하는 이세계 이대로가 부증불감입니다. 본심을 깨달으면 알게 됩니다.

불교는 참선으로 깨닫는 실천주의입니다. 참선을 해서 깨닫지 못하고 다른 것에서 불법을 찾으려고 하면 그것은 외도입니다. 외국인들에게 참선을 가르치다보니 그들이 좋아하는 화두가 있습니다. 서너 가지 보이고 골라봐라 하면 대부분 '이뭣고' 하나를 고릅니다.

'내게 한 물건이 있는데 마음도 아니고 물건도 아니요 부처도 아니니 이것이 무엇인고.'

이것이 팔만대장경을 다 때려 붓는 말입니다. 거기에는 이 대답은 없습니다. 말 가운데는 불법이 없습니다. 언어도단言語道斷 심행처멸心行處滅이 바로 도입니다. 화두 공부는 분별해서 생각하는 세상 공부와 다릅니다. 상대가 끊어진 이런 공식의 공부는 세상에는 없습니다. 뚤뚤 뭉쳐 이것이 무엇인가를 알려고 하는 암호가 화두입니다. 신선이 금부채로 얼굴을 가렸는데 신선을 보려면 얼굴을 봐야지 부채를 보고 신선으로 알아서는 안 되는 것처럼, 화두는 암호로서 일종의 방편입니다.

답답한 그곳에서 화두가 타파된다

대부분 이뭣고 화두를 들면서, 어떻게 할 줄 모르고 답답하니까 들은 말로 알아맞히려고 풀이를 합니다. 백여우처럼 들은 풍월로 '뭐 다른 게 있겠는가 부처겠지, 마음이겠지' 하고 풀이를 합니다. 부처라는 표현도 말일 뿐이고 법당의 불상도 흙덩

이일 뿐입니다. 그런데 법당의 부처에 의지해서 살면 고생뿐이요, 부처님을 비방하는 죄를 짓는 것입니다.

이것은 오직 알 수 없는 대목에 재미가 있든 없든 공부가 되든 말든 오로지 답답한 곳 한 구멍만 파야 합니다. 이 참선 공부는 지도자가 없이는 안 됩니다. 삼 년, 십 년을 해도 그 자리니까 할 사람이 있겠습니까. 대부분 선생이 잘못 가르쳤나 보다 그렇게 생각하다가 죽습니다.

수수께끼처럼 알아맞히는 것이 아니라, 들어갈수록 애쓸수록 어둡기만 하고 답답한 대목이 나오는 그때 얻어지는 것입니다. 나무를 비비면 불이 나듯 답답한 거기서 어두운 무명심이 터집니다. 답답한 곳으로 들어갈 때 어떤 경계가 나오고 살 길이 나옵니다.

억!!!

삶도 죽음도
벗어나라

"공부하다 죽어라!"

오늘날, 혜암의 사자후로 통하고 있는 이 말은 '어떻게 살 것인가'를 물었던 세상 사람들에게 답한 간단명료한 '할喝'이다. 과연 가야산의 정진불精進佛다운 혜암의 활구 법문活句法門이다. 이 벽력같은 사자후獅子吼는 아무나 토해낼 수 없다.

인간은 누구나 영원한 행복을 원한다. 제아무리 부귀영화를 누리면서 억만년을 산다 해도 그것은 결코 영원한 것이 아니다. 그렇다면 영원한 행복은 어디에 있는가? 본래 마음을 깨달아서 삶과 죽음의 고통으로부터 완전히 벗어난 자리에 있다. 바로 생사해탈生死解脫이다. 태어나도 태어남이 없고 죽어도 죽음이 없는 대자유인이 되어야 비로소 최상의 행복, 영원한 행복을 누릴 수 있다.

2,500여 년 전, 고타마 싯타르타도 영원한 행복을 찾아서 길을 떠났다. 그리고 마침내 깨달음을 얻어 생사를 해탈하고 49년 동안 그 길을 가르쳐 주었다. 그 후 역대조사와 천하 선지식도 그렇게 했다. 혜암 역시 그러했다. 철저한 발심과 용맹정진으로 대자유인의 경지를 확연히 체득했다. 그리고 영원히 사는 길을 깨우쳐주고자 했다. 그리하여, 참선 공부가 얼마나 귀중한지를 그렇게도 역설적으로 강조했던 것이다.

'공부하다 죽어라'는
'어떻게 살 것인가'를 물었던
세상 사람들에게 던진
혜암의 사자후이다.

혜암은 생사 일대사를 해결하는 생사 해탈 이외에는 관심이 없었던 선사다. 한 생각이 무명을 일으키고 고통을 발생하게 하니 그 일어나고 사라지는 한 생각에서 벗어나는 일이 공부의 전부라고 보았다. 그래서 혜암이 생전에 머물던 염화실의 주련은 다음과 같다.

날 때는 한 줄기 바람 일고
죽을 때는 맑은 못에 달그림자 잠겼다
나고 죽고 가고 옴에 걸림이 하나 없어
중생에게 보인 그 몸에 참 마음이 있다
生時一陣淸風起   滅法澄潭月影沈
生滅去來無罣碍   示衆生體有眞心

마지막에 거처했던 미소굴에도 '생사해탈生死解脫' 현판이 걸려있다. 혜암의 깊은 뜻(宗旨)을 드러내는 두 글귀다. 평소 혜암은 생사 일대사에 대한 법문을 자주 했다.

"팔만대장경 전체를 줄여놓으면 생사 일대사를 해결하라는 한마디다. 한 생각 일어났다 사라지는 것이 바로 생사生死다. 이 생사의 문제를 참선을 통해 해결하라. 내가 내 눈을 못 보니 거울을 보면 눈을 볼 수 있다. 거울이 화두다. 화두를 들어 공부하면 나를 바로 보게 된다."

중생은 습관이 만든 업장으로 인해 온갖 생각들이 일어났다 사라지는 생멸심을 반복하면서 살아간다. 이 끊어지지 않는 한 생각 때문에 아무리 무심하고자 해도 할 수가 없다. 그러나 화두를 참구하여 일념이 되게 되면 한순간도 멈추지 않고 반복되었던 한 생각이 사라지게 된다. 오롯한 화두일념을 통해 잡다한 생멸심이 끊어지고 더 나아가 한 생각마저 끊어져 무심할 수 있는 방법이 바로 화두 참구인 것이다.

혜암은 맹렬한 화두 참구 수행을 통해 무명이 일으키는 생멸심에서 벗어난 것을 생사해탈이라고 했고, 이것이 생사 일대사를 해결한 것이며, 생사 일대사를 해결한 사람을 부처라고 한다고 설했다. 한 생각을 내지 않아야 본래의 마음이 살아나고 활발발하게 주인공으로서 세상을 살 수 있으며, 마음을 깨치는 데 그치는 것이 아니라 깨달아서 삶에 적극 활용되어야 한다고 강조했다.

우리를 고통에 빠뜨리는 것은 한 생각에서 비롯된다. 그 한 생각이 일어나면서 옳고 그르고, 있고 없고, 길고 짧다는 등의 상대적인 분별을 일으킨다. 이러한 상대적 관념에 사로잡혀 있는 한 결코 자유로울 수 없다. 상대적인 관념에서 벗어나서 마음이 작용해야 본래의 참나가 발현된다. 상대에서 벗어난 자리가 오염되지 않은 자리이고, 본래면목이 살아있는 자리다.

현실을 떠난 다음 생은 없다. 지금 여기에서 깨닫고 활용되어져야 참 공부다. 그러므로 공부하다 죽으라는 참 뜻은 다음 생을 위해서 공부하다 죽으라는 의미보다는 현실에서 생사해탈의 삶을 살라는 것에 있다.

혜암은 공부하다 죽어야 할 이유를 이렇게 설했다.

모두 일어났다 사라지는 이 한 생각, 즉 분별망상의 이 도적을 주인공으로 삼아 어리석게 살아가고 있습니다. 그렇게 살면서 호랑이, 독사, 똥버러지가 되었다가 하면서 돌고 돕니다. 시작도 끝도 없는 이 우주 법계의 시간 속에서 보면 인생 백 년도 눈 깜짝할 사이에 지나지 않습니다. 그런데 한 생각에 속고 얽혀 고통을 받는 일을 해야 되겠습니까? 사람의 몸을 받은 이 시간은 공부하기에 좋은 극락정토입니다. 그러니 사람의 몸을 받았을 때 공부해서 깨쳐야 합니다. 다른 사람 누가 도와줄 사람 없습니다. 석가모니 부처님께서 살아 돌아오신다고 해도 해결해줄 수가 없습니다.

젊은 시절, 혜암 자신도 화두 공부를 할 때 법상에서 좋은 말만 하는 어른스님들에게 만날 똑같은 소리만 하지 말고 어떻게 하면 부처가 될 수 있는지 알려달라고 대들었다. 그러나 뼈를 깎는 정진을 거듭하고 나서야 그 대답을 스스로 할 수 있었다. 그것은 스스로 깨닫지 않으면 답을 얻을 수 없는 일이었다.

한 생각도 일어나지 않는 그곳이 열반이고 깨달음이고, 부처의 자리이다. 중생이 이미 깨달아 있다는 것을 깨우쳐주려고 석가모니 부처님이 세상에 온 것이다. 옛 조사들이 깨달음을 얻고 세상을 향해 한 소리도 그것과 다르지 않았다. 용맹스러운 정진이 필요할 뿐이었다. 중생들에게 이를 알리기 위해 혜암은 고군분투하는 일생을 살았다.

그러므로 혜암 법문의 핵심은 늘 다음과 같았다.

"사람 몸을 받기가 어려운데 공부하기 좋은 계기를 맞이했으니 본 고향(본래의 마음자리)으로 돌아가야 합니다. 나의 참 모습을 찾는 일이 세상 법으로는 옳은 일이니 공부하다가 죽어야 합니다."

"천상천하에서 가장 수승한 일은 화두 들다 죽어버리는 일입니다. 도 닦다가 죽어버리면 수지맞는 장사입니다."

종정이 되고 법문마다 '공부하다 죽으라'는 사자후가 설해지자 신문기자들이 와서 물었다.

"글을 읽어봐도 그렇고 법문을 들어봐도 스님께서는 공부하다가 죽으라는 말씀만 하는데 이해가 안 됩니다."

다음은 '왜 만날 스님은 공부하다 죽으라는 말씀만 하느냐'면서 그 본뜻을 물은 신문기자들을 거론하면서 한 법문이다. 공부하다 죽는 것 말고는 다른 답이 없다는 혜암의 뜻이 잘 나타나 있는 법문이다.

생신 법회를 마치고 상좌들과 함께 _ 1999년

죽는 것을 걱정하지 마세요

우리는 안 죽습니다. 하늘이 벼락을 내려도 우린 안 죽습니다. 천지가 없어져도 없어지지 않는 내가 따로 있습니다. 이 죽지 않는 보물을 찾는 것이 참선입니다.

영원히 죽지 않는 나를 법신이라고 합니다. 이 죽지 않는 보물을 찾는 것이 바로 도이니, 값이 얼마나 비싸겠습니까? 부처님보다 높은 것입니다.

이 죽지 않는 마음을 깨치고 나면 이대로가 극락세계입니다. 저 산에 구르는 돌멩이, 흘러가는 물이 부처님 법문입니다. 깨쳐보면 부처 아닌 것이 없어요. 똥덩어리도 부처입니다.

부처님이 복을 주고 아들딸을 낳게 해 주기 위해서 온 것이 아닙니다. 그러기 위해서 여기 법당에 앉아계신 것이 아닙니다. 살아있어도 마음을 깨치지 못하면 우리는 송장입니다.

일어났다 사라지는 마음은 죽은 송장과 같습니다. 눈 한번 꿈쩍일 때 우리의 무의식에서 생각이 4백 번 일어났다 사라진다고 합니다. 근본무명의 어두운 자리에서 일어났다 없어지는 것은 실체가 없는 허수아비입니다. 참나가 아닙니다. 이는 공부하게 되면 알게 돼요.

공부하다 죽어버리시오

헛것인 몸을 의지해서 살면 큰일입니다. 귀신을 가까이 하면 집안이 망하는 것처럼 헛것에 의지해 살면 아무리 살아봐야 좋은 일이 없습니다. 전생의 인연으로 끌고 다니지만 몸을 기르는 것으로 직업을 삼지 말고 나의 본마음을 찾아 쓰세요.

분별망상(미혹)으로 일으킨 생각과 헛것에 지나지 않는 이 몸에 의지해서 살아봐야 좋은 일 없어요.

공부하다 죽어버려요. 이 자리에서 공부하다가 죽으면 수지 맞습니다. 이러한 이치를 모르니까 누구든지 죽어버리라고 하면 싫어합니다.

신문기자들이 와서 묻고는 합니다.

"어째서 스님은 죽어버리라고 말하십니까?"

조금도 의심할 것 없습니다. 공부하다 죽어버리면 돼요. 나방이 타버릴 줄 모르고 불빛에 홀려 불속으로 뛰어들어 죽는 것처럼, 사람들도 세상이 불타는 곳일 줄 모르고 고통 받고 죽을 일만 만들며 다닙니다.

세상일을 잘하려고 하는 것은 똥을 가지고 금을 만들려고 하는 것과 같습니다. 진흙으로 백옥을 만들고, 모래를 쪄서 밥을 지으려고 하는 것과도 같습니다.

세상에는 하나도 좋은 일이 없어요. 그걸 믿으세요!

남을 해치려는 마음을 내지 않고 공부하다가 죽어버려요! 그래도 안 죽습니다. 살려줄 물건이 생겨요. 아무리 복이 없는 사람이라도 남을 해치려는 마음만 내지 않으면 제석천왕이 와서 살려줍니다. 제석천왕이, '입을 것, 먹을 것 걱정마라. 그 대신 올바른 마음 가지고 사는 사람이면 찾아가서 살려줄 테니 걱정 말라'고 합니다. 제석천만 아니라 사람도 와서 도와줍니다.

망상과 잠은 이렇게 물리쳐라

처음 온 분들을 위해 화두 공부를 하는 요령을 가르쳐드리겠습니다.

화두를 들면 화두는 도망가고 또 도망하고 망상만 떠오릅니다. 이런 생각 저런 생각이 불쑥 일어났다 없어지고는 합니다. 그러나 망상은 굳이 쫓아내지 않아도 저 혼자 왔다가 가버립니다. 그러니까 '너는 네 멋대로 해라' 하고 무시해버리세요. 그러니 이놈 때문에 공부 못한다고 성화를 부릴 필요 없어요. 망상은 전부 귀신의 마음이 아닙니까? 그래서 우리가 모두 귀신의 종노릇을 하는 사람들입니다.

또 화두를 들려고 하면 잠귀신이 자자고 합니다. 잠귀신보다 더 공부에 방해되는 것은 없어요. 이에 비하면 재물과 이성은 아무것도 아닙니다. 잠귀신은 밤뿐 아니라 낮에도 달려듭니다. 물속에 빠져서도 잠귀신이 자자고 해서 죽는답니다. 잠은 처소나 시간도 없이 나를 따라다니며 공부를 못하게 방해를 놓습니다. 잠 때문에 고통을 받지 않은 사람은 없습니다. 그만큼 이 잠귀신을 피하기 어려워요. 그러나 자꾸 공부하려고 애쓰다 보면 익어집니다.

잠 때문에 공부를 못 한다고 짜증내면 기운만 빠져 나만 손해입니다. 잠을 이겨내려고 애를 쓰되, 잠귀신 탓하지 말고 잠을 자지 않을 때만이라도 부지런히 하세요. 씨앗을 심어놓으면 싹이 올라오듯, 한여름 땡볕이 내리 쬐는 시간이 지나면 과일이 익듯 화두도 익어갑니다.

물러서지 말라

화두 공부를 하려면 분한 마음과 용맹심을 가져야 하는데, 이 마음이 없어 공부를 하지 못합니다. 공부를 하려는 간절한 생각이 없는 것, 화두를 의심하지 않는 것, 아는 것이 있어 화두 공부를 못합니다. 이 모두가 망상입니다. 그러면 화두 공부를 방해하는 망상을 떨어지게 하려면 어떤 자세를 가져야 하는가. 이에 대해 말을 해보겠습니다.

화두가 들리지 않는 사람은 천 길 만 길이나 되는 무시무시한 함정에 빠졌다고 생각해보세요. 날개도 없고 재주도 없으니 살 수가 있겠습니까? 하늘이 무너져도 솟아날 구멍이 있다는데, 어떻게 하면 살 수 있겠는가를 생각하지 않을 수 없겠지요? 그때 돈 생각을 하겠습니까? 먹을 생각, 잠 잘 생각을 하겠습니까? 다른 생각이 붙을래야 붙을 수가 없습니다. 이때 살기 위해서 오로지 화두만은 간절히 생각해야 함정에서 벗어날 수가 있습니다.

이렇게 간절히 공부해서 화두와 일념이 되면 깨치는 데 여러 날 걸리지 않습니다. 옛 도인들은 '3일, 5일, 7일에 못하면 내가 대신 지옥에 가주마'라고 했습니다. 도를 닦을 마음을 내기가 어려운 것이지 시간이 많이 필요한 것이 아닙니다. 물러서지만 않으면 됩니다. 공부가 되어가면 선방에서 나가지를 못합니다.

다른 사람은 되는데 나는 왜 못 하는가 하는 분심을 내야 합니다. 공짜배기 없습니다. 지난 세상에서 닦아놓았기 때문에 말을 듣다 깨치고 책을 보다 깨치고, 며칠 만에 깨치는 것입니다. 지금 공부한 이 인연공덕으로 다음엔 수월해집니다. 공부를 해놓으면 누가 뺏어 가지도 못합니다. 그러나 쉽게 안 됩니다. 물러서지 말고 용맹정진을 하겠다는 정신을 가지고 해보세요!

慧庵

제12장

이치에도 일에도 걸림이 없네

종단의
대쪽

혜암이 해인총림 방장에 취임한 다음 해인 1994년의 조계종단은 어느 해보다 다사다난했다. 불교의 인권이 짓밟힌 법난에 이어 수천의 대중이 승려대회를 열고 개혁회의를 출범시켰다. 총무원장이 체탈도첩褫奪度牒이 되고 종정이 퇴진하면서 새로운 종단이 탄생했다.

당시 혜암은 원로회의 부의장으로 있으면서 종단의 개혁을 통해 한국 현대 불교사의 한 획을 새롭게 긋는 데 결정적인 역할을 했다. 종단이 위기에 처했을 때 올곧은 수좌 정신을 견지한 채 단호한 결정으로 개혁을 열망하던 종도들의 사기를 높였던 것이다.

평생 종단 정치에 기웃댄 적 없이 정진에만 몰두했지만 그간 종단의 흐름과 상황을 모르는 바는 아니었다. 1987년 원로회의 의원으로 선출되고 나서 1991년 원로회의 부의장으로 있었던 혜암은 종단이 부패하면 정법을 잃는다는 신념을 지켜온 터였기에 개혁에 누구보다 앞장설 수 있었다. 개혁의 흐름을 꿰뚫어보며 종단이 가야 할 방향을 바로 잡았고, 평생 정진에서 한발도 물러서지 않았던 수좌로서의 강단과 기개가 아낌없이 드러난 시기였다.

1994년의 종단 개혁은 당시 총무원장 서의현의 3선 강행으로 촉발되었다. 서의현 3선 저지 투쟁은 곧 불교 자주화투쟁으로 이어져 결과적으로 종단개혁 운동으로 이어졌다.

종단이 위기에 빠지자 혜암은 일신의 안일을 접은 채 산중을 나섰다. 원로회의 부의장으로서 평소 종도들의 종단개혁에 대한 열망을 잘 알고 있던 터라, 서의현의 3선을 좌시하지 않고 적극적으로 나선 것이다. 혜암은 종단개혁 이후 개혁에 대한 정의를 이렇게 말했다.

종단이 부처님 말씀을 실천하지 못하니까 개혁이라는 말이 붙은 것이다. 우리 종단의 모습이 부처님 말씀과 달리 흐릿해지고 망가진 부분을 개혁할 수밖에 없다는 뜻을 가지고 개혁에 발을 들여놓았다. 희생이 되는 한이 있더라도 이번에는 물러서지 않겠다는 결심을 가지고 발을 들여놓았던 것이다.

4월 5일에 대각사에서 개최된 원로회의에서 3월 30일에 열린 종회 무효 및 4월 10일 승려대회 개최를 결의했다. 또한, 종단개혁과 승풍진작을 위해 출범한 '범승가종단개혁추진위원회' 지지를 공식적으로 발표했다.

이에 서의현 체제는 4월 8일 총무원측을 통해 원로 중진회의를 소집했으나 혜암은 이를 거부했다. 그러자 다음 날인 4월

개혁종단을 이끌어낸 전국승려대회 _ 1994년

9일 서암 종정의 읍소문 발표와 원로 중진회의 개최를 통해 원로들의 결의는 무효이며 승려대회 개최도 금지하라는 종정의 교시로 맞섰다.

4월 9일 오후, 서울 칠보사에 원로의원들이 모여 다음 날 열리는 승려대회에서 서암 종정을 불신임하기로 결의했다.

4월 10일, 조계사에서 3천여 명이 운집한 가운데 전국승려대회가 열렸다. 혜암은 거침없는 사자후를 토하며 종단의 쇄신을 천명했고, 대중들은 이에 폭 넓은 지지를 보냈다. 마침내 종정 불신임과 총무원장의 멸빈, 개혁회의 출범을 결의했다. 다음 날인 4월 11일에는 조계종 비상사태를 선포하고 경찰의 폭력사태 해결 때까지 조계사에서 무기한 규탄 집회 개최를 선언했다.

혜암을 비롯한 원로스님들, 종단개혁에 동참한 스님들이 3일 동안 공권력에 의해 감금당한 채 단식으로 저항하면서 종단 살리기에 발 벗고 나섰다. 단식 정진이 이어지던 어느 날이다. 한 스님이 다가와 회유했다.

"스님, 종정을 하실 분이 여기서 이러시면 안 됩니다."

종정이라는 자리로 회유하려는 그에게 조용히 이렇게 일갈했다.

"단식도 힘든데 자네의 그런 말이 나를 더 괴롭게 하네."

4월 15일에 개최된 원로회의에서 혜암은 원로회의 의장으로 추대되면서 본격적인 종단개혁 불사를 이끌게 되었다.

이로부터 개혁회의(의장 석주, 상임위원장 겸 총무원장 탄성)에서는 종헌·종법 제·개정작업에 착수했고, 그 과정에서 총무원장 직선제가 강력히 대두되었다. 이에 혜암이 적극 반대하여 결국 직선제는 통과되지 못했다.

총무원장 직선제 문제로 개혁회의와 원로회의가 끝까지 양보하지 않고 있을 때다. 나중엔 원로회의에서도 통과시키자고 했지만 혜암 홀로 반대해 직선제를 관철시키지 못했다. 직선제를 실시하면 비용만 많이 들어가는 것뿐만이 아니라 서로 비방하며 원수가 되어 종단이 망한다는 게 혜암의 생각이었다. 총무원에서는 개혁에 앞선 분이 왜 개혁회의를 돕지 않느냐고 서운한 소리를 했지만 끝까지 물러서지 않았다.

"원로의장을 내놓는 한이 있더라도 속인보다 못한 법을 쓰지 않겠다. 개혁을 아무리 잘해 놓아도 사람의 마음이 바르지 않으면 소용없다. 금방 고칠 수 있기 때문이다. 모든 것이 마음에 있다. 개인은 개인대로 그 마음이 들어있어 망치는 것이고, 집안은 그 식구들이 망치는 것이고, 그 나라는 국민이 망치는 것이다. 이유 없이 남이 망치는 것은 없다."

개혁입법은 8월 말경 원로회의에서 1차 인준거부되었고, 마침내 10월 말경 원로회의에서 인준되었다. 그리고 개혁회의가 출범된 그해 11월 21일 열린 선거에서 월주가 제28대 총무원장에 당선되었다. 며칠 후인 23일에 원로회의가 열렸는데 혜암은 총무원장을 인준하지 말라는 엄청난 압력에 시달려야 했다. 그러나 '절차를 통해 당선된 총무원장을 인준해야 한다'는 소신을 가지고 있던 혜암은 단호하게 총무원장을 인준하는 결정을 내렸다.

혜암은 개혁의 성과로 본사주지의 종회의원 겸직금지와 원로회의의 중앙종회 해산권이 생긴 것을 들었다. 혜암은 종회의원 선거에서 전국의 사찰 중 유일하게 해인사에서는 선거를 치르지 못하게 했다. 사회에서도 부정부패로 선거를 치르면 낙선하는데, 부처님 법대로 해야지 왜 비법非法을 쓰느냐면서, 타협해서 투표하지 말고 순번제로 하라고 명을 내린 것이다.

아무리 절이 좋고 법복을 입은 스님들이 수천 명 살고 있다 하더라도 번뇌 망상을 쉬지 못한 사람이 사는 곳은 마구니 굴속이며, 술도가나 도살장이라도 불법을 잘 알고 수행하는 사람이 산다면 그곳이 절이다. 어찌 참괴심도 없이 스님 노릇을 하려고 하는가? 반성해서 부끄러운 마음이 없으면 무슨 일이든 성공하지 못한다.

1995년 1월 월간 〈해인〉

개혁회의가 출발하기 전에 이런 일도 있었다. 전국의 교구본사에서는 '정부의 서의현 원장 비호와 조계사와 총무원에 대한 경찰력 투입을 규탄'하는 현수막을 내걸었다. 정부기관이 구체제를 옹호하며 경찰력을 투입해 혼란을 더욱 가중시켰기 때문이다. 당시 내무부 장관이 요동치는 불심을 달래려고 해인사를 방문했다. 자신이 동국대 동문임을 내세워 주지인 지관 스님에게는 인사도 제대로 하지 않고 잠깐 만나 모든 것이 오해임을 하소연한 다음, 방장인 혜암을 찾았다.

방에 앉아 방장을 기다리던 그는 혜암이 나왔는데도 꼼짝 않고 그대로 있었다. 이를 그냥 지나칠 혜암이 아니었다. 사심이 없는 사람은 언제 어디 누구 앞에서든 당당하다는 것을 증명이라도 하듯 특유의 비유 법문이 시작되었다.

"부처님 당시 빈두로 존자가 계셨습니다. 존자님이 머물던 절에 그 나라의 왕이 잠깐 들러 참배를 했어요. 빈두로 존자는 왕에게 따로 예를 차리지 않았습니다. 그러자 왕의 신하들이 인사도 안한다고 빈두로 존자를 비난하며, 왕이 다음에도 방문했을 때 인사를 안 하면 처형해야 한다고 건의했지요. 나중에 다시 왕이 절을 방문했습니다. 빈두로 존자는 일곱 걸음을 걸어 나가서 왕에게 인사를 했습니다. 왕이 악심을 품고 절에 왔기 때문이지요. 그 뒤 7년 동안 흉년이 들었고 결국 그 나라는 망했습니다."

혜암의 저의를 눈치를 챈 장관이 자세를 바로잡은 다음 다시 인사를 올렸다. 비로소 혜암이 호통을 쳤다.

원당암 염화실에서

"장관이 그러하니 정부 사람들이 일을 제대로 하겠소?"

당시 권력의 실세였던 장관이 쩔쩔맬 정도로 호통을 쳤던 것
이다. 권력자 앞에서 당당하게 바른 말을 했고, 종단이 위기에
처했을 때 몸을 던져 종단을 구하던 혜암의 모습은 지금도 후
학들의 뇌리에 박혀 있다.

종단개혁 불사 중, 생살을 도려내는 가슴 아픈 일도 있었다.
종단 개혁에 적극 참여했던 상좌 도각이 총무원 청사에서 상

대측과 대치하던 중 머리에 큰 상처를 입고 생사를 헤매고 있다는 소식이 들린 것이다. 소식을 듣자마자 해인사를 떠나 조계사와 가까운 병원 입원실로 달려간 혜암은 온몸이 망가지는 부상을 입고 겨우 산소 호흡기에 연명을 하고 있던 참혹한 모습의 제자를 보고는 고개를 돌렸다. 어떻게 할까를 묻는 상좌에게 조계사 마당에 솥을 걸고서라도 물러서지 말라고 이른 터였기에 참담한 마음을 금할 수 없었던 것이다.

스승의 눈가에 이슬이 맺힌 것을 본 제자는 병상에 드러누워 눈물만 흘리고 있었다. 한참 동안 창밖을 내다보던 혜암이 나지막한 어조로 위로했다.

"남 원망하지 말라. 모두 이게 너의 업보다."

그날 말없이 눈물만 흘렸던 도각은 스승 혜암이 입적했을 때, 다음과 같은 사부곡을 올렸다.

"백 마디 위로의 말보다 스님의 눈가에 맺힌 눈물방울이 더 위로가 되었습니다. 연민이 깊은 아버지와 같은 모습과 엄한 스승의 모습이 함께 있었던 스승이셨습니다. 스님께서 평생 실천하신 죽음을 뛰어넘은 고행정진의 길은 이제 남은 제자들의 몫일 것입니다. 저희가 유혹에 흔들릴 때에는 굳건한 당간의 철주가 되어주시고, 눈이 흐려질 때는 맑은 거울로 저희를 비춰주시어 바른 길로 가게 하여주시옵소서."

이 일은 젊은 시절에 수행을 함께했던 선배 도반인 서암을 원로회의에서 종정에 대한 불신임을 결의해 물러나게 했던 일과 더불어 혜암에게 상처로 남았다.

"그 전의 잘하고 못한 것을 돌아보지 말고, 전에 잘못한 것을 등불 삼아 전 사람이나 새로 개혁하는 사람이나 차별하지 말라. 단결 화합해서 종단을 발전시켜라."

혜암이 개혁회의 젊은 스님들에게 부탁한 말이다.

1994년 개혁의 결과 법과 제도 개선에 두드러진 변화가 있었다. 총무원 일원 체제에서 교육원과 포교원이 분리되었고, 종무행정의 안정화가 이루어졌다. 종단개혁 후 가장 먼저 추진된 것은 총무원장 권한의 분산과 종정 기관에 대한 중앙종회의 견제 및 비판기능 강화, 그리고 민주적 정당성과 절차적 정당성 확보를 위한 선거제도의 개선이었다. 사부대중들에게 비전과 긍지를 가지고 교단을 생각할 수 있는 새로운 출발점이 되었다.

부처님 법대로만 살고자 한다면 천상과 인간의 세계를 청정하게 할 수 있고 천하를 통일할 수 있으며, 정법을 실천하면 비법은 자연스럽게 소멸된다고 믿었던 혜암은 종단개혁 2주년 기념사에서 한국불교 발전을 위한 당부를 이렇게 했다.

종단 개혁정신을 되살려 계승 발전시키며 지속적인 불사를 위하는 것은 오직 불교 자주화를 구현하기 위하여 불교발전의 방향 모색에 있다고 생각하는 바입니다. 타당성 모색이 여러 모로 있겠지만 근본 문제는 밖으로 해결하기 전에 첫째는 자신을 우선적으로 정화할 일이며, 둘째는 부처님께서 말씀하신 '계를 스승으로 삼으라'는 계율을 엄수할 일이며, 셋째는 이익 중생利益衆生하는 일을 실천한다면 자연히 종단발전과 자주화가 구현되지 않을 수 없습니다. 고인이 말씀하시되, '범의 굴속에 들어가지 아니하면 어떻게 범의 새끼를 잡겠는가' 하였으며, 내일 망하더라도 오늘 과실나무를 심으라고 하였습니다. 위법망구하여 청백가풍과 정법 수호와 홍익 중생하는 원력을 실천합시다.

종단의 개혁은 자신을 정화시키고, 계를 지키고 중생을 이롭게 하는 개인의 수행뿐 아니라 정법을 수호하는 일과 중생을 이롭게 하는 보살의 원력을 실현하는 일이었다. 개혁정신을 통해 상구보리 화화중생이라는 보살의 완성을 이룰 것을 당부한 것이다. 개혁 정신의 처음도 중간도 끝도 결론은 '상구보리 하화중생'에 있었던 것이다.

"승려대회에서 거침없는 사자후를 토하며 구습의 척결을 통한 종단의 쇄신을 천명하고 대중의 폭넓은 지지를 이끌어내시던 큰스님의 모습이 생생하다. 개혁과정에서 큰스님의 역할은 지대했다. 온갖 회유와 협박에 절대 굴하지 않았다. 스님이 아

니었으면 1994년의 개혁은 물거품이 되었을 것이다."(전 총무원장 월주)

"종단 정상화, 교육을 통한 승가의 질적 향상, 포교활성화, 재정투명화라는 입법 기조에 따라 총무원장 권한을 분산하고 제한하는 법안을 만들었다. 당시 개혁에서 혜암 스님의 역할은 절대적이었다. 전국승려대회를 여법하게 진행하셨고 개혁회의를 출범시키는 데 버팀목이 되었다. 소신이 뚜렷하고 강직한 모습을 보이셨다. 생각이 정리되면 주저하지 않는 결단력이 있었던 스님이 안 계셨으면 개혁을 이루기가 상당히 힘들었을 것이다."(설정, 1994년 종단개혁 당시 개혁회의 법제분과위원장)

"1994년 당시 대구고등법원 부장판사로 대구에서 근무하던 나를 자주 부르셨다. 오랜 동안 스님을 친견해오면서 법문을 듣고 공부를 해오던 즈음이었다. 스님께서 종단제도와 관련된 질문을 하시면 나는 그에 대해 법적인 검토를 했다. 나중에는 더 구체적으로 질문을 하셔서 말씀을 정리해 글로 다듬어드렸다. 당시 개혁의 국면에 있었으나 종단 사정을 전혀 몰랐다. 알았으면 더 적극적으로 외호했을 것이다."(변호사 김동건)

배사자립

혜암이 원로의장에 추대되면서 진행되었던 종단개혁으로 인해 차츰 종단이 안정되고 도약의 발판이 마련되기 시작했다. 그러 나 1998년에 다시 종단의 분규가 발생했다. 당시 종단의 사태 는 1994년의 개혁불사의 연장선상에서 일어났다. 당시 종정이 었던 월하는 대사면을 통해 1994년 종단사태와 관련하여 징 계 받은 스님들을 포함하여 정화 이래 징계 받은 모든 스님들 의 사면을 교시했다. 그러나 총무원장인 월주는 이에 불응했 다. 1998년 10월, 종단은 또다시 분쟁의 소용돌이에 휩싸였다. 월주 총무원장의 제29대 총무원장 후보 출마가 3선에 해당되 는지의 여부가 논쟁이 된 것이다. 11월 6일 종정 이름으로 종단 원로중진회의를 소집하고자 했다.

원로의장으로 원로들을 대표하는 상징적 존재였던 혜암의 거취가 무엇보다 중요한 때였다. 중요한 고비마다 빠르게 결단을 내렸고, 일단 결정하면 단호했던 혜암은 11월 8일, 해인사에서 원로 8명과 간담회를 개최했다. 회의 결과, 종헌 종법대로 선거를 치르고 모든 사항은 선거가 끝난 뒤 원로회의에서 결정하겠다고 발표했다. 그러나 3선출마를 반대하는 측은 11일 승려대회를 개최하여 조계종 총무원 청사를 점거한 후 '정화개혁회의'를 출범시켰다. 당시 '정화개혁회의' 측에 섰던 주축 인물들은 4년 전에 종단개혁을 진척시켰던 인물들이기도 했다.

총무원장 선거를 둘러싼 종단의 혼란은 조계종의 최고의결기구인 원로회의마저 양분되게 만들었다. 정원 22명인 원로의원 중 7명은 월하 종정이 임석한 가운데 다른 원로의원 8명의 위임장을 받아 14일 오후 서울 양재동 구룡사에서 회의를 열고 '송월주 총무원장의 해임과 중앙종회의 해산, 그리고 정화개혁회의 추인' 등을 결의했다. 그리고 종정이 직접 나서 혜암을 두 차례나 찾아와 원로회의에 나와 줄 것을 요구했으나 단호히 거절했던 원로회의 의장 혜암을 해임했고, 부의장이었던 채벽암을 새 의장으로 선출했다.

이에 혜암은 종로 대각사에서 기자회견을 가지고 '14일 원로의원들의 모임은 종헌 종법 상 효력을 가지는 정식 원로회의가 아니며, 정화개혁회의는 종헌 종법을 무너뜨리는 불법적 폭거이므로 인정할 수 없다'며 조속한 시일 내에 원로회의를 개최하여 입장을 밝히겠다는 요지의 입장문을 발표했다.

이때 혜암이 인정할 수 없었던 것은 정화개혁회의 측이 종정 중심제로 종헌 종법을 바꾸려는 의도였다. 종정에게 총무원장 임명권을 비롯해 사찰 재산 처분권, 교구본사 주지 임명권을 준다는 것이 골자였다. 과거 1970년대에 종단이 종정과 총무원장 사이의 권한 갈등으로 인한 분규로 극한적인 갈등이 빚어졌던 일이 있었고, 무엇보다 1994년 개혁불사 때 인준된 종헌 종법을 바꾸는 것에 대해 동의할 수 없었다. 개혁의 내용을 담은 종헌 종법은 밥이며, 이를 지키지 않으면 종단이 생명을 지탱할 수 없다는 것이 혜암의 생각이었다.

"근본적인 마음을 요달해야만 스님이라고 합니다. 머리를 깎고 먹물 옷을 입어도 스님의 모습을 갖추었으면 마땅히 자리이타에 힘써야 하고 유사시에는 이타주의로 나가야 합니다. 우리 부처님께서도 스승을 세 번이나 바꾸고 필경에는 혼자 설산으로 들어가서 정진하셨습니다. 나이 많은 어른인 존장尊長이나 스승이라도 적법성의 행위가 아니거나 미치지 못할 때는 따르지 말라고 했습니다. '배사자립背師自立'이라고 했습니다. 세속법에도 어진 일을 행할 때는 비록 스승이라 할지라도 양보할 필요가 없다고 했습니다. 스승이 하자는 대로 하면 지옥에도 가고 망하기도 하니 본인이 스승을 도와주기 위해 책임감을 지켜야 합니다."

종정의 말이라도 대의에 어긋나고 종헌 종법의 절차에 위배되면 따를 수 없다는 뜻이었다. 대다수의 원로의원들이 월하 종정 쪽으로 의견이 기울었으나 의장인 자신이 책임지고 나서서 해결하겠다며 개의치 않고 앞장섰다. 혜암이 직접 주도해서 11월 30일, 조계사 앞 우정국로에서 승려대회가 개최되었다. 혜암은 일흔아홉 살의 노구를 이끌고 나아가 조계종 종헌 종법이 정법임을 천명하고, 그 자리에서 월하 종정을 불신임하는 결의를 이끌어냈다. 정화개혁회의 주도자들의 멸빈도 결의했다. 다시 총무원 청사를 되찾고 종헌 종법에 의거해 총무원장 선거를 실시했다. 12월 말경 고산 총무원장 집행부가 출범하면서 종단분규사태가 일단락되었다.

정화개혁회의의 청사 점거와 폭력사태 속에서도 혜암이 원로회의 의장으로 종단의 분규사태를 원만히 수습할 수 있었던 것은 어떠한 압력에도 굴하지 않고 '종헌 종법 수호'라는 대 원칙을 강력하게 천명함으로써 대다수 종도들의 호응을 얻었기 때문이다.

혜암은 종단이 위기에 처해 있었던 1998년을 보내고 다음해 1월 신년법어에서 이렇게 말했다.

부처님께서는 첫째 모든 사람들을 부처님과 같이 받들 것, 둘째 어려운 일은 알면서도 말을 하지 않을 것, 셋째 가장 용맹스러운 행은 올바른 일에도 양보할 것, 넷째 가장 어려운 수행은 남의 과실을 대신 받는 것이라고 하셨습니다. 요즘 한 생각 잘못해서 폭력배의 말을 듣고 조계종단이 널리 국제적으로 위신을 실추시켰다고 하나 이면에 있어서는 성장할 수 있는 좋은 기회이며 징조입니다. 이러한 공부를 어떻게 배우겠습니까? 이번 일로 잃은 것은 적고 얻은 것은 많다고 봅니다.

불생불사의 앞길이 창창하니 대장부의 마음으로 진참회하고 경험한 일을 등불로 삼고 스승으로 삼아서 남보다 멋진 사람이 되면 전화위복이 됩니다. 주먹만 한 실수를 한 사람은 주먹만 한 성공이 있고, 태산만한 실수를 한 사람은 태산만한 성공이 있게 되어있습니다. 하늘이 큰 사람을 만들 때는 반드시 고통의 함정에 빠뜨려서 시험하는 법입니다.

혜암은 사석에서도 여러 번 1994년과 1998년 당시의 일을 두고, '나중에 내가 해를 입을 수도 있었으나 삿된 것을 보고 그대로 앉아 보고만 있을 수는 없었다'고 회고했다.

혜암이 종단의 원로를 대표하는 원로회의 의장으로서 1994년의 종단개혁불사와 1998년 종단의 분규사태 등 종단의 큰일들을 원만하게 해결하고 마무리 지을 수 있었던 것은 출가 이

후 치열하고 올곧게 수행정진해온 것에 기인한, 평소 대다수 종도들의 폭넓은 지지를 받고 있었기 때문일 것이다. 무엇보다 지혜로운 안목과 수행력을 갖춘 선승으로서 이사理事, 즉 이치와 일에 걸림이 없었기에 가능한 일이었을 것이다.

"두 번의 종단의 위기 때마다 종도들의 울타리가 되어준 어른이 계셔서 정말 든든했다. 개혁의 내용을 담은 종헌 종법은 밥이라고 표현하셨다. 밥을 먹지 않으면 생명을 지탱할 수 없듯 종헌 종법을 지키지 않으면 종단의 생명을 지킬 수 없다고 하셨던 어른이다. 종단의 위기 때 다른 입장을 취하셨다면 종단이 어디로 갔을지 예측하기 어렵다. 한국 현대 불교사에 이理와 사事를 겸비한 어른으로, 종단을 지킨 호법 신장으로 기록될 것이다."(월주)

"종단개혁에 대한 실천의지가 누구보다 강했던 분이다. 1994년 종단개혁을 이끌어내고, 1998년 분규를 해결할 때 혜암 스님의 단호한 역할이 없었다면 오늘날의 종단은 다른 모습이었을 것이다. 고비 때마다 명쾌하게 문제를 풀어나가셨던 스님의 의지와 열정에 후학들은 박수를 보냈다. 계산하지 않고 간단명료하게 정리해주시던 스님은 당시 동참 대중들에게 큰 힘이었다. 늘, 깨달음을 위해 딴 생각 하지 말고 오직 수행만 하라, 못 깨닫는다고 해도 수행하다가 죽으라시던 스님은 내 마음 속에 거대한 산과 같은 존재였다."(동화사 유나 지환)

"종정스님께서 원로회의 의장이던 은사스님을 두 번이나 찾아와 원로 중진회의에 참석해줄 것을 당부하셨으나 단호히 거절하셨다. 정법을 지키기 위해서 노구를 이끄시고 추운 겨울, 거리 한복판에서 몸을 사리지 않고 승려대회를 이끄시던 모습을 잊을 수 없다. 부처님의 정법을 지키기 위해 위법망구의 신념을 한순간도 잊지 않고 실천하며 사셨던 스승이다."(대오)

"1998년 종단사태 당시 파사현정破邪顯正과 배사자립을 많이 말씀하셨다. 사리사욕에 치우쳐 삿된 법을 따라서는 안 된다는 말씀과 부처님 법을 지키는 사명감으로 살아야 한다며 목에 칼이 들어와도 정법을 지킬 것이라는 말씀을 많이 하셨다. 진정으로 스승을 구하려면 올바르지 않은 스승의 말씀도 배척할 수 있어야 한다며 사회법도 부처님법을 근본으로 삼아 연구하라고 하셨다. 부처님법도 사회법도 이치에 맞으면 된다며, '유애법위사惟愛法爲師, 정법을 사랑하는 것으로 스승을 삼으라'는 휘호를 써주셨다."(동국대 명예교수, 연기영)

慧庵

제13장

단박에
깨쳐라

돈오돈수

화두 하나만 가지고 백척간두에서 진일보한 선사가 혜암이었다. 상당법문은 물론 어느 설법에서도 늘, 선의 핵심인 본래면목, 즉 만유의 근원인 중도실상을 밝히고 그 본체적 모습과 내재된 묘용력을 자세하게 설명했고 그것을 깨닫는 법을 설했다. 자신이 체증體證하고 자유를 얻었기에 설법은 언제나 고구정녕했다.

이론적 이해나 알음알이가 아니라 몸소 직접 체득해야 생사에 자유로운 부사의 해탈경계를 성취할 수 있다고 설하며, 그 체득의 가장 빠르고 쉬운 방법으로 돈오頓悟를 들고 있다.

혜암은 돈오를 체득하는 방법에 대해서 이렇게 설했다.

실상에의 직입이다. 현묘한 이치를 지금 여기에서 온전히 드러내는, 즉 현기전로玄機全露의 즉금즉시卽今卽時의 단도직입單刀直入이며, 그 방법은 온갖 인연을 버리고 분별망상을 버리는 무심이다. 그리고 그 원리는 쌍차쌍조雙遮雙照의 차조 동시 원용이다. 그러나 이렇게 되지 못하였을 때의 방법이 화두 참구이다. 오매일여를 관문으로 설정하고 거기에서 크게 의심하며 화두를 참구해야 확철대오를 얻고 구경각을 이룰 수 있다.

혜암의 사상은 정통 조사선에 입각해 있다. 방법론에 있어서도 직입直入과 경절徑截의 방법을 든다. 상당법문에서는 오로지 무심으로 바로 들어가는 것과 간화 수행만 보일 뿐, 다른 수행 방법은 보이지 않는다. 조도助道로서의 언급이나 설명도 없다. 철저히 조사선의 입장에 있던 선사였다.

후학들은 평생 장좌불와를 하면서 화두를 참구한 혜암에게 물었다.

"스님은 장좌불와를 하는 가운데 일념삼매가 계속되는 오매일여를 설정하고 선 수행을 돕기 위한 조도방편을 별도로 가지지 않고 있습니다. 그래서 스님의 수행론은 상근기만을 대상으로 한 한정된 영역으로 보입니다. 요즘 근기의 중생들을 받아들일 수 있겠습니까?"

혜암이 주장한 수행론이 상근기만을 대상으로 한 한정된 영역으로 보인다는 것을 지적한 것이다.

이렇게 묻는 수행자들에게 혜암이 강조한 것은 철저한 발심과 물러섬이 없는 정진이었다.

선은 발심한 자의 소유물이니 고생하고 노력 없이는 성취할 수 없다. 어떠한 일이 있더라도 오직 이 공부를 성취하고 말겠다는 결심이 아니면 도저히 이 공부는 성취하지 못한다. 발심은 불조佛祖의 어머니요 공덕의 탑이 되니 모든 성현이 이로부터 나오기 때문이다. 불멸의 실상을 구득하려는 마음을 발심이라 하고, 발보리심發菩提心하면 처처가 안락국이 된다. 발심이 철저한 신심을 낳고 신심이 불과를 이루는 근본이 된다.

누가 이것을 가르쳐주는 사람도 없고, 자기 스스로 믿으려 들지를 않는다. 이 공부는 재미를 붙이려고 하지 말고, 알래야 알 수도 없고 어떻게 할 수도 없는 곳으로 온 마음을 다하여 무조건 들어가는 것이다. 부처님이나 조사의 말씀을 끌어다가 맞추려고 하지 말고, 지금까지 배워서 안 것과 읽은 것, 얻어들은 것을 놓아버리고 그냥 새 사람이 되어서 화두만을 참구해야 한다. 화두 공부하는 데는 설령 부처님의 말씀이라도 털끝만 한 것조차 방해만 될 따름이다.

'나는 이것밖에 할 일이 없다. 이것을 하지 않으면 호랑이밥이요, 지옥밖에 갈 일이 없다'는 것을 알아버린 사람이라면 다른 것은 필요 없다. 이 대목에 신심을 가지고 3일도 좋고 5일만 해도 경계가 딱 나타나버린다. 다른 수행을 몇 십 년 하는 것보다 효력이 있는 것이 간화선인데, 중생들이 근기가 약하고 복이 적어서 믿지를 않는다. 오직 돈오돈수頓悟頓修, 그냥 확철대오하는 법이 부처님으로부터 전수해온 정법이다. 다른 것은 모두 외도법이다.

간혹 부처님도 무량겁을 닦아서 성불하셨는데, 성불은 못한다고 가르치는 사람도 있어서 더 퇴굴심을 생기게 한다. 그래서 혼자 삼 년, 십 년 공부하는 것보다 선지식께 법문 한 번 듣는 것이 낫다고 한다. 훨씬 힘이 되니까. 잘못 배워놓으면 큰일나는 것이 이 공부다.

영명연수永明延壽는 《종경록宗鏡錄》에서 '발심이 무상無上의 도를 속히 이루게 해준다'고 했고, 혜능은 《육조단경》에서 깨달음에 정인正因과 정연正緣이 있어야 하는데, 정인으로 발심을 언급하고 있다.

혜암은 어느 법문에서도 신심과 발심을 언급하지 않은 적이 없다. 후학들이 방장인 그에게 평생 동안 장좌불와를 한 까닭을 물었을 때도 처음 출가하면서 발심했던 각오를 잊지 않기 위해서라고 대답했다. 그만큼 발심을 선수행의 중요한 요소로 보았다. 발심은 신심을 철저히 일으키는 것을 말한다. 그렇다면 신심은 무엇을 말하는 것인가. 이에 대해 이렇게 설했다.

오직 이 한 물건만 믿는 것을 바른 신심이라 한다. 석가도 쓸데없고 달마도 쓸데없다. 팔만대장경이 다 무슨 잔소리인가? 오로지 마음을 깨치는 공부만 할 따름이요, 그 외에는 전부 외도이며 마군들이다. 불조佛祖의 말씀을 믿는 것은 물론이고 자기가 자기를 믿는 신심이 더욱 철저해야 하니, 세상의 일도 자신 없이는 성취되는 일이 없거니 하물며 생사를 초월하는 일대사 일이겠는가?

오직 이 한 물건만 믿는 바른 신심이라는 것은 근본실상, 즉 본래면목에 대한 믿음이다. 혜암은 참선하는 사람이 생사 일대사의 인연을 밝히고자 한다면 가장 먼저 자신의 마음이 부처이며, 법이며, 구경究竟과 다름이 없음을 철저히 믿어서 조금도 의심이 없어야 한다고 했다. 만일 스스로 이와 같이 판단하지 못하면 비록 만 겁 동안 수행을 한다고 해도 결코 진정한 대도에 들어갈 수 없음을 강조했다.
자신의 본래 모습에 대한 이 믿음은 마음을 깨치는 공부와 직접적으로 맞닿아 있다. 여기에 장애되는 것이라면 석가모니 부처님이나 달마의 가르침, 팔만대장경이라 할지라도 예외일 수는 없다는 것이다.

이 '한 물건'을
깨달으라

그렇다면 한 물건은 무엇인가. 구경의 실제 모습이요, 체득해야
할 불법의 핵심이다. 한 물건(一物)은 본래면목이나 본래신本來
身, 여의보如意寶, 대신주大神珠, 묘도妙道, 고경古鏡, 일법一法,
일착자一著子, 일주화一株花, 마니주摩尼珠, 심경心鏡, 일구一句,
본래 마음, 주인공, 참나 등 다양한 명칭으로 칭하고 있다.

　법문에서 늘 한 물건을 중심으로 말했던 혜암은 한 물건에
대해 이렇게 설했다.

　고요히 빛나고 온 누리에 가득 차 있으면서도 항하사 수와
같은 공덕을 갖추고, 능히 죽이고 살리는 권능을 가진 존재, 나

고 죽음의 생멸을 벗어나 해와 달을 삼키고 우주에 활보하는
존재, 깨친 부처나 깨치지 못한 벌레까지 똑같이 가지고 있는
것이나 석가나 달마도 눈을 들고 보지도 못하고 입을 열어 설
명하지 못하는 것, 미혹하다고 사라지지 않고 깨닫는다고 더해
지지도 않으면서 행주좌와 어묵동정에서 시비 등을 잘 분별하
며 홀로 밝아 어둡지 않은 것이다.

한 물건의 다른 이름인 '실상, 여의보, 마니주, 본래면목, 본래
마음, 정신, 참나'에 대해서 이렇게 설하고 있다.

생명을 벗어나 있으면서도 독립적 존재이자 조금도 부족함
없이 온 누리에 가득 차 활보하는 존재, 분명히 존재하지만 찾
아보면 자취를 찾을 수 없고, 언어적 표현이나 마음의 작용도
없어 이름이나 형상 및 시종과 존망도 없는 것, 청황적백이나
장단, 거래, 염정 등이 아니면서 담연하고 항상 고요함, 일체의
모든 존재가 똑같이 가지고 있는 것(실상)
자신에게 내재하며 세세생생 무궁한 묘용력을 가지고 있는
것, 그러면서 두두물물 일체에 분명하게 나타나지만 찾아보면
그 자취가 없는 것(여의보)
만고에 변함이 없어서 조금도 어둡지 아니하며, 모든 범부와
성인에게서 늘어나거나 줄어들지 않으면서 생사에 자유로운 것

(마니주)

말로 표현할 수 없고 마음의 작용이 사라진 곳이기에 입만
열면 어긋나는 것(본래면목)

푸른 것도, 누런 것도, 붉은 것도 흰 것도 아니며, 긴 것도 짧
은 것도 아니며, 가는 것도 오는 것도 아니며, 더러운 것도 깨끗
한 것도 아니며, 나는 것도 없어지는 것도 아니어서 담연하고
항상 고요한 것(본래 마음)

이름도 형상도 없지만 만유의 근본바탕이라 어디서 무슨 일
에나 절대 능력자(정신)

시종도 없고 존망도 없고 형상도 없지만 오히려 조금도 부
족함이 없는 존재, 생사도 없고 불에 타거나 칼에 상하는 것이
아니어서 일체 얽매임을 떠난 독립적인 것, 무한 극수적인 수명
을 가진 것으로 죽으려야 죽을 수 없는 금강불괴신金剛不壞身,
보고 들어서 얻는 지식으로는 얻을 수 없는 것(참나)

이렇듯 중생 모두가 부처임에도 불구하고 자신의 근원인 한
물건을 잃어버리고 생사를 윤회하면서 중생으로 살아가는 이
유는 무엇인가? 혜암은 이를 이렇게 설했다.

일체중생이 자신의 근원 자성을 매각賣却하고 무명의 육식
六識을 반연하기 때문이다. 이 반연이 진로심塵勞心(분별망상, 무

명심)으로 얽히게 하고 업을 지으며 고를 받게 한다. 한 생각이 일어남이 있으면 그 마음에 반연됨이 나타남은 분명하고, 이는 분별과 취사선택 및 집착을 낳아 전도된 생각과 삶을 필연적으로 가져온다.

그러면 이 문제를 어떻게 풀 것인가? 돈오돈수頓悟頓修의 수행이라는 것이 혜암의 답이다.

어떤 법을 닦아야 곧바로 쉽게 해탈을 얻을 수 있는가가 중요한데, 곧바로 쉽게 깨달음으로 들어가는 그 방법이 돈오법이다. 돈오라는 한 문에 의지해 진여자성眞如自性을 바로 깨쳐야 진정한 해탈을 얻을 수 있다. 실질적인 해탈은 돈오해야만 얻을 수 있다. 그 돈오는 증오證悟여야만 하고, 해오解悟는 번뇌망상을 모두 여읜 구경각이 아니므로 해탈이라 할 수 없다. 구경각은 근본 무명 등 일체의 무명을 완전히 끊는 것이다. 구경각은 무념이요 무소득이다.

무념은 일체 망념이 다 떨어지고 떨어졌다는 그 생각까지도 사라져 없어진 상태, 생멸심의 분별망념만 아니라 생멸이 아닌 제8 아뢰야식의 미세망념까지도 완전히 떨어진 상태다. 미세망념이 떨어지면 아무것도 세워질 수 없는 본래 청정의 자성이 드러나고, 여기에서 있음과 없음 및 있고 없음의 모든 것들, 봄과 보지 않음 등 조작, 시비, 취사, 단견과 상견 등 일체를 여읜 상주불멸 진여대용이 전개된다.

공부의 자취가 무언가 남아 있다면 무소득이 아니며 단견, 상견 등 일체를 여의었으므로 무소득이다. 교가教家에서 말하는 십지十地 등각等覺 보살이라도 남이 있는 것이 있으면 무소득, 즉 구경각을 이룬 것이 아니다. 근본 무명을 끊고 십지 등각을 넘어서야만 무소득이고 구경각이며 돈오다. 따라서 돈오는 해탈이며 증오이자 구경각이다. 돈頓은 시간적으로 찰나를 의미한다. 그러므로 조금씩 단계적으로 망념을 없애는 것이 아니라 찰나지간에 근본무명을 완전히 끊는 것이다.

이처럼 돈오돈수를 강조한 혜암은 모든 법은 다 마음으로 된 것이니 지금 무심을 공부하라며, 무심을 공부하면 본래의 청정한 자성이 바로 나타나니, 이것이 직입直入이라고 했다. 온갖 인연을 버리고 분별망상을 내지 않음이 전제되지만, 곧바로 무심하면 천당이나 지옥, 너와 나, 탐욕과 성냄, 증애, 취사 등이 없는 청정의 본래 자성이 바로 즉시 나타나게 된다고 설했다.

즉금卽今 즉시卽時의 직입을 강조했다. 이 직입의 방법이야말로 조사선에서 강조하고 있는 핵심이다. 깨달음을 위해 체득의 요점도 본질적으로 여기에 입각해 있다.

자성 청정심을 증득하여 있다는 견해와 없다는 견해를 완전
히 여의어 무생심無生心과 무주심無住心을 성취하되, 성취했다
는 생각도 없음이 곧 열반이고 해탈이며 돈오이고 견성이며 성
불인 것이다. 차遮와 조照의 방법론이나 단계적 수행, 거기에서
의 깨달음은 직입과는 십만팔천리일 수밖에 없다.

해인총림 방장에 취임하고 나서 혜암은 돈오돈수를 적극적
으로 주장했던 성철의 제자 원택과 한 인터뷰에서 돈오돈수를
주장하게 된 연유를 이렇게 말했다.

돈오돈수법은 어떤 과정을 밟거나 오랜 시간을 가지고 깨닫
는 것이 아니라 인연이 도래해 일초직입여래지一超直入如來地,
즉 단박에 깨닫는 것을 말한다. 이것이 선종의 정통 종지宗旨이
자 정법正法이다. 조사어록에 보면 점수돈오법은 교가에서 말
하는 장엄문이고 소승법이며 방편문으로 정법이 아닌 외도법
이라고 했다.

중년에 제방의 선지식을 찾아다니면서 보니 우리나라에 이
두 가지 맥이 흐르고 있는 것을 알았다. 처음에는 전혀 의심이
없진 않았다. 돈오돈수만이 선종의 정맥임을 주장하셨던 성철
스님을 비롯해 돈오점수를 주장하는 스님들과 많은 이야기를
나누고, 조사 어록을 보면서 연구를 한 끝에 단계적인 수행에

서의 깨달음은 직입과는 십만팔천리 떨어진 것임을 알았다. 무량겁을 닦아서 깨닫는 것은 외도법이다.

성철은 한국불교의 선맥이 이어지지 못해 확철대오한 도인이 나오지 않는다고 염려했다. 그러면서 돈오돈수 사상이 선종의 정맥이라는 것을 밝히기 위해 노력했고, 부방장으로 자신을 대신해 상당법문을 하던 혜암에게 돈오돈수를 주장한 선어록을 바탕으로 법문할 것을 당부했다.

제방에 돈오돈수와 돈오점수에 대한 논쟁이 한창 벌어지고 있을 때 성철이 혜암에게 물었다.

"지금의 한국불교는 탈선된 불교야. 누구든지 확철대오한 사람이 나오면 나를 알아주고 내 뜻을 이해할 수 있을 거야. 혜암은 누구를 신信하는가?"

"누구를 신하겠습니까? 내가 깨쳐야지요. 깨치지 못한 눈으로 누구를 믿겠습니까?"

성철이 이 대답을 듣고 박수를 치며 좋아했다고 한다. 혜암이 돈오돈수를 주장할 수 있었던 것은 스스로 깨달은 깊은 체험에서 우러나온 것임을 알 수 있다.

혜암은 성철이 《선문정로》와 《백일법문》에서 주창한 돈오돈수, 중도, 오매일여, 보조비판, 태고종조론 등을 적극적으로 수용하였다. 또한 법어집에서 성철이 주창한 쌍차쌍조의 중도사상을 많이 언급한 것을 볼 때 중도의 관점에서 불교 전체를 관통시킨《백일법문》에도 크게 공감을 한 것으로 보인다. 혜암은 평소 법문을 할 때 성철이 주장한 돈오돈수, 구경각, 공부 점검 3단계 등을 자주 인용했다. 이는 자신의 오도를 통해 성철의 주장이 조금도 틀리지 않음을 알았기 때문일 것이다.

해인총림 방장 취임 이후 상당 법문 때에도 성철이 생전에 부탁한 대로 돈오돈수 관련 조사어록을 중심으로 법문했다. 성철의 대표적 선사상은 돈오돈수이며, 혜암은 성철의 선사상 계승자라 할만하다.

입적 후, 혜암이 머물렀던 원당암 염화실 다락에서 많은 경전과 불교서적, 친필 원고 등 다양한 서적이 발견되었다.《남전대장경》(일본어판), 세계적인 불교학자들의 연구서가 수록된 일본불교학 전집, 성철의《백일법문》《선문정로》등의 책에는 빼꼼하게 줄들이 쳐져 있었다. 자신의 사상을 점검하는 한편 법문을 하기 위해 여러 서적들을 참고 삼아 보았던 것이다.

성철 스님의 돈오돈수 사상을 계승하면서도 혜암선이라고 불일 정도로 혜암 스님 나름의 독특한 선사상을 구축했다고 볼 수 있다. 일정한 시간 동안 잠을 자는 일반적인 수행자들에 대해서는 몽중일여와 숙면일여가 전제되는 것과는 달리 평생 장좌불와를 하는 가운데 일념삼매가 지속되는 오매일여였다는 점에서 성철 스님의 오매일여와는 약간의 차이가 있다. 스님은 처음 절에 오는 신도라도 첫 날 화두를 주어 참선을 시켰다. 성철 스님의 경우 이론적으로 철저하게 돈오돈수적인 입장을 취했지만 수행적인 측면에서는 108배와 삼천배, 아비라 법신진언, 능엄주를 통한 수행방편을 주창했던 것과는 결이 다르다. 다른 조도방편을 통해 업장을 녹이고 마장을 제거한 뒤에 언제 견성성불할 것인가, 지금 바로 용맹정진하다가 죽는 것이 살 길이라고 주창한 선이 혜암선이라 할 수 있다. 수행적인 측면에서는 성철 스님보다 더 돈오돈수적인 입장을 견지했다고 볼 수 있다.

문광, 혜암대종사 탄신100주년기념 제2회 학술대회 발표 논문

화두 참구

혜암이 주장한 선사상의 핵심은 돈오돈수이다. 실천행으로는 화두참구를 통해 확철대오해서 구경각에 들어가는 것이 진정한 깨달음이라고 강조했다. 그리고 이를 위해서는 '공부하다 죽으라'고 하는 혜암 만의 특유한 수행방법을 제시했다.

분별 견해와 사량 계교를 떠나 현묘한 이치가 온전히 드러나는 방법으로 혜암이 설하고 있는 수행법은 무엇인가.

무심의 직입이 일차적이지만 다음으로 살펴지는 것이 화두의 참구이다. 상근기의 큰 지혜를 가진 사람은 하나의 기연과 경계에서 이를 잡아 곧바로 사용하므로 굳이 많은 말이 필요하지 않으나, 만일 참구를 논한다면 마땅히 조주趙州의 '무'자와 '뜰 앞의 잣나무'와 동산洞山의 '마삼근麻三斤'과 운문雲門의 '마른 똥막대기' 등 맛이 없는 말을 의심하고 또 의심하여 이 화두를 끊임없이 들어 마치 모기가 무쇠 소에 앉아 주둥이를 박지 못할 곳에까지 몰입하듯 해야 한다고 설했다. 상근기를 가진 수행자는 기연의 경계에서 곧바로 체득하므로(무심에의 직입) 특별한 언급이 필요 없지만 그렇지 못할 경우 화두 참구를 하라는 것이다. 화두 참구는 무심의 즉입卽入이 되지 않을 때 쓰는 방법이다.

참구를 위한 구체적 방법에 대해서 혜암은 무자를 들어 이렇게 설명했다.

■ 마치 천 길 만 길 낭떠러지에 떨어진 때처럼 아무 계교나 다른 생각이 없이, 죽은 사람처럼 이렇게 한다 저렇게 한다는 생각을 버리고, 하루 종일 단 하나 무자만 들면서 매昧하지 않도록 하라.

■ 마치 닭이 알을 품을 때 따뜻한 기운이 계속 들도록 하듯이, 고양이가 쥐를 잡을 때 몸과 마음을 움직이지 않듯이 하라.

■ 다만 이렇게 성성적적하고 적적성성하여 은밀히 참상參詳(자세히 참구)하기를 마치 어린애가 어머니를 생각하듯 하고, 배고픈 이가 먹을 것을 생각하듯 하며, 목마른 이가 마실 것을 생각하듯 해서 그만두려고 해도 그만둘 수 없게 하라.

■ 사량 분별없이 화두가 매하지 않게 하라. 마음과 화두가 한
   덩어리가 되도록 하라. 그러면 곧 득력처가 될 것이다.

■ 화두가 저절로 순일하게 익어서 한 덩어리가 되면 몸과 마음
   이 텅 비어서 응연히 움직이지 않고 마음이 갈 데가 없어진
   다.

■ 무자를 살펴 이 한 말씀에 무명을 쳐 없애면 마치 사람이 물
   을 마시어 차고 더운 것을 스스로 아는 것과 같이 될 것이다.

■ 투철하지 못하면 다시 더 정신을 차려서 오직 화두만을 꾸
   준히 가져서 간단이 없음이 한다. 의심이 있고 없음을 따지
   지 말고, 맛이 있고 없음을 가릴 것 없이, 곧 이 큰 의심 밑에
   화두만을 들어서 단 하나로 매하지 말아야 한다. 행주좌와
   일상이 이와 같으면 곧 성취되지 않음이 없을 것이다.

**화두를 드는 데 세 가지 중요한 점으로 대신심大信心, 대분
지大憤志, 대의정大疑情을 들었다.**

이 세 가지가 없이는 공부하기 어렵다. 대신심과 대분심으로
성성적적하게 챙기고 의심을 짓고 또 챙기고 의심을 지어가고
억지로라도 노력해야 하며, '무'자를 분별식으로 의심하는 것이
아니라 마음과 몸을 다 버리고 의단 하나가 되어서 의심하는
것, 즉 '무'를 대상으로 의심하는 것이 아니라 나와 화두가 없

이 화두의 의단과 한 덩어리가 되어 의심해야 한다.

화두는 의심이 생명이기 때문에 알 수 없는 의심을 끊어짐 없이 파고 들어가 답답하고 재미없어도 모기가 무쇠 솥을 파고드는 것처럼 하라.

귀먹고 눈멀고 어리석으며, 모르는 체 바보인 체 하여 화두일 념으로 놓치지 않으며, 간절히 그리고 머리에 붙은 불을 끄듯, 뼛골에 사무치는 화두를 챙겨야 공부에 진척이 있을 것이다.

화두를 의심하지 않는 것, 아는 것, 간절한 마음이 없는 것이 큰 병통이다.

이렇게
공부를
점검하라

혜암은 일상생활을 하면서 수행을 점검하는 것에 대해서 다니고 머물고 앉고 누울 때에도 늘 화두를 점검하여서 하루 종일 끊어짐이 없는가, 사람들과 이야기를 할 때에도 화두를 참구하는가 등을 살피며 끊임없이 정진하라고 강조했다. 특히 초학자들은 스스로 자기의 공부를 점검하고 살펴야 한다면서 다음과 같은 사항을 법문에서 설했다.

참선하는 사람이 선지식의 은혜가 지중한 줄을 아는가?
이 몸은 오물을 담고 있는 가죽 주머니로 시각을 두고 생각 생각에 썩어가는 줄을 아는가?

인생 백 년이 먼 것 같으나 숨 한 번 내쉬고 들이쉬는 데 있는 줄을 아는가?

무상법문을 듣고 과거 인연도 지중했으며 현세 인연도 희유한 줄을 아는가?

법문이 귀중하다면 자심自心을 망각하지 않고 수행자다운 지조를 지킬 줄 아는가?

타인을 상대할 때 잡담을 금하고 열심히 공부하고 있는가?

남에 대한 시비를 일삼지 않고 마음을 안정하여 공부하고 있는가?

남과 이야기할 때도 화두가 간단없이 연속되는가?

24시간 동안 화두가 명백하여 매매昧昧하지 않는가?

보고 듣고 모든 일을 분별할 때 화두가 한 덩어리가 되는가?

자기 공부를 돌아보아 능히 부처와 조사를 붙잡을 만한가?

자기 자신을 돌이켜볼 때 금생에 결정코 불조의 혜명慧命을 계승할 수 있겠는가?

이 몸이 건강할 때에 지옥고의 무서움을 생각하는가?

몸은 업보로 태어남인데 결정코 생사윤회를 벗어나겠는가?

팔풍八風, 즉 이익을 볼 때나 손해를 볼 때나, 비난을 받을 때나 칭찬을 받을 때나, 추켜올리거나 희롱하거나, 기쁠 때나 슬플 때나 내 마음이 모든 경계에 사로잡혀 동하지 않겠는가?

1995년 8월 11일 하안거 해제법어

한편 혼침과 산란으로 참구가 되지 않을 때는 다섯 가지 병신노릇과 세 가지 행동을 할 것, 그리고 여러 서원을 세우며 정진에 매진하라고 했다. 그 다섯 가지는 다음과 같다. 첫째 무명 중생이니 마음이 있어도 벗하지 않을 것, 둘째 장님이니 눈이 있어도 보지 않을 것, 셋째 귀머거리이니 귀가 있어도 듣지 않을 것, 넷째 벙어리이니 입이 있어도 말하지 말 것, 다섯 째 입이 화근이니 입이 있어도 함부로 먹지 말 것이다.

세 가지 행동은 다음과 같다. 멍청한 체하여 바보인 체, 모르는 체, 어리석은 체하는 것이다.

이렇게 하여 의심하지 않아도 저절로 의심이 되고 들지 않아도 저절로 들어져 화두 일념이 만년이 될 때 곧 고향으로 돌아가게 된다고 설했다.

慧菴

결장

돌사자는 소리 높여 부르짖도다

조계종 종정에
추대되다

출가 이후 평생토록 청정한 계율과 일종식, 장좌불와 등 두타 고행으로 올곧게 수행정진해온 혜암은 1999년 4월 2일, 종정 추대위원회 회의에서 만장일치로 대한불교조계종 제10대 종정에 추대되었다. 그해 5월 11일, 조계사에서 3천 여 명의 사부대중이 운집한 가운데 추대식이 봉행되었다. 이 자리에서 혜암은 법상에 올라 주장자를 한번 내리치고는 준비해온 친필 법어를 통해 사자후를 토했다.

구속됨이 원래 나의 뜻이 아니기에
인연 따라 곳곳이 나의 집이었네

결장 | 돌사자는 소리 높여 부르짖도다

세상사를 벌써 뜬구름 밖에 보냈지만
피하기 어려운 사정에는 어쩔 수 없네

拘束元來非我意　隨緣處處是吾家
世事已送浮雲外　難避事情正若何

삼라만상이 부처 아님이 없고
모든 일이 도 아님이 없음이라
깊은 산골짜기 흐르는 물은 법을 설하고
산봉우리 석불은 빙긋이 웃네

天下萬物無非佛　世上萬事無非道
深谷流水誦藏經　山上石佛微微笑

한 번 주장자를 치니 진망眞妄이 무너지고
산 눈을 떠보니 모두 화장세계로다
한 번 할을 하는 소리에 하늘 문이 열리니
해와 달과 별들이 고금에 빛이 나도다

一打拄杖眞妄壞　活眼開眼無邊春
一喝一聲天門開　日月星辰輝古今

(불자拂子를 들고 말하다)

그대에게 불자拂子가 있으니 그대에게 불자를 주고
그대에게 불자가 없으니 그대에게 불자를 빼앗는다
你有拂子 與你拂子
你無拂子 奪你拂子

불조佛祖의 불자는 묻지 않거니와 일러보시오
이 불자는 필경 어느 곳에 떨어져 있습니까?
佛祖拂子 卽不問且道
這介拂子 畢竟落在什麼處

불자를 들어 보임에 천지가 무너지니
천千 문門 만萬 호戶가 모두 활짝 열리네
擧拈拂子 天地壞
千門萬戶 盡豁開

아악!

결장 | 돌사자는 소리 높여 부르짖도다

대한불교조계종 제10대 종정 취임 _1999년

종정 취임식

종정 교시

며칠 뒤, 부처님 오신 날을 맞이하여 불자와 국민들에게 다음과 같은 법어를 내렸다. 중생을 향한 위로가 이렇게 담겨있었다.

산과 들에 꽃이 피고 나무마다 새가 울며
벌 나비 춤추니 어허 좋을시고
사월이라 초파일 부처님오신날
모든 중생 생일잔치 얼씨구 좋고 좋다

부처님은 일체중생이 본래 천진불임을 깨우쳐 인간의 절대적 존엄성을 가르쳐 주시며 오직 생사 일대사를 위하여 연극을 하고 있을 뿐입니다. 인간의 본분사는 부처님이 오시기 전이나 오신 뒤에라도 추호도 변함이 없는 진리이며 근본 원리입니다.

아무리 귀천한 사람이라도 인간은 모두 천진불이니 부처와 같이 부모와 같이 모셔서 서로 존경하고 서로 사랑하며 가진 자는 남을 도와주고 권위자는 공심을 써야 합니다. 중생들이 서로 싸우고 침해하는 것은 일심동체의 본연의 성품을 모르기 때문이니 서로의 본연 성품을 알고 보면 싸울래야 싸울 수가 없으며 해칠래야 해칠 수 없습니다.

본래 성불의 이 진리는 변함이 없어서 인간에게 주어진 가장 큰 행복입니다. 본분사로 말하자면 내 본심밖에 부처가 따로 없는 것이니 일체중생이 다 함께 자기들의 생일을 축하합니다.

바다 밑에 등불 켜니 온 세상이 밝아지고
허공으로 북을 치니 중생들이 잠을 깨네

아악!

그해 10월, 혜암은 종도들에게 단결하여 종통을 수호하고 서로 화합하라는 종정교시宗正敎示를 내렸다. 법원의 판결에 의하여 고산 총무원장의 직무가 정지되는 상황이 벌어졌기 때문이다. 정화개혁회의측이 '현 조계종 총무원장인 고산 스님의 총무원장직 선출을 인정할 수 없다'며 낸 소송에서 원고승소 판결을 내린 것이다. 재판부는 판결문에서 '지난해 12월 1일 임시 중앙종회는 절차상 하자가 있어 효력을 인정할 수 없고, 따라서 이 회의 결정에 따라 실시된 선거에서 선출된 고산 스님은 총무원장 자격이 없다'고 밝혔다. 임시종회를 개최하기 위해서는 종회 7일 전에 미리 소집 공고 절차를 거쳐야 하는데도 종법 상의 공고 절차와 통지, 토의 절차를 거치지 않았다는 것이다.

종단은 혼란한 상황으로 빠져들었고, 곧 총무원장 직무대행 체제에 들어갔다. 이때 대한불교조계종 종정으로서 혜암은 교시를 내렸다.

세상만사의 원형이정元亨利貞은 사필귀정事必歸正이니 혹자혹위惑慈惑威로 종통수호宗統守護하여 광도중생廣度衆生 할지어다.

　금반今般 발생한 종단 마장은 승가발전의 좋은 기회이니 사부대중들은 환희 극복하여 화발결실花發結實토록 하라.

　종단 발전이 국가 발전이니 종도들은 일심동체하여 법통 수호와 호국불교의 사명감으로 불광증휘佛光增輝하고 국태민안토록 하라.

　텅 빈 하늘은 아득하여 끝이 없는데
　지구는 작고 작아 찾아볼 수 없네
　성현군자들이 내 잘났다 서로 뽐내니
　현미경 속의 티끌만한 그림자로다
　太虛茫茫廣無邊　地球小小覓難見
　聖賢達士互相過　顯微鏡中一毫影

　교시를 내린 후, 새로운 총무원장을 뽑는 선거가 다시 치러지고 11월 20일, 정대 총무원장 집행부가 새롭게 탄생했다. 종단은 빠르게 안정되어 갔다.

　다음 해 1월, 해인사 원당암에서 정대 총무원장을 비롯하여 원로의원, 교구 본사주지 등 종단 중진 대덕스님들이 참석한 가운데 신년 종정 하례 법회를 봉행했다. 이 자리에서 혜암은 정대 총무원장에게 종단의 안정과 화합을 위하여 각별히 노력하여 줄 것을 당부했다.

혜암은 종단의 종무행정에는 일체 관여하지 않고 신년과 부처님오신날을 맞이하여 법어를 내렸다. 그리고 매 안거마다 결제, 해제 법어를 직접 작성하여 꼬박꼬박 발표했다. 그렇게 원당암 미소굴에서 조용히 주석했다.

여든 살
노승의
평상심

21세기를 맞는 새천년이 막 시작될 즈음이었다. 사람들은 한국 불교의 상징이자 국가의 정신적인 지도자인 종정 혜암에게 21세기를 맞는 인류에게 필요한 화두를 물었다.

종정의 답은 간단명료했다.

"발상의 전환, 의식혁명이 전제된 변화와 개혁입니다. 선사상은 발상의 전환을 지향한 혁명성과 사물의 본질을 곧바로 파고드는 단순성을 강조합니다. 이러한 단순성과 혁명성이 인류의 고뇌를 푸는 열쇠이지요."

혜암이 출가하면서 찾고 깨달았던 그 한 물건을 찾아 삶의 현장에서 쓰는 것이 단순성이고 혁명성이라는 뜻이었다. 그것을 찾아 쓰는 방법이 참선 수행정진이라는 의미이기도 했다. 종정이 되었다고 해서 일상에 달라진 것은 없었다. 하루하루 그 시간 서 있는 자리에서 평상심을 쓰는 게 도의 전부임을 보인 일상이었다.

종정에 취임하고 한 달 정도 지나서 한 일간지에서 인터뷰를 하러 왔다. 종정이 되었으니 그 동안 누려온 자유를 제약받는 것 아니냐는 질문에 혜암은 이렇게 대답했다.

"신구의 삼업이 다 불사인데 뭐는 하고 뭐는 안 하는 취사선택의 여지가 어디에 발붙일 틈이 있겠습니까. 다만 그전에도 찾아오는 사람도 많고 와 달라는 곳이 많았는데 이제 종정이라니까 더 하겠지요. 그러나 육체적 한계 때문에 더 이상 감당할 수 없을 것 같아 가급적 바깥출입을 삼가려고 합니다."

지금도 장좌불와를 하느냐는 물음에는 이렇게 답하며 크게 웃었다.

"장좌불와 자체가 목적이 될 수는 없습니다. 옛 조사어록에 보니까 이르면 사흘이나 일주일에도 돈오 견성한다는 이야기가 있기에 급한 마음으로 시작을 했습니다. 그게 어느새 오십 년이나 계속되었어요. 이제는 때로는 몸이 안 좋아 누우려고 해도 10분만 누워있으면 가슴이 답답해서 못 견딥니다. 견성하겠다고 앉은뱅이 잠만 자다가 끝나는 게 아닌가 싶습니다."

　신도들과 같이 좌선을 해보니 그것이 다시없는 최상의 포교 방법이더라고 했던 혜암은 여전히 원당암 선불당에서 재가 수행자들과 함께 보내는 시간이 많았다. 법문을 준비하며 책상 앞에 단정히 앉아서 경전과 조사어록을 읽고 법문 원고를 썼다. 정진에 들어가기 전에 법문을 했고, 새벽 3시와 저녁 7시에 직접 죽비를 쳐 예불을 올리고 좌선을 했다.

　원당암 창고에는 호미가 백 개 걸려 있었다. 정진 뒤에 신도들이 울력을 할 때 쓰기 위한 것으로 혜암이 마련해놓은 것이다. 혜암이 있는 곳엔 언제나 마당이나 잔디에 풀 한 포기 올라오지 않을 정도로 말끔히 정돈돼 있었다. 호미를 처음 잡아보는 이들에겐 호미 잡는 법을 가르쳐주면서 울력도 수행임을 가르쳤다. 지나가다 마당에 난 풀을 뽑고 있으면 그냥 지나치지 않았다.

　"큰 풀은 뽑을 필요가 없어요. 눈에 띄니까 누구라도 보면 뽑게 됩니다. 눈에 잘 뜨이지 않는 작은 풀을 뽑으세요. 작은 게 커서 크게 되니까."

　작은 번뇌가 큰 번뇌가 되니 미리 뽑아버리라는 마음 법문이었다. 유난히 도량을 청결히 할 것을 강조했던 혜암이 하루는 지나가다가 헌식돌을 청소하는 신도들을 보고는 다가왔다.

"보살님들도 더러운 곳에 밥을 차려 주면 싫지요? 깨끗하게 청소하세요."

이로 인해 외부에, 원당암 도량은 얼마나 청소를 깨끗하게 하는지 절 마당에 떨어진 밥알을 주워 먹어도 된다는 말이 떠돌 정도였다.

이미 지난 일력과 달력 종이도 버리지 않고 차곡차곡 모아두었다가 네 등분해서 뒷면을 활용했고, 이면지에 법문할 것을 메모해놓았다. 공양 상에도 많이 차려놓지 말 것을 당부했다.

"찬은 세 가지만 놓아라."

하루 한 끼 공양에 평소 즐겨들던 미역국과 밥 조금, 고소세 잎, 콩장 세알이 전부였다. 오후에는 야채 주스나 사과를 갈아 꼭 짜서 즙을 낸 것만 먹었다. 걸음에 미물이라도 밟힐까봐 조심스러운 발걸음으로 조용히 미소굴에서 내려와 차려놓은 공양을 하고 올라갔다.

혜암은 신도들이 시주한 물건을 극도로 무서워했다. 호랑이를 만나도 두렵지 않았던 수행자였으나 시주물을 함부로 쓰는 것에는 호랑이보다 더 무서워했다.

"시주물이 무서운 줄 알아야 한다. 신도 분들이 삼보에 공양을 올리는 것은 이 공양을 절에 사는 사람들이 수행을 잘 해서 세상 모두에게 도움이 되라는 뜻에서다. 또 수행자의 사명은 고통에 빠진 중생을 건지는 것에 있고 그것에 책임과 의무를 다할 때 시주의 복전福田이 되는 것 아닌가. 그런데 하라는 수행은 안 하고 시주물만 축내고 살면 놀고먹는 중이란 소리를 면치 못할 것이다."

혜암은 입적 몇 달 전까지 손수 바느질을 해서 터진 내복을 꿰맸고 양말도 꿰매어 신었다. 한번은 낡은 내의의 실밥을 뜯어내고 있는 것을 보고 시자가 물었다.

"제가 해드릴까요?"

"됐다."

그러면서 덧붙인 말은 그대로 법문이었다.

"실은 세월이 가면 저절로 얇아져서 닳아지는데, 사람의 업장은 세월이 가도 닳아 없어지지 않아. 그래서 정진해야 하는 거야. 정진해서 화두가 또렷해질수록 업장이 녹는 것이다."

혜암 입적 당시 103세로 원당암에서 정진 중이던 신도 광명화는 이렇게 말했다.

"참으로 꽃을 좋아하셨지. 산꽃 들꽃들을 좋아하셨어. 그래서 원당암과 미소굴 주변에는 늘 꽃이 많았고 큰스님이 직접 꽃씨를 뿌리시곤 했어. 일체중생이 다 꽃이라고 말씀하시면서. 이제 나도 본래의 자리로 가신 큰스님의 빈자리를 지키다가 갈 곳으로 가게 될 것이다. 이 세상에 나서 큰 도인을 따라 다니며 공부하고 시봉한 것은 내 인생의 영광이었다."

"입적 몇 달 전까지 스님은 하루 종일 글을 쓰고 좌선하셨다. 항상 미소 짓고 계셨다. 순수하고 아름다운 미소였다. 스님은 적이 없었다. 진짜 스님이셨고, 아름다운 사람이었다."(마지막 공양주보살)

적멸에
들다

"이번 생의 수명은 여든둘이다."

혜암이 평소에 제자들에게 했던 말이다.

혜암은 입적에 들기 한 해 전부터 기력이 눈에 띄게 쇠해지면서 원당암에 주석하면서 시작되었던 선방 법문도 하지 않았고 울력에도 참여하지 못했다. 종정으로서의 역할도 원당암 미소굴에 주석하는 것으로 대신했다

입적하던 해 4월 15일(음력 3월 22일) 82세 생신날에 원당암으로 들어온 손상좌 문광은 노스님인 혜암을 시봉하면서 하루도 빠짐없이 많은 법문 테이프를 반복해서 들었다. 법문을 들으면서 내용을 거의 외우다시피 했던 그는 얼마나 큰 발심을 했

던지 노스님이 완쾌해서 법상에서 법문을 하는 것을 한 번만이라도 직접 들었으면 하는 원을 세우게 되었다. 그는 실제로 노스님이 옆에 계시니 실제로 법문을 듣는 것 같은 느낌이 들었고, 골수로 스며들어 삶의 지침서가 되었다. 그러나 기력이 쇠해지면서 법문을 할 수 없게 되자 소원을 이루지 못했다.

어쩌면 이 일 년 동안은 생애 처음으로 온전히 쉬어보는 시간이었는지도 모른다. 젊은 시절에 폐에 치명상을 입은 것이 노쇠함에 따라 심한 염증으로 발전해 병원에 입원했을 때, 진단을 한 의사가 이렇게 중한 증상으로 여태껏 움직일 수 있었던 것을 이해할 수 없다고 말할 만큼 건강을 유지했던 혜암이었다. 그러나 무상의 세월은 막지 못했다. 퇴원하고 돌아와 한 해 남짓 미소굴에서 기력이 쇠잔해진 상태로 지냈다.

한 해 동안 젊은 시절 뜨겁게 정진했던 암자에 가보기도 했고, 함께 정진했던 후학들이 머무는 곳에 다녀오기도 했다. 상무주암에서 시작해 송광사, 칠불암 등에서 함께 정진했던 후학 무여가 있는 축서사를 방문했다. 무여가 반갑게 맞이했다. 마침 점심 때였다.

"스님 드시고 싶은 것 있으십니까? 준비하겠습니다."

"국수를 먹어볼까?"

축서사 후원에서 정성껏 준비한 국수가 상에 차려져 나왔고 그 옛날 함께 정진했던 두 수행자는 마주 앉아 공양을 했다.

"인생은 무상하다네. 열심히 정진해야 하네."

밤새도록 그렇게도 꼿꼿이 앉아 화두와 함께했던 선배 스님이 이젠 등이 굽은 노승이 되어 있었다.

"큰스님, 어서 기력을 찾으셔서 저랑 같이 용맹정진 하셔야지요."

"이번 생에는 더 못하겠네."

"큰스님께서 출가하셔서 일생 동안 많이 애쓰셨는데 아쉬운 점은 없으십니까?"

"공부를 하려고 나름대로 애를 썼네만 짬지게 하지는 못한 것 같아."

그렇듯 일생을 정진에만 온 힘을 쏟고도 혜암의 회한은 정진을 다하지 못한 것에 있었다.

입적하기 두 달 전, 신년 달력이 나온 날이었다.

"노스님, 새해 달력이 나왔습니다."

시봉을 하던 행자가 달력을 들고 곁으로 가 무릎을 꿇은 채 달력을 넘겼다. 1월 달력에는 혜암이 부채에 쓴 '萬法歸一 시심마'가 선명하게 인쇄되어 있었다. 행자들이 사미계를 받으러 갈 때마다 노스님이 법명과 화두를 적어 두 개의 봉투에 넣어 주던 것을 본 행자는, 그 글귀를 보자 화두를 미리 받고 싶은 생각이 들었다. 다음해 봄에 있을 수계식 전에 혹시 열반에 드시면 어쩌나 하는 생각이 잠시 스친 것이다.

"노스님, 이거 화두 맞지요?"

"그렇지."

"저, 이 화두 주세요."

"그렇게 해라."

그때 혜암의 얼굴 전체로 환한 미소가 번지는 것을 시자는 놓치지 않고 보았다.

'만법이 하나로 돌아가는데 그 하나는 이뭣고?'

이것이 혜암이 그토록 많은 사람들에게 인생 최대의 '선물'로 주었던 마지막 화두였다.

2001년 12월 31일 아침, 아침 공양 때가 지나서였다. 여느 때처럼 혜암은 미소굴 의자에 앉아있었다. 의자 팔걸이에 팔을 올려놓고 등을 편안히 의자 뒤에 기댄 채 있었다. 한참 동안 아무 기척이 없어 시자가 다가가보니 적멸에 든 모습이었다. 잠시 뒤에 미소굴에 있던 현철, 도행, 각안 그리고 행자 문광이 편안히 열반에 든 그 모습을 지켜보았다.

세수 여든둘, 법랍 56년이었다. 2001년 12월 31일(음력 11월 17일) 10시였다. 조계종 종정 혜암의 원적圓寂을 알리는 대종 소리가 해인사 도량을 돌아 가야산으로 울려 퍼졌다.

열반 직전에 써 놓은 임종게다.

나의 몸은 본래 없는 것이요

마음 또한 머물 바 없도다

무쇠 소는 달을 물고 달아나고

돌사자는 소리 높여 부르짖도다

我身本非有　心亦無所住

鐵牛含月走　石獅大哮吼

2002년 1월 6일 해인사에서 7일 종단장으로 영결식이 치러졌다. 5만여 사부대중이 구름처럼 모여 가야산 정진불을 추모했다.

원로회의 의장이자 해인총림 방장 법전이 단상에 올라 추도의 말을 했다. 해인총림에서 나란히 성철을 모시고 정진하며 후학들을 지도했던 동지이자 도반이었다. 낮지만 돌처럼 단단한 음성이 영결식장 대중들의 가슴을 적셨다.

줄기 없는 꽃봉오리, 시들지 않는 만다화라로 종정스님의 법구를 장엄하고 메아리 없는 가야산하伽倻山下 그림자 없는 낙락장송의 일편향一片香을 영전에 올립니다. 삼천대천세계를 유유자적 오고감이 없고, 생사 없음을 보이신 종정스님의 모습 앞에 저희들은 유구무언입니다. 열반이라 해도 옳지 않고, 열반이 아니라고 해도 맞지 않습니다.

臨終偈

我身本非有요 心亦無所住라
鐵牛含月走하고 石獅大哮吼로다

나의 몸은 본래 없는 것이요
마음 또한 머물 바 없도다
무쇠소는 달을 물고 달아나고
돌사자는 소리 높여 부르짖도다

출가한 이래로 장좌불와와 일종식一種食을 하면서 위법망구의 두타 고행정진으로 어떤 것이 수행자의 본분인가를 몸소 우리에게 보여주셨습니다. 언제나 '공부하다 죽어라'는 가르침은 지금도 가야산의 찬바람이 되어 저희들을 경책하는 법음으로 와 닿습니다.

이제 종정스님의 영정 앞에 영결식을 봉행하오니, 스님의 빈자리가 너무나 큽니다. 봉암사결사에서 '부처님 법대로 살자'는 그 기개를 이제는 어디에서 뵐 수 있겠습니까.

종정스님께서는 가는 해의 마지막 날에 육신을 허공에 놓으시니, 어제와 오늘이 따로 없고, 전생과 내생도 없는 마음을 주인 삼아 시간과 공간의 주인이 되라는 것을 말없이 가르침에 온 사부대중은 이제 슬픔에서 벗어나 환희심으로 가득합니다.

비봉산은 첩첩하고
미소굴은 여여한데
스님께서는 어디로 가셨습니까
疊疊飛鳳山　如如微笑窟　禪師歸何處

할!

대통령 김대중이 친필로 쓴 조사를 문화관광부 장관이 대신

읽었다. 김대중이 퇴설당을 찾았을 때 내 본마음을 알기 전에는 하늘의 별을 따고 바람을 묶는 재주가 있어도 값어치가 없다면서, 한 국가를 통치하는 대통령이 본심을 깨닫고 정치에 활용한다면 그보다 귀중한 일이 없으니 아무쪼록 내 본마음을 찾는 공부를 하길 바란다고 했던 이 시대의 큰 스승에게 바치는 조사였다.

존경하는 혜암 종정 큰스님!

큰스님의 입적 소식을 접하면서 슬픈 마음 이를 데가 없습니다. 이 나라, 이 중생들을 위해서 베푸실 일들이 아직도 많으신데 이렇게 홀연히 가시다니 그 빈자리가 너무도 크게 느껴집니다. (…) 한도 끝도 없는 큰스님의 법력을 어찌 몇 마디의 필설로 다 드러낼 수 있겠습니까? 깊은 존경심과 한없는 그리움으로 그 공덕을 여러분과 함께 기리고자 할 따름입니다.

저 개인적으로도 큰스님과는 잊지 못할 인연이 있습니다. 지난 1996년 이곳 해인사를 찾은 저에게 주신 지도자의 덕목에 관한 큰스님의 말씀을 저는 지금도 생생히 기억하고 있습니다. 또한 지난 1998년에는 길을 가시다가 문득 저를 찾아 '방생'의 참뜻을 화두로 던져주시면서, 인간 방생을 실현하라고 하신 말씀도 잊지 않고 있습니다. 큰스님과의 이러한 인연은 국정 운영을 하는 데 커다란 가르침이 되었습니다. (…) '착한 사람, 악한 사람, 가난한 이, 외로운 이 모두가 본래로 부처님이니 서로 공경하고 서로 아끼며 나를 용서하는 마음으로 남을 용서하라.'

큰스님께서 내려주신 신년 법어를 여러분과 함께 나누면서 그리고 큰스님의 입적을 마음으로부터 깊이 애도 드리면서, 부처님의 자비광명이 사부대중 여러분께 늘 함께하기를 빕니다. 감사합니다.

다비식 다음날, 가야산에서 살다간 도인을 애도하듯 새벽부터 눈이 내렸다. 다비식장은 물론 가야산 전체가 흰 눈으로 덮이기 시작해 온 산이 순진무구한 세상이 되었다. 그야말로 건곤일색이었다. 눈은 좀처럼 그치지 않았다. 쉬지 않고 내리는 눈과 함께 천지조차 혜암의 열반을 애도하는 듯했다.

오전에 습골을 마친 혜암의 문도들은 펑펑 쏟아지는 눈을 맞으며 오색영롱한 사리 86과를 혜암이 머물던 원당암 미소굴에 임시로 모셨다. 49재와 100재가 해인사 보경당에서 있었다. 수많은 사람들이 와서 추모했고 집으로 돌아가면서 혜암이 설한 법문 테이프를 가슴에 품고 갔다. '오로지 정진하라'는 혜암의 당부를 전하기 위해서 제자들이 준비한 법문테이프였다.

100일 동안 하늘은 늘 개어 있었고 사리를 친견하려는 사람들로 연일 붐볐다. 100일이 지나 원당암 미소굴에 사리가 모셔졌다.

2007년 12월, 제자들은 스승 혜암이 남기고 간 친필원고를 모아서 혜암대종사 법어집 두 권을 발간하고, 해인사 일주문 입구에 위치한 비림에 사리탑과 행적비를 세웠다.

"공부하다 죽어라."

제자들은 혜암이 세상에 남긴 이 금과옥조와도 같은 말을 원당암 미소굴 옆 대형 석조 죽비에 새겨놓았다.

저 뜨거운 사자후는 가야산을 넘어 사바 중생을 깨달음으로 이끌어주는 영원한 가르침이 될 것이다.

혜암 큰스님께서 방장이 되시고 얼마 안 되었을 때 스님을 처음 뵈었다. 퇴설당에서 삼배를 받으시던 스님의 모습이 떠오른다. 칠십대 중반이셨지만 마치 순수한 소년 한 사람을 보는 듯했다. 작고 마른 몸에 안경 너머의 눈빛이 맑고 따스했다. 스님께서는 살아온 지난날들을 추억하셨다. 열정과 자비로움이 느껴졌다. 스님의 평전을 쓸 줄 알았다면 세세하게 많은 것을 여쭈어보았을 텐데, 이번에 평전을 준비하면서 내내 아쉬웠다.

입적하시고 몇 년 뒤 《혜암대종사법어집》을 낼 때 편집위원으로 스님을 다시 뵙게 되었다. 법문 원고를 읽으면서 목숨을 바쳐 이룬 수행이 타인을 향한 자비로 나타남을 알게 되었다.

다시 십여 년의 세월이 흐른 뒤 큰스님의 상좌 원각 스님에게 전화를 받았다. '혜암 큰스님 탄신 100주년'을 기념해서 평전을 간행할 계획이라고 했다. 은사스님의 법어집을 만들 때 동참한 인연이 있으니 누구보다 큰스님을 잘 알지 않겠느냐며 평전을 써보라고 하셨다.

평전을 준비하는 몇 해 동안 스님의 육성 법문을 수없이 들었다. 그 어떤 자료보다 큰스님이 어떤 분이었다는 것을 아는 데 생생한 도움이 되었다. 스님의 삶을 글로 쓰면서 비로소 깨달은 후의 삶이 어떻게 전개되는지를 알았고 상구보리 하화중생의 삶이 어떤 것인지 알게 되었다. 미혹 속에 빠져있는 중생들을 깨우치려 했던 스님의 노력을 마주하면서 정진하는 삶만이 생명의 존엄을 드러내는 일임을 깨닫게 되었다. 발심하지 않을 수 없었다.

여든둘의 연세로 입적하기 한 해 전까지 재가불자들에게

법문하고 원당암 선원에 함께 앉아 정진하셨다고 한다. 몸이 쇠약해져 선방에 앉을 수 없었을 때는 정진이 끝나는 새벽 세 시에 나와 선방 밖을 한번 둘러보고 가셨다는 이야기를 쓸 때는 눈시울이 뜨거워졌다. 한 사람이라도 더 깨우쳐주려고 했던 허공보다 더 드넓은 사랑 앞에 삼배를 올리고 싶은 심정이었다. 큰스님의 그 자비로움으로 인해 불교 입문 40여 년 만에 비로소 '이뭣고' 화두를 가슴에 품게 되었다. '이뭣고'의 천금 같은 가치를 알게 해주신 혜암선사와의 인연에 깊은 감사를 올린다.

  단언컨대 혜암 큰스님과 평전을 쓴 나 사이에는 깊은 인연의 강이 흐르고 있을 것이다. 그러나 한낱 범부에 지나지 않은 내가 어찌 선사의 일생에 감히 평을 가할 수 있겠는가. 해서 있는 그대로 스님의 치열했던 수행정진과 대중 교화에의 열정에 초점을 맞춰 글을 썼다. 먼 훗날 눈 밝은 사람이 있어 스님의 진면목을 깨닫고 다시 일생을 조명하리라 위로하며 글을 맺는다.

책을 준비하는 데 혜암문도회 스님들을 비롯, 많은 분들의 도움이 있었다. 그분들의 격려와 응원이 있었기에 책이 세상에 나올 수 있었다. 진심으로 감사드린다.

2021년 꽃 피는 4월
소금창고마을 도서관에서 박원자 두 손 모음

혜암당 성관대종사 연보

혜암당 성관대종사 연보
慧菴堂 性觀大宗師 年譜

불기(서기) 세수/법랍

2464(1920) 1

음력 3월 22일 전남 장성군 장성읍 덕진리 720번지에서 엄부 김원태 님과 자모 정계선 님의 칠남매 중 차남으로 출생하다. 속명은 남영이라 하다.

2477(1933) 14

장성읍 성산보통학교를 졸업하고 서원에서 한학을 수학하며 동서양의 위인전과 불교경전을 탐독하다.

2480(1936) 17

17세에 일본으로 건너가 동서양의 종교와 철학을 공부하던 중《선관책진》을 읽다가 발심하여 출가를 결심하고 귀국하다.

2490(1946) 27/1

경남 합천 해인사에 출가, 인곡 스님을 은사로 효봉 스님을 계사로 수계득도하다(음 10. 15). 법명은 성관性觀. 가야총림 선원에서 수선 안거 이래 한암·효봉·동산·인곡·경봉·전강선사 등 당대 선지식을 모시고 오대산 상원사, 금정산 범어사, 통도사 극락암, 인천 용화사 등 제방선원에서 일일일식과 장좌불와 두타고행을 하며 평생토록 용맹정진하다.

가야총림 선원(하안거), 문경 봉암사 선원(동안거). 문경 봉암사에서 성철·자운·우봉·보문·도우·법전·일도 스님 등 20여 납자와 함께 결사에 참여하다.

가야총림 선원(하안거), 오대산 상원사 선원(동안거). 해인사에서 상월 스님을 계사로 비구계를 수지하다(음 9. 15).

범어사 금어선원(하안거), 가야총림 선원(동안거). 범어사에서 동산 스님을 계사로 보살계를 수지하다.(음 3. 15)

가야총림 선원(하·동안거)

봄에 해인사에서 은사 인곡 스님으로부터 전법게와 '혜암慧庵'이라는 법호를 받다. 범어사 금어선원(하·동안거) 방함록에 혜암성관慧庵性觀으로 표기되기 시작하다. 1950년대 중반부터 1970년대 후반까지 혜암慧巖으로 썼고, 1980년대 초반부터는 혜암慧菴으로 썼다.

범어사 금어선원(하안거), 통영 안정사 천제굴(동안거). 금어선원 하안거 대중 88명 가운데 동산 스님으로부터 유일하게 안거증을 받다. 동안거 중에 성철 스님과 함께 천제굴 방바닥 한가운데 구들장을 파내고 용맹정진하다.

2497(1953) 34/8

설악산 오세암(하안거), 통영 안정사 천제굴(동안거). 인민군이 점령하고 있었던 설악산 오세암에 몇 번이나 죽을 고비를 넘기며 들어가 봄부터 가을까지 고행정진하다.

2498(1954) 35/9

오대산 서대(하안거), 설악산 오세암(동안거). 서대에서 일타·일구 스님과 함께 용맹정진하다. 여름부터 가을까지 5개월 동안 낮에는 서대 염불암에서 좌선 정진하고 밤에는 적멸보궁까지 오가며 행선行禪 정진하다. 하안거 해제 후 적멸보궁에서 하루 삼천배씩 일주일 동안 참배하고 금생에 기필코 확철대오 하리라고 서원하다.

2499(1955) 36/10

오대산 동대(하안거), 오대산 상원사 선원(동안거). 봄부터 가을까지 6개월 동안 밤낮없이 동대 관음암에서 적멸보궁까지 걸어 다니며 행선 정진하다.

2500(1956) 37/11

태백산 동암(하·동안거)

2501(1957) 38/12

태백산 동암(하안거), 오대산 사고암 토굴(동안거). 사고암 토굴에서 수
마를 항복받고 5개월 동안 초인적인 용맹정진 끝에 오도송을 읊다.

2502(1958) 39/13

오대산 사고암 토굴(하안거), 고성 옥천사(동안거). 옥천사에서 은사 인
곡 스님을 모시고 안거하다.

2503(1959) 40/14

동화사 금당선원(하안거), 오대산 서대(동안거). 동화사 효봉 스님 회상에
서 은사 인곡 스님을 모시고 안거하다. 동안거 중 상원사 선원에서 진
제·활안·희섭·월현·현묵·현부 스님 등과 함께 일주일 용맹정진하다.

2504(1960) 41/15

오대산 동대(하안거), 오대산 상원사 선원(동안거).

2505(1961) 42/16

해인사(하안거), 오대산 북대(동안거). 음력 7월 15일 은사 인곡 스님이
해인사에서 입적하다.

2506(1962) 43/17

지리산 상무주암(하·동안거)

2507(1963)　44/18

통도사 극락암 선원(하안거), 해인사 선원(동안거). 극락암 경봉 스님 회
상에서 안거하다.

2508(1964)　45/19

묘관음사 선원(하안거), 해인사 선원(동안거). 묘관음사 향곡 스님 회상
에서 안거하다 .

2509(1965)　46/20

통도사 극락암 선원(하안거), 해인사 선원(동안거).

2510(1966)　47/21

천축사 선원(하안거), 통도사 극락암 선원(동안거). 천축사 서옹 스님 회
상에서 안거하다.

2511(1967)　48/22

해인사 중봉암(하안거), 해인총림 선원(동안거). 해인총림 개설 첫 동안
거 유나維那 소임을 보다.

2512(1968)　49/23

지리산 상무주암(하안거), 지리산 문수암(동안거). 가을에 문수암을 복
원하다.

2513(1969) 50/24

인천 용화사 선원(하안거), 해인총림 선원(동안거). 용화사 전강 스님 회상에서 안거하다. 동안거부터 해인사 퇴설당(쇄관)에서 일타·현우·적명·거해 스님 등과 함께 3년 결사를 시작하다.

2514(1970) 51/25

해인사 주지(4월~8월), 봉암사 백련암(동안거).

2515(1971) 52/26

봉암사 백련암(하안거), 통도사 극락암 선원(동안거). 동안거 중 조실 경봉 스님께서 봉峰·통通·홍紅·중中·공空 등 운자韻字에 맞추어 선시禪詩를 지으라 하심에 게송(칠언 율시)을 지어 바치다.

2516(1972) 53/27

남해 용문사(하·동안거). 선원 개설(납자 약 15명)

2517(1973) 54/28

해인사 극락전(하안거) 태백산 동암(동안거).

2518(1974) 55/29

태백산 동암(하·동안거). 현우·현기·무여 스님 등과 함께 정진하다.

2519(1975) 56/30

태백산 동암(하안거), 조계총림 송광사 선원(동안거)

2520(1976) 57/31

지리산 칠불암(하·동안거), 선원 개설(현우·활안·현기·성우·인각·원융 스님 등 20여 납자와 재가불자 20여 명 운집함). 봄에 운상선원 중수 시 문수보살을 친견하고 게송으로 수기받다.

2521(1977) 58/32

해인총림 유나. 해인총림 선원(하·동안거)

2522(1978) 59/33

지리산 상무주암(하·동안거). 여연·정견 스님 등과 함께 동안거 중 21일 단식 용맹정진하다.

2523(1979) 60/34

해인총림 선원(하·동안거), 해인사 조사전(解行堂)에서 3년 결사를 시작하다.

2524(1980) 61/35

해인총림 유나. 해인총림 선원(하·동안거).

2525(1981) 62/36

해인총림 수좌. 해인총림 선원(하·동안거). 해인사 원당암에 재가불자 선원을 개설하여 매 안거마다 일주일 용맹정진을 지도하다. 매월 2회 토요 철야 참선 법회를 개최하여 약 500여 회에 이르는 참선 법문을 설하는 등 수많은 재가불자를 오직 참선수행으로써 20년 동안 교화하다. 조계종 정화위원회 부위원장에 선출되다.

2526(1982) 63/37

지리산 영원사(하안거), 지리산 도솔암(동안거).

2527(1983) 64/38

해인총림 선원(하·동안거). 하안거부터 1989년 동안거까지 7년 간 해인총림 선원에서 안거하다. 조계종 비상종단 7인 개혁위원회 위원에 선출되다.

2529(1985) 66/40

해인총림 부방장.

2531(1987) 68/42

조계종 원로회의 의원에 선출되다. 지리산 도솔암을 복원하다.

2535(1991) 72/46

조계종 원로회의 부의장에 추대되다.

2537(1993) 74/48

해인총림 제6대 방장에 추대되다.(~1996년)

2538(1994) 75/49

조계종 원로회의 의장에 추대되다. (~1999년)

2539(1995) 76/50

용성 문중장에 추대되다.

2543(1999) 80/54

조계종 제10대 종정에 추대되다.

2545(2001) 82/56

12월 31일 오전, 해인사 원당암 미소굴에서 열반하다.

참고문헌

가마타 시게오/신현숙 옮김《한국불교사》민족사, 1994
경봉, 석정명 역주《삼소굴 일지》해뜸, 1985
——《경봉 스님 말씀》극락선원 경봉문도회, 1975
경성《불교수행의 두타행 연구》장경각, 2005
김광식《한국불교 100년》민족사, 2000
——《그리운 스승 한암》민족사, 2006
——《한국불교 100년》민족사, 2000
——《새불교운동의 전개》도피안사, 2012
김지허《선방일기》, 1993
김택근《성철 평전》모과나무, 2017
김현준《바보가 되거라》(경봉스님 일대기) 효림, 2015
——《아! 일타스님》효림, 2015
대한불교조계종 교육원 불학연구소《조계종 총림의 역사와 문화》조계종출
    판사, 2009
대한불교조계종 포교원《한국불교사》조계종출판사, 2011
박부영, 원철, 김성우《석영당 제선선사》제선문도회, 2012
박원자《스님의 첫 마음》뜨란, 2015
——《길 찾아 길 떠나다》김영사, 2008
——《나의 행자시절》다할미디어, 2007
——《경산 스님의 삶과 가르침》동국대출판부, 2018
법전《누구 없는가》김영사, 2009
보문문도회 · 김광식 엮음《보문선사》민족사, 2012
불교전기문화연구소《청산의 메아리: 향곡 큰스님 평전》불교영상회보사, 1994
불필《영원에서 영원으로》김영사, 2012
서옹 스님《물따라 흐르는 꽃을 본다》다른세상, 2001

성철 스님 《돈오입도요문론 강설》 장경각, 2004

──── 《백일법문 상·하》 장경각, 2006

송월주 《토끼 뿔 거북 털》 조계종출판사, 2016

역사학연구소 《함께 보는 한국근현대사》 서해문집, 2005

운서주굉 엮음 연관 옮김 《선의 관문을 뚫다》 호미, 2011

월암 《친절한 간화선》 담앤북스, 2012

──── 《생각 이전 자리에 앉아라》 보문, 2019

이병두 풀어씀 《한용운 채근담 1》 참글세상, 2011

──── 《한용운 채근담 2》 참글세상, 2011

이복희 《혜암선사 선사상 연구》 바른북스, 2020

임혜봉 《종정열전1》 문화문고, 2010

정찬주 《가야산 정진불》 랜덤하우스, 2010

정휴 《고승평전》 우리출판사, 2000

한암문도회 《한암일발록:한암대종사 법어록》 민족사, 1996

해안 《십현담·금강경》 전등사 전등선원, 2001

혜암문도회 《혜암대종사 법어집 I, II》 김영사, 2007

혜암선사문화진흥회 《스승 혜암》 김영사, 2018

혜암대종사 탄신 100주년 기념 제2회 학술대회 《혜암선사의 삶과 사상》
　　　혜암선사문화진흥회, 2018

해인사 원당암 용맹정진 대법회 혜암대선사 법문(CD-ROM) 1-12, 1993-1999

혜암선사문화진흥회 《혜암선사문화진흥회 제1회 학술대회자료집》, 2014

혜암선사문화진흥회 엮음, 신규탁 집주 《공부하다 죽어라》 시화음, 2019

혜암선사문화진흥회 엮음 《혜암선사의 선사상과 세계화》 시화음, 2020

참고문헌

공부하다 죽어라

가언산인 혜암

夜르 放光하고 千山萬水의 花々草々가 常住說法하

야 佛國淨土의 至上極樂이 이루어지도록 無量無

邊한 慈悲와 加護의 恩惠를 베풀어주십시요

了方三世一切佛 諸尊菩薩摩訶薩

摩訶般若波羅蜜

南無是我本師 釋迦牟尼佛

南無本師 釋迦牟尼佛

南無本師 釋迦牟尼佛

一九八二年 八月 四日

伽倻海印叢林

慧菴 合掌